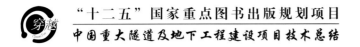

"十二五"国家重点图书出版规划项目
中国重大隧道及地下工程建设项目技术总结

# 北京典型地层盾构适应性对比与施工关键技术

苏斌 苏艺 江玉生 等 / 著

Beijing Dianxing Diceng DunGou
Shiyingxing Duibi Yu Shigong Guanjian Jishu

人民交通出版社
China Communications Press

## 内 容 提 要

本书以北京地铁10号线土建工程为案例，系统介绍了典型地层盾构适应性对比及施工技术。全书共分为7章，包括北京地铁10号线工程概述，典型地层工程特性及其空间分布规律，典型地层盾构施工关键参数的预测、控制及适应性评价，典型地层盾构关键施工技术与风险控制，盾构壁后注浆控制技术与适应性研究，典型地层盾构施工土体改良技术和盾构始发与到达施工关键技术等内容。

本书可供从事隧道及地下工程的设计、施工人员，科研技术人员以及相关专业的高等院校师生参考使用。

### 图书在版编目(CIP)数据

北京典型地层盾构适应性对比与施工关键技术/苏斌等著. —北京：人民交通出版社，2013.4
（中国重点隧道及地下工程建设项目技术总结）
ISBN 978-7-114-10445-9

Ⅰ.①北… Ⅱ.①苏… Ⅲ.①地层—盾构—适应性—对比研究—北京市②地下铁道—隧道施工—盾构法—北京市 Ⅳ.①U455.43②U231.3

中国版本图书馆 CIP 数据核字（2013）第 045619 号

| | |
|---|---|
| 书　　名： | 北京典型地层盾构适应性对比与施工关键技术 |
| 著 作 者： | 苏　斌　苏　艺　江玉生　等 |
| 责任编辑： | 陈志敏　王　霞 |
| 出版发行： | 人民交通出版社 |
| 地　　址： | (100011)北京市朝阳区安定门外外馆斜街3号 |
| 网　　址： | http://www.ccpress.com.cn |
| 销售电话： | (010)59757973 |
| 总 经 销： | 人民交通出版社发行部 |
| 经　　销： | 各地新华书店 |
| 印　　刷： | 北京盛通印刷服份有限公司 |
| 开　　本： | 787×1092　1/16 |
| 印　　张： | 21.25 |
| 字　　数： | 544 千 |
| 版　　次： | 2013年4月　第1版 |
| 印　　次： | 2013年4月　第1次印刷 |
| 书　　号： | ISBN 978-7-114-10445-9 |
| 定　　价： | 108.00元 |

（有印刷、装订质量问题的图书由本社负责调换）

## 北京典型地层盾构适应性对比与施工关键技术

# 序

北京地铁10号线二期位于北京城区平原地区,地貌类型为第四纪冲洪积平原地貌。全线总长度为32.44km,共分24个区间,区间总长度27.15km,其中盾构区间长度22.34km,约占区间总长度的82.3%。盾构区间沿线穿越多种北京地区典型地层,如砂卵(砾)石、粉细砂、粉质黏土及黏土等及其多种形式的复合地层,砂卵石与砾岩复合地层等。沿线区间盾构法施工具有地层复杂多变性、风险工程多样性、盾构选型多元性、盾构施工控制性参数多变性、重大风险工程高难度以及对盾构施工要求特殊性等特点。全线盾构穿越特级风险4处,一级风险12处,二级风险108处,三级风险124处。

伴随北京地铁10号线二期工程建设过程先后开展了典型地层工程特性及其空间分布规津、盾构适应性评价及其关键施工参数的预测与控制、盾构穿越重大风险工程关键施工技术与风险控制、盾构壁后注浆控制技术与适应性、盾构始发与到达施工关键技术以及典型地层盾构施工土体改良技术等的研究,作者根据一线盾构工程建设的技术资料,结合理论分析与工程实践对比,对上述研究内容进行了系统总结和提炼,获得了沿线典型地层磨蚀特性与空间分布规津、盾构刀盘开口率不小于40%、北京地区砂卵(砾)石地层不能采用欠压推进等重要创新性结论,对今后北京地区乃至全国类似盾构工程具有重大参考价值和指导意义。本书对盾构法地下工程设计和施工具有非常重要的指导作用,我愿将此书推荐给大家,特别是盾构工程的建设管理人员、工程技术人员和大中专院校师生。

**2013年3月7日**

北京典型地层盾构适应性对比与施工关键技术

# 前　言

　　北京地铁10号线二期东南起自劲松站折返线,西北至巴沟终点,线路连接了城市东南部、西北部最为密集的居住地区,全长32.44km,全部为地下线,共设车站23座,停车场2座,区间右线总长27.15km,明挖区间2.83km,矿山法区间1.98km,盾构区间22.34km。

　　北京地铁10号线二期位于北京城区平原地区,地貌类型为第四纪冲洪积平原地貌。第四纪以来由于受新构造运动的影响,山区不断抬升,平原区强烈下降,并接受了巨厚的河流沉积物。第四系沉积厚度由西向东逐渐增大。第四纪地层的岩相自西部山麓相向东部平原相逐渐变化。在西部的各大河流冲洪积扇顶部及上部以厚层砂土和卵、砾石地层为主；向东于城市中心区大部分范围内,地层过渡为粘性土、粉土与砂土、卵砾石互层,其间部分地区会有砾岩出入。基于地质成因,北京地铁10号线二期盾构区间沿线穿越多种北京地区典型地层,主要有粉质粘土、粉土、粘土、粉细砂、中粗砂、砂卵石、圆砾和砾岩等。

　　作为北京地铁10号线二期地下隧道修建的第一大工法,盾构工法一共涵盖19个区间,沿线与既有地铁1、4、5号线,在建中的6、7、9号线及规划中的3、12号线等相交,下穿京九铁路、京广铁路、京沪及京津城际高速铁路、国铁站场、约10万平方米的楼房及平房、多处河湖及重要桥梁等重大风险工程和许多重要地下管线以及北京地区目前出现的各种不同地层,特别是砂卵石⑤层、⑦层和砾岩层及其它们的复合地层,且当这些复合地层与地面重大环境风险工程组合时,对盾构施工关键技术和风险控制的要求尤其严格。复合地层特点明显,重大风险点多,城市环境条件特别复杂等是10号线二期工程盾构施工的显著特点。

　　在复杂多变的地质及环境条件下采用盾构法施工难度大,有许多关键技术需要突破。为此,在北京地铁10号线二期建设过程中,通过采用技术调研、理论分析、数值模拟、现场跟踪试验和归纳总结等手段,对北京地铁10号线盾构区间穿越典型地层的"工程特性及其空间分布规律"、"盾构适应性评价及其施工关键参数预测与控制"、"关键施工技术与风险控制"、"壁后注浆控制技术与适应性"、"盾构始发与到达施工关键技术"、"典型地层中土体改良技术"等进行深入研究,为北京地铁10号线二期土建工程安全、快速、高效、优质地完成发挥了重要的作用。

　　本书以北京地铁 10 号线二期土建工程为实例,结合科学研究和工程实践,系统介绍了北京地铁典型地层盾构适应性研究及其施工过程关键技术,全书主体内容分为 7 章,理论与实践相结合,突出实用性的同时重视相关理论研究。北京地铁 10 号线二期各盾构参建单位提供了部分基础资料,特别是 7 标中铁六局和 17 标北京住总集团提供了他们发表的论文,申请的专利和获奖及工法等材料,中国地质大学(北京)杨宇友老师撰写了第 6 章——典型地层盾构土体改良技术的内容。在本书的编写过程中还参考了有关单位和学者的技术资料,并引用了其中部分内容、试验数据和图表,在此一并表示感谢。

　　本书由苏斌、苏艺、江玉生、江华、杨志勇、汪国锋、李潮、胡友刚、杨宇友著,其他参与本著作编写的还有:吴精义、武润利、刘玉波、孙希波、韩铁莲、郑向红、李军、李波、涂阳、张彦彬、通明、袁振国、姜少平、方克军、李丛林、张爱平、于力、黄金龙、冉隆波、李明昌、戴玉超、周富宽、王峰、范丽萍、路刚、郭海、刘文亮、刘长剑、刘辉、丛恩伟、王鹏程、张玉华、敖岩、王全贤等。

　　鉴于作者水平及认识的局限性,书中难免有不妥之处,恳请读者批评指正。

编　者

2013 年 3 月于北京

# 作者简介

苏斌
（1966- ）

博士、教授级高级工程师。北京市轨道交通建设管理有限公司副总经理。主持北京地铁4号线、5号线、10号线一期、二期和西郊线等建设工作。先后参加了济青高速公路、京九铁路、胶济复线铁路、广西黎钦铁路、粤海铁路、株六复线铁路、内昆铁路、秦沈客运专线铁路、洛湛铁路、渝怀铁路等国家重点工程的建设工作。曾任铁道部第三工程局第五工程处副总工程师，副处长，中铁三局四处董事长，中铁三局昆明指挥部任指挥长。2004年调北京市轨道交通建设管理公司，历任四号线项目处副总经理、五号线项目处总经理、十号线项目处总经理、第二项目管理中心总经理，轨道公司副总经理职务。发表有关桥梁、隧道建设管理等方面的学术论文三十余篇，其中多篇学术论文获奖，主持或参与多项重大科研课题和项目研究，并多次获国家级奖项。

苏艺
（1976- ）

博士、高级工程师。北京市轨道交通建设管理有限公司第二项目管理中心副总经理、总工程师。主持北京地铁10号线（二期）和西郊线设计管理及施工技术管理工作。发表学术论文十余篇。

江玉生
（1964- ）

中国矿业大学（北京）力学与建筑工程学院教授，博士生导师。长期从事隧道工程、岩石力学与工程地质方面的研究与开发工作，特别是隧道盾构/TBM开挖理论与应用技术、隧道围岩分级与稳定性分析、支护优化设计等方面的研发。发表专业论文40余篇，专利多项，获得省部级一等奖三项、二等奖两项、三等奖两项。现主要从事地铁、盾构与TBM隧道工程、煤矿斜井TBM施工等方面的研究和技术开发以及盾构施工过程风险监控与管理等。

# 目 录

## 第 1 章　概述 … 1
### 1.1　北京地铁 10 号线二期盾构穿越地层的基本情况 … 1
### 1.2　北京地铁 10 号线二期典型盾构区间概况 … 14
### 1.3　北京地铁 10 号线二期盾构施工主要技术难题 … 36

## 第 2 章　典型地层工程特性及其空间分布规律 … 42
### 2.1　土砂复合地层工程特性及空间分布规律 … 42
### 2.2　砂卵石及其与砾岩复合地层工程特性及空间分布规律 … 43
### 2.3　盾构区间三维地质模型 … 64
### 2.4　基于盾构工法特点的地层组段划分技术 … 71
### 2.5　本章小结 … 88

## 第 3 章　典型地层盾构施工关键参数的预测、控制及适应性评价 … 91
### 3.1　典型地层盾构刀盘扭矩组成特征与控制范围 … 91
### 3.2　典型地层盾构推力的组成特征与控制范围 … 106
### 3.3　典型地层土压力计算模型与控制分析 … 115
### 3.4　典型地层盾构施工关键参数相关性分析 … 126
### 3.5　典型地层盾构掘进功效及地层适应性分析 … 141
### 3.6　典型地层盾构出土量预测与控制 … 144
### 3.7　本章小结 … 146

## 第 4 章　典型地层盾构关键施工技术与风险控制 … 148
### 4.1　典型地层盾构施工地层变形规律 … 148
### 4.2　典型地层变形控制影响因素分析 … 158
### 4.3　复杂地层条件下盾构穿越重大风险工程关键技术与风险控制 … 167
### 4.4　盾构下穿重大风险工程诱发事故分析 … 190
### 4.5　本章小结 … 207

## 第5章 盾构壁后注浆控制技术与适应性研究 ... 209

- 5.1 概述 ... 209
- 5.2 盾构壁后注浆的分类与定义 ... 209
- 5.3 同步注浆的施工控制技术 ... 210
- 5.4 二(多)次补浆控制技术 ... 214
- 5.5 典型地层盾构同步注浆效果指标合理性评价 ... 215
- 5.6 典型地层典型断面同步注浆适应性评价 ... 223
- 5.7 本章小结 ... 228

## 第6章 典型地层盾构土体改良技术 ... 230

- 6.1 概述 ... 230
- 6.2 改良剂与土体匹配关系研究 ... 231
- 6.3 新型改良剂的研制 ... 241
- 6.4 新型黄原胶泥浆土体改良的室内试验 ... 244
- 6.5 土体改良现场试验 ... 254

## 第7章 盾构始发与到达施工关键技术 ... 259

- 7.1 基本概述 ... 259
- 7.2 盾构始发技术与到达施工技术分类 ... 260
- 7.3 盾构始发与到达端头加固范围的确定 ... 262
- 7.4 典型地层端头加固方法选择 ... 274
- 7.5 盾构始发与到达端头加固效果检测 ... 282
- 7.6 典型地层盾构始发与到达关键技术 ... 287
- 7.7 北京地铁10号线二期盾构始发与到达典型案例分析 ... 303
- 7.8 本章小结 ... 321

## 参考文献 ... 323

# 第1章 概　　述

## 1.1　北京地铁10号线二期盾构穿越地层的基本情况

### 1.1.1　北京地区典型地层特点

(1)北京地区总体地层特征

任何地下工程的设计与施工都离不开"地层"这个研究与开发的对象,工程所处的地层条件是我们必须十分重视和进行深入研究的工程对象之一。北京地铁工程建设实践充分证实了只有摸清工程所处的地层条件,才能科学、合理、有效和按计划完成地铁工程的建造,才能有效的将工期、质量及安全等要素控制在既定的目标内。

北京地区的地层,除缺少震旦系、上奥陶统、志留系、泥盆系、下石炭统、三叠系及上白垩统外,其他地层都有发育。第四纪以来由于受新构造运动的影响,山区不断抬升,平原区强烈下降,并接受了巨厚的河流沉积物。

北京地区处于平原与山区相连接的地带,地势和地下水位为西北部高(高程70～90m)、东南部低(高程30m左右),城区位于平原地区的边缘,它的北部和西部靠山,东部和南部连接华北平原,是一个不完整的盆地,如图1-1所示。北京城区有五大河流(大清河、永定河、北运河、潮白河和蓟运河),从西北向东南汇流入海,如图1-2所示。由各河流所携带的堆积土石是北京平原的主要组成物质,因此第四系松散土层和砂卵石、砾石地层遍布全市,地下水也以不同形式埋藏其中,从而形成了北京地区特有的工程地质与水文地质特征。第四系冲洪积层河流相的砂、砂砾石、砂卵石以及黏土、粉土、黏质粉土和粉质黏土等黏性土互层而生,其地质沉积层的"相变"十分明显,彰显了北京地区土层条件的复杂性,给工程的建设带来了相当的困难[1-4]。

北京地层总体特点是西北部颗粒粗、东南部颗粒细。一般而言,在西部的各大河流冲洪积扇顶部以厚层砂土和卵、砾石地层为主;向东于城市中心区大部分范围内,地层过渡为黏性土、粉土与砂土、卵砾石互层的多层状态;再向东北的东郊及北郊地区,则以厚层黏性土、粉土为主,表现出从上游到下游颗粒由粗到细的递变规律。东部砂卵(砾)石层中卵砾石颗粒较小(一般小于100mm),西部及西北部砂卵(砾)石的颗粒相对较大,存在超大粒径的漂石,最大粒径可达1500mm以上,且各层层位、层厚分布不稳定,时厚、时薄、有时尖灭,也有呈透镜体夹层。

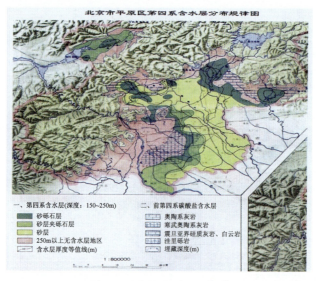

图 1-1　北京的地形与河系[107]

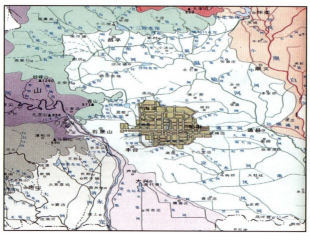

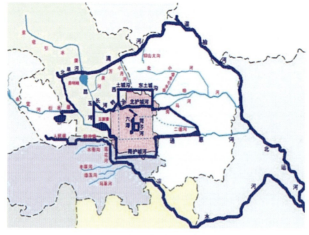

图 1-2　北京地区水系流域示意图[107、108]

(2)北京地层分类及基本特征[1]

通过调查和统计已施工工程地层条件,结合盾构施工特点,将北京地区主要土层的基本特征简述如下:

①黏土与粉质黏土:容易发生塑性变形和破坏。含水率大小对其物理特性(如坚硬、硬塑、可塑、软塑、流塑等)和力学状态(如强度、稳定性等)影响较大。一般情况下该土层稳定性较好。

②粉土:饱和粉土在振动荷载作用下容易产生液化现象,从而使地基和隧道围岩失稳。该土层在施工降水过程中,容易产生细颗粒流失形成空洞(尤其在与粗颗粒交界处),而且含水率大时稳定性较差。一般情况下粉土稳定性尚可。

③细砂、粉细砂:饱和状态下受震动荷载作用容易产生液化现象。含水率大时会产生流动,形成流沙,出现塌方,特别是粉细砂在施工过程中容易产生细颗粒流失形成空洞(尤其在相对隔水界面和粗颗粒交界面处)。干燥的粉细砂在外界扰动下容易形成干流沙而使隧道围岩失稳。

④中粗砂、粗砂:地层稳定性因含水状况不同而变化很大。

⑤卵石、圆砾(粒径小于100mm):一般来说,该地层稳定性较好,但级配单一的地层稳定性较差。基坑开挖观察,开挖深度在10m左右时,边坡坡率为1:0.3(大于73°)仍然属于安全边坡,试验采用人工掏挖边坡造成自然滑坡,滑动后的新边坡坡率也约为1:0.3。卵石、圆砾地层的破坏形式相对黏性土常为脆性破坏。

⑥含大粒径漂石的卵石、圆砾(粒径大于100mm):其工程特性与粒径小于100mm的卵石、圆砾地层相似,但由于地层中存在大粒径(600~1500mm)漂石,会对盾构施工造成严重的影响,故将其单列为一类。此类卵石常被中粗砂、粉土及粉质黏土充填,构成稳定的围岩结构。

⑦岩体:包括下伏土层,由砂卵石经过成岩作用而形成的第三系砾岩和西山一带以花岗岩、砂岩和灰岩为主的岩体。相对于土层,岩体的强度和硬度都比较大,隧道掘进困难。岩体遇水饱和后强度有所降低,但对其工程性质不会有太大影响。

就地层工程特性和考虑盾构施工特点,北京典型地层可归纳为以下三种:砂砾石/砂卵石/圆砾地层(包括岩石地层)、粉砂/细砂/中粗砂地层和粉土/黏土地层。在多数情况下,地下工程的修建,尤其是地铁工程的修建,均处于此三种典型地层或其混合地层中。

(3)北京地区水文地质特征[1,2]

北京平原地区地下水类型按地下水的赋存条件主要为基岩裂隙水和第四纪松散岩类孔隙水,第四纪松散岩类孔隙水又分为上层滞水、潜水和承压水。根据古河道和古河间地块可划分若干水文地质单元。古河道水文地质单元的特点是含水层岩性以圆砾、卵石为主,渗透性强,地下水位较低。地下水的形成以沿古河道方向的侧向补给、径流、排泄为主,总体径流方向为自永定河出山口呈辐射状分别向东北、东、东南等下游方向运动,在古河道范围内具有区域性统一的潜水面,局部受地下水开采或工程降水的影响,地下水位略有起伏变化。在河间地块水文地质单元的特点是含水层的岩性以粉细砂和粉土为主,渗透性较差。隔水层岩性为粉质黏土、黏土,含水层与隔水层基本呈互层状分布。除了地下水的侧向补给、径流和排泄以外,垂直方向运动较明显。

简言之,北京地区地下水赋存特点(准确地说是市区浅层30m以上)可概括为"三层水和五个区域"。三层水分别是上层滞水、潜水和承压水,且潜水和承压水在不同区域会有层位上的变化,如处于西北部地区的潜水层,到了东部和东南部就变成了承压水层,且补给十分畅通。所谓的五个区域,是因地层分布的差异和城市长期开采地下水、城区地下管线渗漏及施工降水等的影响,而呈现出城市的东、西、南、北、中区在地下水位,径流条件,含水层分布等方面具有明显差异的现象。这是北京地区水文地质的重要特征。

### 1.1.2 北京地铁 10 号线二期盾构区间穿越地层概况

(1)北京 10 号线二期工程简况

北京地铁 10 号线二期工程与已运营的 10 号线一期工程共同构成的北京地铁 10 号线是北京轨道交通线网中的第二环线,如图 1-3 所示。具有连接中心城西北、东南方向的对角线功能,是线网中的骨架线路。

图 1-3　北京地铁 10 号线二期线路图[109]

10 号线二期工程对补充、完善和发展 10 号线一期在线网中的骨干作用,支持 CBD 的扩大和发展,缓解三环路的地面交通压力,促进沿线的升级改造以及亦庄经济技术开发区的发展,推动市区东南、西部公交一体化进程,方便沿线居民的出行具有重要的作用。10 号线二期工程是一期工程的延伸线,起于一期工程终点劲松站,终止于一期工程起点巴沟站西侧折返线,沿线经过了中心城的朝阳区、丰台区和海淀区,北连 CBD,南接城市东南方向最重要的公共交通枢纽宋家庄公交枢纽,西连城市交通枢纽六里桥及五路居。线路连接了城市东南部、西北部最为密集的居住地区,全长 32.44km,全部为地下线,共设车站 23 座,停车场 2 座,区间总长 27.15km,其中明挖区间 2.83km,矿山法区间 1.98km,盾构区间 22.34km。作为 10 号线二期地下隧道修建的第一大工法,盾构工法一共涵盖 19 个区间,沿线与既有地铁 1 号、4 号、5 号线,在建的 6 号、7 号、9 号线及规划中的 3 号、12 号线等相交,下穿京九铁路、京广铁路、京沪及京津城际高速铁路,通过河湖、约 10 万平方米的建筑物及重要桥梁等重大风险工程和许多重要地下管线，穿越北京地区目前出现的各种不同地层，特别是砂卵石⑤层、⑦层和砾岩层及其它们的复合地层，且当这些复合地层与地面重大环境风险工程组合时，对盾构施工关键技术和风险控制的要求尤其严格。重大风险点多，城市环境条件特别复杂是 10 号线二期工程盾构施工的显著特点。

（2）北京地铁 10 号线二期穿越地层概述

在建北京地铁 10 号线二期位于北京城区平原地区，地貌类型为第四纪冲洪积平原地貌。第四系沉积厚度由西向东逐渐增大，地层岩相自西部山麓相向东部平原相逐渐变化。西部以厚层砂土和卵、砾石地层为主，向东过渡为黏性土、粉土与砂土、卵砾石互层，其间部分地区会有砾岩出入。基于地质成因，10 号线二期盾构区间沿线穿越目前已经出现的所有北京地区典型地层，主要有黏土与粉质黏土、粉土、黏土、粉细砂、中粗砂、砂卵石、卵石、圆砾和砾岩等。上述各类地层是目前北京地铁工程建设的典型地质条件，在体现北京地区地铁建设所遇地层条件多样性的同时，也具有非常典型的代表性。

### 1.1.3 北京地铁 10 号线二期盾构区间基本情况

北京地铁 10 号线二期全线共 19 个盾构区间，分布在 10 个标段，依次为 01 标"潘家园站—十里河站"区间（以下简称"潘—十"）、02 标"十里河站—分钟寺站"区间（以下简称"十—分"）、02 标"分钟寺站—成寿寺站"区间（以下简称"分—成"）、05 标"石榴庄站—大红门站"区间（以下简称"石—大"）、05 标"大红门站—角门东站"区间（以下简称"大—角"）、07 标"角门东站—角门西站"区间（以下简称"角—角"）、07 标"角门西站—草桥站"区间（以下简称"角—草"）、08 标"草桥站—玉泉营站"区间（以下简称"草—玉"）、08 标"玉泉营站—樊家村站"区间（以下简称"玉—樊"）、08 标"樊家村站—丰台站"区间（以下简称"樊—丰"）、10 标"丰台站—前泥洼站"区间（以下简称"丰—前"）、"前泥洼站—西局站"区间（以下简称"前—西"）、11 标"西局站—六里桥站"区间（以下简称"西—六"）、11 标"六里桥站—莲花桥站"区间（以下下简称"六—莲"）、12 标"公主坟站—西钓鱼台站"区间（以下简称"公—西"）、12 标"西钓鱼台站—慈寿寺站"区间（以下简称"西—慈"）、16 标"车道沟站—长春桥站"区间（以下简称"车—长"）、17 标长春桥站—火器营站区间（以下简称"长—火"）、17 标火器营站—终点站区间（以下简称"火—终"）。各盾构区间在 10 号线二期工程的平面位置参见图 1-3。

北京地铁十号线二期 19 个盾构区间共投入盾构设备 30 台，其中 08 标投入 6 台，02、12 标投入 4 台，05、10、11 标各投入 3 台，01、07、17 标各投入 2 台、16 标投入 1 台。截止至 2012 年 9 月，全线盾构区间均已贯通。各标段盾构区间概况见表 1-1。

北京地铁十号线二期盾构区间概况　　　　表 1-1

| 序号 | 标段/区间 | 区间长度/管片环数 | 盾构厂商 | 备注 |
|---|---|---|---|---|
| 1 | 01 标潘—十 | 左线：870m/725 环 | 海瑞克 | 投入盾构两台，土压平衡式盾构，面板式刀盘 |
|  |  | 右线：870m/725 环 | 海瑞克 |  |
| 2 | 02 标十—分 | 左线：1610m/1342 环 | 奥村 | 投入盾构两台，土压平衡式盾构，辐条式刀盘 |
|  |  | 右线：1610m/1342 环 | 石川岛 |  |
| 3 | 02 标分—成 | 左线：823m/686 环 | 奥村 | 投入盾构两台，土压平衡式盾构，辐条式刀盘 |
|  |  | 右线：823m/686 环 | 石川岛 |  |

续上表

| 序号 | 标段/区间 | 区间长度/管片环数 | 盾构厂商 | 备注 |
|---|---|---|---|---|
| 4 | 05标石—大 | 左线:1085m/904环 | 日本小松 | 投入盾构2台,土压平衡式盾构,辐条面板式刀盘 |
| | | 右线:1085m/904环 | 日本小松 | |
| 5 | 05标大—角 | 左线:893m/744环 | 日本小松 | 投入盾构1台,土压平衡式盾构,辐条面板式刀盘 |
| | | 右线:824m/687环 | 日本小松 | |
| 6 | 07标角—角 | 左线:1015m/846环 | 日本小松 | 投入盾构2台,土压平衡式盾构,辐条式刀盘 |
| | | 右线:1015m/846环 | 日本小松 | |
| 7 | 07标角—草 | 左线:1461m/1218环 | 日本小松 | |
| | | 右线:1461m/1218环 | 日本小松 | |
| 8 | 08标草—玉 | 左线:1332m/1110环 | 日立 | 投入盾构2台,土压平衡式盾构,辐条面板式刀盘 |
| | | 右线:1332m/1110环 | 海瑞克 | |
| 9 | 08标玉—樊 | 左线:958m/798环 | 日本小松 | 投入盾构2台,土压平衡式盾构,辐条面板式刀盘 |
| | | 右线:958m/798环 | 日本小松 | |
| 10 | 08标樊—丰 | 左线:844m/704环 | 法马通 | 投入盾构2台,土压平衡式盾构,辐条面板式刀盘 |
| | | 右线:829m/691环 | 法马通 | |
| 11 | 10标丰—前 | 左线:445m/371环 | 石川岛 | 投入盾构2台,土压平衡式盾构,辐条式刀盘 |
| | | 右线:440m/367环 | 石川岛 | |
| 12 | 10标前—西 | 左线:382m/318环 | 石川岛 | 投入盾构1台,土压平衡式盾构,辐条式刀盘 |
| 13 | 11标西—六 | 左线:1298m/1082环 | 海瑞克 | 投入盾构1台,土压平衡式盾构,面板式刀盘 |
| 14 | 11标六—莲 | 左线:2004m/1670环 | 海瑞克 | 投入盾构两台,土压平衡式盾构,面板式刀盘 |
| | | 右线:2004m/1670环 | 海瑞克 | |
| 15 | 12标公—西 | 左线:2204m/1837环 | 海瑞克 | 投入盾构两台,土压平衡式盾构,辐条面板式刀盘 |
| | | 右线:2204m/1837环 | 海瑞克 | |
| 16 | 12标西—慈 | 左线:1034m/862环 | 海瑞克 | 投入盾构2台,土压平衡式盾构,辐条面板式刀盘 |
| | | 右线:1032m/860环 | 拉瓦特 | |
| 17 | 16标车—长 | 左线:743m/619环 | 日立 | 投入盾构1台,土压平衡式盾构,辐条式刀盘 |
| | | 右线:750m/625环 | 日立 | |
| 18 | 17标长—火 | 左线:614m/512环 | 日立 | 投入盾构2台,土压平衡式盾构,辐条式刀盘 |
| | | 右线:614m/512环 | 日立 | |
| 19 | 17标火—终 | 左线:964m/803环 | 日立 | |
| | | 右线:940m/783环 | 日立 | |

(1) 01标"潘—十"区间

"潘—十"区间线路从潘家园站出发,一路向南,侧穿华威桥及过街天桥后,折向西南,下穿弘燕路口、西燕北街路口后,抵达十里河站。

本区间左线、右线盾构分别于 2011 年 7 月 6 日、2011 年 10 月 11 日始发,分别于 2012 年 1 月 4 日、2012 年 2 月 24 日掘进完毕,工程实施见图 1-4 所示。

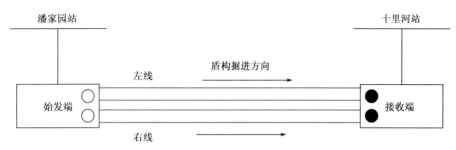

图 1-4 "潘—十"区间工程实施示意图

(2) 02 标"十—分"区间

"十—分"区间线路从十里河站出发,沿东三环南行约 730m 后向西,拐入规划的龙爪树路,到达分钟寺站。

本区间右线、左线盾构分别于 2011 年 7 月 27 日、2011 年 8 月 23 日始发,分别于 2011 年 10 月 13 日、2011 年 11 月 17 日掘进完毕,工程实施见图 1-5 所示。

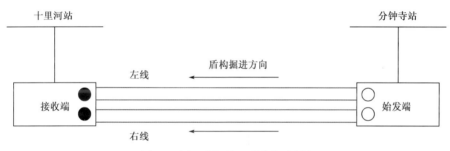

图 1-5 "十—分"区间工程实施示意图

(3) 02 标"分—成"区间

"分—成"区间线路从小红门路东侧龙爪树宾馆出口处开始沿规划龙爪树路向南延伸,然后向西转向规划石榴庄路下,到达成寿寺路东侧的成寿寺站。

本区间左线、右线盾构分别于 2010 年 11 月 14 日、2010 年 10 月 15 日始发,于 2010 年 12 月 31 日、2011 年 1 月 4 日掘进完毕,工程实施见图 1-6 所示。

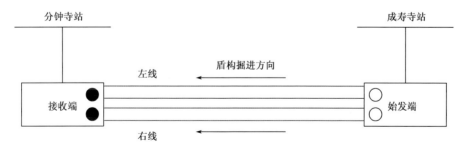

图 1-6 "分—成"区间工程实施示意图

(4) 05 标"石—大"区间

"石—大"区间线路呈东西走向,主要在规划的石榴庄路下方敷设,与石榴庄路永中基本平行。区间沿线要穿越凉水河、大红门路、永南路以及大量居民区。

本区间左线、右线盾构分别于 2010 年 9 月 16 日、2010 年 10 月 9 日始发,于 2011 年 1 月 18 日、2011 年 1 月 25 日先后到达,工程实施见图 1-7 所示。

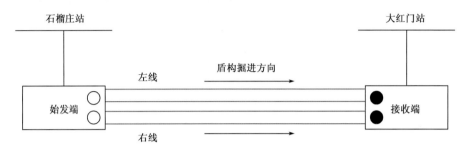

图 1-7 "石—大"区间工程实施示意图

(5) 05 标"大—角"区间

"大—角"区间线路呈东西走向,主要在规划的石榴庄路下方敷设,与石榴庄永中基本平行,线路横穿永南西辅路,石油东侧路以及沿线大量的居民区。

2011 年 3 月 20 日左线盾构在大红门站先行始发,6 月 20 日到达后设备转场后继续掘进右线,9 月 11 日开始进行右线盾构施工,至 11 月 5 日双线贯通,工程实施见图 1-8 所示。

图 1-8 "大—角"区间工程实施示意图

(6) 07 标"角—角"区间

"角—角"区间线路东起角门东站,西至角门西站,设 1 个联络通道,线路全长约 1040.5m,隧道底板埋深约 17.0~26.5m。

本区间左线、右线盾构分别于 2011 年 1 月 13 日、2011 年 1 月 28 日始发,先后于 2011 年 5 月 2 日、2011 年 5 月 10 日到达,工程实施见图 1-9。

图 1-9 "角—角"区间工程实施示意图

(7) 07 标"角—草"区间

"角—草"区间线路呈东西走向,主要位于规划的石榴庄路下方敷设,与石榴庄路基本平行,沿线要穿越草桥东路、右外大街,交通繁忙,道路两侧有大量的高层建筑住宅区。

本区间左线、右线盾构分别于 2011 年 6 月 16 日和 6 月 20 日先后始发,于 2011 年 10 月 13 日和 2011 年 11 月 2 日先后到达,工程实施见图 1-10。

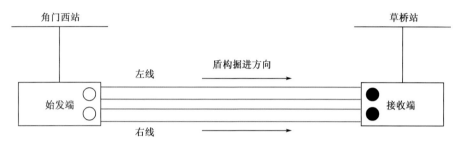

图 1-10 "角—草"区间工程实施示意图

(8) 08 标"草—玉"区间

"草—玉"区间线路呈东西走向,线路沿现状的石榴庄路、纪家庙二号路下方铺设,并穿越一段商业区(东方家园建材市场、玉泉营建材市场和北京花乡花卉市场等)和城市绿地。

本区间右线、左线盾构分别于 2011 年 6 月 2 日、2011 年 7 月 8 日始发,分别于 2011 年 12 月 29 日、2012 年 3 月 15 日掘进完毕,工程实施见图 1-11。

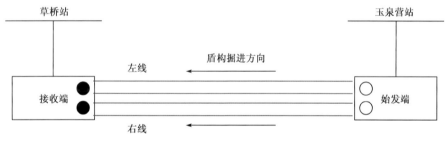

图 1-11 "草—玉"区间工程实施示意图

(9) 08 标"玉—樊"区间

"玉—樊"区间线路呈东西走向,区间出玉泉营站后,沿规划的纪家庙二号路下方后线路一直向西延伸到樊家村站。

本区间左线、右线盾构分别于 2011 年 4 月 30 日、2011 年 8 月 10 日始发,分别于 2011 年 9 月 17 日、2012 年 4 月 12 掘进完毕,工程实施见图 1-12。

图 1-12 "纪—樊"区间工程实施示意图

(10) 08 标"樊—丰"区间

"樊—丰"区间线路出樊家村后在规划的四合庄西路和看丹路交叉口处转弯。线路西北段穿越大量居民区(刘家村、葛村西里),东段在规划的看丹路下方铺设,与规划的看丹路东段永中基本平行。

本区间右线、左线盾构分别于 2010 年 12 月 13 日、2011 年 3 月 10 日始发,于 2012 年 1 月 28 日、201 年 3 月 9 日先后到达,工程实施见图 1-13 所示。

图 1-13 "樊—丰"区间工程实施示意图

(11) 10 标"丰—前"区间

"丰—前"区间线路呈南北走向,主要在规划的四合庄西路下方敷设,与四合庄西路永中基本平行。

本区间左线、右线盾构分别于 2011 年 11 月 25 日、2012 年 4 月 3 日始发,于 2012 年 9 月 6 日先后到达,工程实施见图 1-14 所示。

图 1-14 "丰—前"区间工程实施示意图

(12) 10 标"前—西"区间

"前—西"区间线路呈南北走向,主要在规划的泥洼东路和前泥洼路下方敷设,与泥洼东路和前泥洼路永中基本平行。

本区间左线盾构于 2011 年 10 月 6 日始发,于 2012 年 7 月 10 日掘进完毕,工程实施见图 1-15 所示。

图 1-15 "前—西"区间工程实施示意图

(13) 11 标 "西—六" 区间

"西—六" 区间位于八一厂西路和西局中街道路下方，现状主要为民房和绿地，结构顶覆土 15.1~17.2m。

本区间左线盾构于 2010 年 6 月 18 日始发，于 2010 年 12 月 13 日到达，工程实施见图 1-16 所示。

图 1-16 "西—六" 区间工程实施示意图

(14) 11 标 "六—莲" 区间

"六—莲" 区间出六里桥站后即下穿京石高速公路，之后沿南北向莲怡园东路方向敷设，过吴家村路后设一组反向曲线纵向穿越国铁北京西机务段，折向西三环中路，下穿莲花桥后至莲花桥站。

本区间左线、右线盾构分别于 2011 年 1 月 16 日、2011 年 6 月 12 日先后始发，于 2011 年 10 月 4 日、2012 年 2 月 10 日先后到达，工程实施见图 1-17 所示。

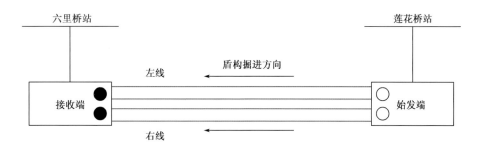

图 1-17 "六—莲" 区间工程实施示意图

(15) 12 标 "公—西" 区间

"公—西" 区间自公主坟站开始，线路穿过新兴桥北段，沿西三环北行穿过普惠桥，并在昆玉河南岸向西转向，沿昆玉河南岸前行 800m 后穿越昆玉河到达昆玉河北岸，再沿昆玉河东岸向北到达西钓鱼台车站。

本区间左线、右线盾构分别于 2010 年 9 月 20 日、2010 年 12 月 29 日始发，于 2012 年 3 月 25 日、2012 年 3 月 28 日到达，工程实施见图 1-18 所示。

(16) 12 标 "西—慈" 区间

"西—慈" 区间线路基本呈南北走向，自西钓鱼台站沿河东密引东路向北、下穿八里庄跨河桥后向西拐并下穿昆玉河后，线路经河西玲珑公园下方向北到达慈寿寺站。

本区间左线、右线盾构分别于2011年7月4日、2011年8月2日始发,于2011年12月5日、2012年4月18日先后到达,工程实施见图1-19所示。

图1-18 "公—西"区间工程实施示意图

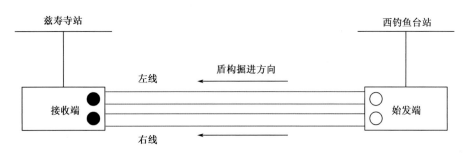

图1-19 "西—慈"区间工程实施示意图

(17) 16标"车—长"区间

"车—长"区间线路基本呈南北走向,位于昆玉河西侧,自车道沟站沿河西蓝靛厂南路西新修建公园绿地及路下向北,经远大南一街丁字路口到达长春桥站。

2010年5月15日左线盾构在车道沟站先行始发,8月13日到达后设备转场后继续掘进右线,9月19日开始进行右线盾构施工,至2010年11月20日双线贯通,工程实施见图1-20所示。

图1-20 "车—长"区间工程实施示意图

(18) 17标"长—火"区间

"长—火"区间线路呈南北走向,位于昆玉河西侧,区间线路出长春桥站沿蓝靛厂南路向北,经老营房路丁字路口、规划中的远大北路路口到达火器营站。

本区间右线、左线盾构先后于2011年1月5日、2011年2月18日始发,于2011年3月23、2011年4月12日掘进完毕,工程实施见图1-21所示。

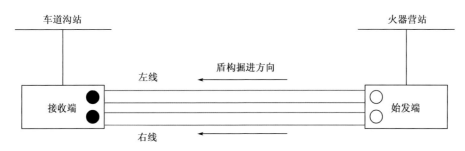

图 1-21 "长—火"区间工程实施示意图

(19) 17 标"火—终"区间

"火—终"区间从火器营站沿水渠西侧蓝靛厂南路向北,至北四环路南侧大片绿化带后下穿昆玉河,区间过河后沿巴沟村路向东到达二期终点。

2010 年 3 月 5 日右线盾构在二期终点端始发并先行始发,8 月 2 日到达火器营站后盾构调头,9 月 29 日开始进行左线盾构施工,至 2010 年 12 月 24 日双线贯通,工程实施见图 1-22 所示。

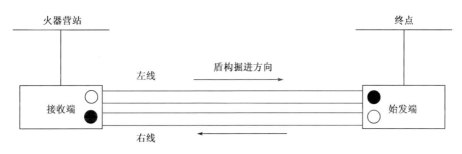

图 1-22 "火—终"区间工程实施示意图

### 1.1.4 北京地铁 10 号线二期盾构区间分类研究

根据 10 号线二期沿线岩土工程勘察报告及相关资料、现场踏勘和施工阶段实际揭露的地层情况,北京地铁 10 号线二期盾构区间隧道穿越地层不仅涵盖了北京地区的三大类典型地层,而且还存在多种三类典型地层的复合地层,根据盾构隧道组段划分的基本要求将 10 号线二期盾构区间隧道穿越地层分为三大类,详细情况见表 1-2。

(1) 砂卵(砾)石层

主要区间有"石榴庄—大红门"、"大红门—角门东"、"角门东—角门西"、"角门西—草桥"、"草桥—纪家庙"、"纪家庙—樊家村"、"樊家村—丰台站"、"西局—六里桥"、"六里桥—莲花桥"、"公主坟—西钓鱼台(大部分)"、"西钓鱼台—慈寿寺"、"车道沟—长春桥"、"长春桥—火器营"、"火器营站—终点"。

(2) 粉细砂、粉质黏土及黏土等土砂复合地层

主要区间有"潘家园—十里河"、"十里河—分钟寺"、"分钟寺—成寿寺"。

(3) 砂卵石与砾岩组成的复合地层

主要区间有"公主坟—西钓鱼台(少部分)"。

北京地铁 10 号线二期盾构区间穿越地层情况　　　　　表 1-2

| 标　段 | 区　间 | 埋深(m) | 盾构穿越地层情况 | 是否含水 | 主要组段 |
|---|---|---|---|---|---|
| 01 | 潘—十 | 9~18 | 粉质黏土、粉细砂复合地层 | 是 | D |
| 02 | 分—成 | 7.5~10 | 粉质黏土、粉细砂复合地层 | 是 | D |
| 02 | 十—分 | 10~17.5 | 粉质黏土、粉细砂复合地层 | 是 | D |
| 05 | 大—角 | 10~12 | 粉质黏土、砂土、卵砾石复合地层 | 是 | E |
| 05 | 石—大 | 9.5~17.5 | 粉质黏土、砂土、卵砾石复合地层 | 否 | E |
| 07 | 角—草 | 10~20 | 全断面卵石 | 是 | C |
| 07 | 角—角 | 11~20 | 全断面卵石 | 否 | C |
| 08 | 草—纪 | 10~15.5 | 全断面卵石 | 否 | C |
| 08 | 樊—丰 | 12~15.5 | 全断面卵石 | 否 | C |
| 08 | 纪—樊 | 9~11.5 | 全断面卵石 | 否 | C |
| 10 | 丰—前 | 10~13.5 | 全断面卵石 | 是 | C |
| 10 | 前—西 | 10.5~17 | 全断面卵石 | 是 | C |
| 11 | 六—莲 | 15~18 | 全断面卵石 | 否 | C |
| 11 | 西—六 | 14.5~18.5 | 全断面卵石 | 否 | C |
| 12 | 公—西 | 12.5~17 | 卵石、砾岩复合地层 | 是 | F |
| 12 | 西—慈 | 12.5~21 | 全断面卵石 | 否 | C |
| 16 | 车—长 | 7.5~10 | 全断面卵石 | 否 | C |
| 17 | 火—终 | 8.5~14 | 全断面卵石 | 否 | C |
| 17 | 长—火 | 7.5~10 | 全断面卵石 | 否 | C |

## 1.2　北京地铁 10 号线二期典型盾构区间概况

为了对不同典型地层的盾构施工进行相关分析和总结,以下选取了具有代表性的区间隧道分别进行相关描述,选取依据除了考虑地层特点外,还考虑了相关区间盾构的不同特点。

### 1.2.1　盾构穿越土砂复合地层

(1)01 标"潘—十"区间

①工程概况

"潘—十"盾构区间左线里程起止 K25+344.3~K26+213.5,全长 869.2m;右线起止里程 K25+344.3~K26+263.7,全长 919.4m;线路从潘家园站出发,一路向南,侧穿过华威桥以及区间中段的一座过街天桥后,折向西南,下穿了弘燕路口、西燕北街路口后,抵达十里河站,如图 1-23 所示。区间隧道下穿的东三环过街天桥为桩基础,基底高程为 24.71m,隧道距离结构顶 4.3m,位于潘家园站南侧,东三环西侧,右线隧道结构外皮距汽车科贸中心(21 层楼)最小距离为 4.1m;在十里河站北侧,东三环东侧,左线隧道结构外皮距船舶重工酒店(17

层楼)最小距离为3.61m;此段线路由三环西侧穿越到东侧,下穿三环路下的大量地下管线(雨水、污水、大型热力、电力管沟等)。隧道覆土厚度为11.43~16.43m不等。

图1-23 "潘一十"区域位置图

②地层概况

"潘一十"盾构区间隧道开挖断面内主要为粉质黏土与粉细砂的土砂复合地层,但不同区位地层分布规律不一,力学性质存在差异,给盾构施工带来一定难度,局部区域土层分布情况如图1-24所示。地层中一共有三层地下水,地下水类型分别为上层滞水(一)、潜水(二)和层间潜水(三)。

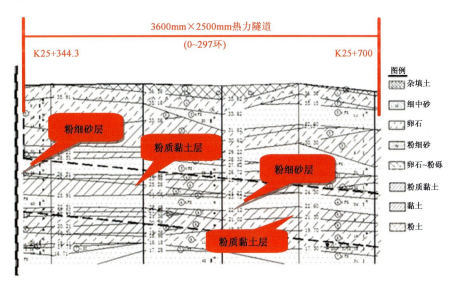

图1-24 "潘一十"区间局部位置地质剖面图

上层滞水(一):水位高程为28.11~31.02m,水位埋深为6.99~8.90m。含水层为粉土③层、粉细砂$③_3$层,补给来源为管沟渗漏及大气降水,以蒸发的方式排泄。

潜水(二):水位高程为22.95~23.09m,水位埋深为14.51~14.55m。含水层为粉细砂

④$_3$ 层,主要接受侧向径流补给,以侧向径流、向下越流补给层间潜水及人工开采的方式排泄。

层间潜水(三):水位高程为16.39～19.92m,水位埋深为16.80～21.72m。含水层为粉土⑥$_2$层、粉细砂⑥$_3$层、卵石⑦层、中粗砂⑦$_1$层、粉细砂⑦$_2$层,主要接受侧向径流及越流补给,以人工开采的方式排泄。

③主要风险工程概况

本盾构区间的风险工程主要为长距离侧穿3600mm×2500mm热力隧道(0～297环)和华威桥(184～364环),下穿φ1200mm上水管、φ2150mm电力管(254环)、φ1750mm雨水管(273环)、联络通道兼排水泵房(380环)和过街天桥桥桩(446～505环),长距离下穿东三环主路(446～713环)和下穿φ1200mm上水管(631～713环)、2000×2000mm电力管(665～758环)。风险工程分布位置如图1-25所示。其中,长距离下穿华威桥和东三环主路的情况如图1-26和图1-27所示。

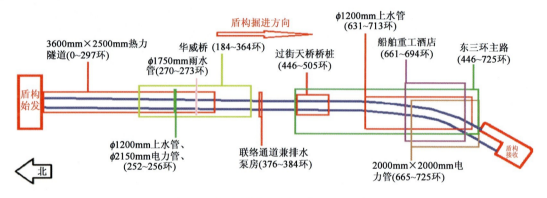

图1-25 "潘—十"盾构区间隧道风险工程示意图

图1-26 华威桥

图1-27 东三环主路

(2)02标"分—成"区间

①工程概况

北京地铁10号线二期工程02标"分—成"区间,位于北京市丰台区,区间起于小红门路金象大药房旁,沿小红门路一直往南,到龙爪树北里拐弯穿过龙爪树村和龙爪树三街,往西穿过郭家村北路后到达成寿寺站,如图1-28所示,区间全长960m。为标准单线区间,标准段线路间距为14.00m,本段线路隧道顶板高程27.96～29.79m。

图1-28 "分—成"区间走向示意图

②地层概况

盾构区间隧道开挖范围内主要为粉质黏土和粉细砂组成的土砂复合地层,如图1-29所示,隧道沿线上部为第四纪沉积物,其厚度约为50~100m。本段线路土层分布较为稳定,自上而下依次为人工填土、第四纪全新世冲洪积地层、第四纪晚更新世冲洪积地层三大类。

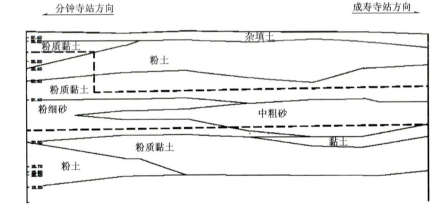

图1-29 盾构隧道穿越地层概况

a. 人工填土层

粉土填土①层:黄褐色,稍密,湿,含砖渣、灰渣。

b. 第四纪全新世冲洪积层

粉土③层:黄灰色~褐黄色,中密,湿~很湿,含云母、氧化铁;

粉质黏土$③_1$层:褐黄色,硬塑,含云母、氧化铁;

粉细砂$③_3$层:褐黄色,中密,饱和,含云母、氧化铁;

粉质黏土④层:黄褐色~褐黄色,以硬塑为主,连续分布,含氧化铁、姜石;

中粗砂$④_4$层:褐黄色,密实,饱和,含云母、氧化铁和个别砾石。

c. 第四纪晚更新世冲洪积层

粉质黏土⑥层：褐黄色，硬塑为主，局部软塑，含氧化铁、有机质和螺壳碎片；

黏土⑥$_1$层：棕黄色～褐黄色，软塑，含氧化铁；

粉土⑥$_2$层：褐黄色，密实，湿～很湿，含云母、氧化铁；

粉细砂⑥$_3$层：褐黄色，密实，饱和，含云母、氧化铁；

卵石、圆砾⑦层：杂色，密实，饱和，最大粒径不小于130mm，一般粒径10～20mm，粒径大于20mm颗粒约为总质量60%～70%，亚圆形，中粗砂充填；

中粗砂⑦$_1$层：褐黄色，密实，饱和，含云母、氧化铁、个别砾石；

粉细砂⑦$_2$层：褐黄色，密实，饱和，含云母、氧化铁、砾石；

粉质黏土⑧层：棕黄色～褐黄色，以硬塑为主，局部软塑，含氧化铁；

本线路共有三层地下水：上层滞水(一)潜水(二)和层间潜水(三)。

上层滞水(一)：水位高程为34.05～36.42m，水位埋深为1.62～3.95m。含水层为粉土③层，主要接受大气降水和管线渗漏补给，以蒸发、侧向径流的方式排泄；位于隧道上方，距隧道结构顶板5～9m，对盾构施工有一定影响。

潜水(二)：水位高程为23.90～24.92m，水位埋深为13.12～13.82m，含水层为粉细砂④$_3$、中粗砂④$_4$层，主要接受大气降水的垂直渗透及本层地下水的侧向径流补给，以侧向径流、向下越流补给承压水及人工开采的方式排泄；位于隧道中部，距隧道结构底板0～3m，对盾构施工有一定影响，特别是在盾构始发和到达施工中，需引起重视。

层间潜水(三)：水位高程为14.52～16.70m，水位埋深为23.20～23.30m，含水层为中粗砂⑦$_1$层，主要接受侧向径流和越流补给，以侧向径流和人工抽取地下水的方式排泄；位于隧道下方，距隧道结构底板5～9m，对盾构施工无影响。

③主要风险工程概述

如图1-30所示，本区间盾构从成寿寺站始发，在分钟寺站接收。沿线主要风险工程为：于9～54环下穿多处平房，如图1-31和图1-32所示；116～182环下穿多处平房及无人厂房；如图1-33所示，315～355环下穿新建停车场；如图1-34所示，322～328环下穿联络通道、412～515环及608～686环下穿多处平房。

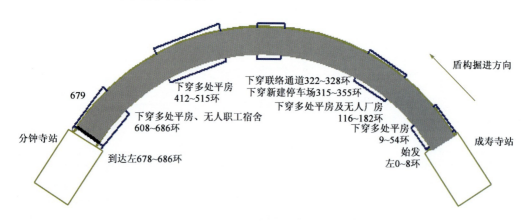

图1-30 "分—成"盾构区间风险工程示意图

图 1-31 盾构下穿小平房

图 1-32 盾构下穿小平房

图 1-33 盾构下穿无人厂房

图 1-34 盾构下穿新建停车场

### 1.2.2 盾构穿越无水小~中等粒径砂卵石地层

1)"角—角"区间

(1)工程概况

"角—角"区间盾构隧道起讫里程为:Y(Z)K34+653.4~Y(Z)K35+668.1,其中左线设置短链 1.115m;左线长 1013.7m,右线长 1014.8m。本区间隧道主要沿角门路下方敷设,与角门路基本平行。区间沿线穿越旱河、马家堡中路、马家堡路以及大量居民区。线路下穿旱河段现状:河宽约 2.7m,深约 2m,局部河段有水,多为城市排放的雨水。马家堡中路宽 25m,马家堡路宽约 30m,交通较繁忙。区间侧穿中高层居民区(多为 6~14 层),下穿建筑为平房或临建居民区,6 层以上建筑物状况良好,5 层以下低层及平房建筑状况较差。现状道路下方地下管线较多,主要有雨水、污水、上水、电信等地下管线,管线多、管径大、压力大、覆土深,对隧道施工引起的沉降敏感。

(2)地层概况

本区间位于北京城区西南平原地区,永定河冲洪积扇的中上部,属于古漯水河故道。表层以厚度不均的人工堆积的房渣土、素填土为主,人工堆积层以下为厚度较厚的新近沉积的黏性土、粉土、砂土及卵砾石层,再下为第四纪沉积的黏性土、粉土、砂卵石互层,并以砂土、卵石土为主。本区间隧道洞身基本位于卵石、圆砾③、卵石④层,局部含粉土黏土④$_1$ 层和细中砂④$_2$ 层,如图 1-35 所示。

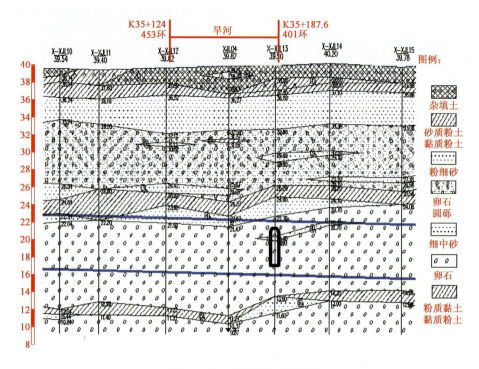

图1-35 "角—角"区间地层剖面图

(3) 主要风险工程

根据岩土工程勘察报告、设计资料以及现场考察和实际施工揭露的地层情况,盾构区间左线在角门西站始发,从西到东穿越的风险工程主要有:2~171环处盾构侧穿角门9号院3号楼、7号院2号楼、7号院3号楼,261~396环处盾构下穿汽车修理厂,401~453环处盾构下穿旱河,534~846环处盾构下穿市政管线,盾构到达角门东站后,在站内掉头,然后右线在角门东站始发,从东至西往角门西站掘进,沿线穿越的风险工程与左线类似,不再赘述。以上分布在本区间的风险工程均属于二、三级,对于各二级风险工程,其位置及影响区域参见图1-36及图1-37所示。

主要风险工程现场情况如图1-38~1-41所示。

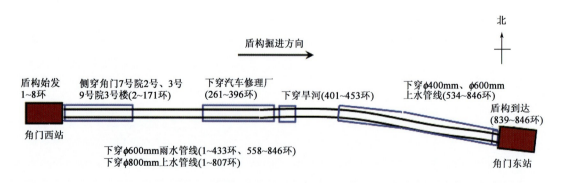

图1-36 盾构区间左线隧道风险工程示意图

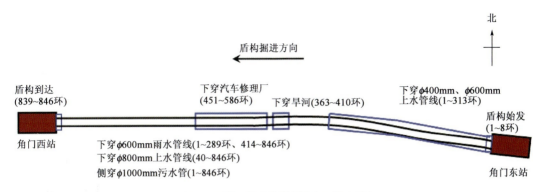

图 1-37　盾构区间右线隧道风险工程示意图

图 1-38　旱河

图 1-39　汽车修理厂

图 1-40　银杏园宾馆

图 1-41　角门 7 号院

2)"樊—丰"区间

(1)工程概况

"樊—丰"盾构区间,左线起止里程 K40+570.209～K41+413.801,全长 843.592m,右线起止里程 K40+570.209～K41+398.398,全长 828.189m。区间线路从樊家村站到盾构接收井段右线含一条半径为 450m 曲线,在刘家村处向北转弯;左线含一条半径为 470m 曲线;纵断面上,线路左右线设"V"字坡,线路从樊家村站出站后以 5‰ 的坡率下坡,然后以 5‰ 的坡率上坡到达盾构接收井。

本区间线路呈"L"形走向,如图1-42所示,线路在规划的四合庄西路和看丹路交叉口处转弯。线路西北段穿越大量居民区(刘家村、葛村西里,多为1～3层砖房,状况不佳),东段在规划的看丹路下方铺设,与规划的看丹路东段永中基本平行(规划的看丹路宽40m,在樊家村站西段已经形成路面,但还未完全形成道路),看丹路两侧有正在施工的高层住宅小区和已经建成的小区,北侧为万年花城,南侧为首都经济贸易大学。

该区间地下管线在线路的西、北段较为简单,但在看丹路下方时较复杂。管线特点是多、深、大,对区间施工有较大影响。

图1-42 "樊—丰"区间线路走向图

(2)地层概况

根据岩土工程勘察报告和现场施工揭露的实际地层,线路穿越的地层主要为卵石④层,局部含漂石,隧道底板以上无地下水,如图1-43所示,区间隧道地层从上到下依次为:

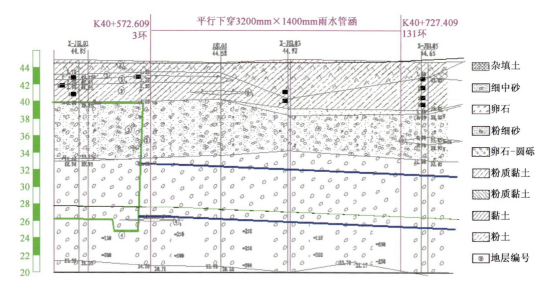

图1-43 "樊—丰"区间地质剖面图

a. 人工堆积层

①杂填土,杂色,松散,稍湿,含砖渣、灰渣,高程为40.22～45.16,不连续;

①₁砂质粉土、粘质粉土、素填土,黄褐色,松散,稍湿,以砂质粉土、黏质粉土为主,含少量砖渣、灰渣,不连续。

b. 新近沉积层

②砂质粉土、黏质粉土,褐黄色,稍密～中密,稍湿～湿,中低压缩性,含云母、氧化铁,土质不均,夹薄层黏性土,不连续;

②$_1$粉细砂,褐黄色,稍密～中密,湿,中低压缩性,含云母,局部夹黏性土,不连续;

②$_2$粉质黏土、重粉质黏土,褐黄～褐灰色,可塑～硬塑,湿,高压缩性,含少量氧化铁,夹薄层粉土,透镜体分布;

③卵石、圆砾,杂色,中密,湿,低压缩性,亚圆形为主,一般粒径2～6cm,最大粒径约18cm,细砂充填约25%～30%,局部夹漂石,漂石含量约10%,连续分布;

③$_2$细中砂,褐黄色,中密,湿,中低压缩性,含氧化铁,局部夹黏性土薄层,透镜体分布。

c. 第四纪晚更新世冲洪积

④卵石,杂色,密实,湿,低压缩性,亚圆形,级配连续,磨圆度中等,一般粒径2～10cm,最大粒径约19cm,中粗砂充填20%～25%,局部夹有漂石,一般粒径21～26cm,最大粒径约56～70cm,漂石含量约20%～65%;局部未钻穿,连续分布。

④$_1$黏质粉土、粉质黏土,褐黄色,可塑,中密,湿,中低压缩性,含云母、氧化铁,土质不均,局部夹黏土,局部未钻穿,不连续;

④$_2$细中砂,褐黄色,密实,湿,低压缩性,含云母及少量卵石,局部未钻穿,透镜体分布;

⑤卵石,杂色,密实,饱和,低压缩性,亚圆形,级配连续,磨圆度中等,一般粒径4～8cm,最大粒径约15cm,细中砂充填约30%,局部夹有漂石,最大粒径大于50cm,漂石含量约20%以上,未钻穿,连续分布。

(3)主要风险工程

"樊—丰"区间左右线盾构均从樊家村站始发,在丰台火车站接收,如图1-44所示,沿线主要风险工程有:3～131环盾构下穿3200mm×1400mm雨水管涵、0～155环处下穿$\phi$1100mm污水管涵、$\phi$400mm燃气管、$\phi$400～600mm上水管、353～704环长距离下穿平房(如图1-45～图1-48)。

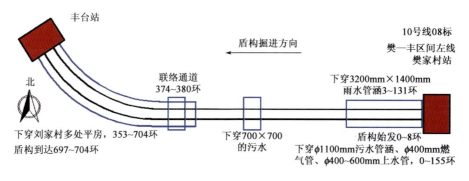

图1-44 盾构区间左线隧道风险工程示意图

## 1.2.3 无水、中～大粒径砂卵石地层中盾构长距离下穿铁路

北京地铁10号线二期11标"六—莲"区间盾构长距离下穿铁路,其工程概况、地层情况和主要风险工程情况如下所述。

图 1-45　左线盾构侧穿樊家村中心小学

图 1-46　右线盾构侧穿 300 号院 1 号楼

图 1-47　盾构下穿刘家村平房(拆除中)

图 1-48　盾构下穿刘家村平房(未拆除)

(1) 工程概况

北京地铁 10 号线二期 11 标"六—莲"区间隧道出六里桥站后即下穿京石高速公路,之后沿南北向莲怡园东路方向向北敷设,过吴家村路后设一组反向平面曲线穿越国铁北京西机务段(图 1-49),折向西三环中路至莲花桥站。在莲花桥立交桥西南角,里程为 K47+241 处设置盾构始发井一座(兼做矿山法隧道施工竖井),六里桥站至盾构井段区间采用盾构法施工,盾构井至莲花桥站段区间采用矿山法施工。

(2) 地层情况

按地层沉积年代、成因类型,将本工程场地勘探范围内的土层划分为人工堆积层、新近沉积层、第四纪晚更新世冲洪积层、第三纪长辛店组四大层。双线隧道在此区段上覆土层(从上到下)主要为杂填土、粉土、粉质黏土、砂土、圆砾卵石,隧道埋深为 15~17m,隧道穿越土层(从上到下)主要为圆砾卵石、中粗砂(夹杂),如图 1-50 所示。

初步勘察过程钻孔最大深度 46m,在勘察深度范围内,根据区域水文地质资料,本段线路赋存四层地下水,地下水类型分别为上层滞水(一)、潜水(二),地下水详细情况如下:

上层滞水(一):勘察期间未观测到本层水位。

潜水(二):施工期间在一个钻孔内观测到该层水位,含水层岩性为卵石⑨层,含水层组为砂卵石层;水位高程为 20.05m,水位埋深为 26.90m。该层透水性好,主要接受侧向径流及越流补给,以侧向径流和人工开采方式排泄。参考地铁 9 号线郭公庄站—北京西客站段(K0+

000～K10＋300)岩土工程勘察报告(初勘阶段)，该处潜水水位：水位高程为 19.03～24.32m，水位埋深为 22.10～28.30mm。依据《莲花桥立交桥工程地质勘察报告》，当时实测水位埋深 15.50～16.30m，水位为 31.39～32.67m；据《公主坟立交西三环跨线桥工程地质勘察报告》，当时实测水位埋深 13.80～15.00m，水位为 39.33～40.68m，含水层为卵石⑤层。该层水与隔水层砾岩埋深有关。

(3)主要风险工程

"六一莲"区间盾构从莲花桥站始发，在六里桥站接收。如图 1-51 所示，沿线风险工程主要有：20～592 环盾构长距离下穿北京西站机务段(见图 1-52、图 1-53)，593～633 环处盾构下穿西希公寓，634～653 环处盾构下穿污水管线，654～703 环处盾构近距离侧穿 24 层住宅，801～875 环处侧穿多处管线($\phi$400 自来水管、$\phi$500 污水管、$\phi$1800 雨水管线)，1551～1670 环处盾构下穿六里桥站出口，1580～1643 环处盾构下穿京石高速。其中盾构下穿北京西站机务段为特级风险工程，对盾构施工有较高的控制要求，而西希公寓(见图 1-54)、部分市政管线均在其影响范围内，下文将对此风险工程进行详细介绍。

国铁西机务段(图 1-52)，共计 18 条铁路股道，铁路均为碎石道床，机务段内高压、信号、水务、机务等管线密集。盾构隧道下穿京广铁路正线，安全风险等级为特级。该段铁路为我国铁路的主干线路，交通繁忙。盾构隧道施工里程为 K46+600.00～K47+250.00，穿越长度约 650m，隧道覆土 15～17m。盾构以一组约 320m 的半径反向平面曲线穿越国铁北京西机务段(图 1-55)，如果盾构施工控制不好，可能会引起铰接油缸、盾尾处漏水、漏浆，且容易产生超挖从而导致地表沉降过大甚至塌陷。

图 1-49 "六一莲"区间平面图

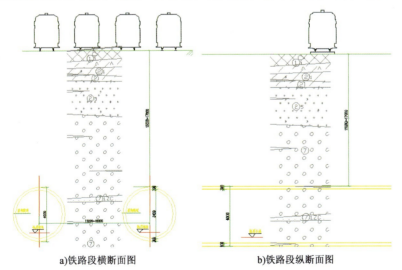

a)铁路段横断面图　　b)铁路段纵断面图

图 1-50 盾构下穿铁路段地层情况

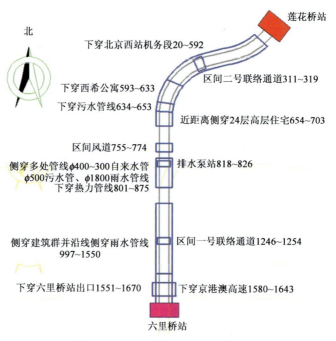

图 1-51 "六—莲"区间左线隧道风险工程示意图

图1-52 国铁西机务段站场

图 1-53 盾构始发后下穿国铁西机务段

图 1-54 盾构下穿西希公寓

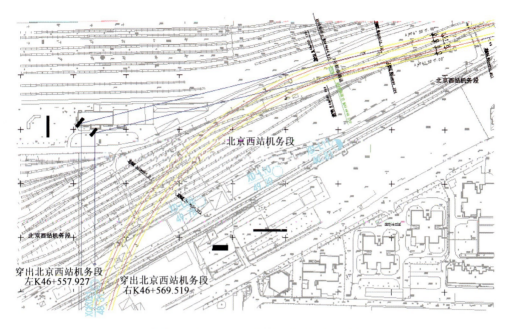

图 1-55　盾构曲线下穿国铁西站机务段示意图

## 1.2.4　大粒径砂卵石与砾岩复合地层中盾构下穿桥梁、河湖

北京地铁 10 号线二期盾构在"公—西"区间南端穿越砂卵石与砾岩复合地层,详细的工程概况、地层情况及风险工程介绍如下。

(1) 工程概况

北京地铁 10 号线二期 12 标段"公—西"区间位于北京市海淀区,线路由公主坟站开始,穿过新兴桥北段,沿西三环北行穿过普惠桥,并在昆玉河南岸向西转向,沿昆玉河南岸前行 800m 后穿越昆玉河到达北岸,再沿昆玉河东岸向北到达西钓鱼台站,如图 1-56 所示。区间起止里

图 1-56　"公—西"区间线路走向图

程为左线 K48+677.4～K50+910.1,长 2232.7m;右线 K48+677.4～K50+951.7,长 2274.3m。本区间段全部为地下段,采用盾构法施工,隧道为两条单洞单线圆形隧道,盾构由公主坟站始发到达区间风井接收,再由区间风井始发到西钓鱼台站接收。

(2)地层情况

本区间段覆土 13～15m,区间南段约 900m 主要穿越砾岩、砾岩与卵石复合地层,如图 1-57 所示,其余段主要穿越卵石地层。区间沿线填土层普遍分布,填土厚度一般约为 2.0～3.5m,局部稍厚,主要为粉土填土层、杂填土层,松散～密实,力学性质差异较大,稳定性差;三环路部分填土厚度达 6.5～7.5m,主要为路基土,压实度较高。本场地人工填土下分布有新近沉积的粉土及粉细砂层,空间分布差异较大,厚度约 1.5～5.0m,中密,稳定性较差。本场地下伏基岩为新生代下第三纪长辛店组($E_2c$)碎屑岩,基岩岩性为巨厚层状杂色砾岩,局部夹薄层～中厚层状棕红色泥岩、砂岩。第三系砾岩、砂岩泥质胶结,胶结程度弱,泥岩具有弱膨胀性,遇水易软化、崩解。区间南段(区间起点～里程约 K49+050)基岩埋深较浅,约 14～18m,为隧道结构的主要持力层,其工程特性分析如下:

①成岩胶结弱,遇水易崩解,耐久性和水稳性极差:第三系砾岩、泥岩成岩时间短,风化程度高,其成岩胶结系数很低,属弱胶结的泥质,其崩解耐久性极差,遭受一次干湿循环便呈泥状破坏。这种泥岩在工程开挖条件下不仅易于产生风化剥落,而且在地表水和地下水的作用下呈泥状破坏。在潮湿环境下施工也会因施工机械的扰动,造成施工场地泥泞不堪,给施工带来困难甚至造成隐患。

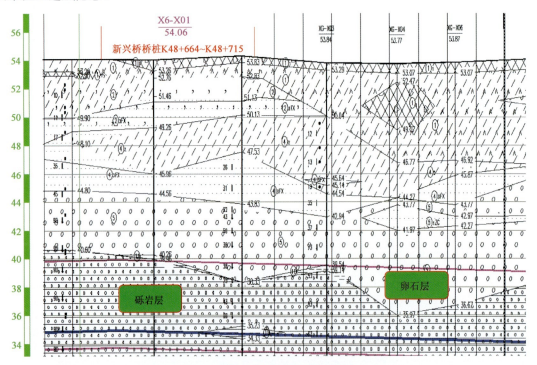

图 1-57 "公—西"区间南段地质剖面图

②砾岩中的砾石和胶结物的强度差异大:砾石本身强度高,通过抗压强度试验,其天然抗压强度普遍大于 100MPa,但其胶结物为泥质,天然抗压强度一般小于 1MPa,遇水后结构完

被破坏,饱和抗压强度很低,一般小于0.1MPa。

③弱膨胀性:岩石的膨胀性指岩石因吸水体积增大的性质,这种岩石在工程开挖条件下,尤其是地表开挖,因环境的干湿交替作用,将产生显著的吸水膨胀作用,伴随着岩石的膨胀和岩石含水量的增加其强度产生强烈衰减,导致岩石工程的变形破坏。同时施工期间由于人为的机械扰动和水的联合作用,也会导致基岩性状的变化,从而造成施工场地和施工环境的恶化,给工程带来危害。

④透水性:基岩的透水性主要取决于其风化强度,在强风化带,风化裂隙发育,基岩具弱透水性,渗透系数1.2m/d,如果其上部为含水层则基岩也必含水;在中等风化或微风化层中基岩风化裂隙不发育,可视为不透水层。

本区间段详细勘察钻孔最大深度45m,揭露地下水一层,地下水类型为潜水(二)。潜水(二)赋存于卵石⑦层、⑨层及中粗砂⑦$_1$层中,根据掌握的资料,该层地下水位在近3~5年内几乎没有较大的动态变化,沿线水位变化主要受含水层下伏的隔水层粉质黏土⑧层的起伏变化影响,地下水位在隧道底板以下。

(3)主要风险工程

北京地铁10号线二期"公—西"区间盾构从公主坟站始发,在西钓鱼台站接收,如图1-58所示,沿线主要风险工程有:0~227环处盾构长距离下穿新兴桥桥桩及多处市政管线,347~385环处盾构下穿普惠桥,972~1110环处盾构盾构长距离下穿和侧穿楼房群,1118~1155环处盾构下穿5层楼房,1377~1614环处盾构长距离下穿昆玉河、1685~1718环处盾构侧穿桥梁。

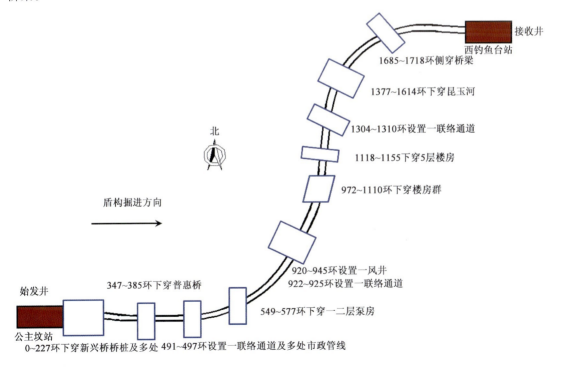

图1-58 盾构区间左线隧道风险工程示意图

①盾构下穿新兴桥

盾构区间左右线各下穿新兴桥匝道异型板桩基,共两根桩,隧道顶板距离桥桩约2.7m,该处地质为风化砾岩11层,地层情况如图1-59所示。采用托换专项设计。即在隧道穿越前,先对桩基础进行托换,废除被托换桩基后,盾构隧道再行下穿通过,并在托换过程中对周围2根桩进行加固保护。托换前桩的承台为东西走向,托换后桩承台为南北走向,距隧道外轮廓最近距离为0.5m。桩基托换施工情况如图1-60和图1-61所示。

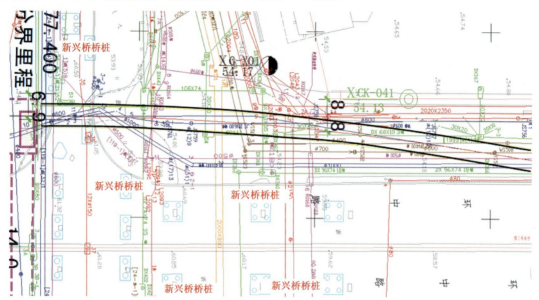

图1-59 盾构下穿新兴桥区域位置示意图

图1-60 托换桩施工

图1-61 周边桩的保护

②盾构下穿普惠桥

盾构下穿三环路普惠桥(挡土墙基础、简支板桥),该处穿越地层主要为卵石层,如图1-64。在下穿普惠桥之前需对盾构设备进行全面检修,使盾构处于良好工作状态,保证盾构匀速、连续掘进,确保盾构施工在影响范围不停机,并根据试验段的情况,调整、优化盾构推进参数。普惠桥下有2000mm×1800mm雨水方沟,如果施工不当很容易造成桥身的沉降过大,现场情况如图1-62和图1-63所示。

图 1-62 普惠桥

图 1-63 普惠桥路面情况

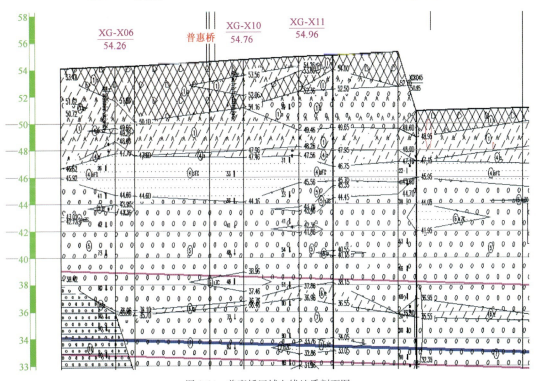

图 1-64 普惠桥区域左线地质剖面图

③盾构下穿昆玉河

盾构下穿昆玉河河底范围长约 200m，区间隧道顶板距离河底间距 6~7m，区间隧道与昆玉河的相互位置关系如图 1-65 所示，盾构隧道穿越地层主要为卵石⑦层，如图 1-66 所示。现场情况如图 1-67 所示。

### 1.2.5 中—小粒径无水砂卵石地层中盾构下穿昆玉河

(1) 工程概况

北京地铁 10 号线二期 17 标"火—终"区间，位于北京城区西北部北京平原区永定河冲洪积扇内，沿线地形基本平坦，地面略有起伏。区间起始里程为 K55+952.613，终点里程 K57+047.701，区间隧道总长 1095.086m。本段区间线路呈南北转东走向，从火器营站沿昆玉河西侧蓝靛厂南路向北,至北四环南侧大片绿化带后下穿昆玉河,区间过河后沿巴沟村路向东到达二期终点(具体情况见图1-68),沿线市政道路地下分布密集的上下水、热力、通信及燃气等管线,错综复杂,对线路施工有一定影响。

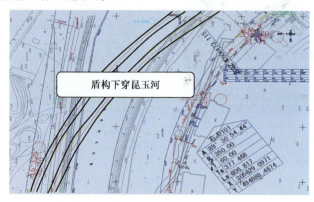

图1-65 盾构隧道与昆玉河相互位置关系

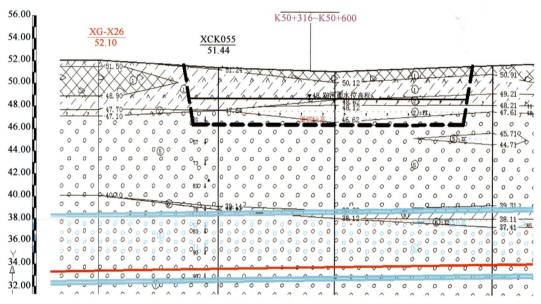

图1-66 昆玉河区域地质剖面图

图1-67 盾构下穿昆玉河地表实景图

区间隧道平面里程 K56+562.04 处结合区间排水泵站设置区间防灾联络通道,在里程 K56+900 处设盾构井,采用明挖法施工,盾构井之间采用盾构施工。

(2) 地层情况

"火—终"(即一期起点)场区内除有填土及新近沉积土层分布外无湿陷性黄土、膨胀土、风化岩及残积土等特殊性岩土分布。勘察揭露地层最大深度为 46m,根据钻探资料及室内土工试验结果,按地层沉积年代、成因类型,将本工程场地勘探范围内的土层划分为:人工堆积层,主要为连续分布的粉质填土、杂质填土;第四纪新近沉积冲洪积层,主要为连续和透镜体分布的粉土、粉质黏土、黏土、粉细砂和圆砾;第四纪晚更新世冲洪积层,主要为卵石圆砾、中粗砂、粉质黏土、黏土、粉土、细中砂和卵石。

图 1-68 "火—终"区间线路图

为进一步查清地层情况,在"火—终"区间内挖设 HWQT01 人工探坑一个,揭示土层见图 1-69 及图 1-70。区间隧道埋深 7~14m,探坑揭示隧道穿越地层情况见表 1-3。

盾构隧道穿越地层情况　　　　　表 1-3

| 埋深 (m) | 土层情况 |
| --- | --- |
| 6.8~8.0 | 粒径 100~200mm,86 块,53.4kg。粒径 200~300mm,2 块,7.3kg,最大 260mm,砂岩、砾岩 |
| 8.0~9.2 | 粒径 100~200mm,84 块,48.5kg,最大 180mm,砂岩、砾岩 |
| 9.2~10.4 | 粒径 100~200mm,84 块,45kg,最大 170mm,砂岩、砾岩 |
| 10.4~11.6 | 粒径 100~200mm,75 块,39kg,最大 170mm,砂岩、砾岩 |
| 11.6~12.8 | 粒径 100~200mm,159 块,117.5kg。粒径 200~300mm,2 块,4.9kg,最大 230mm,砂岩、砾岩 |
| 12.8~14.0 | 粒径 100~200mm,159 块,145kg。粒径 200~300mm,3 块,9.6kg,粒径 300~400mm,1 块,5kg,最大 320mm,砂岩、砾岩 |
| 14.0~15.2 | 粒径 100~200mm,79 块,58.9kg,最大 190mm,砂岩、砾岩 |

图 1-69 现场人工探井土层照片(一)

本区间段主要受昆玉河影响,线路赋存两层地下水,地下水类型分别为上层滞水和潜水。其中上层滞水水位埋深为 1.8m,水位高程为 51.40m,含水层为杂填土层;潜水水位埋深为 19.7～21.0m,水位高程为 30.26～31.94m,含水层为粉土层及细中砂层,主要接受侧向径流及越流补给,以侧向径流方式排泄,含水层较薄,厚度约 0.4～0.6m,水量很小。综合调查水井的资料,结合工程地质剖面图,场地内存在层间潜水,埋深为 24.20～31.00m,水位高程为 24.28～27.15m,含水层为卵石层。

图 1-70 现场人工探井土层照片(二)

(3)主要风险工程

"火—终"区间沿线主要风险工程有:136～161 环处盾构旁穿银燕小学体育场、286～353 环处盾构下穿市交通局海淀管理处、595～653 环盾构长距离下穿昆玉河。"火—路"区间左线隧道走向图见图 1-71。

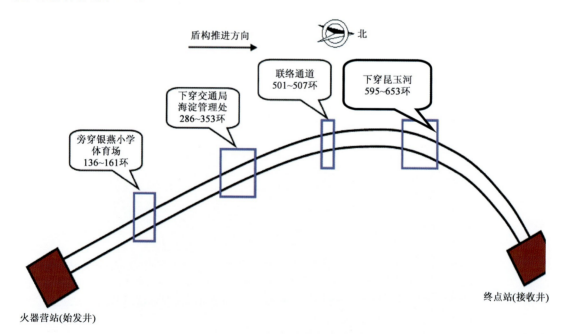

图 1-71 "火—终"区间左线隧道走向图

盾构隧道在里程范围为 K56+650～K56+720 处下穿昆玉河，盾构始发后由东向西下穿蓝靛厂北路后下穿昆玉河，昆玉河与隧道的平面位置关系如图 1-72 和图 1-74 所示，隧道顶部与昆玉河底部距离 7.9m。昆玉河底板为混凝土结构，渠底未设置防水层。整条区间临近昆玉河，最近处为 7.0m 左右。盾构隧道主要穿越卵石层。隧道上覆土层从上到下依次为杂填土、粉土填土、粉质黏土、粉土、粉细砂、卵石，地下水位距离隧道顶部约 8m，如图 1-73 所示。

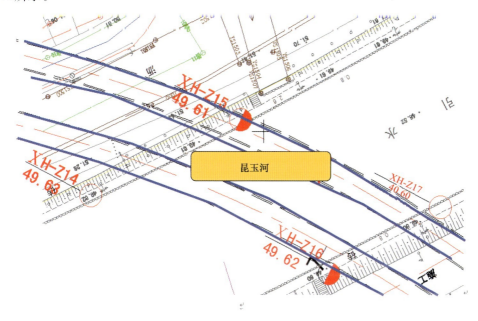

图 1-72 "火—终"区间隧道与昆玉河平面位置关系

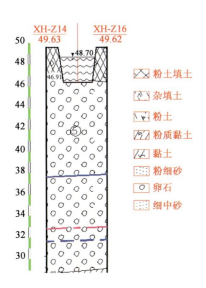

图 1-73 昆玉河区段地质剖面图

图 1-74 昆玉河湖面情况

## 1.3　北京地铁10号线二期盾构施工主要技术难题

### 1.3.1　沿线地层的复杂多变性

由北京地铁10号线二期线路走向(图1-3)可知,10号线二期长距离、跨区域的分布特征决定了盾构隧道穿越地层的复杂多变性,其中盾构区间穿越地层种类繁多、几乎涵盖了北京地区的所有典型地层以及它们之间的复合地层,如粉质黏土层、粉细砂层、粉土层、砂卵(砾)石层(小、中、大粒径)、砾岩地层。不仅整条线路存在多种典型地层,而且各个区间不同位置地层条件变化也存在多变性,以"公一西"区间为例,区间不同位置包含了全断面砾岩地层、卵砾石与砾岩复合地层、全断面卵砾石地层、卵砾石与粉细砂复合地层,这种地层复杂多变,大大增加了盾构施工的不确定性,给工程增加了风险。

### 1.3.2　风险工程的多样性

风险工程是整个盾构区间隧道施工中的重点和难点,如何选择合理的盾构施工参数,保证盾构隧道在具体风险点处穿越时的安全是建立安全风险管理体系的核心和关键。就工程施工本身而言,风险是指在在项目实施过程中可能造成损失,或导致项目结果偏离预期目标的不确定性因素,具有普遍性、随机性、可变性、相对性,可分割、可转移、可利用等特征[5~7]。

北京地铁10号线二期不仅地层条件复杂,而且风险工程也是多种多样,如表1-4所示,风险工程主要有市政管线(雨水、污水、上水、热力、燃气)、建(构)筑物、河流、道路、桥梁、铁路等,几乎涵盖了目前北京城市地下工程修建过程中可能遇到的所有重大风险工程。

北京地铁10号线二期盾构区间主要风险工程概况　　　　　　　　表1-4

| 标段 | 区间 | 各级风险工程统计 | | | | 风　险　工　程 |
|---|---|---|---|---|---|---|
| | | 特级 | 一级 | 二级 | 三级 | |
| 01标 | 潘一十区间 | | | 7 | 4 | 二级:汽车科贸中心、华威桥、过街天桥、船舶重工酒店、$\phi1200$上水管线、$\phi2150$电力管线、$\phi1750$雨水管线;<br>三级:2条热力管线、电力管线、东三环等 |
| 02标 | 十一分区间 | | | 4 | 3 | 二级:云龙金阁大饭店、低层房屋、$\phi1200$上水管、$1000\times1400$污水管<br>三级:侧穿分钟寺桥、雨水管、电力管等 |
| | 分一成区间 | | | 1 | | 二级:低层房屋 |
| 05标 | 石一大区间 | | | 12 | 3 | 二级:高庄118号2层建筑、北京站点物流平房建筑、高庄1号永6建筑、国药北京采购站附属用房、北京正天兴毛皮批发市场2层建筑及4幢平房、四幢临2建筑、雨水管、污水管(2条)、污水管涵、雨水箱涵、凉水河;<br>三级:盾构侧穿国药北京采购站仓库、污水管、侧穿大红门桥等 |
| | 大一角区间 | | | 1 | 4 | 二级:$\phi300\sim\phi1000$雨水管;<br>三级:盾构侧穿鑫宝苑1#楼、污水管、燃气管、上水管等 |

续上表

| 标段 | 区间 | 各级风险工程统计 特级 | 各级风险工程统计 一级 | 各级风险工程统计 二级 | 各级风险工程统计 三级 | 风 险 工 程 |
|---|---|---|---|---|---|---|
| 07标 | 角一角区间 | | | 9 | 3 | 二级：角门路7号院2号与3号楼、角门路9号院3号楼、污水管、旱河、上水管(2条)、雨水管(2条)、蓝天祥云汽车修理场；<br>三级：盾构侧穿银杏园宾馆、西马场北里14号楼、晨新园小区17号、18号、26号、27号楼 |
| 07标 | 角一草区间 | | | 7 | 10 | 二级：污水管(2条)、雨水管(2条)、十字形热力管沟、燃气管、草桥欣园三区1号楼；<br>三级：盾构侧穿嘉园三里乙1号、嘉园三里甲1号、嘉园三里3～6号楼、星河城夏季星空、草桥东路16号院、上水管、恋日家园、草桥欣园三区2号楼、草桥欣园四区1号、9号楼等 |
| 08标 | 草一纪区间 | | 1 | 9 | 7 | 一级：京九铁路；<br>二级：马草河东侧永建、马草河、京开高速两侧燃气与大型电力管涵管线、京开高速两侧给水与雨水管线、京开高速、东方家园建材市场东侧永建、玉泉营和东方家园建材市场、京沪高铁桩基、纪家庙亿鹏苑小区4、5、11号楼；<br>三级：雨水管、燃气管、污水管、上水管、侧穿玫瑰花园桥、纪家庙1号西侧永建等 |
| 08标 | 纪一樊区间 | | | 2 | 3 | 二级：纪家庙多处平房、雨水管；<br>三级：雨水管、污水管、上水管等 |
| 08标 | 樊一丰区间 | | | 2 | 7 | 二级：刘家村多处平房、雨水管涵；<br>三级：樊家村中心小学永4建筑、南大元300号院1号楼、污水管涵、上水管、燃气管、污水管、电信管等 |
| 10标 | 丰一前区间 | 1 | 2 | | 1 | 特级：京广、京沪高铁；<br>一级：北京铁路局丰台建筑段宿舍楼、新丰草河；<br>三级：污水管 |
| 10标 | 前一西区间 | | | 2 | 5 | 二级：前泥洼一区3号楼、前泥洼一区1号、2号楼；<br>三级：盾构侧穿前泥洼一区6层建筑、盛鑫嘉园3号和4号楼、上水管、雨水管、燃气管等 |
| 11标 | 西一六区间 | | | 12 | 2 | 二级：建筑(2个)、迪斯康特购物中心、高压电塔、污水管(2条)、雨水管(4条)、煤气管、上水管；<br>三级：污水管、电力管等 |
| 11标 | 六一莲区间 | 1 | 2 | 13 | 6 | 特级：北京西机务段铁路；<br>一级：近距离穿24层高层住宅、西希公寓；<br>二级：雨水管(6个)、污水管(2个)、上水管、建筑(2个)、六里桥站出入口；<br>三级：热力管、污水管、热力管、近距离穿6层办公楼、雨水管(2个)等 |
| 12标 | 公一西区间 | | 1 | 16 | | 一级：楼房；<br>二级：桥桩、东三环主路、雨水管(2条)、燃气管(2条)、污水管(2条)、上水管(2条)、热力管、普惠桥、雨水方沟等 |

续上表

| 标段 | 区间 | 各级风险工程统计 | | | | 风险工程 |
|---|---|---|---|---|---|---|
| | | 特级 | 一级 | 二级 | 三级 | |
| 12标 | 西—慈区间 | | 2 | 2 | 14 | 一级:八里庄1~2层房屋、玲珑塔公园内海淀区园林局平房;<br>二级:昆玉河、八里庄跨河桥桥区;<br>三级:多条市政管线等 |
| 16标 | 车—长区间 | | 2 | 3 | 24 | 一级:高压塔(2条);<br>二级:长河南路天桥桥桩(2个)、雨水箱涵;<br>三级:多条市政管线等 |
| 17标 | 长—火区间 | | | 3 | 8 | 二级:关帝庙、水源井、雨水管、娱乐园;<br>三级:多条市政管线等 |
| | 火—终区间 | | | 3 | 20 | 二级:交通局海淀管理处永久用房、昆玉河、空军指挥学院人行天桥;<br>三级:多条市政管线等 |
| 合计 | | 2 | 10 | 108 | 124 | — |

注:17标长—火区间娱乐园为盾构施工前新建环境风险,建议风险等级为二级。

## 1.3.3 盾构选型的多元性

盾构选型通常以工程地质、水文地质为主要依据,综合考虑隧道断面尺寸、施工长度、隧道埋深、线路曲率、沿线地形、风险工程等级及分布特征对地面变形的控制要求,同时考虑工期、环保等因素,并参考国内外已有盾构工程实例及相关的施工技术规范及相关标准,对盾构类型、刀盘结构形式、刀具布置及辅助设备的配置等进行比选[8-27]。由于北京地铁10号线二期沿线地层的复杂多变性和风险工程的多样性,直接导致了盾构选型的多元性,工程涉及的土压平衡盾构几乎包含了目前世界上所有的主流TBM/盾构制造厂商的设备,非常具有代表性,而且刀盘结构形式也是目前常用的面板式、辐条式以及面板辐条式三种,各区间盾构选型情况如表1-5所示。

**各区间盾构选型情况** 表1-5

| 区间 | 区间长度 | 盾构 | 刀盘(开口率) | 刀具布置 |
|---|---|---|---|---|
| 潘—十 | 870m/725环 | 海瑞克 | 面板辐条式(45%) | 中心刀1;齿刀56;先行刀76<br>周边刀16;鱼尾刀5 |
| 十一分 | 左线:1610m/1342环 | 奥村 | 辐条式(60%) | 中心刀1;刮刀45<br>先行刀50;仿形刀2 |
| | 右线:1610m/1342环 | 石川岛 | 辐条式(67%) | 中心刀1;刮刀45<br>先行刀50;仿形刀2 |
| 分—成 | 823m/686环 | 奥村 | 辐条式(60%) | 中心刀1;刮刀45<br>先行刀50;仿形刀2 |

续上表

| 区间 | 区间长度 | 盾构 | 刀盘(开口率) | 刀具布置 |
|---|---|---|---|---|
| 石—大 | 左线:1085m/904 环 | 小松 | 面板辐条式(45%) | 中心刀 1;刮刀 35<br>先行刀 60;仿形刀 2 |
| 大—角 | 左线:893m/744 环 | 小松 | | |
| | 右线:824m/687 环 | | | |
| 角—角 | 1015m/846 环 | 小松 | 辐条式(60%) | 中心刀 1;刮刀 35<br>先行刀 60;仿形刀:2 |
| 角—草 | 1461m/1218 环 | | | |
| 草—玉 | 左线:1332m/1110 环 | 海瑞克 | 面板式(32%) | 滚刀 27;中心滚刀 2;刮刀 12;<br>齿刀 46;撕裂刀 46;仿形刀 1 |
| | 右线:1332m/1110 环 | 日立 | 辐条(63.6%) | 中心刀 1;刮刀 102<br>先行刀 30;仿形刀 2 |
| 玉—樊 | 958m/798 环 | 小松 | 面板辐条式(45%) | 中心刀 1;刮刀 35<br>先行刀 60;仿形刀 2 |
| 樊—丰 | 左线:844m/704 环 | 法马通 | 面板式(34%) | 中心刀 1;刮刀 82<br>先行刀 48;仿形刀 2 |
| | 右线:829m/691 环 | | | |
| 丰—前 | 左线:445m/371 环 | 石川岛 | 辐条式(60%) | 中心刀 1;刮刀 105;滚刀 6;<br>先行刀 30;仿形刀 2 |
| | 右线:440m/367 环 | | | |
| 前—西 | 382m/318 环 | | | |
| 西—六 | 1298m/1082 环 | 海瑞克 | 面板式(32%) | 双刃滚刀 2;贝壳刀 18<br>中心仰角刀 1;边刮刀 28 |
| 六—莲 | 2004m/1670 环 | | | |
| 公—西 | 2204m/1837 环 | 中铁装备 | 面板式(38%) | 滚刀 27;中心滚刀 2;刮刀 12;<br>齿刀 46;撕裂刀 46;仿形刀 1 |
| 西—慈 | 左线:1034m/862 环 | 海瑞克 | 面板式(32%) | 双刃滚刀 2;贝壳刀;18<br>中心仰角刀;1;边刮刀;28 |
| | 右线:1032m/860 环 | 拉瓦特 | 面板式(38%) | |
| 车—长 | 左线:743m/619 环 | 日立 | 辐条式(63.6%) | 中心刀 1;刮刀 90<br>先行刀 84;仿形刀 2 |
| | 右线:750m/625 环 | | | |
| 长—火 | 614m/512 环 | | | |
| 火—终 | 左线:964m/803 环 | 日立 | 辐条式(63.6%) | 中心刀 1;刮刀 90<br>先行刀 84;仿形刀 2 |
| | 右线:940m/783 环 | | | |

### 1.3.4 盾构施工控制性参数的多变性

盾构施工控制性参数(刀盘扭矩、盾构推力、土压力、刀盘转速、推进速度、贯入度等),在盾构施工过程中直接、全面的反应地层力学特性和设备的地层适应性,而且盾构控制性参数还受风险工程的分布特征、等级等因素的影响[28-32]。北京地铁10号线二期盾构区间具有沿线地层复杂多变性、风险工程多样性及盾构选的多元性特征,必然决定了关键控制性参数的多变性,大大增加了盾构施工的难度。因此,一条线、一个标段、一个区间均不能按照原先设定的盾构参数一成不变的进行施工,施工过程中必须根据地层条件、风险工程的地表沉降控制要求,及时对控制性参数进行调整,降低盾构施工的不确定性因素,避免事故的发生。

### 1.3.5 重大风险工程的高难度特点及其对盾构施工的特殊要求

北京地铁10号线二期工程盾构区间中重大风险工程多、难度大。

(1)中～大粒径砂卵石地层中盾构长距离下穿铁路

北京地铁10号线穿越的砂卵石地层是一种典型的力学不稳定地层,颗粒之间的孔隙大,几乎没有黏聚力,砂卵石地层在无水状态下,颗粒之间点对点传力,地层反应灵敏,盾构周围地层成拱性极差。刀盘旋转切削时,如果没有一定的土压力做保障,地层很容易破坏原来的相对稳定或平衡状态而产生坍塌,引起较大的围岩扰动,使开挖面失去稳定,控制不好会导致地表塌陷。列车运行对沉降、隆起和铁轨间的差异沉降有着特殊严格的要求,即使是微小的变化都可能会对列车安全运行构成灾难性的影响,北京西站货场就是明显的例子。

(2)小～中粒径砂卵石地层中盾构长距离下穿平房群。

北京地铁10号线二期平房群绝大部分为20世纪70年代以前建筑,还存在部分100年以上清代建筑,结构主要以砖木、砖混为主,外观古老陈旧,多数存在墙体开裂、墙皮脱落等现象,有些房屋本身已经存在比较严重的安全隐患,属于不宜居住的房屋类。由于这些房屋所处地理位置特殊,地层条件复杂,对其进行必要加固的条件也不具备,大部分平房实施变形监测都相当困难,这给地铁区间的盾构施工带来了极大的困难和风险。与传统的浅埋暗挖法相比,盾构工法引起的地层移动和地面沉降量相对较小,而且生产过程便于控制和管理,因此下穿城市中心区域的古旧老式平房一般首选盾构法施工。但是盾构施工过程中也同样无法完全避免地面沉降的产生,而且开挖土体时会产生较大的震动,且越是砂卵石地层,震动越大,这些震动影响平房的稳定性而且房屋内的人员也会感到不适。

(3)砂卵石地层中盾构长距离下穿河湖

盾构下穿河流时最常见问题是盾构刀盘前方与河底贯通,导致河水从土压平衡盾构螺旋排土器倒灌至隧道,引发事故。北京地铁10号线二期盾构多次下穿昆玉河,河床距离隧道顶小于10m,且盾构开挖地层为全断面砂卵石地层,粒径大中小均存在,颗粒之间黏聚力小,盾构施工时的地层沉降(隆起)可能引起河床底部开裂,在排土口、盾尾处可能出现涌水、涌沙现象;同时,盾构在不同区间下穿昆玉河时均在曲线段,纠偏控制难度大,对盾构姿态控制要求高,掘进参数要求精。

(4)砂卵石地层中盾构下穿道路、桥梁

北京地铁10号线二期盾构区间下穿的道路和桥梁多数为主干路,车流量大,对地层变形和沉降控制要求高,一旦盾构施工引起的沉降超限或者控制不当引发地表塌陷,极易引发重大交通事故,不仅会带来巨大的经济损失,同时会造成恶劣的社会影响。

因此,地层条件的特殊性和重大风险工程的高难度特点决定必须对盾构在砂卵石地层中下穿各种重大风险工程提出特殊要求,采取特殊的措施:

①根据现场工程实际情况,提前对重大、高危风险工程采取切实可行的保护措施,确保盾构穿越过程中重大风险工程的安全。

②由于铁路、道路、桥梁、平房群等区域不具备加固或施工检修井进行换刀等的条件,在下穿此类重大风险工程之前,应进行试验段掘进,在试验段中将各项盾构参数调至最佳;同时,盾构下穿之前,必须进行设备检修,确保盾构以最佳状态下穿重大风险工程。

③建立完善的预警预报、风险管控及应急措施,确保施工过程安全。

# 第2章 典型地层工程特性及其空间分布规律

## 2.1 土砂复合地层工程特性及空间分布规律

### 2.1.1 粉细砂层工程特征

根据实际遇到的粉细砂地层状况,结合地铁工程的特点,总结得出北京地铁盾构穿越粉细砂层工程特性为:

(1)无水状态的粉细砂层及黏粒含量低的砂层呈松散状态,即挖即塌。

(2)有水或潮湿状态下的粉细砂层具有瞬间的自稳定性。

(3)粉细砂层石英含量较高。

(4)粉细砂层一般摩擦阻力大、渗透性好,在盾构推进压力下水分很快排出,土体强度提高,因此不仅盾构推进摩擦阻力大,而且开挖面土压力也比较大,常会导致刀盘扭矩和总推力不足。

(5)对施工扰动的敏感性极强,自盾构开挖面扰动处向外即时传递变形。

### 2.1.2 粉质黏土层工程特征

北京地铁10号线二期盾构穿越粉质黏土的地层主要为位于北京城区西南部的"潘家园—十里河站"、"十里河站—分钟寺站"及"分钟寺站—成寿寺站"三个盾构区间,粉质黏土、黏质粉土层的主要工程特性可以归纳为以下几点:

(1)无水状态的粉质黏土、黏质粉土层,尤其是粉质黏土,自稳性好,盾构在无水粉质黏土层中掘进甚至可以直接开舱检查。

(2)含水状态的粉质黏土、黏质粉土层,开挖扰动后易呈"稀泥"状。

(3)与砂层比较,对施工扰动的敏感性相对不强,自盾构开挖扰动处向外的变形传递有一定的滞后性。

(4)盾构开挖时,易结"泥饼",刀盘黏附导致阻力增大和螺旋输送机的黏附堵塞。

### 2.1.3　土砂复合地层的空间分布规律

(1)"潘—十"区间

"潘—十"区间盾构穿越地层主要为粉细砂与粉质黏土组成的土砂复合地层,整个区间土砂复合地层分布并不均匀,不同区段分布特征差异较大。区间隧道出潘家园站后前 150m 左右区段主要为粉细砂与粉质黏土互层,隧道顶板和中部区域分布有两层粉细砂,而隧道底板位置则主要为粉质黏土层;随着隧道向十里河站方向不断延伸,隧道的中部区域穿越地层变为两层,上部为粉细砂,中下部则为粉质黏土层;区间隧道靠近十里河站的 500m 区段内则主要以粉细砂层为主,粉细砂层位于隧道的顶板与顶部区域,隧道中部夹杂粉质黏土,局部区域则为全断面砂层。

(2)"十—分"区间

根据"十—分"区间盾构穿越土砂复合地层的分布情况,可以将其分为两大类:

①K26+470～K27+470 区段:盾构隧道穿越的土砂复合地层以粉质黏土为主,粉细砂层主要分布在隧道顶板附近。

②K27+470～K28+080 区段:盾构隧道穿越的土砂复合地层以粉细砂层为主,粉质黏土主要分布在隧道顶板附近。

(3)"分—成"区间

"分—成"区间盾构隧道穿越的土砂复合地层分布较为规律,隧道开挖断面顶板以上 4～5m 区域主要为粉细砂层,隧道顶板以下 1～2m 区域范围内主要为粉质黏土层,其余为粉细砂地层。

## 2.2　砂卵石及其与砾岩复合地层工程特性及空间分布规律

### 2.2.1　砂卵石地层工程特征

北京地铁 10 号线二期大部分盾构区间主要分布在北京城区的南部、西南部和西部区域,由北京地区的地层特征可知在西部的各大河流冲洪积扇顶部及上部以厚层砂土和卵、砾石地层为主。因此,北京地铁 10 号线二期有"角门东站—角门西站"、"草桥站—玉泉营站"、"樊家村站—丰台火车站"、"樊家村—玉泉营站"、"六里桥站—莲花桥站"、"西局站—六里桥站"、"公主坟站—西钓鱼台站"、"西钓鱼台站—慈寿寺站"、"车道沟站—长春桥站"、"长春桥站—火器营站"、"火器营站—终点"等盾构区间穿越砂卵石地层,总结其工程特征,可归纳为如下几点:

(1)卵砾石呈多态分布,有④、⑤、⑦等几种类型的卵砾石存在。

(2)圆砾、卵石的④、⑤多为无水圆砾/卵石,⑦为地下水环境中的卵石层,渗透系数较大。

(3)④、⑤、⑦层为具有一定级配的松散堆积层,颗粒间几乎没有胶结。

(4)级配较好的砂卵石地层自稳性较好。

(5)砂卵石地层含砂率在 25%～40% 之间。

(6) 自我稳定性较好的砂卵石层对盾构施工扰动的敏感性相对不强,自盾构开挖扰动处向外的变形传递有一定的滞后性。

(7) 盾构掘进时,密封舱内建立土压平衡比较困难,甚至出现无法实现土压平衡的情况;大粒径砂卵石地层刀盘、刀具切削、破碎困难,切削下来的渣土塑性流动性差,螺旋输送机排土困难;刀盘、刀具、密封舱内壁及螺旋输送机磨损严重。

### 2.2.2 砂卵石地层磨蚀性分析

盾构施工中常遇到砂卵石地层,而砂卵石地层的特点是卵石粒径大、粒径不均匀、含砂量小、强度高,并具有高磨蚀性,容易导致刀盘、刀具的严重磨损,以致施工过程中换刀频繁,造成工程成本和风险增加,并经常涉及到设备供应商和施工单位之间的赔偿纠纷问题。因此,针对砂卵石地层开展盾构刀具磨损的研究就显得十分必要。

磨蚀性普遍是指金属器具(盾构刀具、钻孔钻头等)与岩石或土体作用时,由于其具有不同的物理和力学特性而对金属器具产生的一定程度的磨损。磨损分为初次磨损和二次磨损。初次磨损是指在掘进过程中滚刀、刮刀以及刀盘与掌子面直接接触造成的磨损;二次磨损是指掌子面和被剥落的土体对刮刀、滚刀侧面、滚刀刀座及螺旋输送机造成的非常规磨损,这些磨损情况如图 2-1 所示。

a) 砂卵石土体

b) 磨损后的齿刀

c) 磨损后的外围刮刀

d) 磨损后的双滚刀

图 2-1 砂卵石地层中盾构刀具的非常规磨损

研究砂卵石地层的磨蚀性在国内外还属于一个新的领域,但是对岩石的磨蚀性研究在硬岩隧道中已经有很长的历史。Bruland[33-34]根据岩石与钨碳合金磨蚀后丢失的质量计算了岩石的磨蚀系数。Boehme(German Industry Norm 52108)[35]根据测试岩石在铁板上被磨蚀后损失的厚度 $\Delta L$ 和体积 $\Delta V$,对岩石的磨蚀等级进行划分。但以上试验方法由于缺少相对应的比较值以及在操作过程中过于繁琐而很少被使用。近年来,Cerchar(1986)[36]提出的CAI(Cerchar Abrasivity Index)岩石磨蚀性试验在世界范围内得到了广泛应用。试验通过钢针在岩石表面划动10mm后测得的钢针磨蚀尺寸定义其磨蚀性。Thuro and Plinninge[37]通过利用岩石等效石英含量与单轴抗压强度的乘积,提出岩石的磨蚀系数值RAI(Rock Abrasity Index)。Nilsen et al. (2006)[38-39]中的磨蚀方法只对颗粒粒径小于1mm的砂土进行了说明。国内张明富等[40]利用最小二乘法对刀具磨损监测数据进行回归分析,建立了刀具磨损系数与盾构参数之间的回归表达式。管会生等[41]推导了刀具寿命和磨蚀系数之间的关系,提出了延长刀具使用寿命的方法建议。宋克志等[42]以北京地铁为例,验证了通过泡沫添加剂可大大降低刀盘、刀具的磨损。

已有的文献表明,研究主要集中在硬岩地层的磨蚀性和减少刀具磨损的措施上,国内外针对卵石地层磨蚀性的试验较少,更没有形成具体规范。以北京地铁10号线二期砂卵石为试验样本,开展筛分试验、LCPC试验及CAI磨蚀试验,利用岩石等效石英含量EQC(Equivalent Quartz Content)、CAI和LCPC(Laboratoire Central des Ponts et Chaussees)等磨蚀试验方法,针对北京地区砂卵石地层,建立各试验磨蚀系数之间的关系,并从砂卵石的物理、力学特性方面对其磨蚀性进行系统的量化分析研究,为北京市地铁盾构刀盘选型及刀具布置提供合理依据和建议。

1)北京砂卵石地层筛分试验

本次选取北京地铁10号线二期地铁施工现场约15～20m深处的卵石样本。通过5组样本筛分试验可以看出:选取的第一、四组砂卵石为相对均匀土体,级配良好,土体密实度较好,卵石质量约占总质量的60%;第二、三、五组样本的平均粒径较大,卵石质量约占总质量的90%;详细结果见图2-2、图2-3及表2-1中计算的土体的不均匀系数 $C_u$ 和曲率系数 $C_c$。因此,样本颗粒级配的多样性给北京砂卵石地层的磨蚀性研究增加了困难,但也为我们研究的重要性奠定了基础。

5组样本的不均匀系数 $C_u$ 和曲率系数 $C_c$    表2-1

| 样 本 | 有效粒径 $d_{10}$ | 限定粒径 $d_{60}$ | 不均匀系数 $C_u$ | 曲率系数 $C_c$ |
|---|---|---|---|---|
| 1 | 0.65 | 12 | 18.5 | 1 |
| 2 | 1.2 | 20 | 16.7 | 1.8 |
| 3 | 3.5 | 30 | 8.6 | 3.1 |
| 4 | 2 | 7 | 3.5 | 1.2 |
| 5 | 0.9 | 20 | 22.2 | 5.6 |

图 2-2　北京卵石土体及大粒径漂石

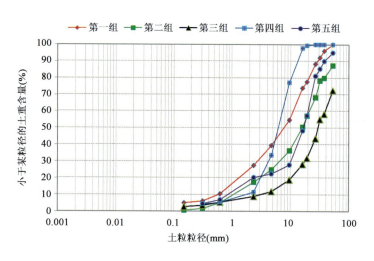

图 2-3　5 组样品的筛分级配曲线

2）LCPC 磨蚀性试验

（1）试验简介

LCPC 试验[43]是由法国 d'Etudes et des Recherches des Charbonages 中心发明，唯一能对不同粒径级配的混合土体进行磨蚀性研究的方法。其试验仪器在法国规范中有详细描述，试验仪器由一个主电机组成，通过皮带、轴承将圆柱形钢棍与一个 5mm×25mm×50mm 尺寸的钢片（Rockwell B 60-75）相连接，如图 2-4 所示。

试验时,将钢片浸入一个长 100mm、宽 93mm 的容器槽内,并装入质量为 500±2g 的干燥样品,钢片将在容器槽内以 4500r/min 的速度旋转 5min。按照 LCPC 试验技术条件要求,试验颗粒粒径必须小于 6.3mm。对于颗粒较大的,需对岩块进行破碎,以达到试验要求。目前对于更大粒径的 LCPC 试验,部分学者也进行了类似的研究,不过由于试验过程繁琐,而且更重要的是缺少试验规范,因此类似的研究还处于初步探索阶段。

图 2-5 显示钢片在试验前后发生了明显变化,钢片侧面磨蚀严重,周边 4 角几乎被磨平,钢片的质量也发生变化。

图 2-4 LCPC 磨蚀试验仪
1-电机;2-钢片;3-容器槽;4-填入槽

通过称量钢片在试验前后的质量差与样本质量的比值,可以求得 LCPC 试验的土体磨蚀性系数 LAC 值(LCPC Abrasiveness Coefficient),作为衡量土体对刀具磨蚀大小的标准,计算公式为:

$$LAC = \frac{(m_{pb} - m_{pa})}{M} \quad (2-1)$$

式中:LAC——磨蚀系数(g/t);
$m_{pb}$——试验前钢片质量(g);
$m_{pa}$——试验后钢片质量(g);
$M$——样品质量(t)。

(2)试验方案

在遵循 LCPC 试验对粒径大小要求的前提条件下,为了研究总结不同土体配比对刀具的磨损程度,本次试验采取对试验样本进行如下加工分类:

①直接采用试验土体中粒径小于 6.3mm、大于 4mm 的样本。

②直接采用试验土体中粒径小于 6.3mm 的样本。

③将整个试验土体破碎,使其粒径小于 6.3mm,采用样本中小于 6.3mm、大于 4mm 的样本。

④将整个试验土体破碎,使其粒径小于 6.3mm,进行试验。

图 2-5 钢片磨蚀前后的比较

以便建立:
①不同颗粒圆滑度与磨蚀性的关系。

②不同强度的砂卵石土体与磨蚀性的关系。
③卵石的易碎性。
(3)试验结果分析
①粒径级配的影响。

方案①、②中,直接采用土体中粒径小于6.3mm的颗粒,几组试验的结果表明,方案①测得的LCPC磨蚀系数LAC值比方案②大,相似情况下也在方案③、④中得到验证,这是由于方案①、③中将样品中小于4mm的颗粒分离出去,导致土体的磨蚀性增大,因此细小颗粒(0～4mm)的含量直接影响了土体的磨蚀性。本次研究对20组土体样本运用回归分析的方法,将不同百分比的细小颗粒在土体中的含量与LAC值进行分析,由图2-6可知,LAC值随着细小颗粒含量的增多而降低,其符合指数函数关系。

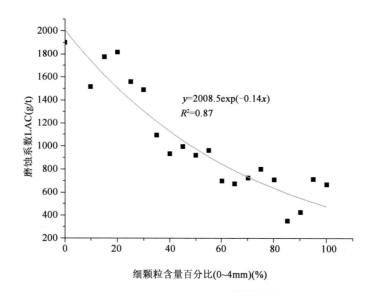

图2-6 细颗粒含量百分比与LAC值的关系

参照图2-3中5组土体限定粒径$d_{60}$,结合整个土体破碎后(粒径<6.3mm)相对应的磨蚀系数LAC平均值,根据图2-7所示结果可以看出,土体中卵石直径越大、占有的比例越多,也就是限定粒径$d_{60}$对应的颗粒直径越大,则LAC值越大,土体的磨蚀性越强,其符合指数函数关系,且具有很好的相关性。这是由于卵石的主要矿物成分为石英、长石和方解石,而且大粒径卵石的密实度较高,结果表明大粒径卵石是决定土体磨蚀性大小的关键因素。

上述2个试验均证明卵石土体中颗粒级配对土体磨蚀性的同规律影响,也说明试验结果的可靠性。

②颗粒圆滑度的影响。

通过样本的筛分曲线可以看出,北京地区砂卵石土体在其形成过程中颗粒粒径跨度范围较大,分选差,结构不规则,粒径圆滑度不均匀。为了对细小颗粒更直观的加以观察分析,找出颗粒圆滑度和磨蚀系数LAC之间的关系,将三组试验土体破碎后使其符合LCPC试验条件(粒径<6.3mm),并借助中国矿业大学(北京)国家重点试验室的工业照相机对土体颗粒进行

扫描放大,按照 TUCKE 分类标准[44]对颗粒圆滑度进行分类,图 2-8 所示为第一组样本在筛选后被分为 4 类,分别是特别圆滑、圆滑、棱角和棱角鲜明。

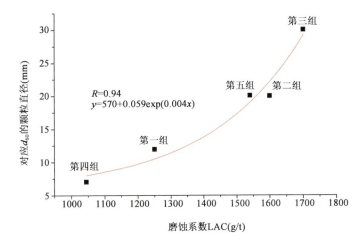

图 2-7　限定粒径 $d_{60}$ 与 LAC 值的关系

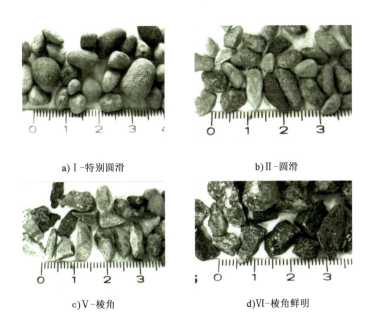

图 2-8　按照 TUCKER 标准对第一组样本进行分类

图 2-9 中是三组样本按照不同颗粒圆滑度进行分类后的 12 组 LCPC 试验。可以看出,颗粒越圆滑,磨蚀性越小,颗粒圆滑度与磨蚀系数 LAC 几乎成线性关系,而且三组土体在圆滑度最好的情况下 LAC 值差别很小,这说明土体中颗粒的圆滑程度也是决定土体磨蚀性大小的关键因素。

③卵石、漂石高强度的影响。

已有经验证明,硬岩隧道 TBM 施工中的刀具磨损不仅仅与岩石本身包含的具有磨蚀性的矿物质有关,还与岩体的单轴抗压、抗拉强度、节理和断层与隧道走向的夹角有关,但对上述各因素与磨蚀系数之间的关系还没有真正地量化表征出来,相关规范更是缺乏。所以对于土体卵石,这方面的研究更少甚至没有,但是从北京地区以往砂卵石地层地铁施工经验可以看出,经常出现的大粒径卵石、漂石使作用在刀具上的力突然加大,超过滚刀和刮刀的额定荷载,致使刀具的磨损突然增加,并且容易发生偏磨和导致滚刀轴承损坏等非常规磨损破坏,致使工期延误和施工成本增加,因此可以断定卵石、漂石的强度与刀具磨损有直接关系。本次研究通过中国矿业大学(北京)的岩石力学试验仪和点荷载强度仪对大粒径的漂石和不规则卵石进行强度试验,并结合LCPC磨蚀试验建立其之间的关系。

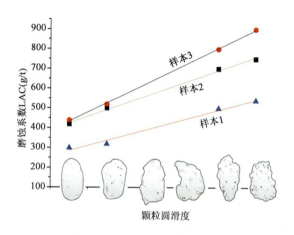

图 2-9 颗粒圆滑度与 LAC 值的关系

根据 5 组单轴抗压试验、13 组点荷载试验结果的统计分析,最大单轴抗压强度为 229.25MPa,最小单轴抗压强度为 57.59MPa,卵石平均单轴抗压强度为 87.5MPa,卵石强度高。图 2-10 给出了不同卵石、漂石强度对应的 LAC 值。

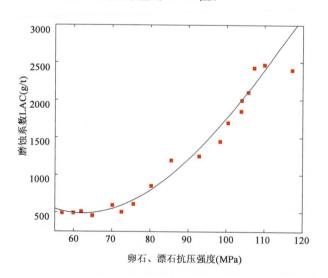

图 2-10 卵石、漂石强度与 LAC 值的关系

分析图 2-10 的曲线可知：卵石强度在 57~75MPa 之间时，LAC 值变化不大，其后随着卵石强度的增加，特别是当卵石强度高于 80MPa 时，LAC 值发生了明显增加，并且增加的速率比较大，即当卵石、漂石强度超过这一临界值后，其磨蚀性迅速增大。结果表明土体中卵石、漂石的高强度也是决定土体磨蚀性大小的一个重要指标。

④卵石易碎性评价。

借助于 LCPC 磨蚀性试验，可以评价砂卵石土体的易碎性 LBC(LCPC Breakability Coefficient)[43-45]。其采用破碎后粒径为 4~6.3mm 的样本，通过计算样本在 LCPC 试验后小于 1.6mm 颗粒的质量占总质量的百分比，计算公式为：

$$\mathrm{LBC} = \frac{100 \cdot M_{1.6}}{M}\%  \tag{2-2}$$

式中：$M_{1.6}$——LCPC 试验后，颗粒粒径小于 1.6mm 的质量；

$M$——样本质量(500g)。

图 2-11 中给出了第一组样本在 LCPC 试验前后的颗粒状态和级配曲线，按照试验前后 2 条级配曲线的垂直距离可以初步判断出试验过程中颗粒的细化程度，即反映了土体的易碎性。根据式(2-2)，计算出第一组砂卵石土体的易碎性 LBC 为 40%，根据 5 组样本的易碎性分析，北京市砂卵石土体的 LBC 平均值为 38.5%，按照 Buechi 博士的 LCPC 易碎性分类标准（表 2-2），土体属于低易碎性，且从 5 组样本不同的 LBC 值可知，易碎性不仅与自身所含的矿物质成分有关，而且更重要的是与土体的颗粒级配有关，土体中含有的卵石粒径越大，土体易碎性就越低，也就越难破碎。所以北京地铁在砂卵石地层施工时，主要以疏导大粒径卵石、漂石为主，避免对刀具造成严重磨损。

图 2-11 LCPC 磨蚀试验前后级配曲线的比较

LCPC 易碎性分类标准　　　　　　　　表 2-2

| LBC(%) | LCPC 易碎性分类标准 |
| --- | --- |
| 0~25 | 极低 |
| 25~50 | 低 |
| 50~75 | 中 |
| 75~100 | 高 |
| >100 | 极高 |

(4) CAI 磨蚀试验

CAI(Cerchar Abrasion Index)磨蚀试验是世界范围内常用的一种测试硬岩磨蚀性指标的试验方法。它是由法国 Cerchar 研究所于 1973 年提出的,并在 1989 年由 West[46]对 109 个岩石样本进行了量化分类,建立了岩体特性与 CAI 磨蚀系数间的关系,其准确性在大量工程中得到了验证。本文根据 CAI 磨蚀试验,一方面对北京地层中大颗粒卵石进行磨蚀性分析;另一方面由于国际上对 LCPC 试验结果的评判没有形成规范和行业标准,通过建立砂卵石土体 LCPC 与 CAI 试验参数之间的联系,沿用 CAI 磨蚀性分类标准,对研究北京地区砂卵石土体磨蚀性具有重要意义。

① 试验仪器。

利用中国科学院 ATA-IGGⅠ岩石磨蚀伺服试验仪,对 10 个砂卵石样本进行了 CAI 磨蚀试验。ATA-IGGⅠ岩石磨蚀伺服试验仪是目前国内首台、世界先进的岩石 CERCHAR 磨蚀试验仪,如图 2-12 所示。该仪器是由中国科学院地质与地球物理研究所岩石力学实验室研制,拥有自主知识产权的试验设备。试验机配置了德国 DOLI 公司原装进口的 EDC 全数字伺服控制器、德国 ASM 线式位移传感器和日本松下步进伺服电机、电子显微观测仪等先进部件,实验过程闭环伺服控制,水平位移速度范围为 1~100mm/min。可进行 CERCHAR 磨蚀试验,测试岩石 CERCHAR 磨蚀值;可分析磨蚀全过程"岩—机"相互作用;数据采集最小间隔 1ms,可实时获得钢针水平位移值、力值,钢针磨蚀值,岩石凹痕深度。岩石磨蚀试验的主要计算参数见表 2-3。

图 2-12　ATA-IGGⅠ岩石磨蚀伺服试验仪照片

**岩石磨蚀试验仪的主要计算参数表**　　　　　　表 2-3

| 技 术 参 数 | ATA-IGG Ⅰ 岩石磨蚀伺服试验仪 |
| --- | --- |
| 水平力有效测量范围 | 0.4～200N |
| 水平力测力精度 | ±1% |
| 钢针垂直荷重 | 70N |
| 钢针外形尺寸 | 直径 10mm；长 100mm；锥角 90° |
| 钢针材质 | 40CrNiMo；HRC40-45 |
| 位移精度 | ±1% |
| 位移分辨率 | 1/100000 |
| 显微放大倍数 | ×60，×180，×540 |

②试验过程：

a. 钢针使用前，使用电子显微观测仪(×180)检查钢针针尖是否完好，针尖锥角是否为 90°，钢针确认正常后，并截取试验前钢针针尖典型显微图像；不正常更换新的钢针。

b. 启动试验机电源，打开计算机试验控制软件，连接试验机伺服控制器(EDC)，如图 2-13 所示，使试验机伺服步进电机以 10mm/min 的位移速度空转 10mm 并归位，同时打开测量系统，检查伺服控制器与伺服电机是否正常运行，检查位移、力和时间测量是否正常；所有部件正常后进行下一步试验，不正常停机检修。

c. 安装试件，测试面水平，加持面固定，旋紧虎钳，固定样品。

d. 装测试钢针，在钢针夹持固定后，缓缓旋下主机荷重，使针尖垂直压在测试面表面。

e. 在控制软件上新建试验项目，开始试验。以 10mm/min 的位移速度，使钢针在试样表面位移 10mm。

f. 缓缓旋离主机荷重，钢针针尖脱离试样表面，打开钢针夹持器，取下钢针。

g. 命名试验项目并保存。

③测量。

将试验后的钢针，放在电子显微观测仪(×180)载物台上，调整钢针位置和观测仪焦距，用测量软件测量钢针针尖直径；将钢针沿轴向旋转 120°，再次测量钢针针尖直径；将钢针沿轴向再次旋转 120°，第三次测量钢针针尖直径。如图 2-14 所示，为了使试验的结果更加准确，在垂

图 2-13　钢针与卵石作用痕迹图

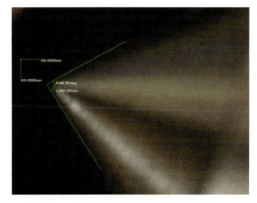

图 2-14　用显微镜测量试验钢针磨损值

直原划痕方向重复CAI试验,目的是降低卵石的各向异性造成试验结果的偏差。记录3次钢针针尖直径测量值,并保存测量时的钢针针尖图像。

④数据处理。

以 0.1mm 为基本单位,将测量值转换为钢针磨蚀值,比照各种岩石钢针磨蚀值经验表,判断测量合理性。求3个角度测量的磨蚀值的算术平均值,为单次试验值,每个样品表面在同一方向重新试验3次,3次单次试验值的算术平均值即为最终样品的岩石CAI磨蚀值。

⑤结果分析。

磨蚀试验结果显示该区域卵石的磨蚀指数CAI最大为4.789,最小为3.107,平均为3.821,整体偏大,表明北京地铁盾构穿越的卵砾石地层耐磨性能高,卵砾石对TBM刀盘、刀具的磨损大,详细的试验结果情况见表2-4。

卵石 CERCHAR 磨蚀试验结果表　　　　　　表2-4

| 序号 | 测试序号 | 三分旋转（120°）测量值 (um) | | | 平均测量值 (um) | 岩石CAI磨蚀值 (0.1mm) |
|---|---|---|---|---|---|---|
| 1 | 1-1 | 316.854 | 308.310 | 310.254 | 311.806 | 3.107 |
|   | 1-2 | 306.755 | 309.729 | 312.278 | 309.587 |  |
| 2 | 2-1 | 378.322 | 291.064 | 330.786 | 333.391 | 3.332 |
|   | 2-2 | 320.523 | 345.654 | 332.984 | 333.054 |  |
| 3 | 3-1 | 355.433 | 491.485 | 425.236 | 424.051 | 4.056 |
|   | 3-2 | 374.267 | 401.031 | 385.899 | 387.066 |  |
| 4 | 4-1 | 446.109 | 557.599 | 499.861 | 501.190 | 4.789 |
|   | 4-2 | 468.878 | 443.510 | 457.231 | 456.540 |  |

卵石的CAI和LCPC磨蚀系数之间关系如图2-15所示,可以看出,由于卵石的不均匀性和各项异性导致了数据的分散性较大。总体来说,虽然两种测试卵石磨蚀性的方法不同,但是其拟合后的曲线基本呈线性关系,说明LCPC与CAI有很好的相关性,其关系式为:

$$LAC = 288.9CAI + 4.495 \tag{2-3}$$

图2-14中借助LAC值与CAI磨蚀系数之间的关系,沿用CAI对岩石磨蚀性的等级标准,成功地对砂卵石土体地层的磨蚀性进行了分类。需要注意的是,试验中的样本均采用北京南部地区的卵石,对于其他城市以及不同成因的卵石样本间的LCPC与CAI之间的关系还没有加以研究,它们之间的转换系数有待确定。

(5)卵石的全岩分析试验(X射线衍射分析)

①试验仪器。

X射线衍射仪(XRD)以布拉格试验装置为原型,融合了机械与电子技术等多方面的成果。衍射仪由X射线发生器、测角仪、辐射探测器和辐射探测电路4个基本部分组成,是用特征X射线照射多晶体样品,并以辐射探测器记录衍射信息的实验装置。现代X射线衍射仪还配有控制操作和运行软件的计算机系统。X射线衍射仪是利用X射线衍射原理研究物质内部微观结构的一种大型分析仪器,广泛应用于各大专院校、科研院所及厂矿企业,如图 2-16 所示。

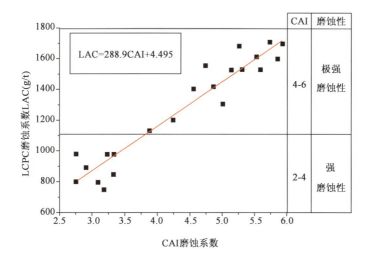

图 2-15　LAC 与 CAI 值之间关系以及磨蚀分类

X 射线衍射仪的形式多种多样,用途各异,但其基本构成很相似,主要部件包括 4 部分:

a. 高稳定度 X 射线源。提供测量所需的 X 射线,改变 X 射线管阳极靶材质可改变 X 射线的波长,调节阳极电压可控制 X 射线源的强度。

b. 样品及样品位置取向的调整机构系统。样品须是单晶、粉末、多晶或微晶的固体块。

c. 射线检测器。检测衍射强度或同时检测衍射方向,通过仪器测量记录系统或计算机处理系统可以得到多晶衍射图谱数据。

d. 衍射图的处理分析系统。现代 X 射线衍射仪都附带安装有专用衍射图处理分析软件的计算机系统,它们的特点是自动化和智能化。

②试验结果分析。

以往的试验结果已经证明,岩石的磨蚀性主要与岩石中的石英含量有关,石英含量越高

图 2-16　X 射线衍射仪

岩石的磨蚀性越强,但是岩石中所含的其他矿物质,尤其是摩尔硬度高于普通钢铁(摩尔值 5.5)的物质,也同样影响岩石整体的磨蚀性,例如辉长石、辉绿岩、玄武岩等岩石石英含量不高,但岩石磨蚀性却很强。

为了更好地研究卵石土体的磨蚀性,运用等效石英含量的概念,其计算方法为矿物中每种矿物所占的百分比乘以该矿物 Rosival 硬度与石英 Rosival 硬度的比值[47-48],然后求和就是该岩石的等效石英含量,即:

$$\text{EQu} = \sum_{i=1}^{n} P_i \cdot R_i \tag{2-4}$$

式中:EQu——等效石英含量;

$P_i$——每种矿物的百分含量;

$R_i$——每种矿物与石英 Rosival 硬度的比值。

本次利用中国石油勘探设计院的 $X$ 射线衍射(XRD)定量分析中的 $K$ 值法对砂卵石地层中各矿物质进行了成分分析。砂卵石的 LCPC 磨蚀系数 LAC 值与卵石等效石英含量 EQu 之间的关系如图 2-17 所示,可以看出其间存在良好的线性趋势。由于等效石英含量分析了岩石的微观成分,并考虑了卵石每个矿物成分的磨蚀性,所以其与相对应的 LCPC 磨蚀试验结果能准确地反映砂卵石土体的磨蚀性,其关系式为:

$$\text{LAC} = 20\text{EQu} - 1.39 \tag{2-5}$$

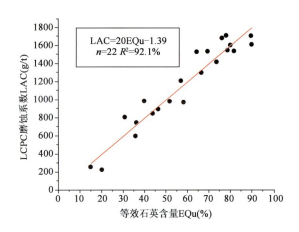

图 2-17 等效石英含量 EQu 与 LAC 值之间的关系

根据上述研究结果可以推断,当土体中等效石英含量为 35%,CAI 值为 2.5,LCPC 磨蚀系数 LAC 值为 600g/t 时,可以说明砂卵石土体具有高磨蚀性。

### 2.2.3 砂卵石层空间分布规律

北京地铁 10 号线二期一共 19 个盾构区间,穿越地层较为复杂,几乎涵盖了目前北京地铁工程施工中遇到的所有典型地层,但其中穿越砂卵石地层最多,约 16 个区间施工中局部或全断面穿越砂卵石地层,详细情况见表 1-1。区间盾构穿越的砂卵石地层,又根据卵石粒径大小不同,分为含有小、中、大粒径卵石的地层。以下分别各取一个区间进行详细说明。

(1)"樊—丰"区间砂卵石地层概况(小粒径)

"樊—丰"区间隧道穿越地层为全断面卵石④层,亚圆形,级配连续,磨圆度中等,一般粒径 2~10cm,最大粒径约 19cm,中粗砂充填 20%~25%,局部夹有漂石,一般粒径 21~26cm,最大粒径约 56~70cm,漂石含量约 20%~65%。图 2-18~图 2-27 为人工探孔在不同开挖深度揭露的地层情况。

(2) "西—六"区间砂卵石地层概况(中等粒径)

"西—六"区间隧道围岩主要为卵石⑤层、⑦层、⑨层,隧道侧壁以卵石⑤层、⑦层为主。卵石一般粒径为 20～60mm,已发现颗粒物最大直径 400mm,成分主要为石英砂岩、辉绿岩、安山岩、硅质白云岩等硬岩类,天然单轴极限抗压强度为 188.8～226.4MPa,颗粒物形状以亚圆形为主,200mm 以上漂石多为长圆形。不同深度最大粒径及颗粒级配见表 2-5。

图 2-18　0～5.0m(FXL01 号)

图 2-19　5.0～7.0m(FXL01 号)

图 2-20　7.0～10.0m(FXL01 号)

图 2-21　10.0～12.0m(FXL01 号)

图 2-22　12.0～14.0m(FXL01 号)

图 2-23　14.0～16.0m(FXL01 号)

图 2-24　16.0～17.0m(FXL01 号)

图 2-25　17.0～19.0m(FXL01 号)

图 2-26　17.0～22.0m(FXL01 号)

图 2-27　区间中开挖出卵石(FXL01 号)

隧道围岩碎石土颗粒级配情况　　　　　　表 2-5

| 岩土分层 | 岩性名称 | 取样深度 (m) | 最大粒径 $d_{max}$ (mm) | 有效粒径 $d_{10}$ (mm) | 中间粒径 $d_{30}$ (mm) | 平均粒径 $d_{50}$ (mm) | 界限粒径 $d_{60}$ (mm) | 不均匀系数 $C_u$ | 曲率系数 $C_c$ |
|---|---|---|---|---|---|---|---|---|---|
| ②$_5$ | 卵石 | 2.4 | 180 | 1.296 | 18.210 | 37.906 | 47.395 | 36.570 | 5.399 |
| ⑤ | 卵石 | 4.7 | 190 | 0.678 | 12.123 | 29.154 | 41.547 | 61.279 | 5.217 |
| | 卵石 | 5.9 | 190 | 1.137 | 15.087 | 28.805 | 38.237 | 33.630 | 5.236 |
| | 卵石 | 7.1 | 190 | 0.726 | 12.042 | 31.450 | 44.998 | 61.981 | 4.439 |
| | 卵石 | 9.5 | 250 | 2.577 | 16.479 | 45.760 | 53.106 | 20.608 | 1.984 |
| | 卵石 | 10.7 | 190 | 1.235 | 15.972 | 40.371 | 51.476 | 41.681 | 4.013 |
| | 卵石 | 12.0 | 260 | 2.892 | 17.224 | 36.548 | 46.298 | 16.009 | 2.216 |
| | 卵石 | 13.3 | 340 | 0.523 | 17.524 | 39.049 | 52.245 | 99.895 | 11.239 |
| | 卵石 | 14.5 | 280 | 3.219 | 25.346 | 42.622 | 52.044 | 16.168 | 3.835 |

续上表

| 岩土分层 | 岩性名称 | 取样深度 (m) | 最大粒径 $d_{max}$ (mm) | 有效粒径 $d_{10}$ (mm) | 中间粒径 $d_{30}$ (mm) | 平均粒径 $d_{50}$ (mm) | 界限粒径 $d_{60}$ (mm) | 不均匀系数 $C_u$ | 曲率系数 $C_c$ |
|---|---|---|---|---|---|---|---|---|---|
| ⑦ | 卵石 | 15.8 | 400 | 3.834 | 16.544 | 44.477 | 56.243 | 14.670 | 1.269 |
| | 卵石 | 17.0 | 400 | 2.537 | 21.635 | 46.975 | 59.503 | 23.454 | 3.101 |
| | 卵石 | 18.2 | 320 | 7.584 | 24.327 | 40.341 | 48.447 | 6.388 | 1.611 |
| | 卵石 | 20.6 | 390 | 5.666 | 20.885 | 35.508 | 46.418 | 8.192 | 1.658 |

另外,在探井井深 21.0~22.0m 处(高程 26.3~25.3m),有一层厚度约 1.0m 的"流石"层。该层最大粒径约 300mm,一般粒径 20~60mm,缺少砂类土成分,仅有少量黏性土充填于卵石、砾石之间,颗粒级配极差,颗粒物间出现"空洞"现象。

除本区间 LLXT01 探井外,在地铁 10 号线二期 17 合同段火器营站的探井中也有发现,"流石"层均位于地下水水位以上。造成"流石"层砂土缺失的原因,主要是历史上长期抽取地下水或附近人工强降水过程中,渗水管滤沙作用不好,径流表层砂土随地下水径流排出地表造成的。

"流石"层对隧道或竖井围岩稳定性造成较大影响,对钻孔成桩会造成严重塌孔,并造成浆液大量渗漏,施工中应引起高度重视。

详细的地层情况见人工探井揭露情况,如图 2-28~图 2-45 所示。

图 2-28  2.0~3.5m(LLXT01 号)

图 2-29  3.5~4.7m(LLX01 号)

图 2-30  4.7~5.9m(LLXT01 号)

图 2-31  5.9~6.1m(LLXT01 号)

图 2-32　6.1～7.3m(LLXT01 号)

图 2-33　8.4～9.5m(LLXT01 号)

图 2-34　9.5～10.7m(LLXT01 号)

图 2-35　10.7～12.0m(LLXT01 号)

图 2-36　12.0～13.3m(LLXT01 号)

图 2-37　13.3～14.5m(LLXT01 号)

图 2-38　14.5～15.8m(LLXT01 号)

图 2-39　15.8～17.0m(LLXT01 号)

图 2-40　17.0～18.2m(LLXT01 号)

图 2-41　18.2～19.4m(LLXT01 号)

图 2-42　19.4～20.6m(LLXT01 号)

图 2-43　20.6～21.8m(LLXT01 号)

图 2-44　21.8～23.0m(LLXT01 号)

图 2-45　21.8～23.0m(LLXT01 号)

(3)"公—西"区间砂卵石地层概况(中、大粒径)

"公—西"区间隧道围岩主要为卵石⑤层、卵石⑦层和砾岩⑪层,其中区间南端主要为砾岩⑪层、砾岩⑪与卵石复合地层,区间中部及北端为全断面卵石层,卵石为中、大粒径。勘察发现场地内存在粒径大于 300mm 的漂石,其分布随机性较强,含量为 20%～30%,揭露位置分别为地面下 12m 和 20m 左右位置,依据室内试验,卵石颗粒最大天然抗压强度达到 100MPa 以上。大粒径漂石对盾构区间的施工会产生不利影响。

依据人工探井的资料,隧道盾构范围内尚未发现粒径大于 500mm 的颗粒,隧道围岩碎石土颗粒级配情况见表 2-6。详细的地层情况见人工探井揭露情况,如图 2-46~图 2-59 所示。

隧道围岩碎石土颗粒级配情况表　　　　　　表 2-6

| 岩性名称 | 取样深度 (m) | 最大粒径 $d_{max}$ (mm) | 有效粒径 $d_{10}$ (mm) | 中间粒径 $d_{30}$ (mm) | 平均粒径 $d_{50}$ (mm) | 界限粒径 $d_{60}$ (mm) | 不均匀系数 $C_u$ | 曲率系数 $C_c$ |
|---|---|---|---|---|---|---|---|---|
| 卵石 | 6.8 | 270 | 3.065 | 15.902 | 31.858 | 41.055 | 13.395 | 2.010 |
| 卵石 | 7.5 | 180 | 1.909 | 19.479 | 44.754 | 52.760 | 27.638 | 3.767 |
| 卵石 | 8.2 | 260 | 1.326 | 15.690 | 42.677 | 53.036 | 39.997 | 3.501 |
| 卵石 | 9.4 | 190 | 1.345 | 11.535 | 24.809 | 32.442 | 24.120 | 3.049 |
| 卵石 | 13.0 | 380 | 2.339 | 18.681 | 46.949 | 53.106 | 22.705 | 2.809 |
| 卵石 | 16.6 | 280 | 1.431 | 21.154 | 45.369 | 55.604 | 38.857 | 5.624 |
| 卵石 | 17.8 | 280 | 2.706 | 25.715 | 49.994 | 58.517 | 21.625 | 4.176 |
| 卵石 | 18.9 | 410 | 6.681 | 42.119 | 66.678 | 81.054 | 12.132 | 3.276 |
| 卵石 | 20.1 | 310 | 4.121 | 27.359 | 51.207 | 61.844 | 15.007 | 2.937 |

图 2-46　7.5~8.2m(109-8 号)

图 2-47　8.2~9.4m(109-8 号)

图 2-48　9.4~10.6m(109-8 号)

图 2-49　10.6~11.8m(109-8 号)

第2章 典型地层工程特性及其空间分布规律

图 2-50　11.8～13.0m(109-8 号)

图 2-51　13.0～14.2m(109-8 号)

图 2-52　14.2～15.4m(109-8 号)

图 2-53　15.4～16.6m(109-8 号)

图 2-54　17.8～18.9m(109-8 号)

图 2-55　16.6～17.8m(109-8 号)

图 2-56　18.9～20.1m(109-8 号)

图 2-57　20.1～21.3m(109-8 号)

图 2-58　23.7~24.9m(109-8 号)

图 2-59　23.7~24.9m(109-8 号)

## 2.3　盾构区间三维地质模型

为了更好地显示盾构区间地层空间分布规律，以下给出了 10 号线二期所有盾构区间地层的三维空间分布图，如图 2-60~图 2-78 所示。

(1) 01 标"潘—十"区间

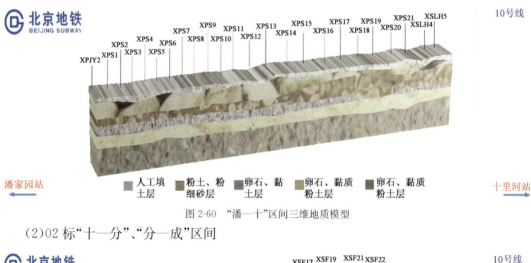
图 2-60　"潘—十"区间三维地质模型

(2) 02 标"十—分"、"分—成"区间

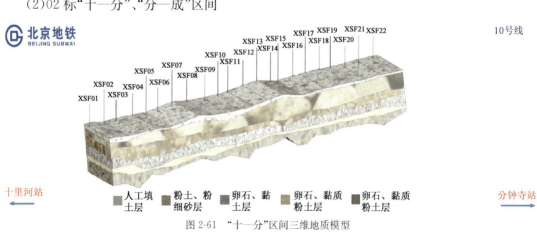
图 2-61　"十—分"区间三维地质模型

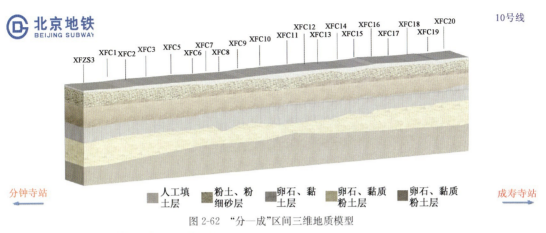

图 2-62 "分—成"区间三维地质模型

(3) 05 标"石—大"、"大—角"区间

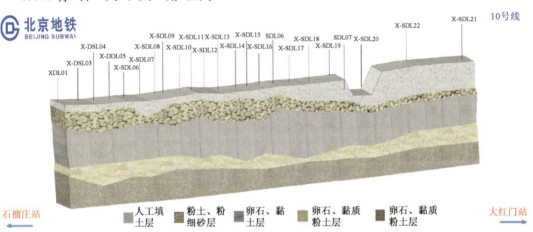

图 2-63 "石—大"区间三维地质模型

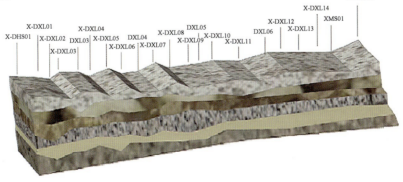

图 2-64 "大—角"区间三维地质模型

(4) 07 标 "角—角"、"角—草" 区间

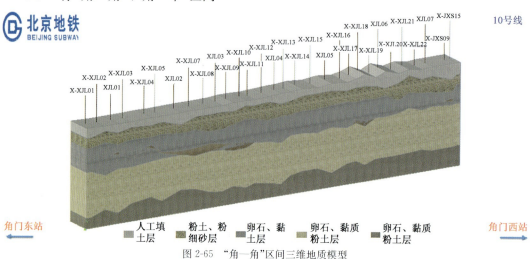

图 2-65 "角—角"区间三维地质模型

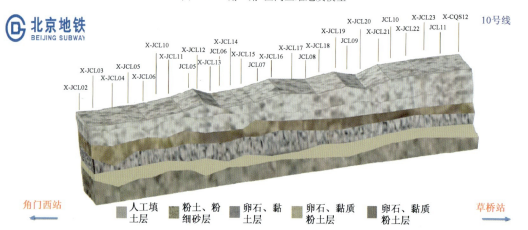

图 2-66 "角—草"区间三维地质模型

(5) 08 标 "草—玉"、"玉—樊"及"樊—丰"区间

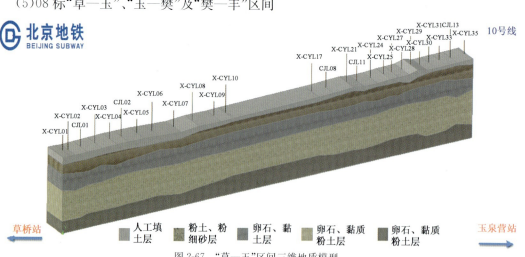

图 2-67 "草—玉"区间三维地质模型

## 第2章 典型地层工程特性及其空间分布规律

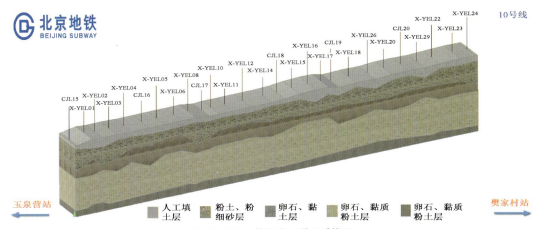

图 2-68 "玉—樊"区间三维地质模型

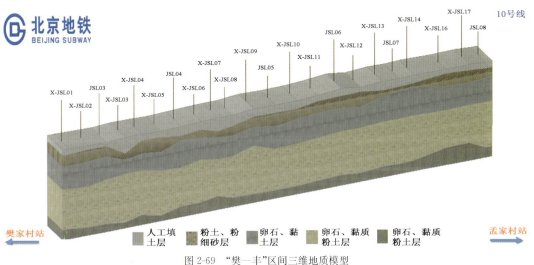

图 2-69 "樊—丰"区间三维地质模型

(6) 10 标"丰—前"、"前—西"区间

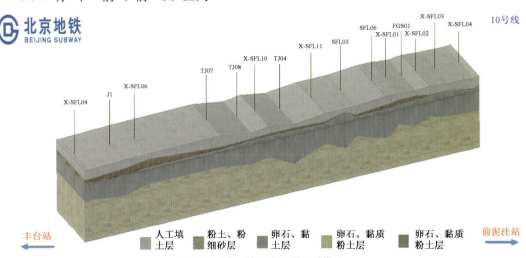

图 2-70 "丰—前"区间三维地质模型

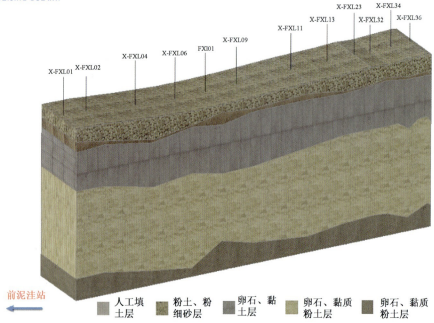

图 2-71 "前—西"区间三维地质模型

(7) 11 标"西—六"、"六—莲"区间

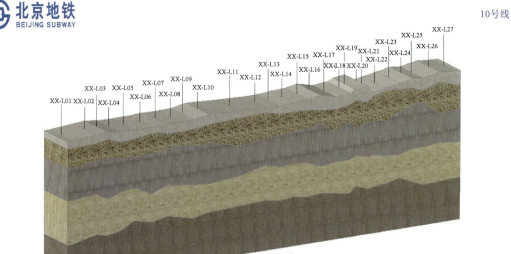

图 2-72 "西—六"区间三维地质模型

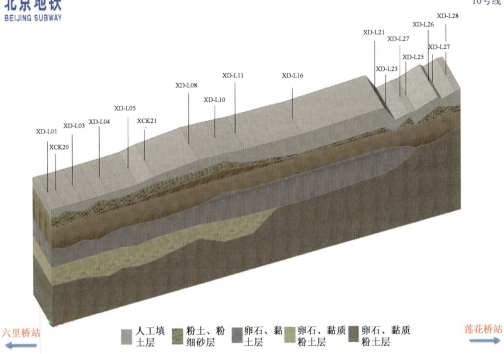

图 2-73 "六—莲"区间三维地质模型

(8) 12 标 "公—西"、"西—慈"区间

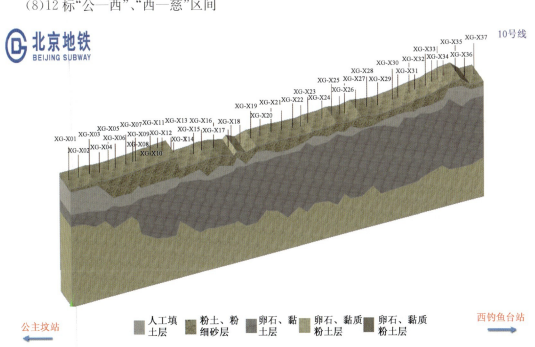

图 2-74 "公—西"区间三维地质模型

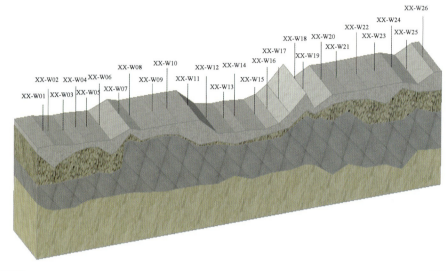

图 2-75 "西—慈"区间三维地质模型

(9) 16 标"车—长"区间

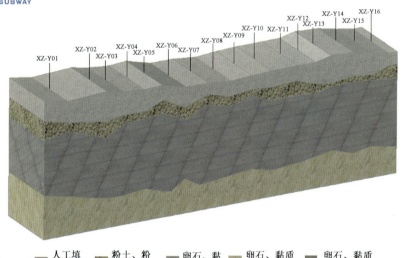

图 2-76 "车—长"区间三维地质模型

(10) 17 标"长—火"、"火—终"区间

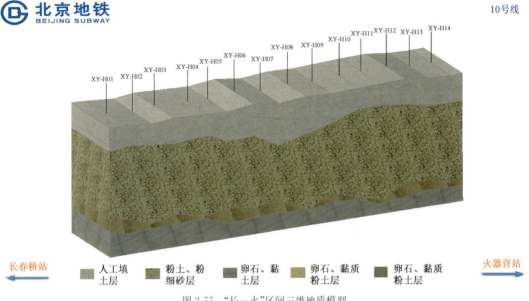

图 2-77 "长—火"区间三维地质模型

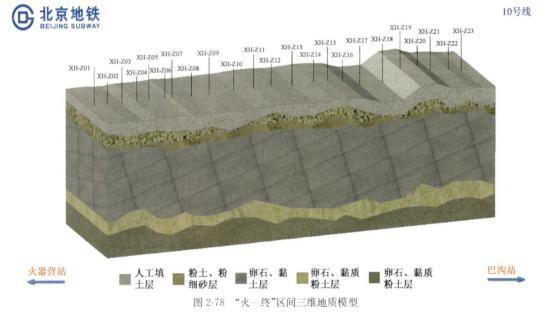

图 2-78 "火—终"区间三维地质模型

## 2.4 基于盾构工法特点的地层组段划分技术[7,30]

### 2.4.1 组段划分的目的与意义

盾构施工过程中存在着大量的风险因素需要控制,例如盾构施工参数设置不当导致地表塌陷,盾构操作不当导致盾构刀具剧烈磨损、崩齿等。这些由于盾构施工过程中施工参数控制

不当、操作失误或者判断错误所导致的风险随时可能发生,必须对盾构施工过程进行有效的安全风险控制、管理,才能有效规避盾构施工过程中的风险,保证盾构施工安全。

盾构施工过程的有效管理和风险控制很大程度上依赖于盾构施工参数设定的合理性。盾构施工过程中穿越的地层和隧道沿线施工环境风险状况并非一成不变,当地层或环境风险状况发生变化时,盾构施工参数也必须随之调整,但如何调整、根据什么调整是盾构施工中的重要技术难题。如何根据盾构隧道的地层条件、施工与环境条件等确定隧道穿越不同区段的主要施工参数、合理控制其范围是实现盾构施工过程安全风险控制的基础。因此,寻求一种既能够考虑盾构隧道围岩特性,又能考虑到环境风险条件的盾构隧道安全风险组段划分方法,对盾构施工过程的安全风险控制有重要的意义。可以说组段划分是盾构施工过程风险控制的基础,只有确定合理的组段划分理论和方法,才能确定盾构主要施工参数的控制范围,从而有效地规避盾构施工过程中的风险。

### 2.4.2 组段划分的原则与方法

盾构隧道安全风险组段主要根据以下两点来划分:

(1)盾构隧道穿越的地层性质:盾构施工参数确定的基本原则主要是依据盾构开挖地层情况。

(2)盾构施工环境条件的组合影响:除考虑盾构隧道穿越的地层情况外,还须充分考虑盾构施工环境条件的组合效应,亦即盾构隧道上方地层情况及是否有重要管线,盾构隧道上方地面和地下建(构)筑物存在与否,盾构隧道下方地下建构筑物存在与否,地面沉降控制要求,盾构隧道穿越特殊地层条件,如巨型漂石、水体下穿越等,都会影响到盾构组段的划分。

盾构隧道组段划分的原则是根据盾构掘进过程中穿越的地层并综合考虑盾构施工环境的组合风险来进行组段的划分。

(1)根据隧道穿越地层的组段划分

①北京地区地层基本情况。

北京地区土层主要是第四系冲洪积层/河流相的砂、砂砾石、砂卵石以及黏土、粉土、黏质粉土和粉质黏土等黏性土的互层。一般而言,西部的粗大颗粒沉积物向东逐渐变为细小的颗粒沉积物,且地层互层现象十分明显。目前北京地铁隧道埋深范围为10～30m,所处地层一般为新近沉积层和第四系冲洪积层。就北京广大地区而言,存在着如下三种典型土层:砂砾石/砂卵石地层、粉细砂/中～粗砂地层和粉土/黏土地层。北京地铁隧道穿越的地层主要是这三种土层,以及这三种土层组成的混层。

②北京地铁盾构隧道穿越地层调查。

北京地铁2007年以来陆续开工6号线(一期)、8号线(二期)、9号线、10号线(二期)、大兴线、亦庄线等10条新线。本文以6号线(一期)、8号线(二期)、9号线、10号线(二期)、大兴线5条线路开展调查,这五条线路分布范围较广,基本覆盖了北京地区东、南、西、北和中心5个区域范围,如图2-79所示。因此调查结果能够有效代表北京地铁盾构隧道穿越地层情况。

对北京地铁2007年以来陆续开工的6号线(一期)、8号线(二期)、9号线、10号线(二期)、大兴线5条线路盾构隧道穿越地层情况进行了调查,调查情况见表2-7。

第2章 典型地层工程特性及其空间分布规律

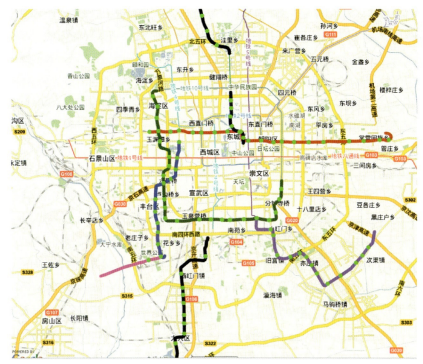

图 2-79 北京地铁新建线路图

统计情况显示,北京地铁隧道埋深主要在 10~30m 之间,埋深最深达 33m,最浅 7m,所处地层一般为人工堆积层和第四系冲洪积层。北京地区盾构隧道穿越地层规律为:

a. 西部:调查线路(6 号线(一期)西段、9 号线、10 号线(二期)西段)以卵石层为主。

b. 东部:调查线路(6 号线(一期)东段、10 号线(二期)东段)以粉质黏土、粉土、粉细砂及这三种土层的复合地层为主。

c. 北部:调查线路(8 号线(二期)北段)以粉土、粉质黏土、细砂及这三种土层的复合地层为主。

d. 南部:调查线路(10 号线(二期)南段、大兴线)以圆砾/卵石层、粉质黏土、粉细砂层为主。

e. 中心区域:调查线路(8 号线(二期)南段)以圆砾/卵石层、粉土、粉质黏土、粉细砂的复合地层为主。

通过调查分析可以得出:北京地铁盾构隧道穿越地层主要为砂砾石/砂卵石/圆砾地层、粉细砂/中~粗砂地层和粉土/粉质黏土/黏土地层,以及这三种土层组成的复合地层,极少数地区存在土岩混合地层和全断面岩层。

北京地铁新建线路盾构隧道穿越地层统计表  表 2-7

| 线路 | 标段 | 区间 | 埋深 | 穿越地层情况 |
| --- | --- | --- | --- | --- |
| 6 号线(一期) | 01 标 | 甜水园站—十里堡 | 10~19m | 主要为粉质黏土、中粗砂、黏土、圆砾卵石的复合地层,局部含粉土和粉细砂 |
| | | 十里堡—青年路 | 11~20m | 主要为卵石、粉质黏土、中粗砂的混合地层,局部含粉细砂 |

续上表

| 线 路 | 标 段 | 区 间 | 埋 深 | 穿越地层情况 |
|---|---|---|---|---|
| 6号线（一期） | 01标 | 青年路—褡裢坡 | 7～16m | 主要为粉细砂、粉质黏土的混合地层，部分为中粗砂、粉质黏土、卵石、粉细砂复合地层 |
| | 04标 | 慈寿寺—花园桥 | 10～25m | 大部分为全断面卵石⑦层，局部为中粗砂、黏土、粉土、粉细砂、粉质黏土复合地层 |
| | 06标 | 褡裢坡—黄渠 | 8～11m | 两端主要为粉质黏土、粉土复合地层，中间主要为粉质黏土、粉细砂复合地层 |
| | | 黄渠—常营 | 10～19m | 主要为粉质黏土、粉细砂复合地层，部分为全断面粉质黏土层 |
| | 09标 | 南锣鼓巷—东四 | 18～28m | 两端分别为全断面卵石⑤及卵石⑦层，中间主要为粉质黏土、粉细砂、中粗砂的复合地层及卵石⑦、中粗砂、粉质黏土、粉土的复合地层 |
| 08号线（二期） | 01标 | 西三旗—清河小营 | 11～17m | 主要为粉质黏土、粉土复合地层，局部含细砂、中砂 |
| | | 清河小营—永泰庄 | 10～13m | 主要为粉质黏土、粉土、粉土复合地层 |
| | 04标 | 回龙观—霍营 | 8～11m | 主要为粉土、粉质黏土复合地层，局部为粉砂、粉质黏土复合地层 |
| | | 霍营—西三旗 | 11～14m | 主要为细砂、粉砂、粉质黏土、粉土复合地层 |
| | 06标 | 永泰庄—林萃路 | 9～18m | 主要为粉质黏土、粉土复合地层，局部夹杂粗砂、粉砂、卵石 |
| | | 林萃路—森林公园 | 8～33m | 主要为粉质黏土、粉土复合地层，局部夹杂粉砂、中砂、黏土 |
| | 09标 | 安华桥—安德里北街 | 13～17m | 主要为粉质黏土、黏土、粉细砂复合地层，局部夹杂粉土 |
| | | 安德里北街—鼓楼大街 | 10～19m | 主要为粉土、粉质黏土、粉细砂复合地层，局部夹杂黏土 |
| | 10标 | 鼓楼大街—什刹海 | 16～21m | 主要为卵石、粉质黏土复合地层，局部夹杂粉细砂、细中砂 |
| | | 什刹海—南锣鼓巷 | 11～17m | 主要为卵石、中砂细砂复合地层，局部夹杂黏土、粉质黏土、细砂 |
| | | 南锣鼓巷—中央美术馆 | 16～24m | 主要为卵石、粉质黏土、粉细砂复合地层，局部夹杂黏土、粉土 |
| | 12标 | 育知路—平西府 | 10～17m | 主要为粉质黏土、粉土、细砂复合地层 |
| | | 平西府—回龙观东大街 | 13～20m | 主要为粉质黏土、黏土复合地层，局部夹杂粉砂、细砂、粉土 |
| 9号线 | 02标 | 丰台科技园—科怡路 | 9～11m | 两端为全断面卵石⑤，中间为卵石⑤、⑦层，局部夹杂粉细砂 |
| | | 科怡路—丰台南路 | 9～14m | 主要为全断面卵石⑤层，局部底部进入卵石⑦层，局部夹杂中粗砂 |
| | 03标 | 丰台东大街—丰台北路 | 8～11m | 主要穿越全断面卵石⑤层，局部夹杂中粗砂 |

续上表

| 线 路 | 标段 | 区 间 | 埋 深 | 穿越地层情况 |
|---|---|---|---|---|
| 9号线 | 04标 | 丰台北路—六里桥 | 13~18m | 主要为卵石⑤、⑦层,局部夹杂中粗砂 |
| | 06标 | 军事博物馆—东钓鱼台 | 19~22m | 主要为卵石⑦层、砾岩层,局部为泥岩、砾岩、卵石复合地层 |
| | | 东钓鱼台—白石桥南 | 9~19m | 主要为卵石⑦、卵石⑤复合地层,部分为卵石与砾岩复合地层 |
| 10号线（二期） | 01标 | 潘家园—十里河 | 9~18m | 主要为粉细砂、粉质黏土、中粗砂、粉土的复合地层 |
| | 02标 | 十里河—分钟寺 | 10~18m | 主要为粉细砂、中粗砂、粉质黏土、粉土的复合地层 |
| | | 分钟寺—成寿寺 | 7~10m | 主要为粉质黏土、粉细砂、中粗砂复合地层,局部夹杂粉土 |
| | 05标 | 石榴庄—大红门 | 10~18m | 主要为粉质黏土、卵石④复合地层,局部夹杂细中砂 |
| | | 大红门—角门东 | 10~12m | 主要为圆砾、粉质黏土、卵石④复合地层,局部夹杂细中砂 |
| | 07标 | 角门东—角门西 | 11~20m | 主要为全断面卵石④层,局部夹杂粉质黏土、细中砂、圆砾 |
| | | 角门西—草桥 | 10~20m | 主要为全断面卵石④层,局部夹杂粉质黏土、细中砂 |
| | 08标 | 草桥—纪家庙 | 10~16m | 主要为全断面卵石④层,局部夹杂细中砂、粉质黏土、圆砾 |
| | | 纪家庙—樊家村 | 9~11.5m | 主要为卵石④层,局部夹杂细中砂、粉质黏土 |
| | | 樊家村—丰台火车站 | 12~16m | 全断面卵石④层 |
| | 10标 | 丰台火车站—前泥洼 | 10~14m | 主要为全断面卵石④层,局部夹杂圆砾、细中砂、粉质黏土 |
| | | 前泥洼—西局 | 10~17m | 全断面卵石④层 |
| | 11标 | 西局—六里桥 | 14~19m | 主要为全断面卵石⑦层,局部夹杂粉细砂、粉土、中粗砂 |
| | | 六里桥—莲花桥 | 15~18m | 主要为全断面卵石⑦层,局部夹杂中粗砂 |
| | 12标 | 公主坟—西钓鱼台 | 12~17m | 主要为全断面卵石⑦层,局部夹杂粉质黏土、细中砂,部分为卵石⑤、⑦、砾岩复合地层 |
| | | 西钓鱼台—慈寿寺 | 12~21m | 主要为全断面卵石⑤层,局部夹杂粉质黏土、细中砂、粉细砂 |
| | 16标 | 车道沟—长春桥 | 10~16m | 主要为全断面卵石⑤层,局部夹杂粉质黏土、粉土 |
| | 17标 | 长春桥—火器营 | 8~10m | 主要为全断面卵石⑤层,局部夹杂粉细砂、中粗砂 |
| | | 火器营—终点 | 9~14m | 主要为全断面卵石⑤层,局部夹杂细中砂、粉质黏土 |
| 大兴线 | 01标 | 黄村火车站—义和庄 | 8~14m | 主要为粉质黏土、粉细砂、粉土、复合地层及细砂地层 |
| | 04标 | 高米店—枣园 | 9~12m | 主要为细砂、中砂、粉质黏土的复合地层 |
| | | 枣园—清源路 | 9~12m | 主要为细砂、中砂复合地层,局部夹杂粉质黏土 |
| | 05标 | 清源路—黄村西大街 | 9~12m | 主要为粉细砂、中砂复合地层,局部圆砾、粉质黏土、夹杂粉土 |

③隧道穿越地层的组段划分。

根据北京地区地层条件和近期开工修建的6条新线的地层调查结果来看,北京地铁盾构区间隧道穿越的主要地层为：砂砾石/砂卵石/圆砾地层、粉细砂/中~粗砂地层和粉土/粉质黏土/黏土地层,以及这三种土层组成的混合地层,极少数地区存在土岩混合地层和全断面岩层。

据此结果将盾构施工区间隧道穿越的地层划分为如下 6 个组段：

A 段：盾构穿越的地层为黏土、粉质黏土、黏质粉土和粉土以及这四种土层组成的复合地层。

B 段：盾构穿越的地层为砂层，包括粉沙、细砂、中砂和粗砂。

C 段：盾构穿越的地层为砾石（卵石、圆砾）层。

D 段：盾构穿越的地层为土与砂的复合土层。

E 段：盾构穿越的地层为土、砂、砾石（卵石、圆砾）的复合地层。

F 段：盾构穿越的地层为土岩混合地层或全断面岩层。

北京地铁任何一个盾构区间隧道，盾构穿越的地层都是这 6 个组段的一种或者几种的组合。

(2) 隧道施工环境的风险分级

盾构施工环境的组合风险分级主要考虑以下几点因素：

①隧道的埋深。

②地面和地下环境条件（建筑基础、管线、既有轨道线路）。

③特殊地质情况（漂石、隧道上方有河流等水体）。

④盾构穿越的地层上覆土层的情况。

考虑这些风险因素，将盾构施工环境的组合风险分为以下三级：

Ⅰ级：盾构下穿或上穿既有轨道线路，或下穿临近重要建（构）筑物，或下穿重要市政管线和河流工程，或土层中有漂石、孤石等特殊地质情况，或隧道为埋深小于 9m 的浅埋隧道，或以上两种及两种以上情况的组合。

Ⅱ级：隧道埋深大于 9m，或隧道上方地层中有一般的市政管线，或隧道临近/下穿一般建筑物，或下穿重要市政道路，或地层中的不良地质情况对盾构施工影响较小并没有特殊地质情况。

Ⅲ级：隧道埋深大于 13m，或隧道上方地层中没有管线或者只有对沉降不敏感的管线（如电力管线、电信管线、广播管线等）且管线埋深较浅，或隧道与建筑物基础和重要市政道路距离较远，或地层中无不良地质情况等特殊地质情况。

(3) 盾构区间隧道组段的综合划分

盾构区间隧道组段的综合划分是在盾构穿越地层组段划分的基础上按照盾构施工环境的组合安全风险级别对各个组段进行更详细的划分，将 A、B、C、…、F 六个地层组段划分为 $A_Ⅰ$、$A_Ⅱ$、$A_Ⅲ$、$B_Ⅰ$、$B_Ⅱ$、$B_Ⅲ$、$C_Ⅰ$、$C_Ⅱ$、$C_Ⅲ$、…、$F_Ⅰ$、$F_Ⅱ$、$F_Ⅲ$ 等 18 个组段，即将每个地层组段按照盾构施工环境安全风险级别划分为Ⅰ、Ⅱ、Ⅲ三个组段。盾构施工区间隧道组段的综合划分如图 2-80 所示。对北京地铁任何一个盾构区间隧道而言，都是由以上 18 种组段中的一种或几种组段组合而成的。

### 2.4.3 "草—玉"区间组段划分实例分析

1）工程概况

北京地铁 10 号线二期"草桥—玉泉营"盾构区间，左线里程 K37+572.0～K38+904.3，全长 1333.7m，长链 1.41m，右线里程 K37+572.0～K38+904.3，全长 1332.3m；区间在右线 K38+050 处设一泵房兼联络通道，在右线 K38+600 处设一联络通道。

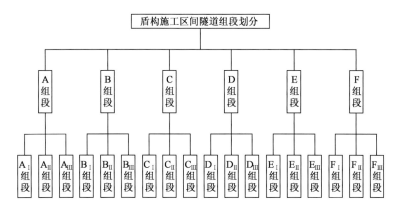

图 2-80 盾构区间隧道组段的综合划分示意图

本段区间线路呈东西走向,线路沿现状的石榴庄路、纪家庙二号路下方铺设,并穿越一段商业区(东方家园建材市场、玉泉营建材市场和北京花乡花卉市场等)和城市绿地。区间出草桥站后,沿石榴庄路向西,在草桥南街路口处略向左弯,穿越马草河和京开高速,继续向西南穿越北京花乡花卉市场、玉泉营建材市场、东方家园建材市场以及京九铁路和预留京沪高铁的桩基空间;到规划的纪家庙二号路下方后线路一直向西到玉泉营站。

线路所在的石榴庄路两侧高层林立,多为住宅小区。规划的纪家庙二号路尚未形成,线路上方多为 1~3 层砖房。该区间地下管线非常复杂,主要集中在石榴庄路下方、京开高速两侧及张新路和纪家庙路口之间,管线特点是:多、深、大,对区间施工有较大影响。

本区间线路平面上从草桥站到玉泉营站线间距由 15.0m 过渡到 30.5m,后又变成 15.0m。右线从草桥站出站后,经过三个半径为 550m、3000m、1200m 的曲线后沿直线到达玉泉营站。左线含两条曲线,其半径分别为 500m 和 1000m,同样以直线进入玉泉营站。纵断面上,线路左右线设平缓"V"字坡。线路从草桥站出站后分别以 22‰、5‰ 下坡,然后以 4‰ 和 22‰ 的上坡进入玉泉营站。

2) 工程地质情况

本次勘察揭露地层最大深度为 50.0m。根据钻探资料及室内土工试验结果,按地层沉积年代、成因类型,将本工程场地勘探范围内的土层划分为人工堆积层、新近沉积层、第四纪晚更新世冲洪积层及第四纪基岩四大类,并按地层岩性及其物理力学性质进一步分为 7 个大层及若干亚层,具体土层分布情况参见相关图纸,土层相关特性如下:

(1) 人工填土层

杂填土,杂色,松散,稍湿,以粉土、砖块为主,含灰渣,39.25~42.53,不连续。

①$_1$ 砂质粉土、黏质粉土、素填土,黄褐色,松散,稍湿,以砂质粉土、黏质粉土为主,含少量砖渣、灰渣,39.25~42.53,不连续。

①$_3$ 细砂素填土,褐黄色,松散,稍湿,含少量砖渣、灰渣,39.25~42.53,不连续。

(2) 新近沉积层

② 砂质粉土、黏质粉土,褐黄色,稍密~中密,湿,中低压缩性,含云母、氧化铁,34.83~37.89,不连续。

②$_1$ 粉细砂,褐黄色,稍密~中密,湿,中低压缩性,含云母,局部夹薄层粉土及少量圆砾,

34.83～37.89，不连续。

③卵石，圆砾，杂色，中密，湿，低压缩性，亚圆形为主，一般粒径 2～6cm，最大粒径约 13cm，细砂充填约 30％～35％，28.68～33.33，连续分布。

③₁粉质黏土、重粉质黏土，灰色，可塑，湿，高压缩性，含少量氧化铁，局部夹粉土、细砂，28.68～33.33，透镜体分布。

③₂细中砂，褐黄色，中密～密实，湿，中低压缩性，含氧化铁，局部夹黏性土薄层，28.68～33.33，透镜体分布。

（3）第四纪晚更新世冲洪积

④卵石，杂色，密实，湿～饱和，低压缩性，亚圆形，级配连续，磨圆度中等，一般粒径 3～9cm，最大粒径大于 10cm，细中砂充填 30％～35％，局部夹细砂薄层，局部夹漂石；16.88～20.46，连续分布。

④₁黏质粉土、粉质黏土，褐黄色，可塑，中密，湿～饱和，中低压缩性，含云母、氧化铁，土质不均，局部夹砂质粉土，16.88～20.46，不连续。

④₂细中砂，褐黄色，密实，湿，低压缩性，含云母及少量卵石、圆砾，16.88～20.46，不连续。

⑤卵石，杂色，密实，饱和，低压缩性，亚圆形，级配连续，磨圆度中等，一般粒径 3～8cm，最大粒径大于 10cm，细中砂充填约 30％～35％，6.57～10.13，连续分布。

⑤₁黏质粉土、粉质黏土，褐黄色，可塑，密实，湿～饱和，中低压缩性，含云母、氧化铁，土质不均，局部夹砂质粉土，6.57～10.13，不连续。

⑤₂细中砂，褐黄色，密实，饱和，低压缩性，含云母及少量卵石、圆砾，6.57～10.13，透镜体分布。

本区间地铁隧道穿过围岩主要为新近沉积卵石、圆砾③层，新近沉积细中砂③₂层，卵石④层，黏质粉土、粉质黏土④₁层，细中砂④₂层，属Ⅵ级围岩。由于隧道穿过的土层局部不均匀，采用盾构法施工时，须注意由于软土层的排土过多造成盾构在线路上的偏移，局部区域地层情况如图 2-81 所示。

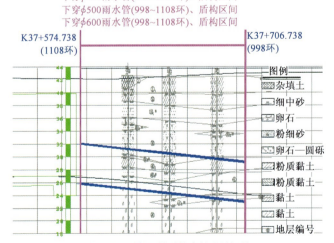

图 2-81　局部区域盾构穿越地层概况

### 3）水文地质情况

本次勘察钻孔最大深度 50.0m，勘察深度范围内揭露一层地下水。地下水分布在第⑤层卵石中，静止水位埋深 24.70～26.60m，静止水位高程 15.59～18.13m。地下水类型为潜水，该层水以地下水侧向径流和"天窗"渗漏补给方式为主，以侧向径流方式排泄。本区间隧道结构在地下稳定水位以上。

该场区地下水的腐蚀性评价结果如下：潜水对混凝土结构有微腐蚀性；在干湿交替环境下对钢筋混凝土中的钢筋有弱腐蚀性，在长期浸水的环境下对钢筋混凝土中的钢筋有微腐蚀性。经调查，拟建场地内及附近无污染源存在，结合区域地质条件判定土对混凝土结构有微腐蚀性，对钢筋混凝土结构中的钢筋有微腐蚀性。

### 4）风险工程

根据岩土工程勘察报告、设计资料以及现场考察情况可知，盾构区间左线隧道的风险工程主要为盾构始发加固段、盾构区间侧穿纪家庙1号西侧永建（刚建好）、盾构区间正穿京热89号地热井（井深约3568m）、联络通道、盾构区间下穿京九铁路、下穿在建京沪高铁桩基、下穿玉泉营和东方家园建材市场、下穿东方家园建材市场东侧永建、泵房兼联络通道、下穿京开高速、下穿京开高速两侧管线、下穿马草河、侧穿玫瑰花园桥、下穿2根$\phi$300污水管、左线下穿马草河东侧永建、下穿$\phi$600的上水管、下穿$\phi$500的污水管、下穿$\phi$400的燃气管、下穿$\phi$1000雨水管、盾构接收加固段。以上分布在本区间的风险工程均属于一、二、三级（对于各风险工程，其位置及影响区域请参见图2-82，右线风险工程基本与左线相同，本处将不再赘述）。

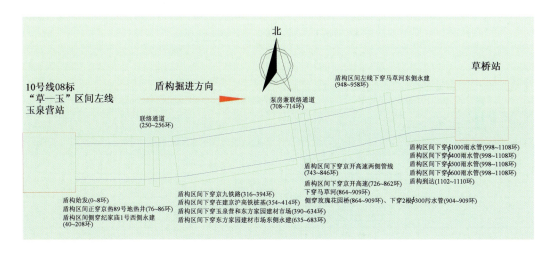

图 2-82　盾构区间左线隧道风险工程示意图

### 5）组段划分

根据"草桥站—玉泉营站"区间详勘图、总平面图和现场考察，对该区间左线进行了组段划分，组段划分结果见表2-8，由于该区间左右线穿越地层情况与风险工程概况基本相似，故不再对区间右线组段划分情况进行详细说明。同理可得，北京地铁10号线二期所有典型盾构区间的组段划分情况见表2-9～表2-22。

### "草—纪"区间左线盾构隧道安全风险组段表　　　　　　　　　　　表 2-8

| 起始里程/环号 | 土 层 组 段 | 控制性施工环境风险 | 安全风险组段 |
|---|---|---|---|
| K38+904～K38+771<br>(0～110 环) | F 组段<br>卵石、粉质黏土、细中砂 | Ⅱ级<br>地热井、建筑物 | $E_{Ⅱ}$ |
| K38+771～K38+525<br>(111～315 环) | C 组段<br>卵石 | Ⅲ级<br>建筑物、联络通道 | $C_{Ⅲ}$ |
| K38+525～K38+142<br>(316～634 环) | C 组段<br>卵石 | Ⅰ级<br>京九铁路、京沪高铁桩基、建材市场 | $C_{Ⅰ}$ |
| K38+142～K38+82<br>(635～683 环) | C 组段<br>卵石 | Ⅲ级<br>建材市场 | $C_{Ⅲ}$ |
| K38+82～K38+12<br>(684～742 环) | C 组段<br>卵石 | Ⅱ级<br>泵房、联络通道 | $C_{Ⅱ}$ |
| K38+12～K37+887<br>(743～846 环) | C 组段<br>卵石 | Ⅰ级<br>管线、京开高速 | $C_{Ⅰ}$ |
| K37+887～K37+812<br>(847～909 环) | C 组段<br>卵石 | Ⅱ级<br>马草河、玫瑰花园桥 | $C_{Ⅱ}$ |
| K37+812～K37+706<br>(910～997 环) | E 组段<br>粉细砂、粉土 | Ⅲ级<br>永久性建筑物 | $E_{Ⅲ}$ |
| K37+706～K37+572<br>(998～1110 环) | E 组段<br>卵石、圆砾、粉质黏土、细中砂 | Ⅱ级<br>市政管线 | $E_{Ⅱ}$ |

### "分—成"区间左线盾构隧道安全风险组段表　　　　　　　　　　　表 2-9

| 起始里程/环号 | 土 层 组 段 | 控制性施工环境风险 | 安全风险组段 |
|---|---|---|---|
| K29+98.638～K28+814.238<br>(0～237 环) | D 组段<br>粉土、黏土、粉细沙、中粗砂、粉质黏土 | Ⅱ级<br>中等埋深(9.5～10.6m) | $D_{Ⅱ}$ |
| K28+814.238～K28+370.238<br>(238～607 环) | D 组段<br>杂填土、粉土填土、粉土、黏土、粉细沙、粉质黏土 | Ⅰ级<br>浅埋隧道(7.5～8.95m) | $D_{Ⅰ}$ |
| K28+370.238～K28+275.801<br>(608～686 环) | D 组段<br>粉质黏土、粉土、粉细沙、中粗砂 | Ⅱ级<br>中等埋深(9.2～9.3m) | $D_{Ⅱ}$ |

### "十一—分"区间左线盾构隧道安全风险组段表　　　　　　　　　　表 2-10

| 起始里程/环号 | 土 层 组 段 | 控制性施工环境风险 | 安全风险组段 |
|---|---|---|---|
| K27+115.2～K28+080.0<br>(0～804 环) | D 组段<br>砂土黏土 | Ⅱ级<br>污水管、电力管、房屋 | $D_{Ⅱ}$ |
| K26+924.4～K27+009.6<br>(805～885 环) | D 组段<br>砂土黏土 | Ⅲ级<br>无 | $D_{Ⅲ}$ |
| K27+009.6～K27+018.0<br>(886～892 环) | D 组段<br>砂土黏土 | Ⅱ级<br>φ1200 上水管 | $D_{Ⅱ}$ |

续上表

| 起始里程/环号 | 土 层 组 段 | 控制性施工环境风险 | 安全风险组段 |
|---|---|---|---|
| K26+646.0~K27+009.6<br>(893~1195环) | D组段<br>砂土黏土 | Ⅲ级<br>联通通道、雨水管 | $D_Ⅲ$ |
| K26+589.6~K26+646.0<br>(1196~1242环) | D组段<br>砂土黏土 | Ⅰ级<br>京津城际铁路桥墩 | $D_Ⅰ$ |
| K26+538.0~K26+589.6<br>(1243~1285环) | D组段<br>砂土黏土 | 无 | $D_Ⅲ$ |
| K26+492.4~K26+538.0<br>(1286~1323环) | D组段<br>砂土黏土 | Ⅱ级<br>云龙金阁大饭店 | $D_Ⅱ$ |
| K26+479.2~K26+492.4 | D组段<br>砂土黏土 | 无 | $D_Ⅲ$ |

"石—大"区间左线盾构隧道安全风险组段表　　　　　表2-11

| 起始里程/环号 | 土 层 组 段 | 控制性施工环境风险 | 安全风险组段 |
|---|---|---|---|
| K32+217.251~K32+566.451<br>(0~291环) | E组段<br>粉质黏土、卵石、细中砂复合地层 | 无 | $E_Ⅲ$ |
| K26+924.4~K27+009.6<br>(292~455环) | E组段<br>粉质黏土、卵石、细中砂（局部）复合地层 | Ⅱ级<br>φ1050污水管、平房建筑 | $E_Ⅱ$ |
| K32+763.251~K32+775.251<br>(456~465环) | E组段<br>粉质黏土、细中砂、卵石复合地层 | Ⅲ级<br>联络通道 | $E_Ⅲ$ |
| K32+775.251~K33+188.051<br>(466~809环) | E组段<br>细中砂、粉质黏土、细中砂、卵石复合地层 | Ⅱ级<br>2层建筑、正天兴毛皮批发市场2层、φ2000污水管、凉水河、凉水河桥梁桩基、φ3000污水管涵、 | $E_Ⅱ$ |
| K33+188.051~K33+218.051<br>(810~834环) | D组段<br>细中砂、粉质黏土、黏质粉土、细中砂复合地层 | Ⅱ级<br>φ3000污水箱涵、大红门跨河桥、3400mm×1600mm雨水箱涵 | $D_Ⅱ$ |
| K33+218.051~K33+293.651<br>(835~897环) | E组段<br>细中砂、粉质黏土、黏质粉土、细中砂复合地层 | Ⅱ级<br>φ3000污水管涵、大红门跨河桥、下穿3400×1600雨水箱涵 | $E_Ⅱ$ |

"大—角"区间左线盾构隧道安全风险组段表　　　　　表2-12

| 起始里程/环号 | 土 层 组 段 | 控制性施工环境风险 | 安全风险组段 |
|---|---|---|---|
| K33+556.716~K34+448.869<br>(0~744环) | E组段<br>卵石与圆砾、黏质粉土与粉质黏土、细中砂（局部）、卵石 | Ⅱ级<br>φ600~φ1200雨水管、φ200~φ400污水管、φ1000~φ1050污水管、φ400燃气管 | $E_Ⅱ$ |

**"角—角"区间左线盾构隧道安全风险组段表**  表 2-13

| 起始里程/环号 | 土 层 组 段 | 控制性施工环境风险 | 安全风险组段 |
|---|---|---|---|
| K35+668.6~K35+519.8<br>(0~124 环) | E 组段<br>卵石、黏质粉土、粉质黏土、细中砂(局部) | Ⅱ级<br>φ600 雨水管线、角门 7 号院 2 号和 9 号院 3 号、φ800 上水管线 | $E_{Ⅱ}$ |
| K35+519.8~K35+409.4<br>(125~216 环) | C 组段<br>卵石 | Ⅱ级<br>φ600 雨水管线、角门 7 号院 3 号、φ800 上水管线 | $C_{Ⅱ}$ |
| K35+409.4~K35+354.2<br>(217~262 环) | E 组段<br>卵石、细中砂(局部) | Ⅱ级<br>蓝天祥云汽车修理场、φ600 雨水管线、φ800 上水管线 | $E_{Ⅱ}$ |
| K35+354.2~K35+234.2<br>(263~362 环) | C 组段<br>卵石 | Ⅱ级<br>蓝天祥云汽车修理场、φ600 雨水管线、φ800 上水管线 | $C_{Ⅱ}$ |
| K35+234.2~K34+923.4<br>(363~621 环) | E 组段<br>粉质黏土、黏质粉土、细中砂、卵石 | Ⅱ级<br>蓝天祥云汽车修理场、旱河、雨水管线、φ400 上水管线、φ600 上水管线、φ800 上水管线 | $E_{Ⅱ}$ |
| K34+923.4~K34+905.4<br>(622~636 环) | C 组段<br>卵石 | Ⅱ级<br>φ600 雨水管线、φ400、φ600 上水管线、φ800 上水管线 | $C_{Ⅱ}$ |
| K34+905.4~K34+653.4<br>(637~846 环) | E 组段<br>细中砂、粉质黏土、黏质粉土细中砂、卵石 | Ⅱ级<br>φ600 雨水管线、φ400 上水管线、φ600 上水管线、φ800 上水管线 | $E_{Ⅱ}$ |

**"樊—丰"区间左线盾构隧道安全风险组段表**  表 2-14

| 起始里程/环号 | 土 层 组 段 | 控制性施工环境风险 | 安全风险组段 |
|---|---|---|---|
| K40+570.209~K40+727.409<br>(0~131 环) | C 组段<br>卵石 | Ⅱ级<br>雨水管涵、污水管涵、燃气管 | $C_{Ⅱ}$ |
| K40+727.409~K40+993.809<br>(132~352 环) | C 组段<br>卵石 | Ⅲ级<br>污水管涵、燃气管 | $C_{Ⅲ}$ |
| K40+993.809~K41+413.8<br>(353~704 环) | C 组段<br>卵石 | Ⅱ级<br>平房群、上水管、污水管 | $C_{Ⅱ}$ |

**"玉—樊"区间左线盾构隧道安全风险组段表**  表 2-15

| 起始里程/环号 | 土 层 组 段 | 控制性施工环境风险 | 安全风险组段 |
|---|---|---|---|
| K39+123.188~K39+288.788<br>(0~138 环) | E 组段<br>卵石、圆砾、细中砂、黏质粉土、粉质黏土 | Ⅱ级<br>纪家庙平房群 | $E_{Ⅱ}$ |

续上表

| 起始里程/环号 | 土 层 组 段 | 控制性施工环境风险 | 安全风险组段 |
|---|---|---|---|
| K39+288.809～K39+364.388<br>(139～201 环) | C 组段<br>卵石、圆砾 | Ⅱ级<br>纪家庙平房群 | $C_Ⅱ$ |
| K39+364.388～K39+401.588<br>(202～232 环) | E 组段<br>卵石、圆砾、细中砂 | Ⅱ级<br>纪家庙平房群 | $E_Ⅱ$ |
| K39+401.588～K39+408.788<br>(233～238 环) | C 组段<br>卵石、圆砾 | Ⅱ级<br>纪家庙平房群 | $C_Ⅱ$ |
| K39+408.788～K39+426.788<br>(239～253 环) | E 组段<br>卵石、圆砾、细中砂 | Ⅱ级<br>纪家庙平房群 | $E_Ⅱ$ |
| K39+426.788～K39+433.988<br>(254～259 环) | C 组段<br>卵石、圆砾 | Ⅱ级<br>纪家庙平房群 | $C_Ⅱ$ |
| K39+433.988～K39+443.588<br>(260～267 环) | E 组段<br>卵石、圆砾、黏质粉土、粉质黏土 | Ⅱ级<br>纪家庙平房群 | $E_Ⅱ$ |
| K39+443.588～K39+642.788<br>(268～433 环) | E 组段<br>卵石、圆砾、细中砂、黏质粉土、粉质黏土 | Ⅰ级<br>纪家庙平房群、雨水管、埋深小于9m | $E_Ⅰ$ |
| K39+642.788～K40+080.788<br>(434～798 环) | C 组段<br>卵石、圆砾 | Ⅱ级<br>中等埋深(9～13m) | $C_Ⅱ$ |

"六一莲"区间左线盾构隧道安全风险组段表   表2-16

| 起始里程/环号 | 土 层 组 段 | 控制性施工环境风险 | 安全风险组段 |
|---|---|---|---|
| K47+243.015～K47+211.094<br>(0～27 环) | C 组段<br>卵石 | 无 | $C_Ⅲ$ |
| K47+211.094～K46+483<br>(28～633 环) | C 组段<br>卵石 | Ⅰ级<br>北京西局机务段、热力管线、区间联络通道、西希公寓 | $C_Ⅰ$ |
| K46+483～K46+460<br>(634～653 环) | C 组段<br>卵石 | Ⅱ级<br>自来水管、污水管 | $C_Ⅱ$ |
| K46+460～K46+400<br>(654～703 环) | C 组段<br>卵石 | Ⅰ级<br>24层高层住宅,水平侧穿自来水管,污水管,下穿污水管线、雨水管线 | $C_Ⅰ$ |
| K46+400～K45+239.315<br>(704～1670 环) | C 组段<br>卵石 | Ⅱ级<br>建筑群、雨水管线、污水管线等 | $C_Ⅱ$ |

"西—六"区间左线盾构隧道安全风险组段表　　表 2-17

| 起始里程/环号 | 土 层 组 段 | 控制性施工环境风险 | 安全风险组段 |
|---|---|---|---|
| K44+604.800～K44+963.074<br>（0～298 环） | C 组段<br>卵石 | Ⅲ级<br>无 | $C_Ⅲ$ |
| K44+595.200～K44+604.800<br>（299～307 环） | E 组段<br>卵石、细沙、夹杂少量粉土 | Ⅱ级<br>联络通道 | $E_Ⅱ$ |
| K44+586～K44+595.200<br>（308～314 环） | E 组段<br>卵石、细沙、夹杂少量粉土 | 无 | $E_Ⅲ$ |
| K44+534.000～K44+586<br>（315～357 环） | E 组段<br>卵石、细沙、夹杂少量粉土 | Ⅱ级<br>盾构下穿建筑群 | $E_Ⅱ$ |
| K44+498.710～K44+534.000<br>（358～387 环） | E 组段<br>卵石、细沙、夹杂少量粉土 | 无 | $E_Ⅲ$ |
| K44+454.460～K44+498.710<br>（388～423 环） | C 组段<br>卵石 | 无 | $C_Ⅲ$ |
| K44+397.480～K44+454.460<br>（424～471 环） | E 组段<br>中粗砂、卵石 | 无 | $E_Ⅲ$ |
| K44+376～K44+397.480<br>（472～489 环） | C 组段<br>卵石 | 无 | $C_Ⅲ$ |
| K44+174～K44+376<br>（490～657 环） | C 组段<br>卵石 | Ⅱ级<br>盾构下穿建筑群 | $C_Ⅱ$ |
| K44+144.800～K44+174<br>（658～681 环） | C 组段<br>卵石 | 无 | $C_Ⅲ$ |
| K44+135.200～K44+144.800<br>（682～689 环） | C 组段<br>卵石 | Ⅱ级<br>联络通道 | $C_Ⅱ$ |
| K44+016.047～K44+135.200<br>（690～789 环） | C 组段<br>卵石 | 无 | $C_Ⅲ$ |
| K43+988.047～K44+016.047<br>（790～812 环） | C 组段<br>卵石 | Ⅱ级<br>下穿 $\phi 800$ 混凝土污水管 | $C_Ⅱ$ |
| K43+874～K43+988.047<br>（813～908 环） | C 组段<br>卵石 | 无 | $C_Ⅲ$ |
| K43+739～K43+874<br>（909～1020 环） | C 组段<br>卵石 | Ⅰ级<br>下穿迪斯康特购物中心 | $C_Ⅰ$ |
| K43+722～K43+739<br>（1021～1034 环） | C 组段<br>卵石 | 无 | $C_Ⅲ$ |
| K43+664.783～K43+722<br>（1035～1082 环） | C 组段<br>卵石 | Ⅱ级<br>下穿管线集中区域 | $C_Ⅱ$ |

"公—西"区间左线盾构隧道安全风险组段表  表 2-18

| 起始里程/环号 | 土 层 组 段 | 控制性施工环境风险 | 安全风险组段 |
|---|---|---|---|
| ZK48+664.144～ZK48+936<br>(0～227 环) | F 组段<br>砾岩、圆砾、泥岩、圆砾 | Ⅱ级<br>新兴桥匝道异型板桩基、重要市政管线 | $F_Ⅱ$ |
| ZK48+936～ZK49+080<br>(228～347 环) | F 组段<br>砾岩、泥岩、圆砾、粉土 | 无 | $F_Ⅲ$ |
| ZK49+080～ZK49+130<br>(348～389 环) | F 组段<br>砾岩、泥岩、圆砾、粉土 | Ⅱ级<br>三环路、普惠桥、雨水管 | $F_Ⅱ$ |
| ZK49+130～ZK49+210.8<br>(390～456 环) | F 组段<br>砾岩、泥岩、圆砾、粉土 | 无 | $F_Ⅲ$ |
| ZK49+210.8～ZK49+266<br>(457～502 环) | E 组段<br>圆砾、粉土、卵石 | Ⅱ级<br>热力隧道、联络通道、上水管 | $E_Ⅱ$ |
| ZK49+266～ZK49+290<br>(503～522 环) | E 组段<br>圆砾、粉土、卵石 | 无 | $E_Ⅲ$ |
| ZK49+290～ZK49+382.4<br>(523～599 环) | E 组段<br>卵石、粉质黏土、卵石 | Ⅱ级<br>楼房、2层泵房、市政管线 | $E_Ⅱ$ |
| ZK49+382.4～ZK49+770<br>(600～922 环) | C 组段<br>卵石 | 无 | $C_Ⅲ$ |
| ZK49+770～ZK49+830<br>(923～972 环) | E 组段<br>细中砂、卵石 | Ⅱ级<br>联络通道、风井 | $E_Ⅱ$ |
| ZK49+830～ZK50+005.2<br>(973～1118 环) | C 组段<br>卵石 | Ⅱ级<br>楼房群 | $C_Ⅱ$ |
| ZK50+005.2～ZK50+049.6<br>(1119～1155 环) | C 组段<br>卵石 | Ⅰ级<br>下穿两栋5层楼房,覆土厚度12m | $C_Ⅰ$ |
| ZK50+049.6～ZK50+269.2<br>(1156～1338 环) | C 组段<br>卵石 | 无 | $C_Ⅲ$ |
| ZK50+269.2～ZK50+600.4<br>(1339～1614 环) | C 组段<br>卵石 | Ⅰ级<br>永定河引水渠 | $C_Ⅰ$ |
| ZK50+600.4～ZK50+679.6<br>(1615～1680 环) | E 组段<br>细中砂、卵石 | 无 | $E_Ⅲ$ |
| ZK50+679.6～ZK50+739.6<br>(1681～1730 环) | E 组段<br>细中砂、卵石 | Ⅱ级<br>罗道庄桥梁 | $E_Ⅱ$ |
| ZK50+739.6～ZK50+869.2<br>(1731～1838 环) | E 组段<br>细中砂、卵石 | 无 | $E_Ⅲ$ |

**"西—慈"区间左线盾构隧道安全风险组段表**　　表 2-19

| 起始里程/环号 | 土 层 组 段 | 控制性施工环境风险 | 安全风险组段 |
|---|---|---|---|
| K52+065.549～K51+986.349<br>(0～66 环) | E 组段<br>粉细砂、粉质黏土、卵石 | 无 | $E_{III}$ |
| K51+986.349～K51+955.149<br>(67～92 环) | C 组段<br>卵石 | 无 | $C_{III}$ |
| K51+955.149～K51+826.749<br>(93～199 环) | F 组段<br>粉质黏土、粉细砂、卵石 | I 级<br>下穿玲珑塔公园内海淀区园林局平房 | $F_{II}$ |
| K51+826.749～K51+691.149<br>(200～312 环) | F 组段<br>粉质黏土、粉细砂、卵石 | 无 | $F_{III}$ |
| K51+691.149～K51+454.749<br>(313～509 环) | C 组段<br>卵石 | II 级<br>热力隧道、联络通道、上水管 | $C_{II}$ |
| K51+454.749～K51+383.949<br>(510～568 环) | C 组段<br>卵石 | 无 | $C_{III}$ |
| K51+383.949～K51+327.549<br>(569～615 环) | C 组段<br>卵石 | II 级<br>下穿八里庄跨河桥桥区 | $C_{II}$ |
| K51+327.549～K51+169.149<br>(616～747 环) | C 组段<br>卵石 | 无 | $C_{III}$ |
| K51+169.149～K51+031.149<br>(748～862 环) | E 组段<br>粉质黏土、粉土、粉细砂、卵石 | 无 | $E_{III}$ |

**"车—长"区间左线盾构隧道安全风险组段表**　　表 2-20

| 起始里程/环号 | 土 层 组 段 | 控制性施工环境风险 | 安全风险组段 |
|---|---|---|---|
| DK54+145.7～DK54+468.8<br>(0～269 环) | C 组段<br>卵石 | II 级<br>下穿上水管、斜穿上水管 | $C_{II}$ |
| DK54+468.8～DK54+589.9<br>(270～370 环) | C 组段<br>卵石 | III 级<br>雨水管、上水管 | $C_{III}$ |
| DK54+589.9～DK54+718.5<br>(371～477 环) | C 组段<br>卵石 | II 级<br>过街天桥桥桩、联络通道、污水管、上水管 | $C_{II}$ |
| DK54+718.5～DK54+806.2<br>(478～550 环) | C 组段<br>卵石 | 无 | $C_{III}$ |
| DK54+806.2～DK54+888.1<br>(551～619 环) | C 组段<br>卵石 | II 级<br>$\phi$1400 上水管、$\phi$1000 上水管、雨水沟 | $C_{II}$ |

**"长—火"区间左线盾构隧道安全风险组段表**　　　　　　　　　　　表 2-21

| 起始里程/环号 | 土层组段 | 控制性施工环境风险 | 安全风险组段 |
|---|---|---|---|
| K55+539.387～K55+722.137<br>（0～153 环） | C 组段<br>卵石 | Ⅱ级<br>联络通道 | $C_Ⅱ$ |
| K55+511.787～K55+539.387<br>（154～176 环） | E 组段<br>粉细砂、卵石 | Ⅲ级<br>联络通道 | $E_Ⅲ$ |
| K55+475.787～K55+511.787<br>（177～206 环） | E 组段<br>粉细砂、卵石 | Ⅰ级<br>埋深小于 9m | $E_Ⅰ$ |
| K55+283.787～K55+475.787<br>（207～366 环） | C 组段<br>卵石 | Ⅰ级<br>埋深小于 9m、雨水箱涵，管内底埋深为 2.33m | $C_Ⅰ$ |
| K55+240.587～K55+283.787<br>（367～402 环） | E 组段<br>粉细砂、卵石 | Ⅰ级<br>埋深小于 9m，邻近 336 号水源井 | $E_Ⅰ$ |
| K55+180.587～K55+240.587<br>（403～452 环） | C 组段<br>卵石 | Ⅰ级<br>埋深小于 9m，临近立马关帝庙（邻近 336 号水源井） | $C_Ⅰ$ |
| K55+140.987～K55+180.587<br>（453～485 环） | E 组段<br>中粗砂、卵石 | Ⅰ级<br>埋深小于 9m | $E_Ⅰ$ |
| K55+108.587～K55+140.987<br>（486～512 环） | C 组段<br>卵石 | Ⅰ级<br>埋深小于 9m，邻近立马关帝庙 | $C_Ⅰ$ |

**"火—终"区间左线盾构隧道安全风险组段表**　　　　　　　　　　　表 2-22

| 起始里程/环号 | 土层组段 | 控制性施工环境风险 | 安全风险组段 |
|---|---|---|---|
| ZK55+996.037～ZK56+200<br>（0～170 环） | C 组段<br>卵石 | Ⅱ级<br>银燕小学体育场 | $C_Ⅱ$ |
| ZK56+200～ZK56+232.94<br>（171～197 环） | E 组段<br>卵石、粉质黏土 | Ⅱ级<br>市政管线 | $E_Ⅱ$ |
| ZK56+232.94～ZK56+282.86<br>（198～239 环） | E 组段<br>卵石、细中砂 | 无 | $E_Ⅲ$ |
| ZK56+282.86～ZK56+334.94<br>（240～282 环） | C 组段<br>卵石 | 无 | $C_Ⅲ$ |
| ZK56+334.94～ZK56+442.68<br>（283～372 环） | E 组段<br>卵石、细中砂 | Ⅱ级<br>交通局海淀管理处 | $E_Ⅱ$ |
| ZK56+442.68～ZK56+489.44<br>（373～411 环） | C 组段<br>卵石 | 无 | $C_Ⅲ$ |

续上表

| 起始里程/环号 | 土层组段 | 控制性施工环境风险 | 安全风险组段 |
|---|---|---|---|
| ZK56+489.44～ZK56+543.94（412～457环） | E组段<br>卵石、粉质黏土 | 无 | E_Ⅲ |
| ZK56+543.94～ZK56+710.94（458～596环） | C组段<br>卵石 | Ⅱ级<br>埋深9～13m | C_Ⅱ |
| ZK56+710.94～ZK56+770.94（597～646环） | C组段<br>卵石 | Ⅰ级<br>京密引水渠，埋深8.5～10m | C_Ⅰ |
| ZK56+770.94～ZK56+780.62（647～655环） | E组段<br>卵石、细中砂 | Ⅰ级<br>京密引水渠，埋深8.5～10m | E_Ⅰ |
| ZK56+780.62～ZK56+814.62（656～683环） | E组段<br>卵石、细中砂 | 无 | E_Ⅲ |
| ZK56+814.62～ZK56+883.98（684～741环） | C组段<br>卵石 | 无 | C_Ⅲ |
| ZK56+883.98～ZK56+959.32（742～803） | C组段<br>卵石 | 无 | E_Ⅱ |

## 2.5 本章小结

以北京地铁10号线二期盾构区间工程为背景，分析了北京地铁10号线二期沿线盾构区间土砂复合地层、砂卵石地层、砂卵石与砾岩复合地层空间分布规律及地层力学特征，建立了沿线盾构区间三维地质模型，选取"草—纪"盾构区间进行了详细的组段划分，得出以下结论：

1）土砂复合地层工程特性及空间分布规律

（1）盾构穿越粉细砂层工程特性为：①无水状态的粉细砂层呈松散状态，即挖即塌；②有水或潮湿状态下的粉细砂层具有瞬间的自稳定性；③粉细砂层石英含量较高；④粉细砂层一般摩擦阻力大、渗透性好，在盾构推进土压力下水分很快排出，土体强度提高，因此不仅盾构推进摩擦阻力大，而且开挖面土压力也比较大，常会导致刀盘扭矩和总推力不足；⑤对施工扰动的敏感性极强，自盾构开挖面扰动处向外即时传递变形。

（2）盾构穿越粉质黏土的工程特性：①无水状态的粉质黏土层自稳性好，盾构在无水粉质黏土层中掘进可以有条件直接开仓检查；②含水状态的粉质黏土开挖扰动后易成"稀泥"状；③与砂层比较，对施工扰动的敏感性相对不强，自盾构开挖扰动处向外的变形传递有一定的滞后性；④盾构开挖时，易结"泥饼"，刀盘黏附导致阻力增大和螺旋输送机的黏附堵塞。

（3）土砂复合地层主要分布在"潘—十"、"十—分"及"分—成"三个盾构区间，但三个区间空间分布规律各异，详情如下所示：

①01标"潘—十"整个区间土砂复合地层分布并不均匀，不同区段分布特征差异较大，区间隧道出潘家园站后前150m左右区段主要为粉细砂与粉质黏土互层，隧道顶板和中部区域分布有两层粉细砂，隧道底板位置主要为粉质黏土层；随着隧道向十里河站延伸，整个区间隧

道的中部区域主要穿越地层变为两层,上部为粉细砂,中下部则为粉质黏土层;区间隧道靠近十里河站的500m区段内则主要以粉细砂层为主,粉细砂层位于隧道的顶板与顶部区域,隧道中部夹杂粉质黏土,局部区域则为全断面砂层。

②02标"十一分"区间盾构穿越土砂复合地层可分为两大类:

a. K26+470~K27+470区段:盾构隧道穿越的土砂复合地层以粉质黏土为主,粉细砂层主要分布在隧道顶板附近。

b. K27+470~K28+080区段:盾构隧道穿越的土砂复合地层以粉细砂层为主,粉质黏土主要分布在隧道顶板附近。

③02标"分一成"区间盾构隧道穿越的土砂复合地层分布规律性强,隧道开挖断面顶板以上4~5m区域主要为粉细砂层,隧道顶板以下1~2m区域范围内主要为粉质黏土层。

2) 砂卵石及其与砾岩复合地层工程特性与空间分布规律

(1) 砂卵石工程特征:

①卵砾石呈多态分布,④层、⑤层、⑦层为具有一定级配的松散堆积层,胶结状态很差。

②砂卵石地层含砂率在25%~40%之间。

③自我稳定性较好的砂卵石层对盾构施工扰动的敏感性相对不强,自盾构开挖扰动处向外的变形传递有一定的滞后性。

④盾构掘进土压力的建立强烈依赖于土体改良效果,如果土体改良效果不好或不理想,舱内土压建立比较困难,严重时甚至出现无法实现土压平衡的情况。

⑤大粒径砂卵石地层刀盘、刀具切削、破碎困难,切削下来的渣土塑性流动性差,螺旋输送机排土困难,刀盘、刀具、密封舱内壁及螺旋输送机磨损严重。

(2) 首次进行了砂卵石地层LCPC试验,分析了粒径级配、卵砾石圆滑度及卵石强度对磨蚀性指数LAC的影响,同时对卵石的易碎性进行了评价,结果表明:

①砂卵石粒径级配对土体的磨蚀性影响大。卵石直径越大,占有的比例越多,也就是限定粒径$d_{60}$对应的颗粒直径越大,则LAC值越大,土体的磨蚀性越强,其间符合指数关系,且具有很好的相关性。这是由于卵石的主要矿物成分为石英、长石和方解石,且大粒径卵石的密实度较高,可以看出,大粒径卵石是决定土体磨蚀性大小的关键因素之一。

②颗粒越圆滑,磨蚀性越小,颗粒圆滑度与磨蚀系数LAC几乎呈线性关系,而且三组土体在圆滑度最好的情况下,磨蚀系数LAC值差别很小,说明土体中颗粒的圆滑程度也是决定土体磨蚀性大小的关键因素之一。

③砂卵石中卵石强度在57~75MPa之间时,卵石强度对磨蚀系数LAC值没有太大影响,但随着卵石强度的增加,特别是当卵石强度高于80MPa时,磨蚀系数LAC值明显增加,且增加的速率比较大。结果表明:当卵石、漂石强度超过80MPa这一临界值后,其磨蚀性迅速增大,说明土体中卵石、漂石的高强度是决定土体磨蚀性大小的一个重要指标,但存在80MPa这一阈值。

④卵石的易碎性:北京地铁10号线二期砂卵石土体LBC平均值为38.5%,属于低易碎性,且从5组样本不同的LBC值可以看出,易碎性不仅与自身所含的矿物质成分有关,更重要的是与土体的颗粒级配有关,土体中含有的卵石粒径越大,土体易碎性就越低,也即越难破碎。所以盾构在砂卵石地层施工时,应主要以疏导大粒径卵石、漂石为主,避免对刀具造成严重

磨损。

(3) CAI 磨蚀试验:卵石的磨蚀指数 CAI 最大 4.789,最小 3.107,平均 3.821,整体较高;磨蚀试验结果表明北京地铁 10 号线二期盾构穿越的卵砾石层的耐磨性能较高,卵砾石对 TBM 刀盘、刀具的磨损较大。

(4) 全岩分析试验:砂卵石的 LCPC 磨蚀系数 LAC 值与卵石等效石英含量 EQu 之间存在良好的线性关系,其关系式为

$$LAC = 20EQu - 1.39$$

(5) 砂卵石地层空间分布规律:10 号线二期全线 19 个盾构区间,其中有 16 个区间穿越了砂卵石地层,除了部分区间存在砂卵石与粉质黏土、砂卵石与砾岩的复合地层以外,其余均为全断面砂卵石地层。根据卵石粒径大小不同,又可分为小粒径、中等粒径及大粒径三类。分别选取一个典型区间,对地层的空间分布规律进行分析如下:

① "樊—丰"区间(小粒径):穿越地层为全断面卵石④层,亚圆形,级配连续,磨圆度中等,一般粒径 2~10cm,最大粒径约 19cm,中粗砂充填 20%~25%,局部夹有漂石,一般粒径 21~26cm,最大粒径约 56~70cm,漂石含量约 20%~65%。

② "西—六"区间(中粒径):穿越地层主要为卵石⑤层、⑦层、⑨层,隧道侧壁以卵石⑤层、⑦层为主。卵石一般粒径 20~60mm,已发现颗粒物最大直径 400mm,空间不同层位卵石分布概况见表 2-5。

③ "公—西"区间(中、大粒径):穿越地层主要为卵石⑤层、卵石⑦层和砾岩⑪层,其中区间南端主要为砾岩⑪层、砾岩⑪与卵石复合地层,区间中部及北端为全断面卵石层,卵石以中、大粒径为主。场地内存在粒径大于 300mm 的漂石,其分布随机性较强,含量约为 20%~30%。

3) 基于盾构工法特点的组段划分技术

(1) 根据北京地区典型地层的力学特征及分布情况,结合盾构工法特点,提出了相关组段划分技术与方法,考虑地层条件及施工环境条件对盾构施工的影响,对不同施工区段盾构施工的影响程度进行了详细组段划分,为盾构施工及其关键参数设定与控制提供了有益参考。

(2) 对北京地铁 10 号线二期典型盾构区间进行了详细的组段划分,其结果见表 2-8~表 2.22。

# 第3章　典型地层盾构施工关键参数的预测、控制及适应性评价

## 3.1　典型地层盾构刀盘扭矩组成特征与控制范围

### 3.1.1　刀盘扭矩计算模型

刀盘扭矩是土压平衡盾构设备的关键参数之一，由于地层条件的多变性，刀盘扭矩的预测、控制难度较大，施工过程中刀盘扭矩控制不当不仅会影响土压平衡盾构的掘进效率，严重时甚至可能会引发工程事故。因此，国内外学者对刀盘扭矩的计算、预测及其在施工过程中的控制进行了大量的研究。于颖、徐宝富等[49]利用朗肯土压力理论分析了刀盘阻力扭矩的组成特征，提出了软土地层刀盘扭矩的计算方法。吕强、傅德明[50]推导了土压平衡盾构刀盘扭矩的计算公式，将刀盘扭矩分成摩擦扭矩、切削扭矩和搅拌扭矩三种。张厚美等[51]通过盾构掘进试验研究了土压力、推力、刀盘转速等盾构关键参数对刀盘扭矩的影响，得到了软土地层盾构刀盘扭矩的数学模型。李向红，傅德明[52]尝试对盾构总推力和刀盘扭矩的相关关系进行了试验研究，分析了刀盘开口率对刀盘扭矩的影响。徐前卫，朱合华等[53-55]从土压平衡盾构刀盘的切削机理入手，研究刀盘扭矩的计算方法及其影响因素，开展土压平衡盾构掘削模型试验，研究了不同埋深、开口率、转速及推进速度条件下刀盘扭矩的变化规律。王洪新[56]推导了刀盘扭矩的计算公式，并采用多元分析方法，研究了刀盘扭矩与主要施工参数之间的关系。

根据土压平衡盾构的构造特征及以往国内外学者对刀盘扭矩的研究成果[49-60]，总结得出土压平衡盾构刀盘扭矩的组成主要包括刀具的切削扭矩、刀盘面板与土体的摩阻扭矩、刀盘支撑梁搅拌土体引起的搅拌扭矩等6种，具体组成如下：

$$T = T_1 + T_2 + T_3 + T_4 + T_5 + T_6 \tag{3-1}$$

式中：$T$——刀盘扭矩；

$T_1$——刀盘上刀具切削阻力扭矩；

$T_2$——刀盘开口处剪切渣土所需扭矩；

$T_3$——刀盘正面与土体摩阻扭矩；

$T_4$——刀盘周边与土体摩阻扭矩；

$T_5$——刀盘背面与土体摩阻扭矩；

$T_6$——刀盘土舱内的搅拌扭矩。

(1) 刀盘上刀具切削阻力扭矩 $T_1$

盾构推进过程中,因刀具切削土体所产生的阻力扭矩为:

$$T_1 = \int_0^{R_0} q_u h_{\max} r \mathrm{d}r = 0.5 q_u h_{\max} R_0^2 \tag{3-2}$$

式中:$q_u$——土体无侧限抗压强度;

$h_{\max}$——刀盘每转的最大切削深度;

$R_0$——最外圈刀具的半径。

(2) 刀盘开口处剪切渣土所需扭矩 $T_2$

盾构掘进时,刀盘切削下来的渣土从刀盘开口处进入土舱,随着刀盘的转动,开挖面土体被剪坏破坏,剪切渣土所需扭矩为:

$$T_2 = \xi \int_0^{2\pi} \int_0^{\frac{D_c}{2}} Q_u r^2 \mathrm{d}r \mathrm{d}\theta = \frac{\xi Q_u \pi D_c^3}{12} \tag{3-3}$$

式中:$\xi$——刀盘开口率;

$D_c$——刀盘直径;

$Q_u$——渣土的抗剪强度,$Q_u = c + p_0 \tan\varphi$。

(3) 刀盘正面与土体摩阻扭矩 $T_3$

盾构掘进时,刀盘正面与土体之间发生摩擦,产生的摩阻力矩为:

$$T_3 = (1-\xi) \int_0^{2\pi} \int_0^{\frac{D_c}{2}} u p_0 r^2 \mathrm{d}r \mathrm{d}\theta = (1-\xi) u p_0 \frac{\pi D_c^3}{12} \tag{3-4}$$

式中:$u$——土体与刀盘间的摩擦系数;

$p_0$——刀盘中心处土体的静止土压力。

(4) 刀盘周边与土体摩阻扭矩 $T_4$

刀盘转动过程中,其外周与土体发生摩擦,刀盘侧面的摩阻扭矩为:

$$T_4 = 2\pi R_c t p_r \mu \tag{3-5}$$

式中:$R_c$——刀盘半径;

$t$——刀盘的轴向宽度;

$p_r$——作用在刀盘周边的平均压力。

(5) 刀盘背面与土体的摩擦阻力扭矩 $T_5$

盾构掘进时,随着刀盘的旋转,刀盘背面与渣土相互摩擦产生了摩阻扭矩,假定土仓内渣土压力为刀盘正面侧向压力的 80%,则刀盘背面与土体摩阻扭矩为:

$$T_5 = 0.8(1-\xi) \int_0^{2\pi} \int_0^{\frac{D_c}{2}} u p_0 r^2 \mathrm{d}r \mathrm{d}\theta = 0.8(1-\xi) u p_0 \frac{\pi D_c^3}{12} \tag{3-6}$$

(6) 刀盘土舱内的搅拌扭矩 $T_6$

盾构掘进时,刀盘切削下来的渣土通过刀盘的开口处进入土舱后再通过刀盘支撑梁搅拌,成为均匀的流塑性土体,产生的搅拌阻力扭矩为:

$$T_6 = 2\pi (R_1^2 + R_2^2) L Q_u \tag{3-7}$$

式中:$R_1$——刀盘支撑梁外径;

$R_2$——刀盘支撑梁内径；

$L$——刀盘支撑梁长度。

这6种扭矩是北京地铁盾构施工所遇地层中对盾构产生影响的重要影响因素。

### 3.1.2 典型地层土压平衡盾构刀盘扭矩的计算

1）土砂复合地层刀盘扭矩计算

(1) "潘—十"区间刀盘扭矩计算（辐条面板式刀盘）

北京地铁10号线二期01标"潘—十"区间隧道埋深为9.5~16.5m,隧道穿越地层为土砂复合地层,但开挖断面内以粉质黏土为主,夹杂粉细砂层。该区间采用德国海瑞克公司生产的土压平衡盾构施工,刀盘为面板辐条式,开口率约为42%,刀盘结构如图3-1所示,盾构主要设备参数见图3-2。利用3.1.1的计算方法对"潘—十"区间的刀盘扭矩进行计算,计算参数选取及计算结果分别见表3-1和表3-2。

图 3-1 "潘—十"区间刀盘结构图　　　　图 3-2 "潘—十"区间盾构设备参数

"潘—十"区间盾构刀盘扭矩计算参数　　　　表 3-1

| 参　数 | 取　值 | 参　数 | 取　值 |
| --- | --- | --- | --- |
| 无侧限抗压强度 $q_u$ | 150kPa | 刀盘支撑梁外径 $R_1$ | 1.3m |
| 刀盘每转的最大切削深度 $h_{max}$ | 100mm | 刀盘支撑梁内径 $R_2$ | 1.0m |
| 最外圈刀具的半径 $R_0$ | 3.13m | 刀盘支撑梁长度 $L$ | 0.7m |
| 刀盘开口率 $\xi$ | 42% | 土体与刀盘间的摩擦系数 $u$ | 0.2 |
| 刀盘直径 $D_c$ | 6.26m | 土的重度 $\gamma$ | 20 |
| 渣土（改良后）内摩擦角 $\varphi$ | 5° | 隧道覆土厚度 $h$ | 15m |
| 渣土（改良后）黏聚力 $c$ | 5kPa | 刀盘轴向宽度 $t$ | 0.4m |

(2) "分—成"区间刀盘扭矩计算（辐条式刀盘）

北京地铁10号线二期02标"分—成"区间隧道埋深7.8~10.4m,隧道穿越的地层为土砂复合地层,但开挖断面内主要为粉细砂层,夹杂粉土、粉质黏土。该区间采用日本奥村公司生产的土压平衡盾构进行施工，刀盘为辐条式结构，开口率约为60%，刀盘结构见图3-3，盾构主要设备参数见图3-4。根据3.1.1的计算方法对"分—成"区间的刀盘扭矩进行计算，计算参数选取及计算结果分别见表3-3和表3-4。

"潘—十"区间盾构刀盘扭矩计算值    表3-2

| 序号 | 刀盘扭矩组成部分 | 刀盘扭矩值(kN·m) | 百分比 |
|---|---|---|---|
| $T_1$ | 刀盘上刀具切削阻力扭矩 | 73.48 | 2.53% |
| $T_2$ | 刀盘开口处剪切渣土所需扭矩 | 472.56 | 16.32% |
| $T_3$ | 刀盘正面与土体摩阻扭矩 | 1072.24 | 37.03% |
| $T_4$ | 刀盘侧面与土体摩阻扭矩 | 212.29 | 7.33% |
| $T_5$ | 刀盘背面与土体摩阻扭矩 | 857.79 | 29.62% |
| $T_6$ | 刀盘土舱内的搅拌扭矩 | 202.27 | 7.16% |
| $T$ | 刀盘总扭矩 | 2895.63 | 100% |

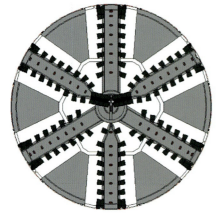

图3-3 "分—成"区间刀盘结构图

| 盾构生产商：日本奥村 | | | |
|---|---|---|---|
| 刀盘形式 | 辐条式 | 刀盘开口率 | 60% |
| 刀盘直径 | 6170mm | 前盾直径 | 6150mm |
| 中盾直径 | 6145mm | 尾盾直径 | 6140mm |
| 盾构主机长 | 9030mm | 最大推力 | 38000kN |
| 脱困扭矩 | 5500kN·m | 最大扭矩 | 3500kN·m |
| 螺旋机形式 | 轴式 | 螺旋机直径 | 800mm |
| 螺旋机最大通过粒径 | | 300×500mm | |
| 刀具布置 | 中心刀：1把 | | 刮刀：45把 |
| | 先行刀：50把 | | 仿形刀：2把 |

图3-4 "分—成"区间盾构设备参数

"分—成"区间盾构刀盘扭矩计算参数    表3-3

| 参数 | 取值 | 参数 | 取值 |
|---|---|---|---|
| 无侧限抗压强度 $q_u$ | 150kPa | 刀盘支撑梁外径 $R_1$ | 0.75m |
| 刀盘每转的最大切削深度 $h_{max}$ | 100mm | 刀盘支撑梁内径 $R_2$ | 0.5m |
| 最外圈刀具的半径 $R_0$ | 3.085m | 刀盘支撑梁长度 $L$ | 1.6m |
| 刀盘开口率 $\xi$ | 60% | 土体与刀盘间的摩擦系数 $u$ | 0.2 |
| 刀盘直径 $D_c$ | 6.17m | 土的重度 $\gamma$ | 19 |
| 渣土(改良后)内摩擦角 $\varphi$ | 5° | 隧道覆土厚度 $h$ | 10m |
| 渣土(改良后)黏聚力 $c$ | 5kPa | 刀盘轴向宽度 $t$ | 0.4m |

## 第3章 典型地层盾构施工关键参数的预测、控制及适应性评价

"分—成"区间盾构刀盘扭矩计算值　　　　　表3-4

| 序号 | 刀盘扭矩组成部分 | 刀盘扭矩值(kN·m) | 百分比 |
|---|---|---|---|
| $T_1$ | 刀盘上刀具切削阻力扭矩 | 71.38 | 4.19% |
| $T_2$ | 刀盘开口处剪切渣土所需扭矩 | 492.38 | 28.87% |
| $T_3$ | 刀盘正面与土体摩阻扭矩 | 472.03 | 27.68% |
| $T_4$ | 刀盘侧面与土体摩阻扭矩 | 182.89 | 10.72% |
| $T_5$ | 刀盘背面与土体摩阻扭矩 | 377.62 | 22.14% |
| $T_6$ | 刀盘土舱内的搅拌扭矩 | 109.01 | 6.39% |
| $T$ | 刀盘总扭矩 | 1705.3 | |

2)砂卵石地层刀盘扭矩计算

(1)"六—莲"区间刀盘扭矩计算(面板式刀盘)

北京地铁10号线二期11标"六—莲"区间隧道埋深15～18m,穿越地层为全断面卵石⑦层,局部夹杂中粗砂。该区间采用德国海瑞克公司生产的土压平衡盾构进行施工,刀面板式盘,开口率约为32%,结构见图3-5,盾构主要设备参数见图3-6。根据3.1.1的计算方法对"六—莲"区间的刀盘扭矩进行计算,计算参数选取及计算结果分别见表3-5和表3-6。

图3-5 "六—莲"区间刀盘结构图　　　图3-6 "六—莲"区间盾构设备参数

"六—莲"区间盾构刀盘扭矩计算参数　　　　　表3-5

| 参数 | 取值 | 参数 | 取值 |
|---|---|---|---|
| 无侧限抗压强度 $q_u$ | 500kPa | 刀盘支撑梁外径 $R_1$ | 1.3m |
| 刀盘每转的最大切削深度 $h_{max}$ | 60mm | 刀盘支撑梁内径 $R_2$ | 1.0m |
| 最外圈刀具的半径 $R_0$ | 3.13m | 刀盘支撑梁长度 $L$ | 0.7m |
| 刀盘开口率 $\xi$ | 32% | 土体与刀盘间的摩擦系数 $u$ | 0.3 |
| 刀盘直径 $D_c$ | 6.26m | 土的重度 $\gamma$ | 20 |
| 渣土(改良后)内摩擦角 $\varphi$ | 10° | 隧道覆土厚度 $h$ | 16m |
| 渣土(改良后)黏聚力 $c$ | 0kPa | 刀盘轴向宽度 $t$ | 0.4m |

"六一莲"区间盾构刀盘扭矩计算值  表 3-6

| 序号 | 刀盘扭矩组成部分 | 刀盘扭矩值(kN·m) | 所占百分比 |
|---|---|---|---|
| $T_1$ | 刀盘上刀具切削阻力扭矩 | 147.89 | 3.97% |
| $T_2$ | 刀盘开口处剪切渣土所需扭矩 | 408.56 | 10.97% |
| $T_3$ | 刀盘正面与土体摩阻扭矩 | 1292.92 | 34.72% |
| $T_4$ | 刀盘侧面与土体摩阻扭矩 | 668.48 | 17.95% |
| $T_5$ | 刀盘背面与土体摩阻扭矩 | 1034.33 | 27.78% |
| $T_6$ | 刀盘土舱内的搅拌扭矩 | 171.56 | 4.61% |
| $T$ | 刀盘总扭矩 | 3723.75 | |

(2)"玉—樊"区间刀盘扭矩计算(辐条面板式刀盘)

北京地铁 10 号线 08 标"玉—樊"区间隧道埋深 9~11.5m,穿越地层主要为卵石④层,局部夹杂细中砂、粉质黏土。该区间采用日本小松公司生产的土压平衡盾构进行施工,辐条面板式刀盘,开口率约为 45%,刀盘结构见图 3-7,盾构主要设备参数见图 3-8。根据 3.1.1 的计算方法对"纪—樊"区间的刀盘扭矩进行计算,计算参数选取及计算结果分别见表 3-7 和表 3-8。

图 3-7 "玉—樊"区间刀盘结构图        图 3-8 "玉—樊"区间盾构设备参数

"玉—樊"区间盾构刀盘扭矩计算参数  表 3-7

| 参数 | 取值 | 参数 | 取值 |
|---|---|---|---|
| 无侧限抗压强度 $q_u$ | 350kPa | 刀盘支撑梁外径 $R_1$ | 0.75m |
| 刀盘每转的最大切削深度 $h_{max}$ | 80mm | 刀盘支撑梁内径 $R_2$ | 0.5m |
| 最外圈刀具的半径 $R_0$ | 3.135m | 刀盘支撑梁长度 $L$ | 1.6m |
| 刀盘开口率 $\xi$ | 45% | 土体与刀盘间的摩擦系数 $u$ | 0.3 |
| 刀盘直径 $D_c$ | 6.28m | 土的重度 $\gamma$ | 20 |
| 渣土(改良后)内摩擦角 $\varphi$ | 10° | 隧道覆土厚度 $h$ | 11m |
| 渣土(改良后)黏聚力 $c$ | 0kPa | 刀盘轴向宽度 $t$ | 0.4m |

"玉—樊"区间盾构刀盘扭矩计算值　　　　　表3-8

| 序号 | 刀盘扭矩组成部分 | 刀盘扭矩值(kN·m) | 所占百分比 |
|---|---|---|---|
| $T_1$ | 刀盘上刀具切削阻力扭矩 | 137.60 | 4.59% |
| $T_2$ | 刀盘开口处剪切渣土所需扭矩 | 556.10 | 18.57% |
| $T_3$ | 刀盘正面与土体摩阻扭矩 | 893.95 | 29.84% |
| $T_4$ | 刀盘侧面与土体摩阻扭矩 | 536.30 | 17.92% |
| $T_5$ | 刀盘背面与土体摩阻扭矩 | 715.16 | 23.84% |
| $T_6$ | 刀盘土舱内的搅拌扭矩 | 156.42.56 | 5.24% |
| $T$ | 刀盘总扭矩 | 2995.53 | |

(3)"火—终"区间刀盘扭矩计算(辐条式刀盘)

选取10号线二期08标"火—终"区间,隧道埋深9~14m,穿越地层主要为卵石⑤,局部夹杂粉土、细中砂、粉质黏土。区间采用华遂通(日本日立造船技术支持)公司生产的土压平衡盾构进行施工,辐条式刀盘,开口率约为63.6%,刀盘结构见图3-9,盾构主要设备参见图3-10。根据3.1.1的计算方法对"火—终"区间的刀盘扭矩进行计算,计算参数选取及计算结果分别见表3-9和表3-10。

图3-9 "火—终"区间刀盘结构图　　　　图3-10 "火—终"区间盾构设备参数表

"火—终"区间盾构刀盘扭矩计算参数　　　　　表3-9

| 参数 | 取值 | 参数 | 取值 |
|---|---|---|---|
| 无侧限抗压强度 $q_u$ | 400kPa | 刀盘支撑梁外径 $R_1$ | 0.75m |
| 刀盘每转的最大切削深度 $h_{max}$ | 100mm | 刀盘支撑梁内径 $R_2$ | 0.5m |
| 最外圈刀具的半径 $R_0$ | 3.09m | 刀盘支撑梁长度 $L$ | 1.6m |
| 刀盘开口率 $\xi$ | 64% | 土体与刀盘间的摩擦系数 $u$ | 0.3 |
| 刀盘直径 $D_c$ | 6.18m | 土的重度 $\gamma$ | 20 |
| 渣土(改良后)内摩擦角 $\varphi$ | 15° | 隧道覆土厚度 $h$ | 11m |
| 渣土(改良后)黏聚力 $c$ | 0kPa | 刀盘轴向宽度 $t$ | 0.4m |

"火—终"区间盾构刀盘扭矩计算值　　　　　　　　　　表 3-10

| 序号 | 刀盘扭矩组成部分 | 刀盘扭矩值(kN·m) | 所占百分比 |
|---|---|---|---|
| $T_1$ | 刀盘上刀具切削阻力扭矩 | 190.96 | 6.84% |
| $T_2$ | 刀盘开口处剪切渣土所需扭矩 | 799.67 | 28.55% |
| $T_3$ | 刀盘正面与土体摩阻扭矩 | 600.32 | 21.50% |
| $T_4$ | 刀盘侧面与土体摩阻扭矩 | 558.87 | 20.01% |
| $T_5$ | 刀盘背面与土体摩阻扭矩 | 408.25 | 17.20% |
| $T_6$ | 刀盘土舱内的搅拌扭矩 | 164.68 | 5.90% |
| $T$ | 刀盘总扭矩 | 2792.39 | |

3）砂卵石与砾岩复合地层刀盘扭矩计算

10号线二期12标"公—西"区间，段隧道覆土13～15m，区间南段约900m主要穿越砾岩层、砾岩与卵石复合层，其余段主要为全断面卵石层。区间采用中铁装备公司生产的土压平衡盾构施工，面板式刀盘，开口率约为38%，刀盘结构见图3-11，盾构主要设备参见图3-12。根据3.1.1的计算方法对"公—西"区间的刀盘扭矩进行计算，计算参数选取及计算结果分别见表3-11和表3-12。

图 3-11　"公—西"区间刀盘结构图　　　　　图 3-12　"公—西"区间盾构设备参数表

"公—西"区间盾构刀盘扭矩计算参数　　　　　　　　　　表 3-11

| 参　数 | 取　值 | 参　数 | 取　值 |
|---|---|---|---|
| 无侧限抗压强度 $q_u$ | 450kPa | 刀盘支撑梁外径 $R_1$ | 0.75m |
| 刀盘每转的最大切削深度 $h_{max}$ | 100mm | 刀盘支撑梁内径 $R_2$ | 0.5m |
| 最外圈刀具的半径 $R_0$ | 3.14m | 刀盘支撑梁长度 $L$ | 1.6m |
| 刀盘开口率 $\xi$ | 38% | 土体与刀盘间的摩擦系数 $u$ | 0.3 |
| 刀盘直径 $D_c$ | 6.28m | 土的重度 $\gamma$ | 22 |
| 渣土（改良后）内摩擦角 $\varphi$ | 15° | 隧道覆土厚度 $h$ | 14m |
| 渣土（改良后）黏聚力 $c$ | 0kPa | 刀盘轴向宽度 $t$ | 0.4m |

"公—西"区间盾构刀盘扭矩计算值　　　　　　表 3-12

| 序号 | 刀盘扭矩组成部分 | 刀盘扭矩值(kN·m) | 所占百分比 |
| --- | --- | --- | --- |
| $T_1$ | 刀盘上刀具切削阻力扭矩 | 221.84 | 4.29% |
| $T_2$ | 刀盘开口处剪切渣土所需扭矩 | 963.60 | 18.67% |
| $T_3$ | 刀盘正面与土体摩阻扭矩 | 1759.52 | 34.09% |
| $T_4$ | 刀盘侧面与土体摩阻扭矩 | 345.48 | 6.69% |
| $T_5$ | 刀盘背面与土体摩阻扭矩 | 1407.93 | 27.29% |
| $T_6$ | 刀盘土舱内的搅拌扭矩 | 462.69 | 8.97% |
| $T$ | 刀盘总扭矩 | 5161.48 | |

### 3.1.3 典型地层盾构刀盘扭矩变化规律及合理性分析

(1) 土砂复合地层

图 3-13～图 3-16 给出了相关标段典型环盾构施工的扭矩曲线,由这些曲线可以看出:"潘—十"区间和"分—成"区间刀盘扭矩控制均较为合理,刀盘扭矩基本控制在最大扭矩的 40%～70%,且与理论计算值较为接近。虽然两个区间配置了不同开口率的刀盘,但在土砂复合地层中,两者的扭矩控制值差距不大,均能满足正常施工的要求。

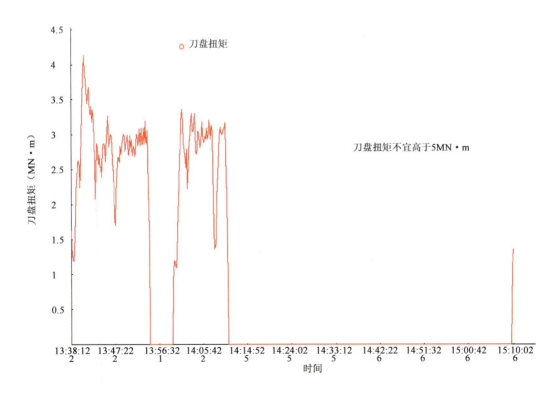

图 3-13 "潘—十"第 60 环刀盘瞬时扭矩历时曲线

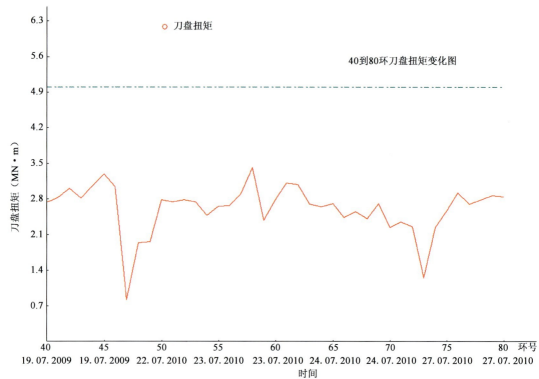

图 3-14 "潘一十" 40~80 环刀盘扭矩历时曲线

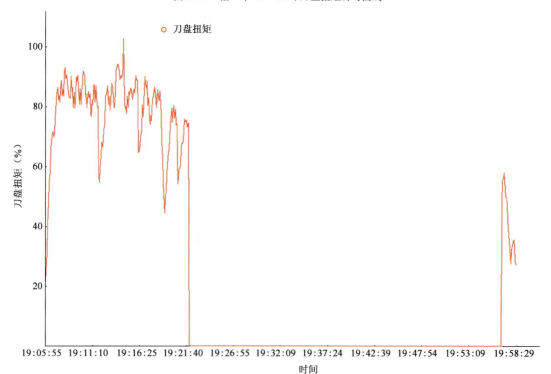

图 3-15 "分一成" 区间第 200 环刀盘瞬时扭矩历时曲线

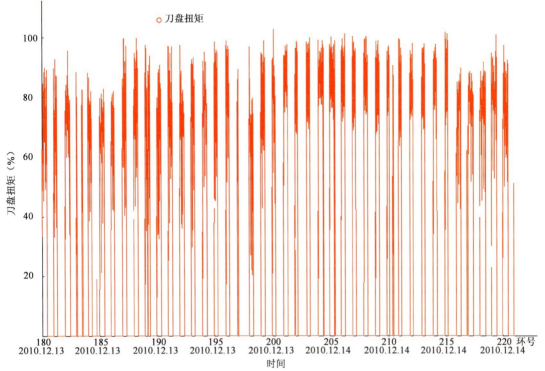

图 3-16 "分—成"区间 180～220 环刀盘扭矩历时曲线

(2) 砂卵石地层

"六—莲"、"樊—丰"和"火—终"区间均为土压平衡盾构在砂卵石地层中掘进的例子,从现场盾构掘进过程中盾构参数的控制与变化情况可知:土压平衡盾构在砂卵石地层中掘进时,刀盘扭矩控制值明显要大于土砂复合地层,其中"六—莲"区间刀盘扭矩大多控制在 3000～4000kN·m,局部区域刀盘扭矩大于 4000kN·m,刀盘扭矩的利用率为 55%～75%,如图 3-17 和 3-18 所示;"樊—丰"区间刀盘扭矩大多控制在 2000～3500kN·m,刀盘扭矩的利用率为 40%～75%,如图 3-19 和图 3-20 所示;"火～终"区间刀盘扭矩大多控制在 2500～4800kN·m,局部区域刀盘扭矩大于 5000,刀盘扭矩的利用率为 45%～85%,如图 3-21 和 3-22 所示;三个盾构区间刀盘扭矩的实际控制值均大于理论计算值,但是由于盾构选型时三个区间均配备的较为充足的额定扭矩,因此,盾构掘进时刀盘扭矩基本控制在合理的范围之内。

(3) 砂卵石与砾岩复合地层

图 3-23 和图 3-24 给出了"公—西"区间盾构在砾岩与砂卵石复合地层中掘进时,刀盘扭矩变化曲线,显然其控制值较大,实际控制值为 3600～5400kN·m,与理论计算值较为接近。盾构施工过程中经常出现刀盘扭矩大于设备最大扭矩 5000kN·m 的情况,说明盾构选型时设备的扭矩配置偏小,考虑的安全储备不足。

### 3.1.4 典型地层盾构刀盘扭矩控制范围分析

通过对 3.1.2 节中盾构刀盘扭矩计算与 3.1.3 节中典型标段盾构推进扭矩历时变化曲线进行对比,可以得出以下初步规律。

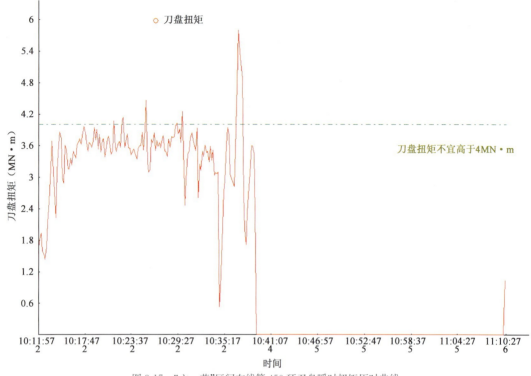

图 3-17 "六—莲"区间左线第 450 环刀盘瞬时扭矩历时曲线

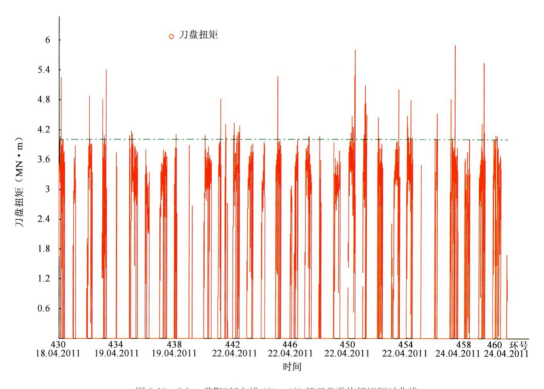

图 3-18 "六—莲"区间左线 430~460 环刀盘平均扭矩历时曲线

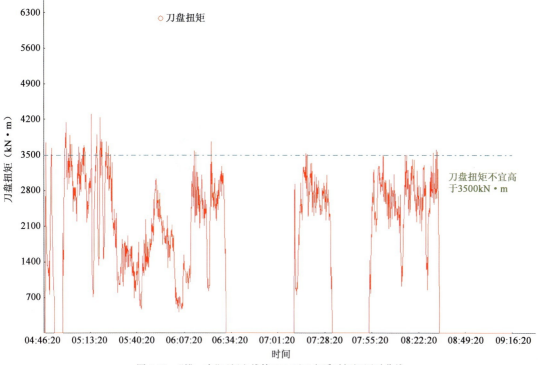

图 3-19 "樊—丰"区间左线第 240 环刀盘瞬时扭矩历时曲线

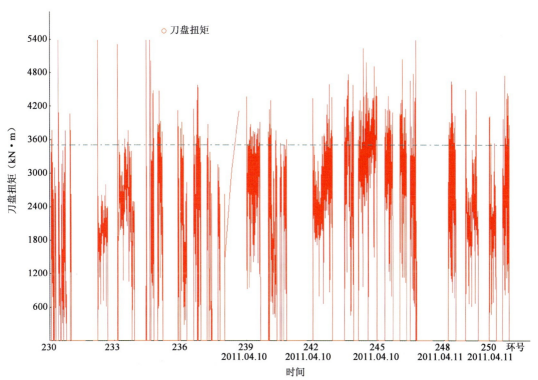

图 3-20 "樊—丰"区间左线 230～250 环刀盘平均扭矩历时曲线

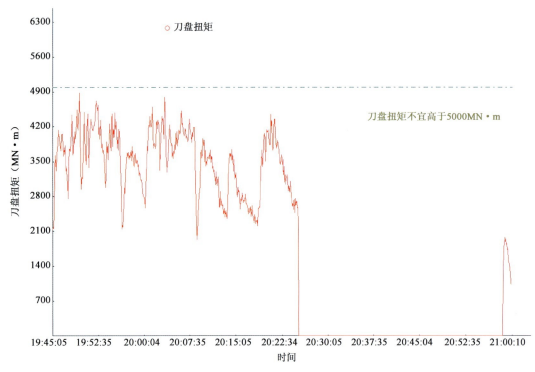

图 3-21 "火—终"区间左线第 400 环刀盘瞬时扭矩历时曲线

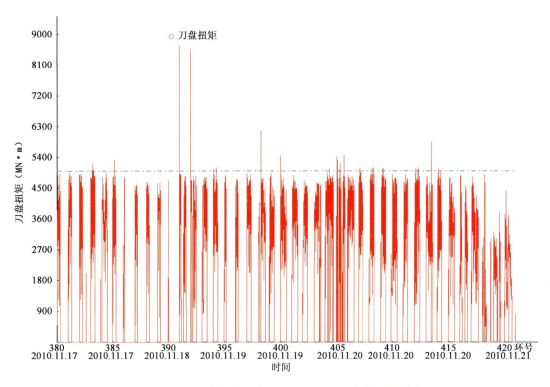

图 3-22 "火—终"区间左线 380～420 环刀盘平均扭矩历时曲线

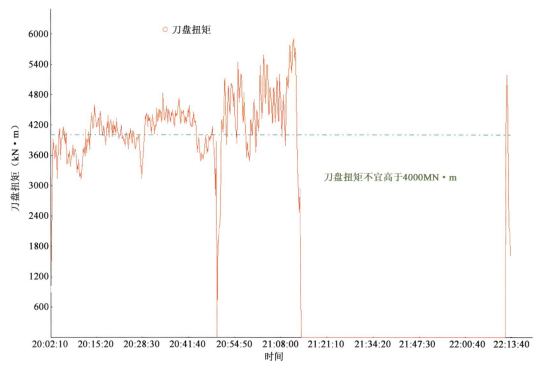

图 3-23 "公—西"区间右线第 220 环刀盘扭矩历时曲线

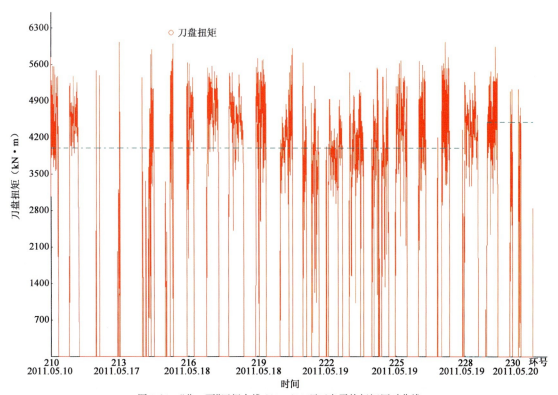

图 3-24 "公～西"区间右线 210～230 环刀盘平均扭矩历时曲线

(1) 刀盘开口率小的面板式盾构,刀盘正面与土体摩阻扭矩 $T_3$ 和刀盘背面与土体摩阻扭矩 $T_5$ 在刀盘总扭矩中所占比重最大;盾构刀盘开口率较大的辐条式刀盘,刀盘开口处剪切渣土所需扭矩 $T_2$ 所占刀盘总扭矩比重最大(理论模型计算值)。

(2) 刀盘开口处剪切渣土所需扭矩 $T_2$、刀盘正面与土体摩阻扭矩 $T_3$ 和刀盘背面与土体摩阻扭矩 $T_5$ 的大小与改良后渣土的性质密切相关,因此加强渣土改良能够有效降低刀盘扭矩。"六—莲"、"纪—樊"和"火—终"在砂卵石地层中掘进的盾构区间砂卵石理论计算的刀盘扭矩值比盾构施工中实际值略小,可能原因是计算模型中改良后渣土的内摩擦角和黏聚力的取值与盾构现场施工中的值有出入(我们的计算中只能按照理想改良土体进行考虑,而实际的土体改良效果绝大部分情况下未必如此)。

(3) 不论是面板式、辐条面板式还是辐条式刀盘,其扭矩与土舱压力关系密切,土舱压力越低,刀盘扭矩越小,但土舱压力是控制参数,盾构施工过程中不能为了减小刀盘扭矩而降低土舱压力(低于设定值),否则地表有塌陷的风险。

(4) 土压平衡盾构在砂卵石地层、砂卵石与砾岩复合地层中掘进时,刀盘扭矩变化幅度范围较大,控制值相对较高,因此盾构选型时应考虑一定的安全储备,确保配备的脱困扭矩、额定扭矩满足盾构施工要求,尽量避免因刀盘扭矩设置问题而频繁出现跳停事件的发生,从而引起其他连锁事件的发生。

(5) 根据典型地层盾构刀盘扭矩的计算与实际控制情况,得出不同组段盾构刀盘扭矩的大致控制范围,见表 3-13,供以后类似地层盾构选型时参考。

**不同组段盾构刀盘扭矩控制范围表**　　　　表 3-13

| 地　层 | 组　段 | 刀盘扭矩控制范围 | 备　注 |
|---|---|---|---|
| 黏土/粉质黏土/黏质粉土/粉土层 | A | 1500～2500kN·m | 当刀盘扭矩高于控制范围时,应加强土体改良效果,降低扭矩,不可降低土舱压力 |
| 粉砂/细砂/中砂/粗砂等砂层 | B | 1500～3500kN·m | |
| 砂卵石层 | C | 3000～4500kN·m | |
| 复合地层 | D,E | 根据开挖面地层情况,参考 A,B,C 控制范围进行设定 | |

## 3.2　典型地层盾构推力的组成特征与控制范围

### 3.2.1　盾构推力计算模型

盾构推进机构是推动盾构向前掘进的动力装置,它是反映盾构设备掘进性能的关键性构件之一,主要由设置在盾构支承环内侧环形中梁上的推进千斤顶群组成,千斤顶一端在盾壳上,一端安有橡胶撑靴,撑靴顶在已经拼装好的管片上,通过管片产生的反作用力推动盾构前进。在盾构的选型、设计、制造以及施工过程中,盾构推力是设备主要性能参数之一,不能准确合理的确定盾构推力,盾构的选型、设计工作无从谈起。

目前常用土压平衡盾构推进机构通常包括 32 个推进油缸和推进液压泵站,推进油缸按照在圆周上的区位分为四组,顶部 3 对油缸一组、左侧 4 对油缸一组、右侧 4 对油缸一组、底部 5 对油缸一组。通过调整每组油缸的不同推进压力和速度来实施盾构的推进、纠偏和调向。推进油缸的分组如图 3-25 所示，其中 4 个位置的油缸安装有位移传感器，通过油缸的位移传感器可以知道油缸的伸出长度和盾构状态。

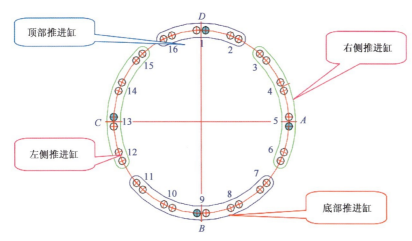

图 3-25　推进油缸分组示意图

盾构推力一般由盾构外壳与土体之间的摩擦阻力、盾构切削阻力、盾尾密封与管片之间的摩擦阻力、台车的牵引力等组成[7,61-66]，计算公示如下：

$$F_d = F_1 + F_2 + F_3 + F_4 \tag{3-8}$$

式中：$F$——盾构推力(kN)；

$F_1$——盾构外壳与土体之间的摩擦阻力(kN)；

$F_2$——盾构刀具切削阻力(kN)；

$F_3$——盾尾密封与管片之间的摩擦阻力(kN)；

$F_4$——台车的牵引力(kN)。

(1) 盾构外壳与土体之间的摩擦阻力 $F_1$

$$F_1 = \pi u D_0 L_M p_r \tag{3-9}$$

式中：$D_0$——前盾外径(m)；

$L_M$——盾壳长度(m)；

$u$——土体与盾壳的摩擦系数；

$p_r$——作用在盾壳周边的平均压力(kPa)。

(2) 盾构切削阻力 $F_2$

$$F_2 = \pi D_c^2 p_f / 4 \tag{3-10}$$

式中：$D_c$——刀盘直径(m)；

$p_f$——切削正面土压(kPa)，$p_f = \gamma[h+(h+D_c)]/2$。

(3) 盾尾密封与管片之间的摩擦阻力 $F_3$

$$F_3 = 9.8 W_r n_r u_r \tag{3-11}$$

式中：$W_r$——每环管片的重量，$W_r = 15.5(t)$；

$n_r$——盾壳内管片的环数，$n_r = 2$；

$u_r$——盾尾密封与管片的摩擦系数，$u_r = 0.3$。

(4)台车的牵引力 $F_4$

$$F_4 = 9.8u_t W_t \quad (3-12)$$

式中：$u_t$——轨道与台车车轮之间的摩擦系数，$u_t=2$；

$W_t$——台车质量(t)。

### 3.2.2 典型地层盾构推力计算实例

选取 3.1.2 节中北京地铁 10 号线二期典型地层中的 6 个盾构区间对盾构推力进行计算，计算结果见表 3-12。由表 3-14 可以看出：各种地层中，盾构外壳与周围土体的摩擦阻力 $F_1$ 和盾构切削阻力 $F_2$ 约占了盾构总推力的 95% 以上，成为盾构总推力的主要控制因素，而 $F_3$ 和 $F_4$ 对盾构推力的影响微乎其微；其中，盾构在土砂复合地层中掘进时，切削阻力扭矩较大，约占盾构总阻力的 60% 以上；盾构在砂卵石地层中掘进时，切削阻力引起的推力较土砂复合地层有所下降，盾构与周围土体的摩擦阻力引起的推力较大，所占比例达 40% 以上；砂卵石与砾岩复合地层盾构总推力构成与砂卵石地层类似。相关分析如图 3-26 所示。

典型地层盾构推力计算结果　　　　　表 3-14

| 典型地层 | 区间 | $F$(kN) | $F_1$(kN)（%） | $F_2$(kN)（%） | $F_3$(kN)（%） | $F_4$(kN)（%） |
| --- | --- | --- | --- | --- | --- | --- |
| 土砂复合层 | 潘—十（面板） | 15460.23 | 4186.01（27.08%） | 10987.08（71.07%） | 91.14（0.60%） | 196.00（1.27%） |
| | 分—成（辐条） | 12020.24 | 4115.33（34.24%） | 7429.63（61.81%） | 91.14（0.52%） | 384.16（3.20%） |
| 砂卵石层 | 六—莲（面板） | 21929.59 | 9689.82（44.19%） | 11764.47（53.65%） | 91.14（0.42%） | 384.16（1.75%） |
| | 纪—樊（辐条+面板） | 16533.70 | 7619.31（46.08%） | 8640.98（52.26%） | 91.14（0.55%） | 182.28（1.10%） |
| | 火—终（辐条） | 15874.73 | 7169.38（45.16%） | 8394.69（52.88%） | 91.14（0.57%） | 219.52（1.38%） |
| 砂卵石与砾岩复合地层 | 公—西（面板） | 20145.41 | 8261.36（41%） | 11408.75（56.63%） | 91.14（0.45%） | 384.16（1.92%） |

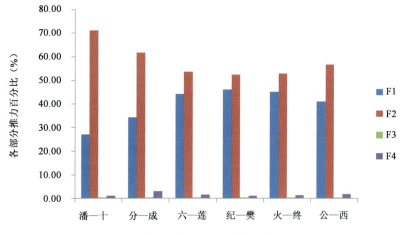

图 3-26 典型盾构区间盾构计算推力构成图

## 3.2.3 典型地层盾构推力变化规律及合理性分析

(1)土砂复合地层

01标"潘一十"区间盾构掘进过程中总推力基本在8000～12000kN,实际值略低于理论计算值。"分一成"区间盾构推力基本在14000～18000kN,实际值略高于理论计算值。进一步对比两个区间的盾构推力可知,采用辐条式刀盘的盾构区间("分一成"),盾构实际推力大于采用面板式刀盘的盾构区间("潘一十")盾构实际推力,过程分析如图3-27～图3-30所示。

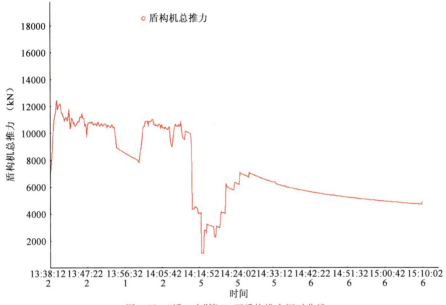

图3-27 "潘一十"第60环盾构推力历时曲线

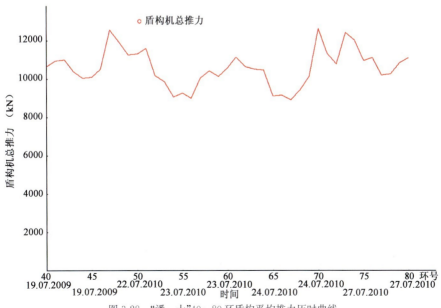

图3-28 "潘一十"40～80环盾构平均推力历时曲线

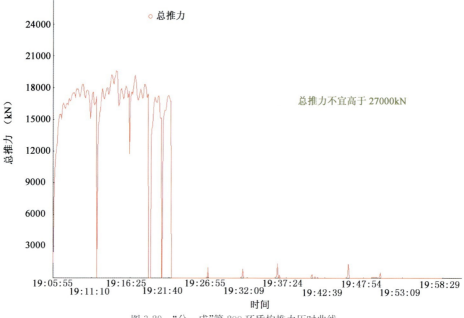

图 3-29 "分—成"第 200 环盾构推力历时曲线

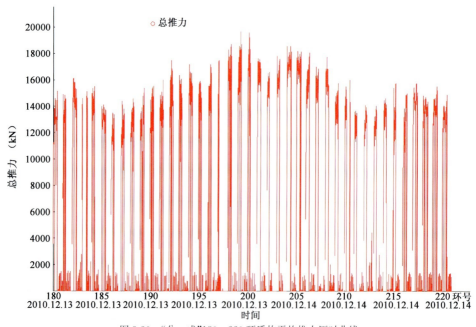

图 3-30 "分—成"180~220 环盾构平均推力历时曲线

(2) 砂卵石地层

"六—莲"区间盾构掘进过程中推力基本在 5000~10000kN,实际值小于理论计算值。"樊—丰"区间盾构推力在 12000~18000kN,实际值与理论计算值较为吻合。"火—终"区间盾构掘进过程中推力在"22000~27000kN",实际值远远大于理论计算值,盾构掘进负荷较大。进一步对比三个区间的盾构推力可知,盾构掘进过程中,盾构推力与刀盘结构形式(刀盘开口率)具有较高的相关性。盾构推力随着刀盘开口率的增大而增大,如图 3-31～图 3-36 所示。

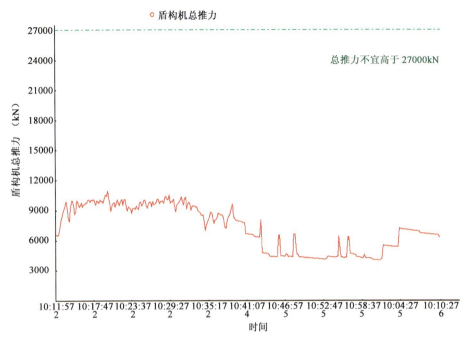

图 3-31 "六一莲"区间左线 450 环盾构推力历时曲线

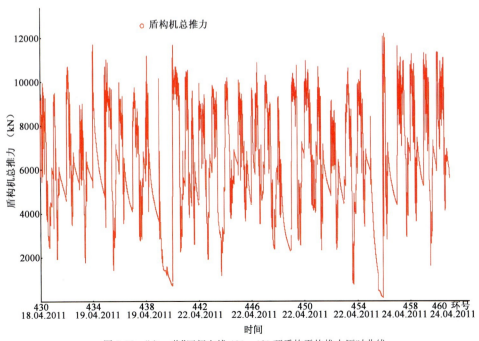

图 3-32 "六一莲"区间左线 430～460 环盾构平均推力历时曲线

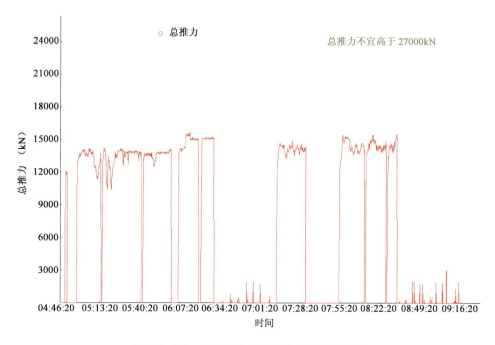

图 3-33 "樊一丰"区间第 240 环盾构总推力历时曲线

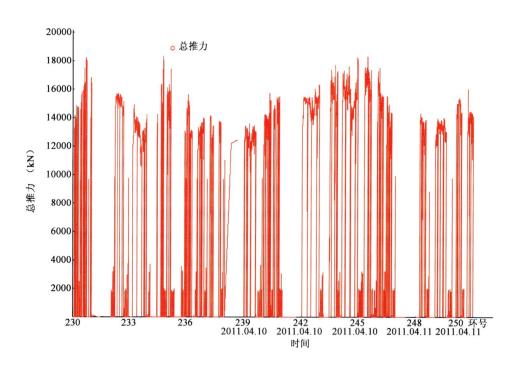

图 3-34 "樊一丰"区间 230~250 环盾构平均推力历时曲线

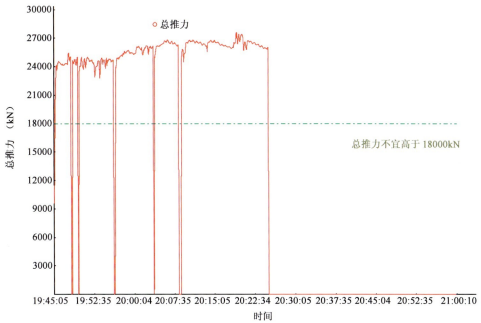

图 3-35 "火—终"区间第 400 环盾构总推力历时曲线

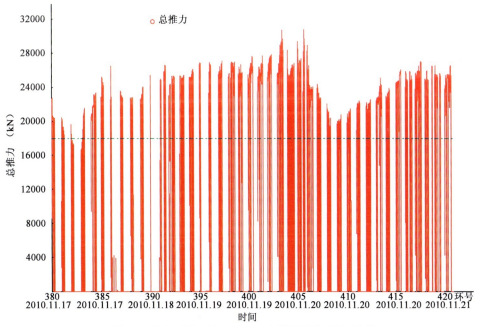

图 3-36 "火—终"区间 380~420 环盾构平均推力历时曲线

(3) 砂卵石与砾岩地层

"公—西"区间盾构在砂卵石与砾岩复合地层中掘进时，盾构推力基本在 12000~16000kN，稳定性好，局部大于 20000kN，实际值普遍小于理论计算值，盾构推进较为正常，负荷较小，如图 3-37 和图 3-38 所示。

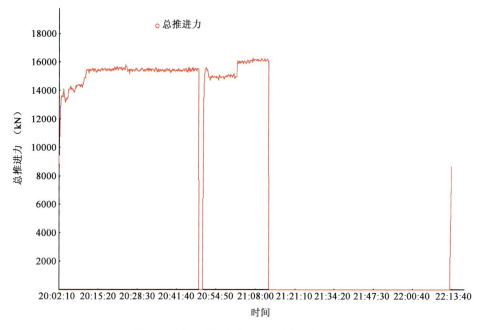

图 3-37 "公—西"区间第 220 环盾构推力历时曲线

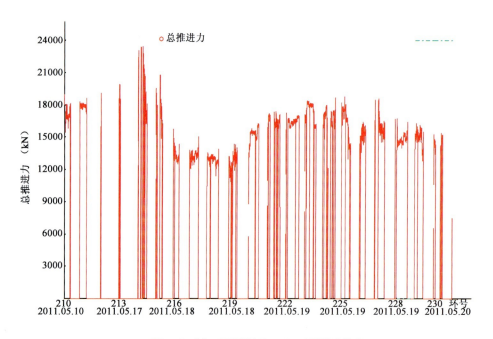

图 3-38 "公—西"区间 210~230 环盾构总推力

### 3.2.4 典型地层盾构推力范围分析

根据盾构推力的理论计算和现场实际发生的情况可以发现:

(1) 粉质黏土与粉细砂层中,不论面板或辐条式刀盘,盾构实际推力与理论计算结果相近。

(2)砂卵石地层中辐条式盾构实际施工中的推力比理论计算值大,而面板式盾构实际施工中的推力比理论计算值小。造成这一现象的主要原因可能是3.2.1节中推力计算公式有两点未考虑到:

①推进速度对推力的影响,砂卵石层中在相同扭矩和土压力下,辐条式盾构推进速度比面板式盾构要快。

②刀具布置形式,对于日系的辐条式刀盘,每个轨迹上布置了3把刀具,而德系的面板式(或面板辐条式)刀盘每个轨迹上只布置了1把刀具,刀具贯入地层的阻力不同。

(3)盾构在砂卵石地层施工过程中,刀盘开口率对盾构推力影响较大,盾构推力往往随着刀盘开口率的增大而增大。

(4)盾构在砂卵石与砾岩复合地层中掘进时,盾构推力的实际值小于理论计算值。

盾构推力的影响因素较多,国内外目前也没有比较完善的计算公式,本节结合计算结果和典型地层盾构区间实际施工值,给出表3-15盾构推力控制范围的参考值,供类似地层中盾构选型和施工时参考。

同组段盾构推力参考控制范围参考表　　　　　　　表3-15

| 地层 | 组段 | 刀盘形式 | 盾构推力参考控制范围 | 备注 |
|---|---|---|---|---|
| 黏土/粉质黏土/粉土层 | A | 辐条面板、辐条面板 | 8000~20000kN | 推力过小,且推进速度快,可能是遇到了地质疏松区域或地层中存在空洞;推力过大,且推进速度缓慢,可能是刀盘结泥饼;推力过大,且无推进速度,可能是遇到了障碍物或者极坚硬地层(如:钙质胶结的砂卵石层) |
| 粉砂/细砂/中砂/粗砂等砂层 | B | 辐条 | 18000~30000kN | |
| | | 面板、辐条面板 | 10000~25000kN | |
| 砂卵石层 | C | 辐条 | 18000~30000kN | |
| | | 面板、辐条面板 | 10000~25000kN | |
| 复合地层 | D、E | 根据开挖面地层情况,参考A、B、C控制范围进行设定 | | |

## 3.3 典型地层土压力计算模型与控制分析

### 3.3.1 控制土压力的设定原则

土压平衡盾构作为目前世界上应用范围最广的盾构设备,其掘进过程中刀盘旋转切削开挖面的土体,切削下来的渣土通过刀盘开口处进入土舱,在盾构推力作用下舱内土体被挤压,以此平衡盾构开挖面的水土侧压力,同时渣土进入到土舱底部,通过螺旋输送机运送到皮带传输皮带和渣土车内(轨道运输方式)或皮带运输设备上(皮带运输方式)。盾构在推进油缸的推力作用下向前推进,盾壳对开挖完成但尚未衬砌的隧道围岩(或土体)起着临时支护的作用,承受周围土层的土压和地下水水压并将地下水挡在盾壳外面。掘进、排土、衬砌等作业均在盾壳的保护下进行。土压平衡盾构平衡原理及主要构造情况如图3-39所示。对于土压平衡盾构而言,控制土压力是盾构最重要的施工参数之一,在盾构整个施工过程中,土压力的设定与控制,对确保开挖面稳定、有效控制地表沉降、提高盾构掘进速度、降低盾构施工成本具有重要的意义。土压力是作用于盾构上的主要荷载,是进行盾构设计的主要依据,如何合理计算作用在盾构上的土压力分布状况及大小,成为盾构设计和施工的关键研究问题。作用于盾构上的土压力实际上是周围地层与盾构相互作用面上的接触应力,其大小及分布形式不仅与盾构刚度和地层的物理力学性质有关,还与盾构施工过程、施工方法、隧道走向、线形、盾构操作状况,盾构隧道埋深、直径、形状和断面形式等诸多因数有关。土压平衡盾构施工控制土压力设置应遵循以下几个原则:

(1)控制土压力应能维持开挖面的稳定,不会出现因控制土压力过低导致开挖面失稳,或者出土量增加导致地表沉降过大。

(2)在满足地表沉降要求的前提下,控制土压力应尽可能的低,以降低刀盘扭矩和盾构推力,提高掘进速度,减小刀具、刀盘的磨损,降低盾构施工能耗,降低工程成本。

(3)盾构推进过程中为维持土舱内压力平衡,需调节螺旋输送机的排土速度以匹配盾构掘进速度,因此控制土压力始终处于动态调整状态,应充分考虑压力的波动范围,确保控制土压力控制在满足压力平衡的最小值以上。

(4)盾构推进过程中需向刀盘前方和土舱内注入泡沫等土体改良材料,这些改良材料注入后需在土舱内产生虚压,造成土舱内压力较高的假象,因此控制土压力应考虑这部分虚压的不利影响[7,67-81]。

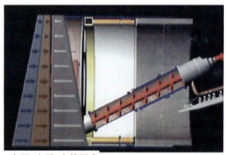
a) 土压平衡

b) 土压平衡盾构构造示意

图 3-39 土压平衡原理图

### 3.3.2 地层土压力计算方法

由于地层的复杂多变性特征,土压平衡盾构土舱压力计算目前还缺少足够的理论依据,大多都是根据经验选取。目前比较常用的计算方法主要有[7]:

(1)静止土压力理论

$$p_0 = K_0 \sum_{i=1}^{n} \gamma_i H_i \tag{3-13}$$

式中:$K_0$——侧压力系数,$K_0$ 值的大小可根据试验测定,也可根据经验公式 $K_0 = 1 - \sin\varphi'$ 和施工经验选取。$\varphi'$ 为土体的有效内摩擦角;

$\gamma_i$——第 $i$ 层上覆土层重度($kN/m^3$);

$H_i$——第 $i$ 层上覆土层厚度(m)。

静止土压力没有考虑隧道开挖后地层的成拱效应,适合于浅埋深隧道和地层为软土等难以成拱的地层。

（2）朗肯主动土压力理论

$$p_a = \gamma H \tan^2\left(45° - \frac{\varphi}{2}\right) - 2c\tan\left(45° - \frac{\varphi}{2}\right) \tag{3-14}$$

式中：$\varphi$——土体内摩擦角(°)；

$c$——土体黏聚力(kPa)；

$\gamma$——上覆土层的加权平均重度(kN/m³)；

$H$——隧道覆土厚度(m)。

朗肯主动土压力理论适用性较广,适合各种地层。

（3）太沙基松弛土压力理论

太沙基松弛土压力理论假设隧道开挖后地层存在一定的拱效应,其拱结构如图3-40所示。太沙基松弛土压力理论适用于砂层和砂卵石层等易于成拱的地层。根据太沙基松弛土压力理论,可以把松弛土压力$p_e$当作竖直土压力,然后确定太沙基松弛土压力理论下开挖面的水平主动土压力$p_a^T$和静止土压力$p_0^T$,相关计算公式如下：

$$p_e = \frac{B(\gamma - c/B)}{k\tan\varphi}(1 - e^{-k\tan\varphi \cdot H/B}) \tag{3-15}$$

$$B = \frac{D_c}{2}\cot\left(\frac{\pi/4 + \varphi/2}{2}\right) \tag{3-16}$$

$$H_1 = \frac{B - c/\gamma}{k\tan\varphi}(1 - e^{-k\tan\varphi \cdot H/B}) \tag{3-17}$$

$$p_a^T = K_a p_e \tag{3-18}$$

$$p_0^T = K_0 p_e \tag{3-19}$$

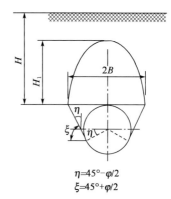

图 3-40 太沙基松弛土压力理论拱形结构图

式中：$H$——隧道覆土厚度(m)；

$H_1$——松弛层的高度(m)；

$D_c$——盾构刀盘开挖直径(m)；

$k$——滑动面上的侧压力系数（即水平与垂直土压力之比,通常取$k=1$）；

$K_a$——主动土压力系数,$K_a = \tan^2\left(45° - \frac{\varphi}{2}\right) - 2\frac{c}{\gamma H_1}\tan\left(45° - \frac{\varphi}{2}\right)$。

### 3.3.3 典型地层盾构控制土压力计算

1）土砂复合地层盾构控制土压力计算

（1）"潘—十"区间盾构控制土压力计算

对10号线二期"潘—十"区间盾构控制土压力进行计算,隧道埋深为9.5～16.5m,穿越地层主要为粉质黏土、粉土与粉细砂复合地层,其穿越地层和上覆地层土层基本物理力学参数见

表 3-16。

"潘—十"区间地层基本物理力学参数    表 3-16

| 地 层 | | 层厚<br>(m) | 容重 $\gamma$<br>(kN/m³) | 黏聚力 $c$<br>(kPa) | 内摩擦角 $\varphi$<br>(°) | 侧压力系数 $K_0$ |
|---|---|---|---|---|---|---|
| 上覆土层 | 粉土填土①层 | 1 | 16.5 | 15 | 18 | 0.45 |
| | 杂填土①₁ | 1 | 16.0 | 15 | 18 | 0.45 |
| | 粉土③层 | 2 | 20.0 | 26 | 32 | 0.40 |
| | 粉质黏土③₁ | 3 | 19.6 | 20 | 8 | 0.40 |
| | 粉细砂③₃层 | 4 | 20.5 | 0 | 25 | 0.35 |
| | 粉质黏土④ | 3 | 20.3 | 31 | 16 | 0.45 |
| | 粉细砂④₃ | 1 | 20.5 | 0 | 30 | 0.38 |
| 穿越土层 | 土砂复合地层 | | 20.2 | 33 | 17 | 0.45 |

按 3.3.2 节的计算方法,进行土压力计算,内容包括:静止土压力 $p_0$、主动土压力 $p_a$、太沙基松弛土压力理论下的静止土压力 $p_0^T$ 和主动土压力 $p_a^T$,计算结果见表 3-17。

为便于将计算结果与实际工程中盾构施工参数控制情况进行对比分析,直接计算土舱内控制土压计位置处土压力,控制土压计距离盾构顶部约 1m,计算土压力时选取覆土厚度 $h$ 为隧道覆土厚度 $(H+1)$m,即 $h=H+1$。隧道覆土厚度 $H$、土体重度 $\gamma$、黏聚力 $c$、内摩擦角 $\varphi$ 均按上覆土层厚度取加权平均值。

"潘—十"区间土压力计算结果    表 3-17

| 区 间 | 覆土厚度 $h$ (m) | 重度 $\gamma$ (kN/m³) | 黏聚力 $c$ (kPa) | 内摩擦角 $\varphi$ (°) | 静止土压 $p_0$ (MPa) | 主动土压 $p_a$ (MPa) | 太沙基松弛土压力理论 | | |
|---|---|---|---|---|---|---|---|---|---|
| | | | | | | | 松弛层厚度 $H_1$(m) | 静止土压 $p_0^T$(MPa) | 主动土压 $p_a^T$(MPa) |
| 潘—十 | 16 | 19.7 | 13 | 20 | 0.127 | 0.091 | 9.072 | 0.081 | 0.070 |

(2)"分—成"区间盾构控制土压力计算

对 10 号线二期"分—成"区间进行盾构土压力计算,"分—成"区间隧道埋深 7.8～10.4m,穿越地层主要为土砂复合地层,隧道穿越地层和上覆地层土层基本物理力学参数见表 3-18。

"分—成"区间地层基本物理力学参数    表 3-18

| 区间 | 地 层 | | 层厚<br>(m) | 重度 $\gamma$<br>(kN/m³) | 黏聚力 $c$<br>(kPa) | 内摩擦角 $\varphi$<br>(°) | 侧压力系数 $K_0$ |
|---|---|---|---|---|---|---|---|
| 分—成 | 上覆土层 | 杂填土①₁ | 2 | 16 | 15 | 18 | 0.45 |
| | | 粉土③层 | 8 | 19.6 | 15 | 25 | 0.38 |
| | 穿越土层 | 粉细砂④3层和中粗砂④4层局部夹粉质黏土④层 | | 20.8 | 0 | 30 | 0.35 |

按 3.3.2 节的计算方法,对该盾构区间相关控制土压力进行计算,结果见表 3-19。

"分—成"区间土压力计算结果　　　　　　　　表 3-19

| 区间 | 覆土厚度 $h$ (m) | 重度 $\gamma$ (kN/m³) | 黏聚力 $c$ (kPa) | 内摩擦角 $\varphi$ (°) | 静止土压 $p_0$ (MPa) | 主动土压 $p$ (MPa) | 太沙基松弛土压力理论 | | |
|---|---|---|---|---|---|---|---|---|---|
| | | | | | | | 松弛层厚度 $H_1$ (m) | 静止土压 $p_0^T$ (MPa) | 主动土压 $p_a^T$ (MPa) |
| 分—成 | 11 | 19 | 0 | 29.1 | 0.081 | 0.072 | 6.373 | 0.048 | 0.042 |

2）砂卵石层盾构控制土压力计算

对 10 号线二期"六—莲"区间进行盾构控制土压力计算，"六—莲"区间隧道埋深 15～18m，穿越地层主要为全断面卵石⑦层，局部夹杂中粗砂，其穿越地层和上覆地层土层基本物理力学参数见表 3-20，区间隧道不受地下水影响。

"六—莲"区间地层基本物理力学参数　　　　　　　　表 3-20

| 地层 | | 层厚 (m) | 重度 $\gamma$ (kN/m³) | 黏聚力 $c$ (kPa) | 内摩擦角 $\varphi$ (°) | 侧压力系数 $K_0$ |
|---|---|---|---|---|---|---|
| 上覆土层 | 粉土填土①层 | 1～3 | 19.2 | 18 | 27 | — |
| | 圆砾、卵石②₅层 | 2～4 | 20.8 | 0 | 35 | 0.3 |
| | 卵石⑤层 | 6～10 | 21 | 0 | 45 | 0.25 |
| | 卵石⑦层 | 2～4 | 21.5 | 0 | 45 | 0.18 |
| 穿越土层 | 卵石⑦层 | | 21.5 | 0 | 45 | 0.18 |

按 3.3.2 节的计算方法，对该盾构区间控制土压力进行计算，结果见表 3-21。

"六—莲"区间土压力计算结果　　　　　　　　表 3-21

| 区间 | 覆土厚度 $h$ (m) | 重度 $\gamma$ (kN/m³) | 黏聚力 $c$ (kPa) | 内摩擦角 $\varphi$ (°) | 静止土压 $p_0$ (MPa) | 主动土压 $p_a$ (MPa) | 太沙基松弛土压力理论 | | |
|---|---|---|---|---|---|---|---|---|---|
| | | | | | | | 松弛层厚度 $H_1$ (m) | 静止土压 $p_0^T$ (MPa) | 主动土压 $p_a^T$ (MPa) |
| 六—莲 | 17 | 20.8 | 0 | 45 | 0.064 | 0.061 | 4.58 | 0.017 | 0.016 |

3）砂卵石与砾岩复合地层盾构土压力计算

对 10 号线二期"公—西"区间盾构穿越砂卵石和砾岩复合地层区域进行盾构控制土压力计算，其穿越地层和上覆地层土层基本物理力学参数见表 3-22，区间隧道不受地下水影响。

"公—西"区间南段地层基本物理力学参数　　　　　　　　表 3-22

| 地层 | | 层厚 (m) | 重度 $\gamma$ (kN/m³) | 黏聚力 $c$ (kPa) | 内摩擦角 $\varphi$ (°) | 侧压力系数 $K_0$ |
|---|---|---|---|---|---|---|
| 上覆土层 | 粉土填土①层 | 1～2 | 16.5 | 10 | 8 | 0.40 |
| | 杂填土①₁层 | 0～1 | 16.0 | 0 | 8 | 0.40 |
| | 粉土②层 | 1～3 | 19.2 | 14 | 23 | 0.30 |
| | 粉细砂②₃层 | 1～2 | 19.5 | 0 | 25 | 0.25 |
| | 粉土④₂层 | 1～2 | 19.4 | 20 | 25 | 0.30 |
| | 粉细砂④₃层 | 1～3 | 20.2 | 0 | 30 | 0.25 |
| | 中粗砂⑤₁层 | 0～1 | 20.5 | 0 | 35 | 0.20 |
| | 卵石⑤层 | 1～4 | 21.0 | 0 | 45 | 0.18 |
| 穿越土层 | 卵石⑤层与砾岩⑪复合地层 | | 22 | 0 | 40 | 0.18 |

按 3.3.2 节的计算方法,对该盾构区间控制土压力进行计算,结果见表 3-23。

"六一莲"区间南段土压力计算结果  表 3-23

| 区间 | 覆土厚度 $h$ (m) | 重度 $\gamma$ (kN/m³) | 黏聚力 $c$ (kPa) | 内摩擦角 $\varphi$ (°) | 静止土压 $p_0$ (MPa) | 主动土压 $p_a$ (MPa) | 太沙基松弛土压力理论 | | |
|---|---|---|---|---|---|---|---|---|---|
| | | | | | | | 松弛层厚度 $H_1$ (m) | 静止土压 $p_0^T$ (MPa) | 主动土压 $p_a^T$ (MPa) |
| 公—西 | 14 | 20.8 | 0 | 40 | 0.064 | 0.061 | 4.58 | 0.017 | 0.016 |

### 3.3.4 典型地层盾构控制土压力变化规律及合理性分析

(1)土砂复合地层

"潘—十"区间盾构推进过程中控制土压力均控制在 0.1MPa 以上,地表沉降控制较好,测点累积沉均在 10mm 以内,说明控制土压力设置在 0.1MPa 以上,介于主动土压力与静止土压力之间是合理的,如图 3-41 和图 3-42 所示。

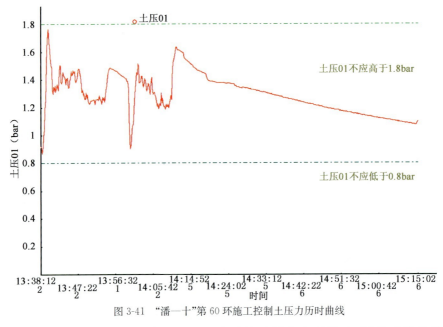

图 3-41 "潘—十"第 60 环施工控制土压力历时曲线

"分—成"区间盾构推进过程中由于土压力计的灵敏度出现故障,因此盾构监控系统无法对土压力值进行实时监控,但通过现场巡视情况可知,该区间上土压力大多数情况均控制的较为合理,介于 0.07~0.10MPa,地表沉降控制较好,测点累计沉降均在 10mm 以内,说明上土压力设置是合理。

(2)砂卵石地层

"六一莲"区间盾构在 1~70 环的推进过程中控制土压力控制较差,绝大多数时间控制土压在 0~0.04MPa,如图 3-43 和图 3-44 所示,地表沉降较大,58 环地表上方发生塌陷事故。70~700 环上土压力控制在 0.02~0.05MPa,如图 3-45 和图 3-46 所示,地表沉降控制较好,测点

注:1bar=1.0×10⁵Pa,文中其他同此处注释。

累计沉降均在 10mm 以内,700 环以后上土压力控制在 0.01～0.04MPa,如图 3-47 和图 3-48 所示,地表沉降控制一般,测点累计沉降在 10～20mm。说明盾构控制土压力控制在 0.02～0.05MPa 是比较合理的,控制土压力最低设定值略高于太沙基松弛土理论计算的主动土压力 $p_a^T=0.016$MPa 和 $p_0^T=0.017$MPa。说明太沙基松弛土压力理论适用于该地层,盾构开挖后地层成拱效应比较明显。

(3) 砂卵石与砾岩复合地层(图 3-49 和图 3-50)

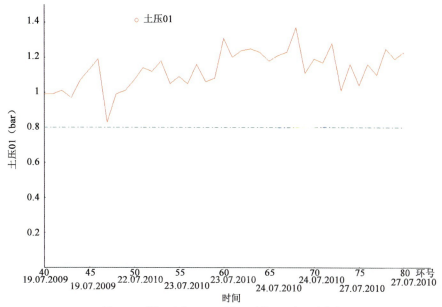

图 3-42 "潘—十"40～80 环施工平均土压力历时曲线

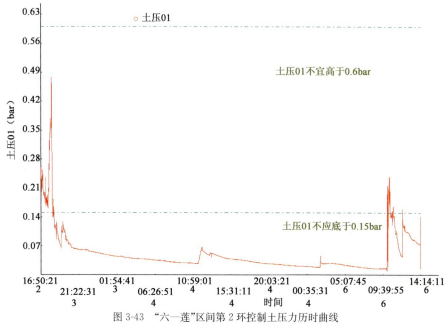

图 3-43 "六—莲"区间第 2 环控制土压力历时曲线

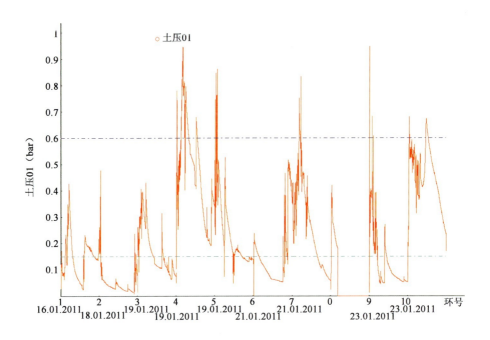

图 3-44 "六—莲"区间 1~10 环控制土压力历时曲线

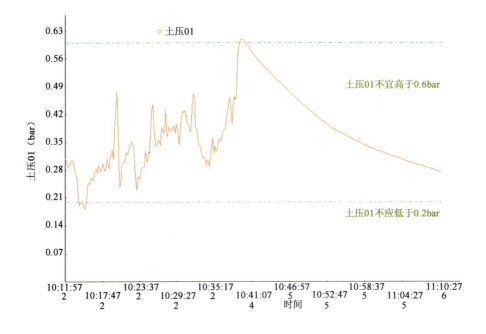

图 3-45 "六—莲"区间第 450 环控制土压力历时曲线

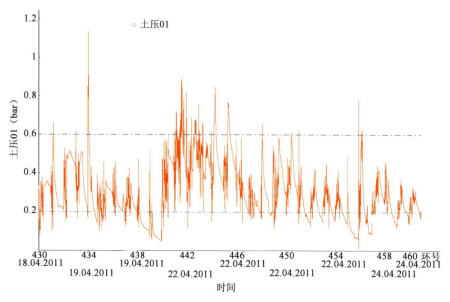

图 3-46 "六一莲"区间 430~460 环控制土压力历时曲线

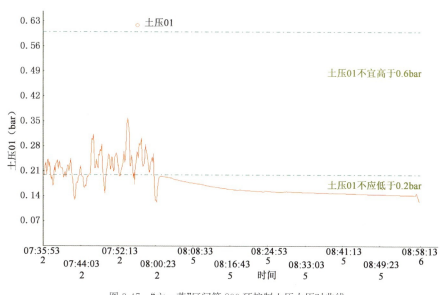

图 3-47 "六一莲"区间第 800 环控制土压力历时曲线

## 3.3.5 控制土压力范围分析

通过 3.3.3 节对北京地铁典型地层土压力计算和 3.3.4 节典型工点盾构施工过程实际参数情况进行对比分析,得出以下初步结论:

(1)黏土/粉质黏土/黏质粉土/粉土层(A 组段地层)盾构控制土压力设定不得低于主动土压力 $p_a$,太沙基松弛土压力理论不适用开挖后难以成拱的地层。

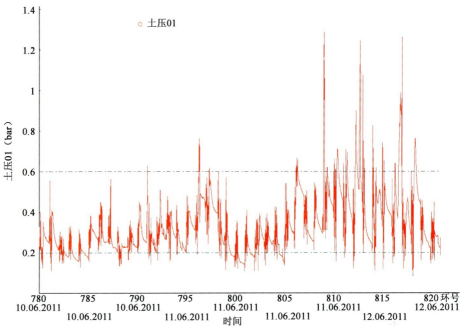

图3-48 "六—莲"区间780~820环控制土压力历时曲线

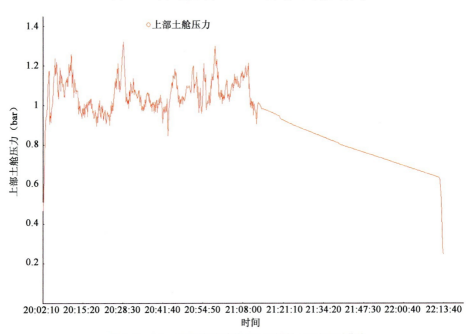

图3-49 "公—西"区间右线第220环控制土压力历时曲线

(2)太沙基松弛土压力理论适用性问题,除了要考虑隧道穿越地层的情况,还取决于上覆地层情况。对于粉砂/细砂/中砂/粗砂等砂层(B组段地层)和砂卵石地层(C组段地层),如隧道上覆地层中存在较厚的自稳性地层,可采用太沙基松弛土压力理论来计算控制土压力,设定土压力不得低于 $p_a^T$,如隧道上覆地层自稳性较差,不建议采用太沙基松弛土压力理论来计算控制土压力,建议采用静止土压力理论或朗肯主动土压力理论计算,最低控制土压力不得低于

主动土压力 $p_a$。

(3)盾构穿越重要环境风险工程时,建议适当提高控制土压力,确保开挖面和地层的稳定,有效控制地表沉降和风险工程不利变形。

(4)根据10号线二期不同盾构区间施工参数的控制实践和相关经验,其不同组段控制土压力设定范围见表3-24。

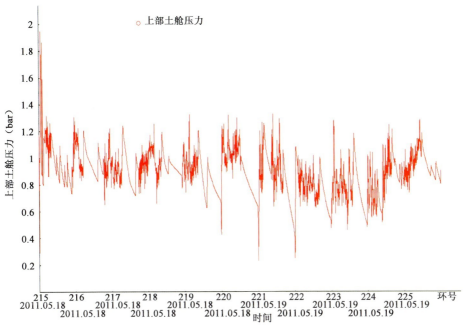

图3-50 "公—西"区间右线215~225环盾构控制土压力历时曲线

**不同组段控制土压力设定范围建议表**　　　　表3-24

| 地层 | 上覆地层情况 | 环境风险 | 组段 | 土压力控制范围 | 备注 |
|---|---|---|---|---|---|
| 黏土/粉质黏土/黏质粉土/粉土层 | | Ⅰ级 | AⅠ | $p_0 \sim 1.2p_0$ | 盾构推进过程中,土压力一直处于波动状态,应确保土压力时刻保持在设定的最低值以上;切不可为了降低刀盘扭矩,加快推进速度,降低土压力;一味提高土压力,对地表沉降并无益处,反而会造成刀盘扭矩大,加大对土体的扰动,加大地表沉降;土压力控制范围还应与地表沉降控制情况进行反分析,根据地表沉降情况及时进行相应调整 |
| | | Ⅱ级 | AⅡ | $p_a \sim 1.2 p_0$ | |
| | | Ⅲ级 | AⅢ | $p_a \sim 1.2 p_0$ | |
| 粉砂/细砂/中砂/粗砂等砂层 | 自稳性较好 | Ⅰ级 | BⅠ | $p_0^T \sim p_a$ | |
| | | Ⅱ级 | BⅡ | $p_0^T \sim p_a$ | |
| | | Ⅲ级 | BⅢ | $p_0^T \sim p_a$ | |
| | 自稳性较差 | Ⅰ级 | BⅠ | $p_0 \sim 1.2 p_0$ | |
| | | Ⅱ级 | BⅡ | $p_a \sim 1.2 p_0$ | |
| | | Ⅲ级 | BⅢ | $p_a \sim 1.2 p_0$ | |
| 砂卵石层 | 自稳性较好 | Ⅰ级 | CⅠ | $p_0^T \sim p_a$ | |
| | | Ⅱ级 | CⅡ | $p_0^T \sim p_a$ | |
| | | Ⅲ级 | CⅢ | $p_0^T \sim p_a$ | |
| | 自稳性较差 | Ⅰ级 | BⅠ | $p_0 \sim 1.2 p_0$ | |
| | | Ⅱ级 | BⅡ | $p_a \sim 1.2 p_0$ | |
| | | Ⅲ级 | BⅢ | $p_a \sim 1.2 p_0$ | |
| 混合地层 | D、E组段 | | | 根据隧道穿越地层情况和上覆地层情况,参考A、B、C控制范围进行设定 | |

## 3.4 典型地层盾构施工关键参数相关性分析

### 3.4.1 土砂复合地层

(1)盾构推力与刀盘扭矩的相关性

盾构推力是表征盾构设备工作性能的主要指标之一,刀盘扭矩是在施加了盾构推力后而产生的,两者有着非常密切的联系。根据10号线二期土砂复合地层盾构现场施工情况可知,尽管盾构推力与对应的刀盘扭矩随时间变化的幅度不一致,但是两者变化趋势基本一致,如图3-51与图3-52所示,这主要源自盾构推力增大,一般均带来盾构控制土压力增加,从而引起刀盘扭矩的相应提高,但推力和扭矩的增大或降低存在一定的时间差。

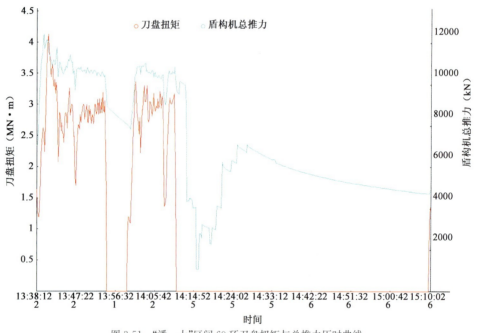

图 3-51 "潘—十"区间 60 环刀盘扭矩与总推力历时曲线

(2)推进速度与盾构推力、刀盘扭矩的关系

假设盾构总推力为 $F$,所受的全部阻力为 $f$,盾构设备质量为 $m$,在某一时刻 $t_0$ 时的速度为 $V_0$,则根据牛顿第二定律可知:

$$F - f = ma \tag{3-20}$$

则任意时刻 $t$ 盾构的推进速度为:

$$v = v_0 + a(t - t_0) \tag{3-21}$$

式中:$a$——任意时刻 $t$ 盾构的瞬时加速度。

由上述两式(3-20)和式(3-21)可知,盾构推进速度理论上应与盾构推力成正比关系。但是,盾构推进速度是一个综合性的参数,其不仅受盾构推力的影响,还受刀盘转速、贯入度、螺旋输送机转速等其他关键参数的影响。因此,很难确定其间的完全相关性,如图3-53和图3-54所示,盾构整个推进过程中,推进速度有与盾构总推力成正比和反比的曲线。

由于刀盘扭矩与盾构推力具有较高的相关性,两者的变化趋势基本一致,因此土砂复合地层推进速度与刀盘扭矩的相关性也存在不确定因素,很难给出统一的结果。

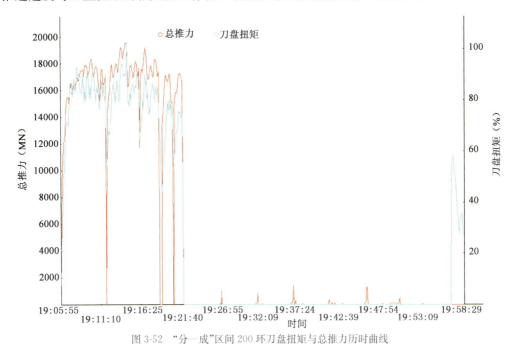

图3-52 "分—成"区间200环刀盘扭矩与总推力历时曲线

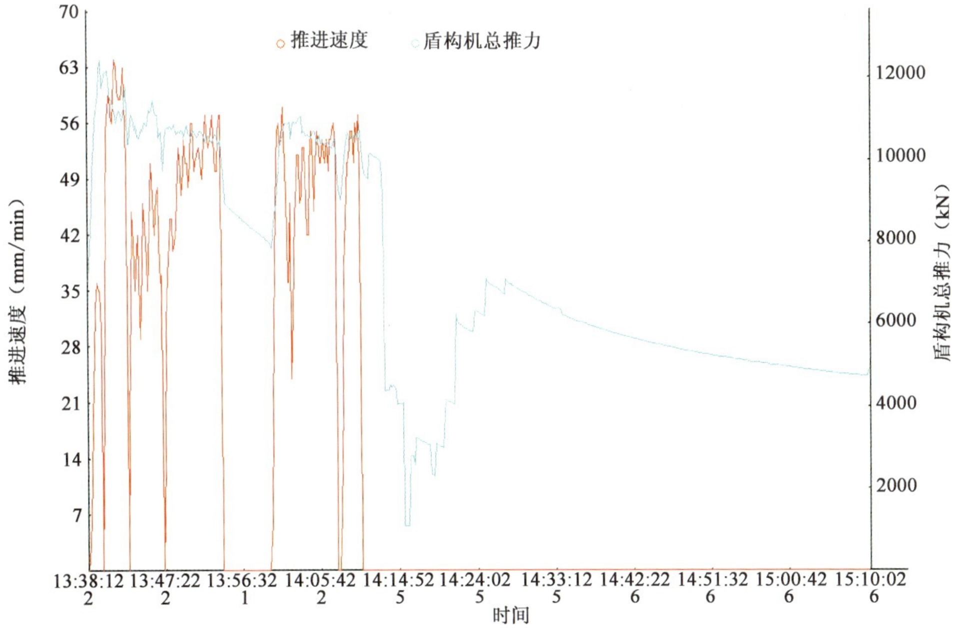

图3-53 "潘—十"区间60环推进速度与总推力历时曲线

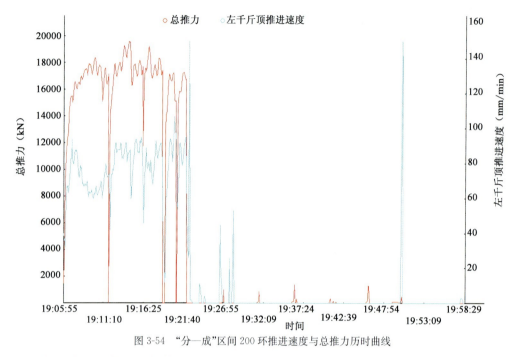

图 3-54 "分—成"区间 200 环推进速度与总推力历时曲线

(3) 推进速度与贯入度的关系

盾构推进速度是一个综合性的效能指标,较为直观地表明了盾构开挖速度的快慢。贯入度则是表征设备掘进性能的一个重要指标,盾构设计时,通常将盾构推进速度 $v$ 与刀盘转速 $n$ 之比定义为盾构的贯入度,用 $P_{rev}$ 表示,其物理意义就是刀盘每旋转一圈后刀具开挖深度,即:

$$P_{rev}=v/n \tag{3-22}$$

由盾构贯入度的定义可知,当贯入度小于刀具长度时,刀盘面板部分没有完全接触到掌子面前方土体,此时,刀盘扭矩不需充分发挥,扭矩相对较小;当贯入度大于刀具长度时,即刀盘紧压掌子面前方土体,此时刀盘需要克服更大的阻力才能转动,刀盘扭矩随之增大,从而导致盾构设备负荷增大。

通过现场实测数据分析可知,土砂复合地层盾构推进速度与贯入度的线性关系较好,两者的历时曲线重合,没有时间滞后现象,如图 3-55 所示。

(4) 推进速度与螺旋输送机转速的关系

土压平衡盾构推进速度不仅与盾构设备本身的性能有关,还与螺旋输送机的出土效率有关,因此分析推进速度与螺旋输送机转速的对应关系非常重要。从土砂复合地层盾构掘进过程中收集的数据分析结果可知:总体而言,推进速度与螺旋输送机转速相关性较强,但是期间由于受到其他因素的影响,时常会出现两者相关性较差的情况。相比较而言,采用辐条式刀盘的盾构区间,两者相关性要好于采用面板式刀盘的盾构区间,如图 3-56 和图 3-57 所示。

(5) 推进速度与控制土压力的关系

盾构推进速度与控制土压力是土压平衡盾构施工中两个非常重要的参数,其中推进速度代表盾构掘进效率,控制土压力则与地表沉降控制有着直接的关系。从盾构在土砂复合地层中的现场掘进情况可知,总体上看,推进速度与控制土压力成反比关系,推进速度越快,上土压力越小,地层变形、地表沉降的控制越趋困难,如图 3-58 所示。因此,施工中必须合理控制推进速度与控制土压力,使其匹配关系达到最佳。不能盲目追求速度而忽视了控制土压力的控制,否则会酿成事故。

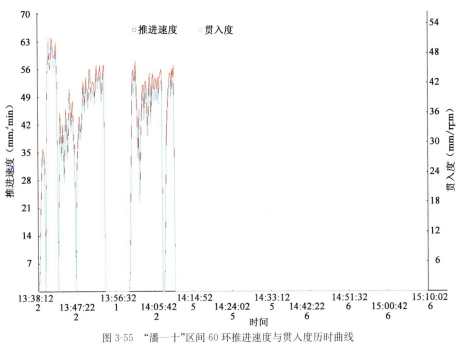

图 3-55 "潘—十"区间 60 环推进速度与贯入度历时曲线

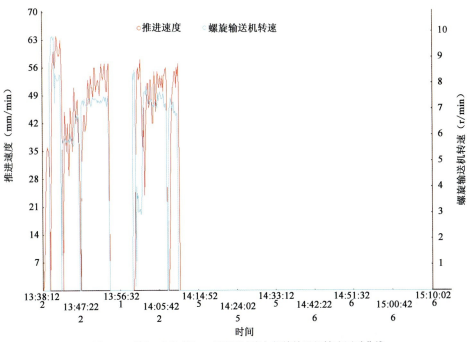

图 3-56 "潘—十"区间 60 环推进速度与螺旋输送机转速历时曲线

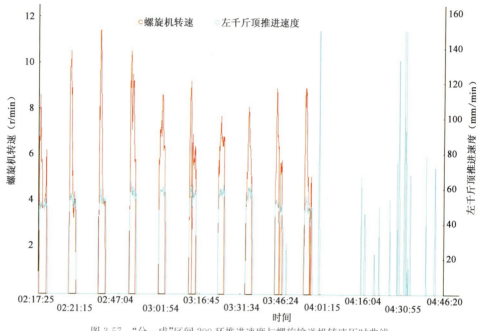

图 3-57 "分—成"区间 200 环推进速度与螺旋输送机转速历时曲线

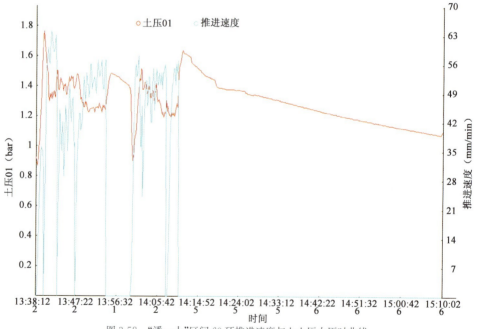

图 3-58 "潘—十"区间 60 环推进速度与上土压力历时曲线

(6)控制土压力与盾构推力、刀盘扭矩

土砂复合地层,土压平衡盾构控制土压力与盾构推力的线性关系较好,控制土压力均随着刀盘扭矩与盾构推力的增加而增加,如图 3-59 所示,由于盾构推力与刀盘扭矩的变化趋势较为一致,因此控制土压与刀盘扭矩的相关性应该类似于盾构推力与控制土压力之间的关系,此处将不再赘述。

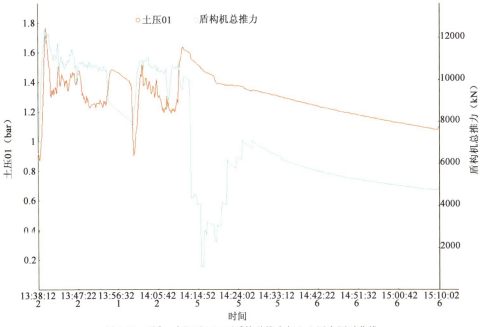

图 3-59 "潘一十"区间 60 环盾构总推力与上土压力历时曲线

(7) 控制土压力与螺旋输送机转速的关系

现代盾构施工控制地表沉降最基本的方法是土压平衡技术,亦即要求根据工作面实际压力的变化及时调整螺旋输送机排土量,保证工作面有合适的支撑压力。目前常用的方法是通过预先设定土舱内的压力值,在施工中根据地表沉降情况再进行调整来稳定地层,是一种"滞后式"的土压纠正。由于开挖面地层的原始应力状态往往难以准确确定,这种预先设定与滞后调整的结果会使得地面产生隆起或者沉降,地层稳定与地表沉降控制的效果在很大程度上取决于施工人员的经验。因此,如何通过工作面土压或地表变形实时调整螺旋输送机的转速是关系到土压平衡盾构可靠掘进的关键技术,也是土压平衡盾构施工的重要技术难题。

螺旋输送机是土压平衡盾构的重要组成部分。根据螺旋输送机构造的不同,有中心轴螺旋杆式和无中心轴带状式两种形式,前者适用于一般性砂土,后者可用于较大颗粒的砾卵石运输。

土压平衡盾构用于城市地下隧道施工时,为了控制地表沉降,减小地层变形,一个重要的因素是要保持密封舱内的进土量和出土量之间相互平衡。通常采取两种控制模式,一种是控制进入量的推进控制模式,即通过土压监测和改变推进速度的方法控制进土量,此时螺旋输送机的转速事先设定;另一种是控制出土量的控制模式,即通过土压监测和改变螺旋输送机的转速来控制出土量。由于砂卵石地层力学性质不稳定,地层灵敏度高,因此现场掘进试验采取保证出土量,即通过调节控制螺旋输送机转速的方式控制土舱压力的变化,确保地表沉降控制在允许的范围内。

由图 3-60 可知,实际施工中土砂复合地层正常推进阶段,螺旋输送机转速与控制土压力变化趋势几乎一致,与理论分析结果正好相反,表明控制土压力是一个综合性的控制参数,很难建立控制土压力与单一参数的相关性函数。

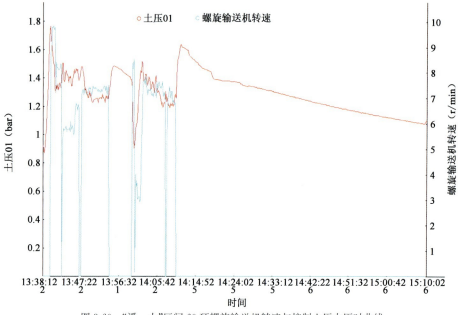

图 3-60 "潘—十"区间 60 环螺旋输送机转速与控制土压力历时曲线

### 3.4.2 砂卵石地层盾构关键参数相关性分析

通过分析砂卵石地层土压平衡盾构各关键参数的相关性,并将各参数的相关性特征与上文所述土砂复合地层的情况相比较,可见两者非常相似,不再赘述,详细情况见图 3-61～3-69 所示。

(1)盾构推力与刀盘扭矩的相关性

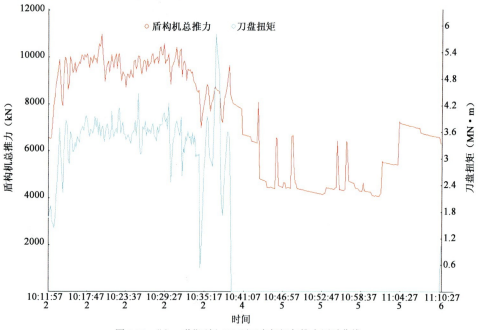

图 3-61 "六—莲"区间 450 环刀盘扭矩与推力历时曲线

(2)推进速度与盾构推力、刀盘扭矩的关系
(3)推进速度与贯入度的关系
(4)推进速度与螺旋输送机转速的关系
(5)推进速度与控制土压力的关系

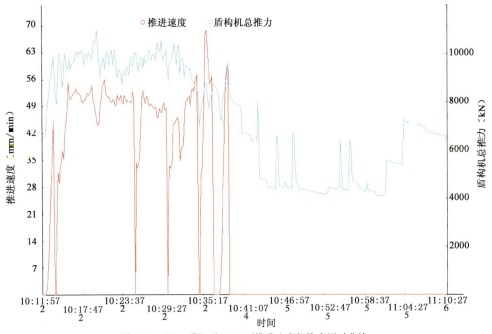

图 3-62 "六—莲"区间 450 环推进速度与推力历时曲线

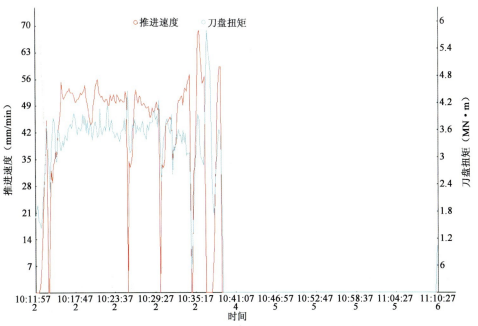

图 3-63 "六—莲"区间 450 环推进速度与刀盘扭矩历时曲线

(6)控制土压力与盾构推力、刀盘扭矩
(7)控制土压力与螺旋输送机转速的关系

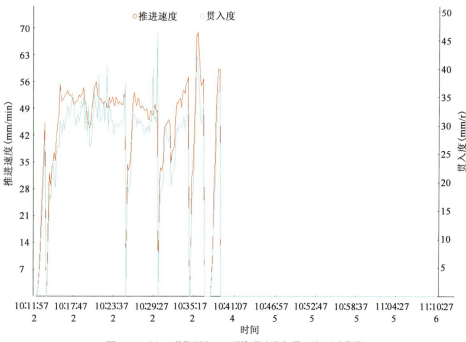

图 3-64 "六一莲"区间 450 环推进速度与贯入度历时曲线

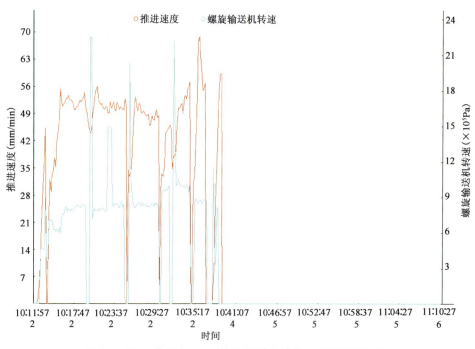

图 3-65 "六一莲"区间 450 环推进速度与螺旋输送机转速历时曲线

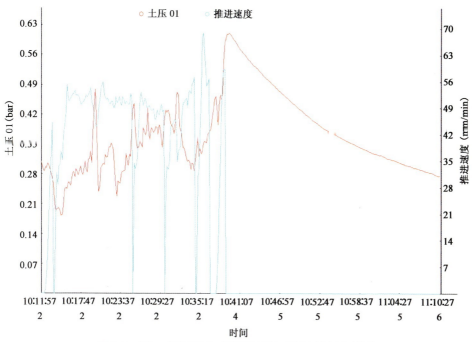

图 3-66 "六一莲"区间 450 环推进速度与控制土压力历时曲线

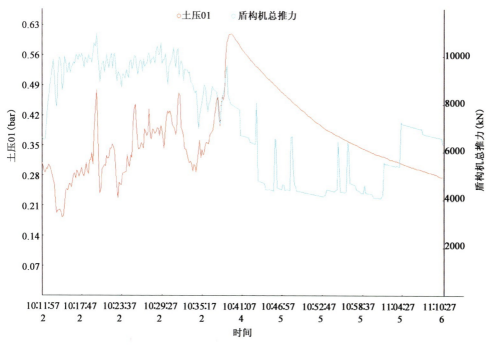

图 3-67 "六一莲"区间 450 环盾构推力与控制土压力历时曲线

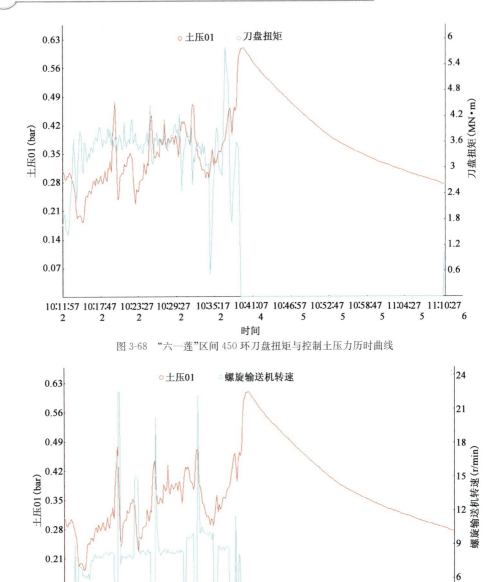

图 3-68 "六—莲"区间 450 环刀盘扭矩与控制土压力历时曲线

图 3-69 "六—莲"区间 450 环螺旋输送机转速与控制土压力历时曲线

### 3.4.3 砂卵石与砾岩复合地层盾构施工关键参数相关性分析

如图 3-70~图 3-78 所示,土压平衡盾构在砂卵石与砾岩复合地层中掘进时各参数的变化规律及相关性表现出以下几个特征:

①盾构推力相对平稳,波动性不明显,即盾构推力与各关键参数的相关性特征不明显。

②盾构推进速度稳定性不足,波动较大,即推进速度与其他关键参数的相关性特征不明显。

③盾构其他参数间的相关性特征与土砂复合地层、全断面砂卵石地层基本一致。

(1) 盾构推力与刀盘扭矩的相关性

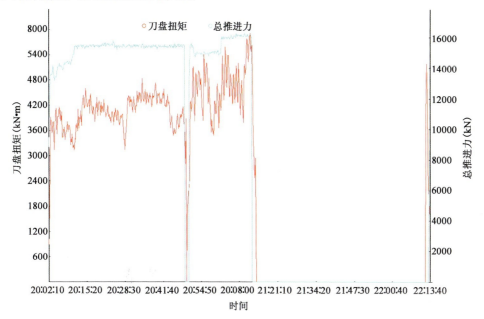

图 3-70 "公—西"区间 220 环刀盘扭矩与推力历时曲线

(2) 推进速度与盾构推力、刀盘扭矩的关系

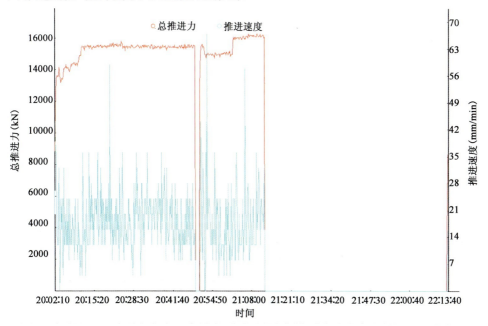

图 3-71 "公—西"区间 220 环推进速度与推力历时曲线

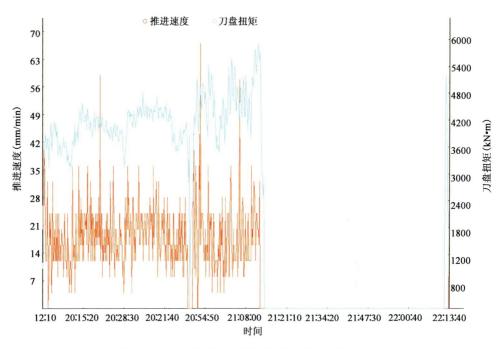

图 3-72 "公—西"区间 450 环推进速度与刀盘扭矩历时曲线

(3) 推进速度与贯入度的关系

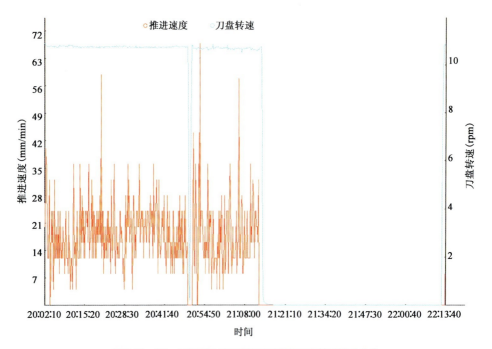

图 3-73 "公—西"区间 220 环推进速度与刀盘转速历时曲线

(4) 推进速度与螺旋输送机转速的关系

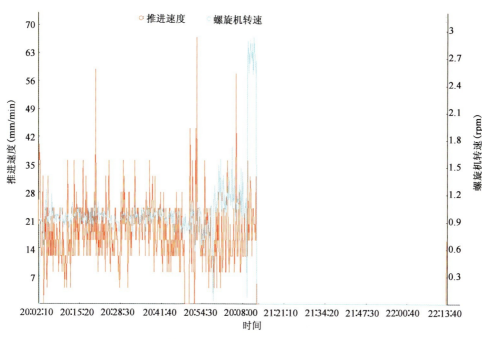

图 3-74 "公—西"区间 220 环推进速度与螺旋输送机转速历时曲线

(5) 推进速度与控制土压力的关系

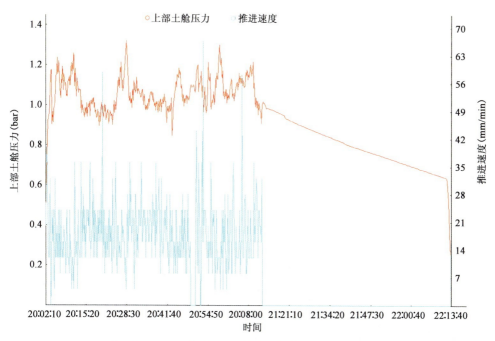

图 3-75 "公—西"区间 450 环推进速度与控制土压力历时曲线

（6）控制土压力与盾构推力、刀盘扭矩

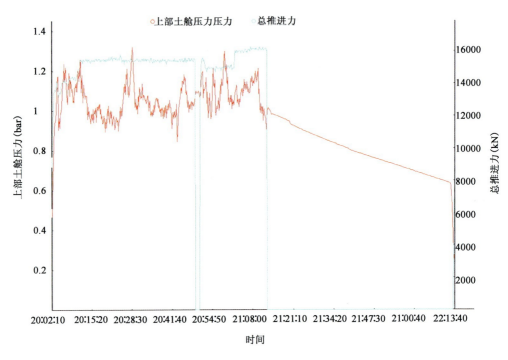

图 3-76 "公—西"区间 220 环盾构总推进力与控制土压力历时曲线

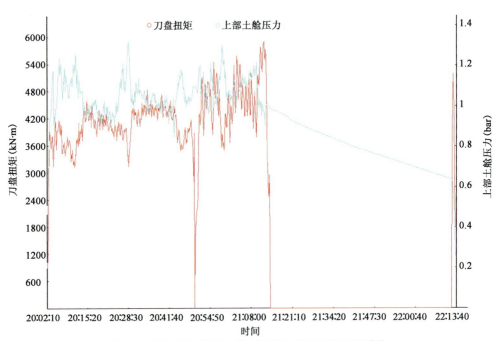

图 3-77 "公—西"区间 220 环刀盘扭矩与控制土压力历时曲线

(7)控制土压力与螺旋输送机转速的关系

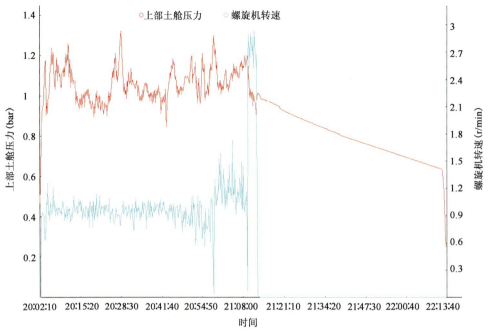

图 3-78 "公—西"区间 220 环螺旋输送机转速与控制土压力历时曲线

## 3.5 典型地层盾构掘进功效及地层适应性分析

### 3.5.1 土压平衡盾构掘进功效指标[69]

在理想条件下,为了完全利用盾构的固有功率,应当同时在额定的刀盘扭矩和盾构推力条件下进行盾构现场掘进,在这种情况下进行优化的机器操作,可以使得能量能够最大限度地从刀盘传递到开挖土体上。当使用传统的固定齿轮式的盾构施工时,刀盘扭矩 $T$ 和盾构推力 $P$ 往往只有一种是在额定范围内工作,在这种情况下,盾构的操作被称之为"推力限制"或者"扭矩限制"状态,即盾构分别在推力 $P$ 或者刀盘扭矩 $T$ 的额定容量下进行工作。可以通过手动或者自动操作来调整刀盘扭矩或盾构推力,使其均能达到极限状态,从而事先实现能量的最大化利用。

在实际盾构施工过程中,沿着隧道的掘进方向,盾构可以从推力极限状态转移到扭矩极限状态操作,即从一种地层的单位土体强度的函数形式过渡到另一种地层的单位土体强度的函数形式。图 3-79 表示了开挖地层中土体强度的变化对贯入度、盾构推力 $P$ 和刀盘扭矩 $T$ 的影响,可以看出,推力 $P$、刀盘扭矩 $T$ 是贯入度 $P_{rev}$ 的函数,分别沿 $OA$ 和 $OA'$ 增长,一直到其中一个额定容量的参数达到极限。当在强度相对较低的土层中进行工作时,刀盘扭矩功率往往首先达到极限($A$ 点),而盾构推力($A'$ 点)仍然在其额定功率范围以内。这种情况直接导致盾构设备推力的利用率较低,因此也限制了贯入度提高。当掌子面范围内强度较大的土层所占比例增加时,则推力平衡就转移到土中的 $B$ 和 $B'$ 点了,此时 $P$ 增加而 $T$ 保持在额定值不变。但是如果土层的强度和相应的阻力进一步提高,则盾构设备将会达到一个新的优化位置点 $C$ 和 $C'$,这里 $P$ 和 $T$ 都将在额定值下工作。最终,如果隧道工作面强度进一步增大,盾构就会转移到推力极限,而 $T$ 就会下降到额定值之下,如图 $D$ 和 $D'$ 位置所示。从图中 $A$ 和 $A'$ 操作点可以推断,装备扭矩不足的机器将严重限制刀具贯入度,并最终导致刀盘的停转,这是因为所需扭矩已经超出额定扭矩安装容量,这种情况在机器开始运转时和岩性不稳定的地层中表现得尤其显著。

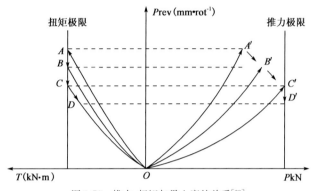

图 3-79 推力、扭矩与贯入度的关系[69]

在盾构推进过程中,盾构推力、刀盘扭矩不仅受地层因素的影响,而且还受推进速度、刀盘转速等盾构其他参数的影响,因此为了排除其他施工参数的重复影响,重点分析地层条件对盾构设备性能的影响,以便能找出土压平衡盾构地层适应性的关键参数,用以评价砂卵石地层盾构施工的适应性及掘进效能。盾构推力、刀盘扭矩和贯入度是联系土压平衡盾构掘进效能与地质条件的重要参数,通过分析,用贯入度对盾构推力和刀盘扭矩进行"归一化",并将得到的新参数作为与地质特征进行关联的指标[69]。

根据参数"归一化"处理的常用方法,定义土压平衡盾构场切深指数 FPI(Field Penetration Index)为:

$$\mathrm{FPI} = \frac{F}{P_\mathrm{rev}} \tag{3-23}$$

式中:$F$——盾构推力(kN);

$P_\mathrm{rev}$——刀具贯入度(mm/r)。

场切深指数 FPI 表征单位贯入度所需的盾构推力,反映了地层抵抗刀具贯入地层的能力,具有非常明确的物理意义。同时,场切深指数表明同样的推力作用下产生的贯入度越小,即 FPI 越大,则刀盘前方的地层密实度或者硬度越大;反之,在同样推力作用下产生的贯入度越大,即 FPI 越小,刀盘前方的地层越松软,越有利于盾构开挖。

同理,定义扭矩切深指数 TPI(Torque Penetration Index)为:

$$\mathrm{TPI} = \frac{T}{P_\mathrm{rev}} \tag{3-24}$$

式中:$T$——刀盘扭矩(kN·m),其他参数同上。

扭矩切深指数 TPI 表征单位贯入度所需的刀盘扭矩,反映了盾构开挖地层抵抗刀盘贯入地层的能力,其物理意义也非常明确。与场切深指数 FPI 类似,扭矩切深指数的大小也表征了盾构掘进过程中刀盘前方的地层状况,扭矩切深指数 TPI 越大,表明相同扭矩作用下产生的贯入度越小,刀盘前方地层密实度或者硬度越大,不利盾构开挖;反之,扭矩切深指数 TPI 越小,表明相同扭矩作用下产生的贯入度越大,刀盘前方地层密实度或者硬度越小,有利于盾构开挖。

场切深指数 FPI 和扭矩切深指数 TPI 分别用单位转速切深(贯入度)的推力和刀盘扭矩表示,主要是为了消除刀盘转速对参数的重复影响,使得参数归一化处理后能够反映刀盘与地层之间的法向作用及切向作用的本质特征。由此可见,理论上使用场切深指数 FPI 和扭矩切深指数 TPI 作为土压平衡盾构掘进地层识别及其适应性分析比较理想。

### 3.5.2 土砂复合地层盾构掘进效能及地层适应性分析

盾构在土砂复合地层中掘进时,场切深指数和扭矩切深指数较小,表明单位贯入度所需的盾构总推力和刀盘扭矩较小。盾构在该地层中掘进可以取得较好的掘进效率。其中,场切深指数为 300~400,扭矩切深指数为 30~50。盾构推进过程总体较为平稳,但开挖过程中也时有开挖速度为零的情况,这主要源自数据采集和相关计算的合理性,不足以反映真实情况,可以忽略,如图 3-80 所示,图中场切深指数 FPI 和扭矩切实指数 TPI 异常增大的区域即为推进速度很慢或为零的情况,表明开挖地层变化规律总体较为均匀。因此,总体而言,土砂复合地层盾构掘进效能较高,地层适应性较好,但必须加强关键参数控制,尽量避免盾构推进速度为零的情况发生。

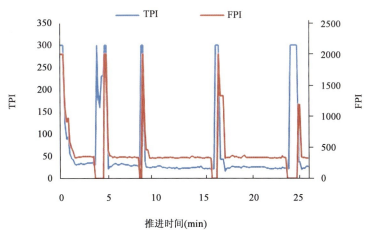

图 3-80 土砂复合地层盾构场切深指数和扭矩切深指数变化规律

### 3.5.3 砂卵石地层盾构掘进效能及地层适应性分析

图 3-81 为"火—终"区间 300 环盾构在砂卵石地层中掘进时场切深指数 FPI 和扭矩切深指数 TPI 的变化规律,由图可知:盾构在砂卵石地层中的掘进效能要低于土砂复合地层,场切深指数为 800~1000,扭矩切身指数为 150~180,即掘进效能约为土砂复合地层的 1/4~1/3;场切深指数和扭矩切深指数曲线较为平缓,表明除局部地层差异较大,曲线突变处出现了盾构掘进速度为零的情况以外,地层整体改良效果较好,改良后土体较为均一,盾构的地层适应性较为理想。

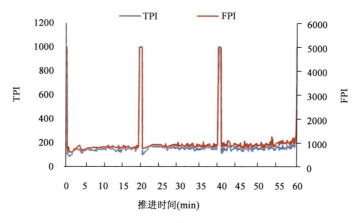

图 3-81　砂卵石地层盾构场切深指数和扭矩切深指数变化规律

### 3.5.4　砂卵石与砾岩复合地层盾构掘进效能及地层适应性分析

砂卵石与砾岩复合地层盾构掘进效率与砂卵石地层较为接近,但该地层土体改良效果不如砂卵石地层,表现为场切深指数和扭矩切深指数曲线波动较大,时常出现异常变化的情况,如图 3-82 所示。

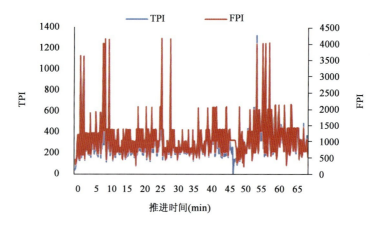

图 3-82　砂卵石与砾岩复合地层场切深指数与扭矩切深指数变化规律

## 3.6　典型地层盾构出土量预测与控制

### 3.6.1　盾构出土量概述

土压平衡盾构用于城市地下隧道修建时,为了控制地层变形和地表沉降,一个重要的因素就是要保持密封土舱内的进土量和出土量相互匹配。螺旋输送机(图 3-83)是土压平衡盾构的排土设备,在土压平衡盾构施工过程中,需要通过调节螺旋输送机的转速来控制出土量,从而使得盾构进土量与出土量始终保持动态平衡,使盾构开挖面处于稳定状态。在实际工程中,由于盾构开挖土层往往不是均一地层,不同土体自身性质不同,致使不同土层的松散系数也不同,因此盾构开挖过程中,需要根据实际情况实时调整螺旋输送机的转速来控制出土量。出土量过大,会导致盾构开挖面地层损失过大而导致坍塌或者引起地表沉降过大;出土量过小,则会使土舱内压力迅速增大,严重时导致开挖面上方地表隆起。日常盾构施工过程中,因出土量控制不当而发生的地表塌陷、隆起事故时有发生,因此,非常有必要针对地层的力学特征,对土压平衡盾构出土量控制问题展开详细的研究。

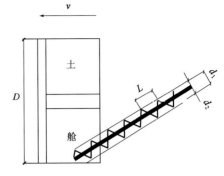

图 3-83 土压平衡盾构螺旋输送机结构示意图

### 3.6.2 盾构出土量与螺旋输送机转速的关系

土压平衡盾构螺旋输送机出土量是维持盾构土舱内压力与开挖面水土压力平衡的关键,通常螺旋输送机出土量可以用下式计算[69]:

$$Q = \eta \cdot \frac{\pi}{4}(d_1^2 - d_2^2)lNt \tag{3-25}$$

式中:$\eta$——出土效率;
 $d_1$——螺旋输送机内径(m);
 $d_2$——螺旋输送机轴的直径(m),对于大粒径卵砾石地层通常选用无轴的螺旋输送机,即 $d_2=0$;
 $N$——螺旋输送机转速;
 $l$——螺旋输送机旋转翼片的间距(m);
 $t$——盾构开挖时间(min)。

### 3.6.3 盾构出土量的控制范围

(1)土的可松性[110]

自然状态下的土体经开挖后内部组织结构被破坏,其体积因松散而增大,以后土体虽然经过回填压实仍然无法恢复到其最初的体积,土体的这种性质叫做土体的可松性,通常用松散系数来表述。土的松散系数一共有两个:最初松散系数 $k_1$ 和最终松散系数 $k_2$,其中 $k_1$ 是计算挖方运土工程量的主要参数,而 $k_2$ 则是计算填方所需挖方工程量的主要参数。

$$k_1 = \frac{V_2}{V_1} \tag{3-26}$$

$$k_2 = \frac{V_3}{V_1} \tag{3-27}$$

式中:$V_1$——土在自然状态下的体积;
 $V_2$——土挖出后松散状态下的体积;
 $V_3$——土经回填压实后的体积。

(2)理论出土量计算

假设土体的开挖量为$Q_w$,则由土体的可松性可以求出土压平衡盾构理论最大出土量和理论最小出土量分别为:

$$Q_{max} = k_1 Q_w = k_1 \cdot \frac{\pi D^2}{4} vt \tag{3-28}$$

$$Q_{min} = k_2 Q_w = k_2 \cdot \frac{\pi D^2}{4} vt \tag{3-29}$$

当盾构开挖下来的土体进入土舱后,其状态是介于$Q_{max}$的松散状态和$Q_{min}$回填压实状态之间的,即$Q_{min}<Q<Q_{min}$。在实际盾构施工过程中,合理的盾构出土量应控制[$Q_{min}$, $Q_{max}$],实际出土量如果超过上述范围,导致开挖量与出土量的不平衡,将会导致开挖面失稳,严重时会导致地表沉降过大、地表塌陷等严重的工程事故[69]。

## 3.7 本 章 小 结

1)刀盘扭矩预测、控制和合理性判定

(1)开口率小的面板式刀盘,刀盘正面与土体摩阻扭矩$T_3$和刀盘背面与土体摩阻扭矩$T_5$在刀盘总扭矩中所占比重最大;开口率较大的辐条式刀盘,刀盘开口处剪切渣土所需扭矩$T_2$所占刀盘总扭矩比重最大。

(2)刀盘开口处剪切渣土所需扭矩$T_2$、刀盘正面与土体摩阻扭矩$T_3$和刀盘背面与土体摩阻扭矩$T_5$的大小与改良后渣土的性质密切相关,因此加强渣土改良能够有效降低刀盘扭矩。

(3)刀盘扭矩与控制土压力关系密切,控制土压力越低刀盘扭矩越小,但控制土压力是控制参数,盾构施工过程中不能为了减小刀盘扭矩而降低控制土压力(低于设定值),否则地表有塌陷的风险。

(4)土压平衡盾构在砂卵石地层、砂卵石与砾岩复合地层中掘进时,刀盘扭矩稳定性差,波动幅度大,因此其控制值也大,盾构选型时应考虑一定的安全储备,确保配备的脱困扭矩、额定扭矩满足实际施工的要求,尽量避免因刀盘扭矩过大而出现频繁跳停进而导致事故发生。

(5)根据典型地层盾构刀盘扭矩的计算与实际施工情况,得出不同组段盾构刀盘扭矩控制范围:

①粉土、粉质黏土地层,刀盘扭矩控制在1500~2500kN·m为宜。
②砂层刀盘扭矩控制在1500~3500kN·m为宜。
③砂卵石层刀盘扭矩控制在3000~4500kN·m为宜。

对于各种复合地层,刀盘扭矩应根据开挖地层的实际情况,根据上述三种情况进行设定,详细结果见表3-11。

2)盾构推力预测、控制和合理性判定

(1)粉质黏土与粉细砂层:盾构实际施工中的推力与理论计算结果相近。

(2)砂卵石地层中,辐条式盾构实际施工中的推力比理论计算结果大,而面板式盾构实际施工中的推力比理论计算结果小。

(3)盾构在砂卵石地层施工过程中,刀盘开口率是盾构推力影响的重要因素,盾构推力随刀盘开口率的增大而变大。

(4)盾构在砂卵石与砾岩复合地层中掘进时,盾构推力较为平稳,实际值小于理论计算值。

(5)盾构推力相关影响因素较多,国内外目前也没有比较完善的计算公式,因此本章结合计算结果和典型地层盾构区间实际施工值,给出盾构推力控制范围的参考值:

①粉土、粉质黏土层盾构推力控制在8000～20000kN为宜。

②砂层,盾构推力控制在10000～25000kN为宜。

③砂卵石地层,对于辐条式刀盘,盾构推力应控制在18000～30000kN,而对面板式刀盘或辐条面板式刀盘而言,盾构推力控制在10000～25000kN。

复合地层的盾构推力应根据上述几种情况,根据具体开挖地层情况设定,详细结果见表3-13。

3)盾构控制土压力预测、控制及合理性判断

(1)黏土/粉质黏土/黏质粉土/粉土层(A组段地层)盾构控制土压力设定不得低于主动土压力 $p_a$。

(2)粉砂/细砂/中砂/粗砂等砂层(B组段地层)和砂卵石地层(C组段地层),如隧道上覆地层中存在较厚的自稳性良好的地层,可采用太沙基松弛土压力理论来设定土压力,设定的最低土压力不得低于 $p_a^T$。如隧道上覆地层自稳性较差(如黏性土层),不建议采用太沙基松弛土压力理论来设定土压力,建议采用静止土压力理论或朗肯主动土压力理论来设定,最低土压力不得低于主动土压力 $p_a$。

(3)盾构穿越重要环境风险工程时,建议适当提高土压力,确保开挖面和地层的稳定,有效控制地表沉降和风险工程的不利变形。

(4)不同组段土压力控制范围见表3-20。

4)典型地层盾构掘进效能及适应性评价

(1)盾构在土砂复合地层中掘进时,场切深指数为300～400,扭矩切深指数为30～50。该结果表明:土砂复合地层盾构掘进效能较高,地层适应性较好,但推进过程中也有推进速度为零的情况发生,因此,必须加强关键参数控制,确保较高的掘进效率。

(2)盾构在砂卵石地层中掘进时,场切深指数为800～1000,扭矩切身指数为150～180,该结果表明:盾构在砂卵石地层中的掘进效能要低于土砂复合地层,即掘进效能为土砂复合地层的1/4～1/3;场切深指数和扭矩切深指数曲线较为平缓,表明除局部地层差异较大,曲线突变处出现了盾构掘进速度为零的情况以外,地层整体改良效果较好,改良后土体较为均一,盾构的地层适应性较为理想。

(3)砂卵石与砾岩复合地层盾构掘进效率与砂卵石地层较为接近,但该地层土体改良效果不如砂卵石地层,表现为场切深指数和扭矩切深指数曲线波动较大,时常出现异常变化的情况。

5)盾构出土量预测与控制

(1)土压平衡盾构螺旋输送机出土量是维持盾构土舱内压力与开挖面水土压力平衡的关键,螺旋输送机出土量可以用下式计算:$Q = \eta \cdot \frac{\pi}{4}(d_1^2 - d_2^2)lNt$。

(2)实际盾构施工过程中,合理的盾构出土量应控制[$Q_{min}$, $Q_{max}$],实际出土量如果超过上述范围,导致开挖量与出土量的不平衡,将会导致开挖面失稳,严重时会导致地表沉降过大、地表塌陷等严重的工程事故。

# 第4章 典型地层盾构关键施工技术与风险控制

## 4.1 典型地层盾构施工地层变形规律

### 4.1.1 地层变形原因及规律分析

1) 盾构施工引起地层变形的原因浅析

盾构施工过程中,由于对土体的开挖扰动,破坏了土体的原始应力状态,使土体单元产生了应力增量,引起周围地层的位移是产生地层变形、进而导致地表沉降的根本原因。

地层变形的直接原因主要有以下五种:

(1) 开挖时水土压力不平衡

土压平衡式盾构,由于掘进量与排土量不等等复杂原因,开挖面水压力、土压力与土舱内压力不平衡,致使开挖面失去平衡状态,从而产生地层变形。开挖面水压力、土压力小于土舱压力时,产生地层下沉,大于土舱压力时,产生地基隆起,这是由于土体开挖引起的应力释放、附加应力等所致。

(2) 推进时土体受到扰动

盾构推进时,由于盾壳与周围土体摩擦、扰动,从而引起地基下沉或隆起。特别是蛇形修正和曲线推进时进行的超挖,是产生土体扰动和地层移动的主要原因。

(3) 盾尾建筑间隙和壁后注浆不充分

由于盾尾间隙使盾壳支撑的土体朝着盾尾间隙变形产生的地层下沉。地层下沉的大小受壁后注浆材料的性质、注入时间、位置、压力、数量等影响。

(4) 管片的变形与变位

管片的片与片间、环与环间的变形,致使盾尾建筑间隙的实际量增大,盾尾脱出后外压不均等使衬砌变形或变位,从而增大地层沉降。

2) 盾构施工引起地面沉降分析

(1) 纵向沉降变形

盾构施工主要包括土层开挖、盾构推进操纵与纠偏、衬砌拼装以及衬砌壁后注浆等过程,盾构施工过程与其自身的构造紧密相关的,目前,国内外趋向于使用机械化程度较高土压平衡和泥水平衡盾构。盾构推进施工过程中必然对周围土体产生扰动,表现为地层沉降和侧向变形。盾构推进过程中产生的地层变形主要分为以下五个阶段[82-86],见图 4-1。

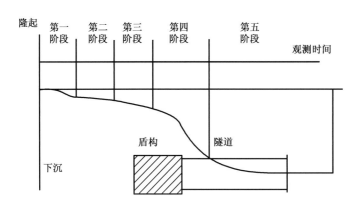

图 4-1 盾构施工引起纵向地表沉降[111]

①第一阶段:先行沉降

先行沉降是指自盾构刀盘开挖面距地面观测点还有相当距离(约 10m)的时候开始,直到刀盘开挖面到达观测点时所产生的沉降。

②第二阶段:开挖面前的沉降和隆起

大盘开挖面前的沉降和隆起是指自开挖面到达观测点影响范围内时起直至开挖面位于观测点正下方之间所产生的沉降或隆起现象,由于开挖面的崩塌、盾构的推力过大或过小所引起的开挖面土压力失衡所致。这是一种由于土体的应力释放或盾构开挖面的反向土压力等的作用而产生的地层变形。

③第三阶段:盾构通过时的沉降

盾构通过时的沉降是指从刀盘开挖面到达观测点的正下方之后直到尾通过观测点为止这一期间所产生的沉降。这是由于为了使盾构能够顺利推进,刀盘的开挖直径要大于盾体的直径,因此,会在盾体周围形成一个构造间隙,如图 4-2 和图 4-3 所示,盾构推进时盾构工作面的推力以及盾构和土层间的摩擦剪切力导致土体向构造间隙中移动,引起地层移动而导致地表沉降。

④第四阶段:盾尾空隙沉降

盾尾空隙沉降是指盾尾通过观测点正下方之后所产生的沉降,这是由于管片拼装脱出盾尾后与盾构外壳之间形成空隙引起的,如图 4-2~图 4-4 所示,同时,盾尾土体应力释放所引起的弹塑性变形等也会增加该部分的沉降。

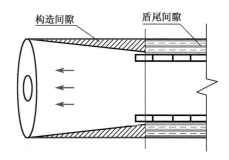

图 4-2 盾构设备纵剖图

⑤第五阶段:后续沉降

后续沉降是指土体蠕变产生的塑性残余变形、孔隙水压力消散引起的固结沉降等,它还包括了上述各种原因引起沉降的残余影响等。

综上所述,盾构推进施工引起的地层移动和变形可主要归结为以下四个方面的原因:

①盾构工作面的支护力

在盾构施工过程中,开挖面的支护力不可能完全等于原始地应力,当盾构开挖面的支护力大于原始地应力时,正面土体受到挤压向前向上移动,从而使地表有微量的隆起;反之,当盾构开挖面的支护力小于原地应力时,开挖面土体向盾构内移动,从而使地层移动,表现为沉降。

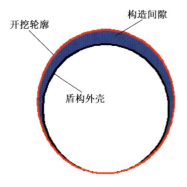 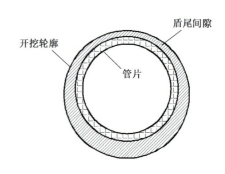

图 4-3 盾构构造间隙示意图　　　　图 4-4 盾尾间隙构造示意图

②盾构壳壁与土层之间的摩擦力

在盾构施工推进过程中,盾壳和土层之间会产生摩擦剪切力,在这种摩擦力的作用下,盾构工作面附近的土体同样会产生向上和向前的移动,扩展到地表则同样表现为地表的隆起和沉降。

③盾构施工引起的地层损失

盾构施工过程中有多种原因可以导致地层损失,包括盾构后退、盾构纠偏、抬头推进、叩头推进、曲线推进、盾尾压浆不及时引起的土体挤入盾尾空隙、隧道衬砌因土压力作用而产生的变形等,这些变形均可表现为隧道洞内的收敛变形。

③地下水位的变化

当隧道位于地下水位以下时,隧道施工必然会使地下水位产生变化,地下水位的变化会使土体中的有效应力产生变化,从而产生地层移动和变形。

(2)横向沉降变形

目前,关于盾构施工引起的地表沉降规律的研究,已经取得了大量的研究成果。Peck(1969 年)[85]通过对大量地表沉降数据及工程资料进行分析后,提出地表沉降槽近似呈正态分布曲线的概念,即 Peck 公式。他提出地层移动主要由地层损失引起,并认为施工引起的地表沉降是在不排水条件下发生的,所以,沉降槽的体积等于地层损失的体积。隧道开挖引起的横向地表沉降槽曲线可以用图 4-5 描述。

$$S_{\max} = \frac{\Delta V}{\sqrt{2\pi}i} \tag{4-1}$$

$$S(x) = S_{\max}\exp\left(-\frac{x^2}{2i^2}\right) \tag{4-2}$$

$$i = \frac{Z}{\sqrt{2\pi\tan\left(45° - \frac{\varphi}{2}\right)}} \tag{4-3}$$

式中：$S(x)$——距离隧道中线 $x$ 处的地面沉降量；
$S_{max}$——隧道中线的地表最大沉降量；
$\Delta V$——掘进单位长度隧道的地层损失体积；
$i$——沉降槽宽度系数；
$Z$——隧道中心深度；
$\varphi$——隧道周围地层土体内摩擦角。

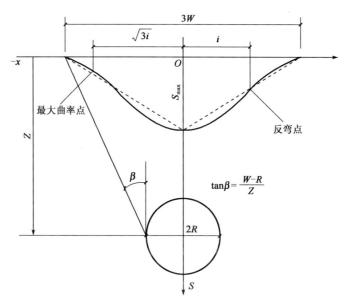

图 4-5　Peck 公式描述的地表沉降曲线图

图 4-5 中，有如下关系式：
地面沉降槽宽度 $B \approx 2.5i$；
反弯点处的沉降量 $\approx 0.61 S_{max}$；
最大曲率半径点的沉降量 $\approx 0.22 S_{max}$；
沉陷断面面积 $\approx 2.5 i S_{max}$。

英国人 Clough 和 Schmidt（1974 年）在其关于软弱黏土隧道工程的著作中，提出饱和含水塑性黏土中的地表沉降槽宽度系数 $i$，得出：

$$\frac{i}{R} = \left(\frac{Z}{2R}\right)^{0.8} \tag{4-4}$$

式中：$Z$——隧道埋深；
$R$——隧道半径。

O'Reilly 和 New 经过对黏性土地层多处隧道工程研究认为，$i$ 是 $Z$（地面至隧道中心的深度）的近似线性函数，且和隧道施工方法、隧道直径没有关系，并给出公式：

黏性土：
$$i = 0.43Z + 1.1$$

砂性土：
$$i = 0.28Z + 0.1$$

英国人 Attwell 等（1981 年）也假定沉降槽曲线为正态分布，给出了地表沉降的估计公式：

$$\frac{i}{R} = K\left(\frac{Z}{2R}\right)^n \tag{4-5}$$

$$V = \sqrt{2A}i\delta_{\max} \tag{4-6}$$

式中：$\delta_{\max}$——地表最大沉降值；

$V$——沉降槽体积；

$A$——隧道开挖面积；

$K$、$n$——与地层性质和施工因素有关的系数。

王梦恕院士通过对隧道和地铁施工中导致地面沉降诸因素的论述，以及对大量工程测量资料所做的统计分析，提出以下计算沉降槽宽度 $\beta$ 的经验公式：

$$W = 2\tan\left(45° - \frac{\varphi}{2}\right)Z + D \tag{4-7}$$

式中：$W$——沉降槽宽度；

$\varphi$——内摩擦角；

$Z$——隧道埋深；

$D$——隧道洞径。

### 4.1.2 土砂复合地层盾构施工引起的地层变形规律

1）纵向变形规律

以北京地铁 10 号线二期"潘—十"区间两个典型测点 GXC29（桩号为 K25+649，如图 4-6 所示，即右线 254 环处）和 GXC64（桩号为 K25+868，如图 4-7 所示，即左线 436 环处）为分析对象，分析粉质黏土和粉细砂组成的土砂复合地层的地表纵向变形规律。

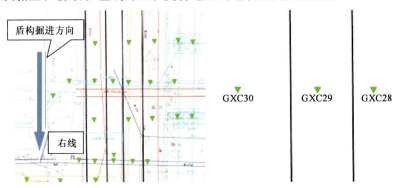

图 4-6 "潘—十"区间典型测点 GXC29 分布示意图

从图 4-8 可知，盾构推进过程中沉降测点 GXC29 变形规律显著，盾构刀盘即将到达测点之前，测点地层稍微隆起，但是幅度不大，约为 0.4mm（此数值也可能是由测量误差所致）。盾构通过当天，盾构上方测点下沉明显，达到沉降总量的 15%以上，且单日速率较大。盾尾拖出后，当天沉降较大，可达到总沉降的 20%~25%。盾尾拖出测点 10~50m（即 1~3d）仍有部分后续沉降，但沉降较小，达到沉降总量的 50%~70%，盾尾拖出测点 50m（3~5d），沉降较小且基本趋于稳定。

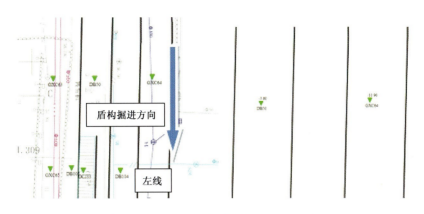

图 4-7 "潘—十"区间典型测点 GXC64 示意图

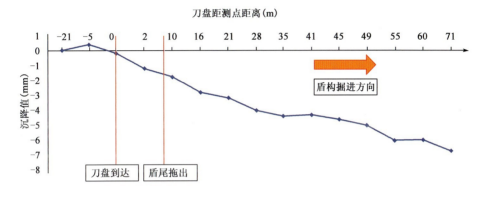

图 4-8 "潘—十"区间测点 GXC29 沉降曲线

如图 4-9 所示,盾构刀盘即将到达测点 GXC64 之前,测点附近地层没有隆沉的现象;盾构通过当天,单日速率不大;盾尾拖出后,当天沉降较大,可达到总沉降的 40%～50%。盾尾拖出测点 10～50m(即 1～3d)仍有部分后续沉降,达到沉降总量的 20%～30%。另外,在盾尾拖出管片后的相当长的一段时间里,测点地层似乎有轻微隆起现象,根据检测数据,发现此期间还伴随着管片上浮现象。盾尾拖出测点 50m(3～5d),沉降较小且基本趋于稳定。

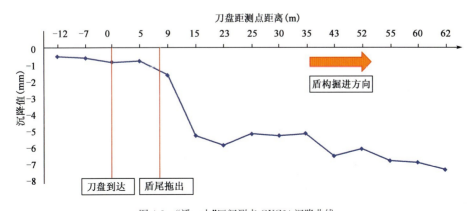

图 4-9 "潘—十"区间测点 GXC64 沉降曲线

2)横向变形规律

选取"潘—十"区间里程 K25+671 横断面为分析对象,沉降监测点布置及沉降槽曲线如图 4-10 和图 4-11 所示。

从典型断面横向沉降曲线及监测数据整理分析可得出如下结论:

(1)盾构在土砂复合地层中掘进时地层变形控制较为合理。通过监测数据整理及曲线形态拟合,正常情况下,盾构单次施工(不考虑二次沉降)引起最大沉降一般在 12mm 左右。

(2)沉降最大值一般发生在隧道线路中心,两侧离开隧道中心线越远,沉降越来越小,根据实测数据及曲线形态拟合可以估算盾构法隧道影响范围为 1~1.5 倍隧道埋深。

(3)盾构刀盘距离监测断面 6m 时的沉降较小,管线的最大累计沉降为 2.9mm,盾构刀盘通过监测断面时,沉降量在 3~6mm 之间;盾尾通过后发生沉降,沉降量在 2~5mm 之间,盾尾通过约 20m 后沉降量基本趋于稳定。因此,在盾构通过测点时及盾尾拖出后的沉降是控制重点。

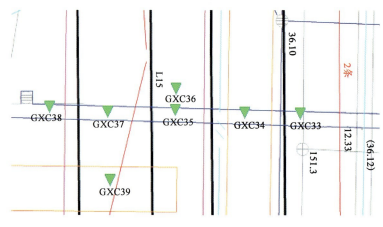

图 4-10 "潘—十"区间 K25+671 断面测点布置图

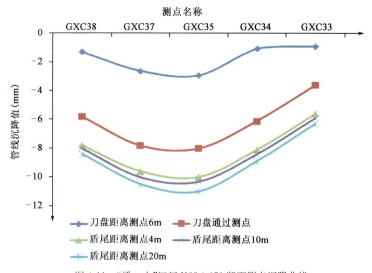

图 4-11 "潘—十"区间 K25+671 断面测点沉降曲线

### 4.1.3 砂卵石地层盾构施工引起的地层变形规律

1)纵向变形规律

以11标"六一莲"区间典型测点(DB03-10,桩号为K47+49,如图4-12所示,即右线154环处)为分析对象,分析复合地层地表纵向变形规律如下:

如图4-13所示,盾构推进过程中沉降测点变形规律明显,盾构刀盘即将到达测点之前,测点地层稍微隆起,但是幅度不大,约为0.2mm(此数值也可能是测量误差所致)。盾构通过当天,盾构上方测点下沉明显,达到沉降总量的20%以上,且单日速率较大。盾尾拖出后当天沉降较大,可达到总沉降的45%~50%。盾尾拖出测点10~50m(即1~3d)仍有部分后续沉降,但沉降较小,为沉降总量的10%~15%,盾构盾尾拖出测点50m(3~5d),沉降较小且基本趋于稳定。

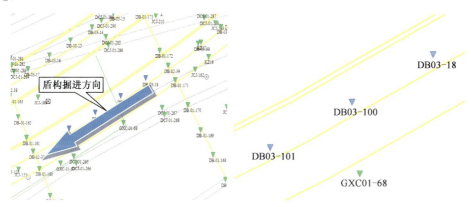

图4-12 "六一莲"区间典型测点DB03-100分布示意图

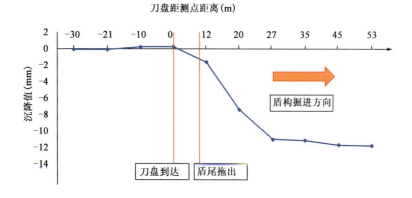

图4-13 "六一莲"区间测点DB03-100沉降曲线

2)横向变形规律

以"六一莲"区间里程K46+244横断面为分析对象,沉降监测点布置及沉降槽曲线如图4-14和图4-15所示。

从典型断面横向沉降曲线及监测数据整理分析可得出如下结论:

(1) 盾构在砂卵石地层中掘进时地层变形控制较为合理,但相比土砂复合地层,砂卵石地层的沉降值要更大,最大沉降值约 16mm。

(2) 沉降最大值发生在线路中心,隧道两侧离开盾构隧道中心越远,沉降越来越小,根据实测数据及曲线形态拟合可以估算盾构法隧道影响范围为 1~1.5 倍隧道埋深,沉降曲线近似于 Peck 沉降槽曲线。

(3) 盾构刀盘距离监测断面 5m 时的沉降较小,管线的最大累计沉降小于 4.0mm,盾构刀盘通过监测断面时,沉降速率加快,中心区域的最大累计沉降量约为 8.0mm;盾尾通过后管线继续发生沉降,累计沉降量达 16mm,盾尾通过约 10m 后沉降基本趋于稳定。

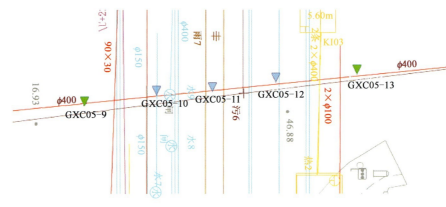

图 4-14 "六一莲"区间 K46+244 断面测点布置图

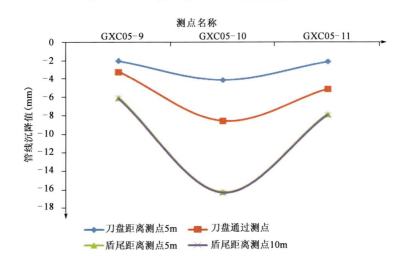

图 4-15 "六一莲"区间 K46+244 监测断面沉降槽曲线

### 4.1.4 砂卵石与砾岩复合地层盾构施工引起的地层变形规律

1) 纵向变形规律

以 12 标"公一西"区间典型测点(DB10-98,桩号为 K50+265,如图 4-16 所示,即左线 1335 环处)为分析对象,分析复合地层地表纵向变形规律,具体如下:

由图 4-17 可知,盾构推进过程中沉降测点变形规律明显,盾构通过当天,盾构上方测点下沉明显,达到沉降总量的 20% 左右,且单日速率较大,盾尾脱出后,仍有部分沉降,可达到总沉降的 25% 左右,盾尾拖出测点 10~50m(即 1~3d)仍有部分后续沉降,但沉降较小,为沉降总量的 5%~20%,盾构盾尾脱出测点 50m(3~5d),沉降基本趋于稳定。

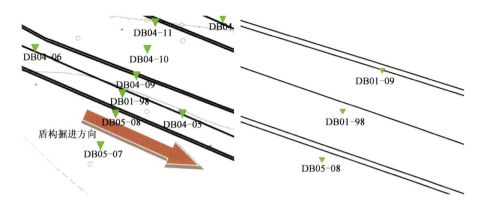

图 4-16 "公—西"区间典型测点 DB10-98 示意图

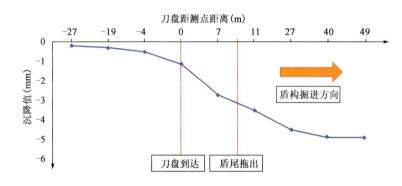

图 4-17 "公—西"区间测点 DB10-98 沉降曲线

2)横向变形规律

以"公—西"区间里程 K49+219 横断面为分析对象,沉降监测点布置及沉降槽曲线如图 4-18 和图 4-19 所示。

从典型断面横向沉降曲线及监测数据整理分析可得出如下结论:

(1)盾构在砂卵石和砾岩复合地层掘进时,沉降较小,隧道中心位置的最大累积沉降约为 5.5mm,比上述介绍的土砂复合地层和全断面砂卵石地层均小。

(2)沉降最大值发生在线路中心,隧道两侧离开隧道中心越远,沉降越来越小,根据实测数据及曲线形态拟合可以估算盾构法隧道影响范围为 1~1.5 倍隧道埋深,沉降曲线近似于 Peck 沉降槽曲线。

(3)盾构刀盘距离监测断面 5m 时的沉降较小,管线的最大累计沉降小于 2.0mm,盾构刀盘通过监测断面时,中心区域的最大累计沉降量约为 3.5mm;盾尾通过后管线继续发生沉降,最大累计沉降量为 5.4mm,盾尾通过约 15m 后沉降量基本趋于稳定。

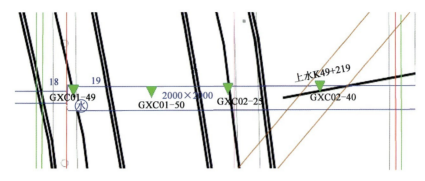

图 4-18 "公—西"区间 K49+219 监测断面测点布置图

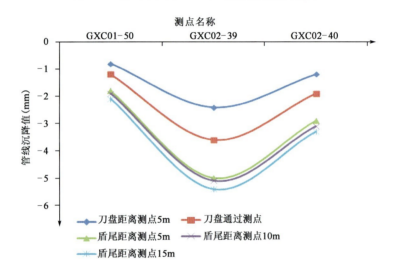

图 4-19 "公—西"区间 K49+219 监测断面沉降槽曲线

## 4.2 典型地层变形控制影响因素分析

盾构施工过程中影响地层变形的因素很多,考虑主要参数可以归纳为以下几个方面:

(1)推进参数:主要包括推进速度、土压力、刀盘扭矩和盾构总推力等。

(2)出土量:影响沉降的重要因素,盾构严重超挖(欠挖)会引起的地面沉降(隆起)。

(3)注浆参数(注浆量、注浆压力与浆液质量):注浆量不足或注浆不及时,是引起地面沉降主要的原因之一,直接影响"盾尾间隙"的充填;注浆压力过大和不足会引起地表隆起或沉降;浆液质量的好坏同样与地层变形有着直接的关系,如浆液初凝时间的长短和结实率的高低直接影响地表沉降的控制。

(4)姿态控制:在推进过程中,盾构"姿态"的控制对沉降的影响是不容忽视的。盾构纠偏就意味着盾构轴线与隧道轴线产生一个偏角。当盾构以"仰头"或"磕头"方式推进时,必然引起地面扰动。

在上述参数中,除了盾构出土量目前无法进行实时监控以外,其他参数在北京地铁 10 号线二期盾构施工过程中,均可以通过盾构施工实时管理系统进行实时监控。本节假定土压平衡盾构其他施工参数均在合理控制范围内的情况下，结合北京地铁10号线二期盾构工程分析地层变形相关性最大的两个盾构施工参数（控制土压力与同步注浆量）对地层变形的影响。

### 4.2.1 土砂复合地层变形控制影响分析

以10号线二期“分—成”区间K29+7.3断面为研究对象，在与盾构推进方向垂直的断面上布置11个测点，如图4-20所示，并持续对该测点进行观测、记录。

由图4-21和图4-22可知，盾构到达监测点之前以及将要到达时，测点变形较小，盾构通过当天，盾构上方测点下沉明显，达到沉降总量的15%以上，且单日速率较大。盾尾拖出后，当天沉降较大，可达到总沉降的20%～25%。盾尾脱出测点10～50m（即1～3d）仍有部分后续沉降，但沉降较小，达到沉降总量的50%～70%，盾尾脱出测点50m（3～5d），沉降较小且基本趋于稳定。进一步分析沉降控制情况可知，从盾构开始靠近测点至盾构通过测点一定距离的过程中，盾构控制土压力控制基本合理，除局部位置，大多稳定在0.4～0.8bar（1bar=$10^5$Pa）之间，如图4-23所示；同时根据同步注浆量的统计，可知该区段同步注浆量总体满足要求，基本控制在2.0～3.5$m^3$之间，局部环数低于2.0$m^3$，如图4-24所示。

图4-20 该区段平面及监测点布置图

监测点数据表

| 日期 | 测点名称 | 变化速率 | 相对变化 | 观测值 |
|---|---|---|---|---|
| 2010-10-19 10:00:00 | DB06-02 | 0 | 0 | 0.00 |
| 2010-10-20 10:00:00 | DB06-02 | -0.50 | -0.50 | -0.50 |
| 2010-10-21 10:00:00 | DB06-02 | 0.00 | 0.00 | -0.50 |
| 2010-10-22 10:00:00 | DB06-02 | -2.40 | -2.40 | -2.90 |
| 2010-10-23 10:00:00 | DB06-02 | -4.70 | -4.70 | -7.60 |
| 2010-10-25 10:00:00 | DB06-02 | 0.45 | 0.90 | -6.70 |
| 2010-10-26 10:00:00 | DB06-02 | -0.70 | -0.70 | -7.40 |
| 2010-10-27 10:00:00 | DB06-02 | 0.00 | 0.00 | -7.40 |
| 2010-10-29 10:00:00 | DB06-02 | -0.10 | -0.20 | -7.60 |
| 2010-10-30 09:00:00 | DB06-02 | 0.52 | 0.50 | -7.10 |

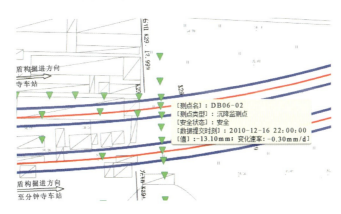

图4-21 监测点DB 06-02观测值

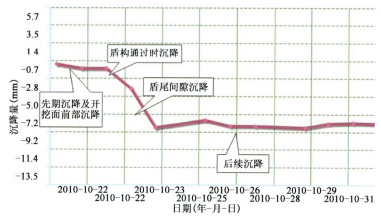

图 4-22　监测点 DB 06-02 沉降量变化曲线图

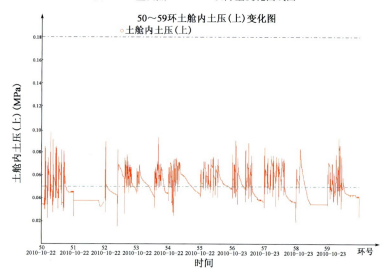

图 4-23　盾构通过断面前后土压(上)控制情况

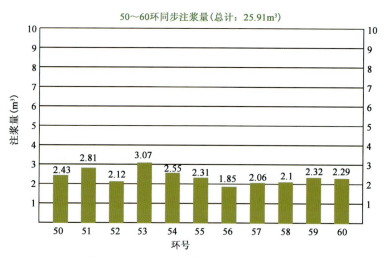

图 4-24　盾构通过断面前后同步注浆量控制情况

## 4.2.2 砂卵石地层变形控制影响分析

**1)"樊—丰"区间沉降控制分析**

以 10 号线二期"樊—丰"盾构区间典型测点 DB02-17 进行连续监测,来分析该地层的变形规律,测点平面布置情况如图 4-25 所示,测点附近盾构隧道主要穿越卵石、圆砾,如图 4-26 所示。测点沉降量变化曲线如图 4-27 所示。

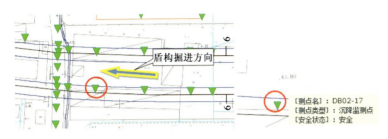

图 4-25 "樊—丰"DB02-17 测点平面布置图

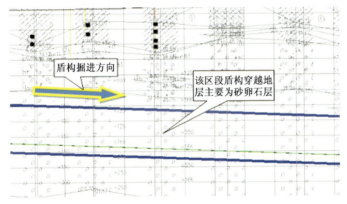

图 4-26 盾构穿越区域地质剖面图

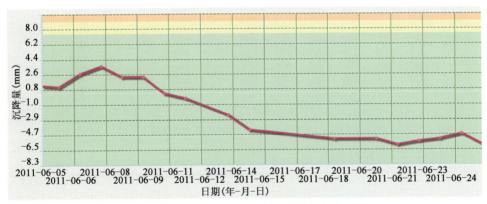

图 4-27 DB02-17 测点沉降量变化曲线

由测点沉降曲线可知,盾构推进过程中沉降测点变形规律明显,盾构刀盘即将到达测点之前,测点地层有显著隆起,约为 2.6mm。随着盾构的推进和盾尾的拖出,沉降逐渐减小,盾尾脱出测点约一周后,沉降基本趋于稳定,最大沉降值约为 6.5mm,在沉降允许范围以内。

如图 4-28 所示,盾构推进过程中实际控制土压力基本维持在计算土压力以上,土压力控制较为合理,保证了开挖面的稳定,同时注浆量统计情况表明,该区域同步注浆量较为饱满,大多在 6~7m³ 之间,确保了盾构施工地表沉降可控,见图 4-29。

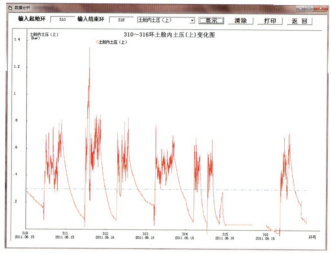

图 4-28　盾构穿越测点区域上土压力控制值

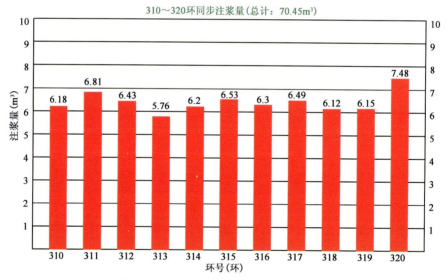

图 4-29　盾构穿越测点区域同步注浆量控制值

2)"大—角"区间沉降控制分析

北京地铁 10 号线二期"大—角"区间右线管线测点 GXC05-21 出现沉降超限,累积最大沉降达到 25.3mm,出现了安全风险隐患,测点布置情况如图 4-30 和图 4-31 所示。分析沉降超限原因可知,造成管线沉降超限主要原因为盾构控制土压力控制过低,连续出现实际土压力低于计算土压力(0.06bar)的情况,如图 4-32 所示。其他盾构参数均控制较为合理,如同步注浆量大多在 3~5m³ 之间,在安全控制范围之内,见图 4-33。

图 4-30 "大一角"区间平面及测点预警情况

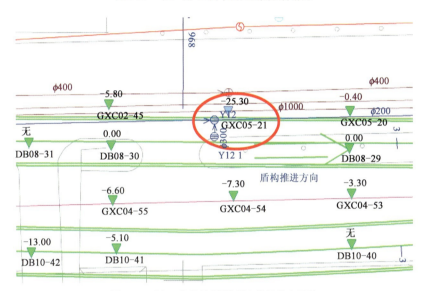

图 4-31 "大一角"区间预警测点位置分布情况

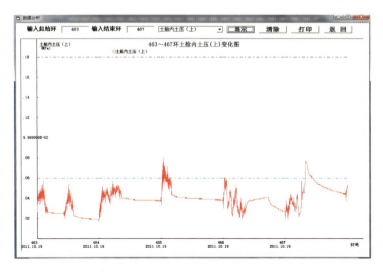

图 4-32 463～473 环土舱内土压力(上)控制情况

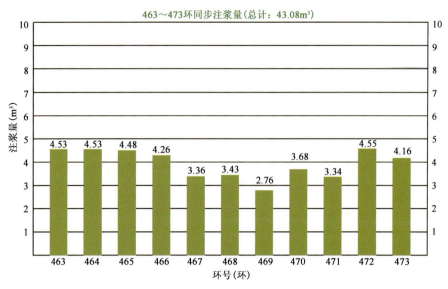

图 4-33　463~473 环盾构同步注浆量控制情况

3)07 标"角—草"区间沉降控制分析

北京地铁 10 号线二期"角—草"区间右线管线测点 GXC20-14 出现沉降超限,最大累计沉降值达 40.2mm,大大超过了规范允许的最大沉降,出现了较大的安全风险,测点布置情况如图 4-34 和图 4-35 所示。分析沉降超限原因可知,造成管线沉降超限最主要原因主要为:

(1)同步注浆量不足,不能及时填充盾尾间隙,如图 4-36 所示。

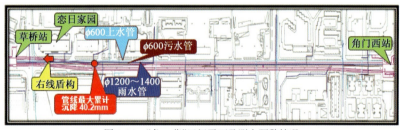

图 4-34　"角—草"区间平面及测点预警情况

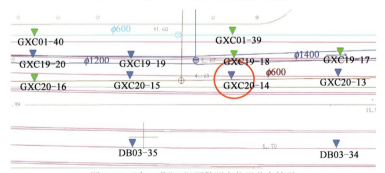

图 4-35　"角—草"区间预警测点位置分布情况

(2)控制土压力控制偏低,实际控制值低于理论计算值,甚至出现上土压力为零的情况,如图 4-37 所示。

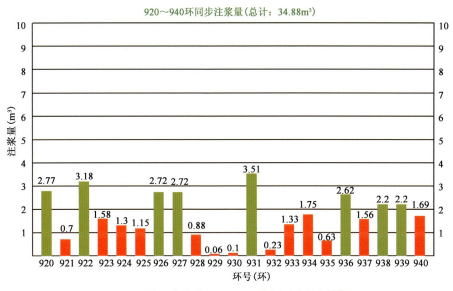

图 4-36 "角—草"区间 920~940 环同步注浆量控制情况

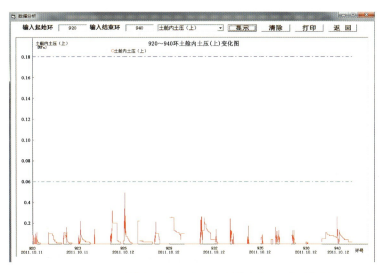

图 4-37 "角—草"区间 920~940 环土舱内土压(上)控制情况

### 4.2.3 砂卵石与砾岩复合地层地层变形控制影响分析

北京地铁 10 号线二期"公—西"区间南段盾构在砂卵石和砾岩复合地层中掘进时,管线测点 GCJ01-06 和 GCJ01-05 出现沉降超限,如图 4-38 和图 4-39 所示。最大累积沉降分别为 22.1mm 和 37.9mm,造成了极大的风险,极有可能出现管线破裂,甚至出现地表塌陷等工程事故。

进一步分析事故原因可知,该区域盾构各关键参数中除了盾构控制土压力以外,其他参数均控制较为合理,同步注浆量也较为正常,大多控制在 $4.0 \sim 5.5 m^3$ 之间;由此可知,管线沉降超限,出现预警的直接原因为控制土压力控制偏低,开挖面失稳;如图 4-40 所示,控制土压力值波动较大,多环上土压力值小于 0.1MPa,甚至出现土压力值为零的情况。

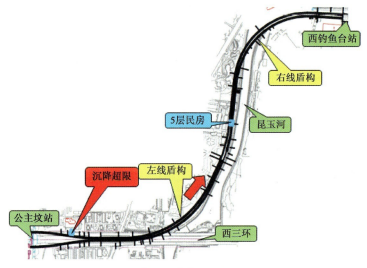

图 4-38 "公—西"区间平面及沉降超限区域位置

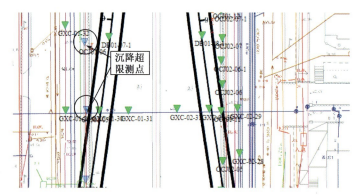

图 4-39 "公—西"区间预警测点位置分布图

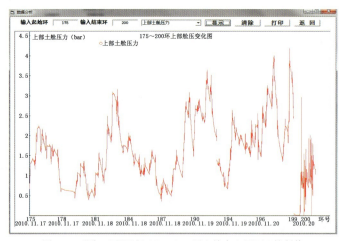

图 4-40 "公—西"区间 175～200 环土舱内土压(上)控制值

## 4.3 复杂地层条件下盾构穿越重大风险工程关键技术与风险控制

### 4.3.1 砂卵石层盾构下穿铁路关键技术与风险控制

北京地铁10号线二期有以下几个区间下穿铁路:"草—纪"区间下穿京九铁路、京沪高铁,"丰—前"区间下穿京沪、永丰铁路,"六—莲"区间下穿北京西机务段。

列车运行对沉降、隆起和铁轨间的差异沉降有着特殊的严格要求,如表4-1所示,即使是微小的变化都可能会对列车安全运行构成灾难性的影响。因此,盾构下穿铁路时控制地表变形极为重要。盾构施工穿越铁路轨道时,一方面盾构施工本身会引起地表变形,由此可能造成铁路路基道床的不均匀沉降、两股钢轨之间的差异沉降、混凝土轨枕的变形或严重损伤、钢轨的重伤或折断等,当地面不均匀沉降达到一定变形值就会影响其正常使用,从而影响铁路线路的正常运营;另一方面,列车在运行过程中会产生动荷载,动力作用经扩散后对地表变形也有一定的影响,尤其是在盾构推进过程中,这种影响将会扩大。

铁路沉降控制指标    表4-1

| 监测项目 | 预警值 | 报警值 | 控制值 |
| --- | --- | --- | --- |
| 既有线路基沉降(mm) | 3.5 | 4.0 | 5.0 |
| 接触网基础沉降(mm) | 3.5 | 4.0 | 5.0 |
| 接触网杆倾斜 | 0.7/1000 | 0.8/1000 | 1.0/1000 |
| 桥桩承台沉降(mm) | 0.7 | 0.8 | 1.0 |
| 桥桩承台水平位移(mm) | 0.7 | 0.8 | 1.0 |

同时,上述三个区间隧道穿越地层均为砂卵石地层,北京地区此处砂卵石地层是一种典型的力学不稳定地层,颗粒之间的孔隙大,几乎没有黏聚力,砂卵石地层在无水状态下,颗粒之间点对点传力,地层反应灵敏,盾构周围地层成拱性差。刀盘旋转切削时,地层很容易破坏原来的相对稳定或平衡状态而产生坍塌,引起较大的围岩扰动,使开挖面和洞壁失去稳定,控制不好会导致地表塌陷。而且,由砂卵石地层的磨蚀性试验可知,砂卵石地层石英含量高,盾构在该地层中掘进时刀盘、刀具磨损严重,经常需要开舱换刀,而由长距离下穿铁路的情况可知,由于条件所限,盾构下穿铁路过程中,开舱换刀几无可能,进一步增加了盾构的施工风险。

综上所述,盾构在砂卵石地层下穿铁路风险高、施工控制难度大,必须各方引起充分重视,方能确保盾构顺利通过铁路。本节将着重以"草—纪"和"丰—前"区间为例,介绍盾构下穿铁路的施工控制技术;"六—莲"区间盾构下穿铁路的情况将在下一节事故分析中进行介绍。

1)"草—纪"区间盾构下穿铁路关键技术及风险控制

(1)风险工程概述

北京地铁10号线二期"草—纪"区间右线在里程K38+4~K38+5处下穿既有铁路七条线路,由西向东分别为京九铁路上行线、京九铁路下行线、京沪动车右线、京沪高速正线(两条)、城际动车线及京沪动车左线,如图4-41所示。

现状京九铁路一共两股道,碎石道床,钢筋混凝土轨枕,轨道类型为60kg/m,基础形式为路堤,高出正常路面4~5m,区间右线隧道与铁路斜交61°,相交长度约33m,铁路里程为K7+442,区间左线隧道与铁路斜交70°,相交长度约30m,铁路里程为K7+474。紧邻京九铁路东侧为已建成的京沪高铁、京沪动车线及城际动车线,结构形式均为简支桥梁结构,基础为群桩基础,设承台。盾构下穿处桥梁孔径均为32.7m,桥墩号分别为42、43及44号。设计时,该处桥梁结构均为盾构下穿预留条件。区间距离新建铁路承台的水平净距离6.5~11.0m,区间隧道顶距离铁路路基底净距为14.9m,如图4-42~图4-44所示。

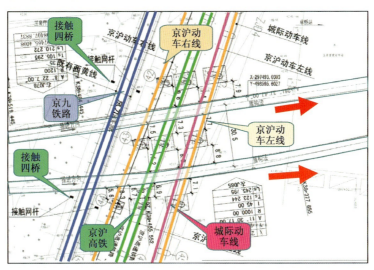

图4-41 京九铁路、京沪高铁与区间隧道关系平面图

图4-42 京九、京沪高铁现场照片

本场区盾构隧道上覆土层主要包括2.2m厚的杂填土①层;0.63m厚的素填土$①_1$层;4.66m厚的粉细砂$②_1$层;5.86m厚的卵石④层;2.23m厚的黏质粉土、细中砂$④_2$层和卵石⑤层,盾构区间隧道穿越地层主要为卵石④层,如图4-45所示。

场区勘察钻孔最大深度50.0m,勘察深度范围内揭露一层地下水。地下水分布在第⑤层卵石中,静止水位埋深24.70~26.60m,静止水位高程15.59~18.13m,地下水位在隧道地板以下。地下水类型为潜水,该层水以地下水侧向径流和"天窗"渗漏补给方式为主,以侧向径流方式排泄。地下水特征如表4-2所示。

第4章 典型地层盾构关键施工技术与风险控制

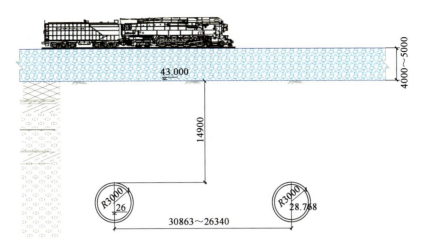

图4-43 京九铁路与地铁隧道关系横断面图(尺寸单位:mm)

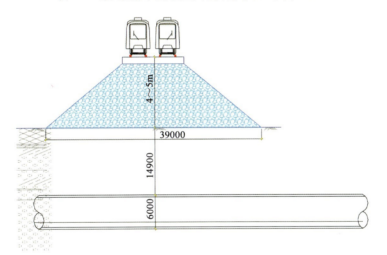

图4-44 京九铁路与地铁隧道关系剖面图(尺寸单位:mm)

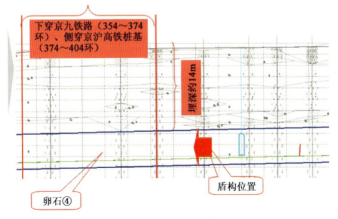

图4-45 京九铁路、京沪高铁桩基与盾构位置关系剖面图

地下水特征表　　　　　　　　　　　　　表4-2

| 类　型 | 水位埋深(m) | 水位高程(m) | 岩性特征 | 渗透系数(m/d) | 影响半径(m) |
|---|---|---|---|---|---|
| 潜水(二) | 24.70～26.6 | 15.59～18.13 | ⑤层 | 150～170 | 77.53(10t/h) |

(2) 试验段选定及掘进控制

针对上述盾构下穿铁路对其沉降的严格要求，为确保地铁10号线二期"草—纪"区间盾构一次性成功下穿铁路，在穿越前需做试验段掘进，经专家论证，确定里程 K38+800.0～K38+600.0 为试验段(200m)，在此期间，利用盾构穿越试验段的掘进参数，分析引起沉降的各种因素，制订预控措施，根据试验段的掘进参数和地表沉降数据反馈，确定盾构穿越铁路区段的掘进参数。

通过对试验段沉降数据及盾构掘进措施总结分析，得出以下结论：

① 合理控制土压及出土量是沉降受控的关键。第一试验段控制土压控制在 0.05～0.06MPa 之间，其他试验段由于隧道埋深变大，控制土压控制在 0.06～0.07MPa 之间。出土量控制在每环 42.4～44.9m³。从刀盘到达前沉降数据的分析发现，合理控制土压及出土量，能够有效控制前期地表沉降。

② 土体改良效果明显。盾构掘进过程中，每环添加 4.5～5.5m³ 膨润土浆液对砂卵石地层进行改良的效果较好。膨润土浆液比重为 1.1 左右。改良后的土体具有较好的流塑性且未发现较大颗粒砂卵石，膨润土浆液附着在砂卵石表面上，有效地降低刀盘和螺旋机扭矩、减小刀盘、刀具及螺旋机的磨损。刀盘扭矩在 25%～35% 的合理范围内。

③ 注浆质量改善，盾尾处地表沉降得到有效控制。在试验段，调整同步注浆的配合比，调节后的同步注浆浆液初凝时间控制在 20～30s；同时二次补浆浆液采用水泥—水玻璃双液浆，水泥—水玻璃双液浆具有初凝早的特点，在合理控制浆液配比、注浆量及注浆压力的情况下，很好的填充了开挖空隙，地表沉降得到控制。

④ 注浆压力及注浆量控制合理。试验段注浆压力控制在 0.2～0.25MPa，补浆压力控制在 0.28～0.35MPa。第一试验段注浆量为每环 3.5～4.0m³。通过对施工中注浆压力和注浆量对比发现，注浆压力控制合理，注浆量充足，未发现注浆浆液在注浆口处凝结造成的注浆压力虚高、浆液注入量不足的情况。第二、第三试验段注浆量为每环 3.5～4.5m³，第四试验段注浆量为每环 3.5～5.5m³。通过加大注浆量，进一步减少了地表沉降。

⑤ 通过对地表最终沉降值分析，在第四试验段中，增加每三环进行一次二次补浆，并根据地表监测结果，增加二次补浆次数的措施后，盾尾脱离时地表沉降速率及最大沉降量均有所减少，最大沉降量小 3～4mm。

⑥ 盾尾密封情况良好，未发现盾尾漏浆情况。为防止意外漏浆情况发生，在第四试验段施工加大了密封油脂的注入量。

⑦ 盾构姿态控制良好，未出现纠偏过急，基本控制在设计轴线允许偏差之内。

⑧ 设备完好率及使用率高，没有出现长时间停机，保证了连续施工。

⑨ 从地面累计沉降最大值来看，试验段各项掘进参数控制合理，累计最大沉降值为 −6.4mm 左右，比始发段累计最大沉降量降低了 10mm 左右，降低幅度达到了 61% 左右。

(3) 双线盾构下穿铁路控制情况

2011年6月月底，右线盾构自纪家庙站安全始发，2011年7月月初，左线盾构后于右线于纪家庙站安全始发。始发阶段，双线盾构施工过程中同步注浆量不足、部分环土压控制欠佳及同步注浆浆液质量欠佳致测点预警较为频繁。

2011年8月中旬,在前阶段盾构施工不顺畅的情况下,为确保盾构安全穿越京九铁路及京沪高铁,右线盾构在推进至305环时暂停推进,在二次补浆的同时,对京九铁路进行加固处理。2011年9月月初,右线盾构恢复推进,并于314环处(刀盘距离京九铁路约35m)换刀加固区内进行了刀具检修。2011年10月中旬,左线盾构停机于316环处(盾构刀盘距离京九铁路约25m)加固京九铁路,并进行了刀具检修。

双线盾构于2011年10月28日恢复推进。2011年11月1日,双线盾构开始下穿京九铁路、京沪高铁(左线342~392环,右线354~404环)。根据盾构试验段的掘进经验,盾构按预先设定的参数正常进行掘进,但盾构在穿越过程中,仍然出现个别环土压控制欠佳的情况(图4-46~图4-49),盾构咨询组及时发布了相关施工建议及预警建议。现场取浆发现同步注浆浆液质量基本满足施工要求(6h初凝),见图4-50,土体改良效果较好(图4-51),但隧道内积水较多(图4-52)。2011年11月6日,左线盾尾脱出京沪高铁;2011年11月7日,右线盾构安全穿越完毕铁路及高铁。

在盾构双线下穿铁路过程中,虽然中间出现了个别环数土压力控制欠佳,给盾构施工带来较大风险的情况,但由于各方预控预报制度较为完善,准备工作较为充分,在各方的共同努力下,双线盾构最终还是安全平稳的通过了铁路。

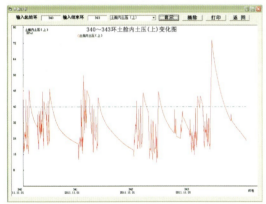

图4-46 右线340~343环控制土压历时曲线

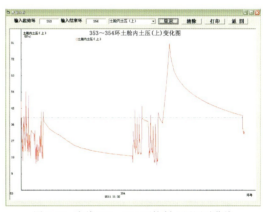

图4-47 右线353~354环控制土压历时曲线

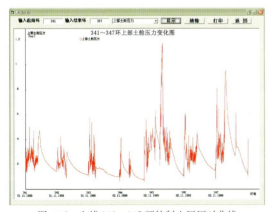

图4-48 左线341~347环控制土压历时曲线

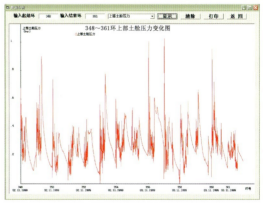

图4-49 左线348~361环控制土压历时曲线

图 4-50　现场取浆情况

图 4-51　盾构出土情况　　　　　　　　图 4-52　隧道内积水情况

2)"丰—前"区间盾构下穿铁路关键技术及风险控制

(1)风险工程概况

北京地铁 10 号线二期"丰—前"区间盾构从明挖段盾构始发井出发,下穿丰草河、丰台火车站宿舍楼后,左线盾构在里程 ZK41+990.551～ZK42+017.050、右线盾构在里程 YK41+985.888～YK42+016.384 下穿京广、京沪铁路(均属特级风险工程)后至丰台站。

现状京广、京沪铁路(图 4-53 和图 4-54)为电气化铁路,各上下行两股道,北侧有一条材料线,共 5 股道,见图 4-55,碎石道床。区间与铁路基本正交,相交段长度约 28m,区间线间距 21～23m,区间埋深为 14～15m,盾构隧道在此区域主要穿越卵石圆砾层,见图 4-56。盾构区间下穿铁路正线,会引起既有铁路线路基、轨道与道床一定的沉降或倾斜,存在一定的风险。施工过程中应密切关注,并采取相应措施,确保顺利通过。

(2)双线盾构穿越过程

2011 年 11 月 12 日,左线盾构在明挖段盾构井安全始发,自 2011 年 12 月 19 日起停机于 259 环,2012 年 5 月 2 日恢复推进,2012 年 5 月 3 日～5 月 6 日安全通过京广、京沪铁路(301～337 环)。2012 年 4 月 2 日,右线盾构在明挖段盾构井安全始发,2012 年 5 月 7 日～5 月 9 日安全通过京广、京沪铁路(301～337 环)。

图 4-53 京广、京沪铁路(一)

图 4-54 京广、京沪铁路(二)

图 4-55 京广、京沪铁路平面图

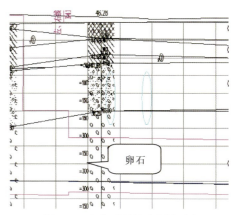
图 4-56 京广、京沪铁路段剖面图

双线盾构在穿越京广、京沪铁路过程中,施工参数控制基本合理,见图 4-57～图 4-64,土体改良效果较好,管片拼装质量较好,盾构基本顺畅通过。

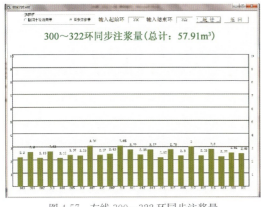
图 4-57 左线 300～322 环同步注浆量

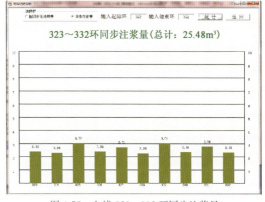
图 4-58 左线 323～332 环同步注浆量

3) 盾构下穿铁路关键控制技术总结

通过对北京 10 号线二期"草—纪"区间和"丰—前"区间盾构下穿铁路的案例分析可知,砂卵石地层中盾构穿越铁路等重大安全风险工程时,应精心组织施工,合理控制各项参数,施工过程中做到信息及时反馈,动态控制,确保各项关键技术措施合理落实,建立风险预报预控机

制,最大限度降低盾构施工对地面既有线路影响,总结得出以下关键技术:

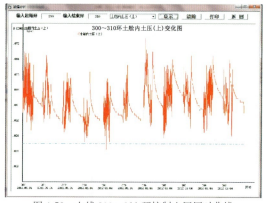

图 4-59 左线 300～311 环控制土压历时曲线

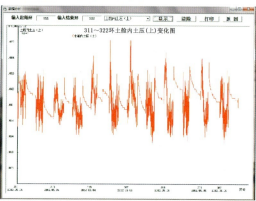

图 4-60 左线 311～322 环控制土压历时曲线

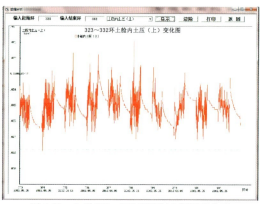

图 4-61 左线 323～332 环控制土压历时曲线

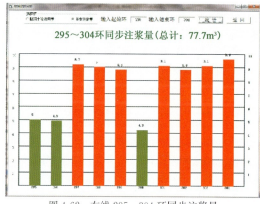

图 4-62 右线 295～304 环同步注浆量

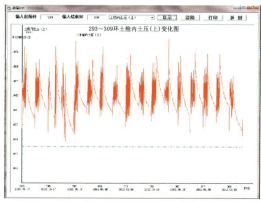

图 4-63 右线 293～309 环控制土压历时曲线

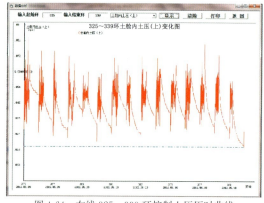

图 4-64 右线 325～339 环控制土压历时曲线

(1)开挖面土压平衡动态控制技术

根据地层情况、上部荷载、埋深等计算土压,合理设定控制土压。

在盾构掘进过程中,通过以下几点实现土压平衡:

①控制渣土开挖量,保证开挖量与排土量平衡。由于每一环进尺均为定数,考虑土体松散系数、材料注入等情况,可以计算出每环理论出土量,将理论出土量与实际出渣量进行比较(主要考虑松散系数),分析开挖土量与排土量是否平衡。

②控制千斤顶推进速度、刀盘转速、螺旋输送机转速等参数,将土压力控制在合理范围内。
③加强土体改良效果控制,保证排土顺畅。

(2)同步注浆控制关键技术

盾构施工过程中,当盾尾拖出管片后,管片与土体之间会存在空隙,必须及时充填,防止周围的土体产生变位而致使上部土体下沉,因此,盾构推进时以一定压力不间断进行壁后同步注浆,当盾构推进结束,达到设定压力后,停止注浆。注浆操作是盾构施工中的一个关键工序,直接关系工程安全和经济效益。因此,在施工中加强注浆管理,严格按照"确保注浆压力,兼顾注浆量"的双重保障原则。

当同步注浆无法满足沉降要求时,必须及时进行二次(多次)补浆。

同步注浆结束后,由于浆液收缩,土体之间仍存在空隙,又由于盾构推力作用,衬砌和土层间会相互分离,二次注浆能有效地进一步充实背衬空隙和提高止水能力。二次补浆一般采用水泥—水玻璃浆液,弥补壁后浆液填充不实的空隙,减小因同步注浆不饱满产生的沉降,为满足地面铁路沉降要求,施工中每环均应进行二次补浆,二次补浆压力和注浆量不宜过大,应根据地表监测值以满足沉降的要求。

为控制盾构推进过程中的后期沉降、减小铁路列车行车时对盾构隧道震动的影响以及地铁运营后对铁路影响,盾构推过一段距离后利用拱部和侧部的管片吊装孔对隧道周围土层进行深孔注浆加固。

(3)砂卵石地层土体改良关键技术

如上文所述,盾构在砂卵石地层中掘进极为困难,因此,土体改良是一道必不可少的工序,通过土体改良,可以有效改善开挖面土体塑流性,良好的塑流性使土体受力状况得到了改善,易使开挖面土压保持动态平衡,同时,改良后的土体可有效降低盾构扭矩和推力,减轻了机械负荷与磨损,减少换刀次数,对于长距离下穿铁路等提供保证。

(4)地面注浆加固技术

条件允许时,可在地面进行注浆加固,通过对铁路下方地基土体进行适当加固,能够减少隧道结构与其周围土体之间的刚度差异,使土层应力分布均匀,减小隧道结构承担的列车荷载,从而减小管片内力,增加了土体抗力,使盾构穿越时引起的地面变形得到控制。

### 4.3.2 砂卵石层盾构下穿平房群关键技术与风险控制

1)盾构下穿平房概述

北京地铁10号线二期穿越的平房多为砖房,基础形式为条基或无基础,基础抗倾斜、抗裂能力差,多数建筑时间较为久远,形式较为破旧,结构稳定性差;对于成片的平房,外界动荷载对其产生的影响效应将会得到叠加,因此,下穿平房群是10号线二期盾构施工的一个难点,尤其是地质条件复杂、地表变形控制困难的情况下,很容易造成地表变形过大,导致平房倾斜、墙体开裂,甚至倒塌等严重后果。盾构推进过程中对平房群的影响主要有以下几个方面:

(1)盾构推进过程中对平房群的影响是一个持续的过程。

在时间上,穿越平房群需要较长的时间,对于长距离穿越平房所需时间更长,导致盾构施工一直处于安全隐患状态;在空间上,盾构在横向和纵向范围内对地面平房群的扰动有一个范围,且这个范围随着盾构的推进处于不断变化状态,即影响区域随着盾构前进而不断前进,值得关注的是,即使盾构推进后,沿线建筑物仍受后续沉降的影响,因此,对于盾构下穿平房群等风险工程需持续关注。

(2)盾构推进过程中对土体扰动范围较为广泛,尤其是当地层条件复杂,施工困难时,盾构推进速度缓慢,总推力及扭矩偏大,扰动范围将会更大,扰动程度也会加剧。盾构推进时对土体扰动情况如图 4-65 和图 4-66 所示。

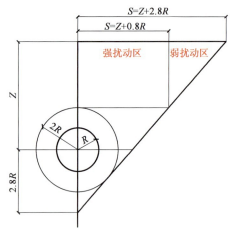 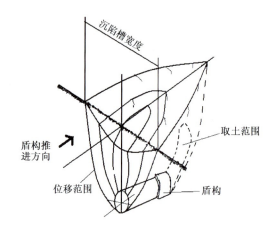

图 4-65　土体扰动范围横向示意图　　　　图 4-66　土体扰动范围纵向示意图

(3)平房群跨越区域距离较长,比如"樊—丰"区间,下穿长度大于 300m,在此范围内,盾构在砂卵石地层中掘进,一旦刀盘刀具磨损严重,平房区不具备从地面开挖竖井进行换刀的条件,隧道内换刀措施复杂,且换刀时间较长,安全风险较大,而且平房群内房屋间距较小,道路狭窄,不具备工程车辆进入的条件,一旦发生安全风险事故,无法进行应急抢救工作。

(4)一般平房建筑地基条件单一,房屋结构多为砖木、砖混结构,抵抗变形能力差,稍有不慎,容易引发事故,因此,盾构施工引起的地表变形控制阈值也相对较为严格,对盾构施工工艺相应提出了更高的要求。

(5)当隧道覆土较浅时,盾构施工产生的巨大噪声将传至地面,影响地面居民生活休息,产生扰民事件。

砂卵石地层对于盾构施工的不利影响前文已论述过,因此,盾构在砂卵石地层穿越平房群需注意以下几点关键点:

①针对砂卵石地层,进行合理的盾构选型,以适应复杂多变的地层条件,关键问题是要解决盾构刀盘的地层适应性问题,主要从刀盘的形式、开口率、支承形式、驱动形式、刀盘最大转速、扭矩及扭矩系数以及刀盘开挖、超挖直径等方面对其地层适应性进行考虑,在开工前综合考虑予以确认。

②现场进行土体改良试验,以确定适用的土体改良添加剂,加强土体改良效果控制,有效降低刀盘负荷,减少机械振动对地层的影响,同时,良好的土体改良效果有利于土压控制。

③加强注浆效果控制,保证浆液质量和数量,在合理的注浆压力下,尽量保证盾构施工引起的间隙量充填密实,必要时进行二次补浆。

④针对具体情况,对相关房屋进行加固处理。

2)"樊—丰"区间盾构下穿平房群关键技术与风险控制

(1)工程概况

北京地铁 10 号线二期"樊—丰"区间右线起止里程为 K40+570.209～K41+398.398,全长 828.189m;区间左线起止里程为 K40+570.209～K41+413.801,全长 843.592m,长链 19.218m。线路呈"L"走向,线路在规划的四合庄西路和看丹路交叉口处转弯。线路西北段穿越大量居民区(刘家村、葛村西里),平房群平面如图 4-67 所示,平房群纵断面如图 4-68 所示,东段在规划的看丹路下方铺设,与规划的看丹路东段永中基本平行。区间沿线穿越的平房群(刘家村、葛村西里)多为 1～3 层砖房,结构抗扰动能力差,如图 4-69～4-72 所示。

(2)地层情况

盾构隧道穿越平房群区域拱顶埋深为 11.6～15.7m,穿越土层主要为卵石、漂石④层,如图 4-68 所示,卵石亚圆形,级配连续,磨圆度中等,一般粒径 20～200mm,根据人工探井揭露土层中 7.0～25.0m 之间分布粒径大于 200mm 的漂石,漂石一般粒径 210～300mm,最大粒径 560～700mm,局部漂石含量 50%以上,勘探过程中未发现上层滞水,主要为无水砂卵石地层,地层对盾构刀具和机械磨损严重。

图 4-67 "樊—丰"区间盾构下穿平房群平面图

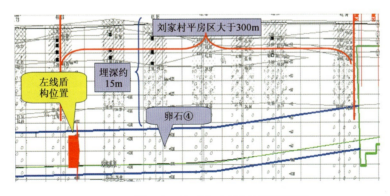

图 4-68 "樊—丰"区间盾构下穿平房群纵断面图

图 4-69 盾构下穿房屋情况

图 4-70 盾构下穿房屋情况

图 4-71 盾构下穿房屋情况

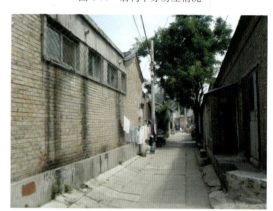

图 4-72 平房群道路

(3)盾构下穿平房前设备状态分析

"樊—丰"区间盾构始发后多次出现刀盘卡死,最长一次脱困时间长达 21d,采用三支 100t 千斤顶助转方能脱困;盾构掘进过程中上方土体坍塌严重,难以建立真正的土压平衡;由于刀盘频繁卡死,人工清舱后,又将顶在管片处的千斤顶油缸回缩,致使盾构姿态严重偏离理论轴线。针对上述问题,总结原因主要有以下几点:

①刀盘开口率小,刀盘辐条与辐板之间的隔栅不利于渣土的流动,增大了刀盘的转动扭矩;刀盘隔栅间土体结饼或板结情况如图 4-73 和图 4-74 所示。

图 4-73 刀盘隔栅间土体结饼或板结现象

图 4-74 刀盘隔栅间土体结饼或板结现象

②盾构掘进过程中,渣土改良效果不好,塑性流动性差,渣土容易堵塞刀盘开口,使刀盘的扭矩增大,土体改良情况如图4-75所示。

③刀盘背面的倒圆锥与前盾体的开口处可能容易被砾卵石卡住,导致刀盘扭矩增大,如图4-76所示。

图4-75 现场土体改良情况

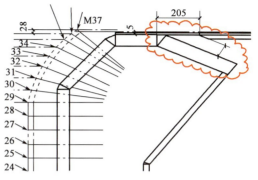

图4-76 刀盘背面倒圆锥与前盾开口示意图(尺寸单位:cm)

④土体改良效果差,卵石之间为点对点传力,土舱内土压力无法及时传递到开挖面,很难建立动态稳定的土压平衡,致使出现地表沉降超限、塌方等事故。

3)盾构下穿平房关键技术

根据上述原因分析,主要通过采取刀盘改造、土体改良及试验段掘进等措施,盾构下穿平房群前将盾构设备状况调整至最佳,保证了盾构安全顺利通过平房群。

(1)刀盘改造措施

改造前刀盘配置4辐条+4辐板,开口率约34%,撕裂刀加上滚刀一共37把,刮刀92把,周边刮刀16把,碎石刀25把,滚刀高140mm,撕裂刀高115mm,刮刀高90mm,碎石刀高115mm,如图4-77所示。这种刀盘配置经实践证明存在不合理之处,导致刀盘扭矩过大、推力大、掘进速度慢、土舱内结饼,刀盘卡死4次,无法脱困。

针对上述问题,对刀盘进行了改造优化,将原刀盘上的隔栅板切掉以防渣土在栅格内堵死,具体隔栅的切割方式如图4-78所示,刀盘开口率增加至40%;同时在刀盘刀圈外围堆焊耐磨层,减少刀盘背面的倒圆锥与前盾体的开口处间隙;减掉一些作用不大的刀具,如图4-79所示。

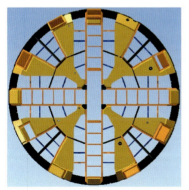
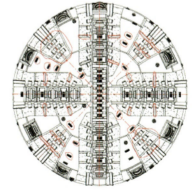

图4-77 原刀盘构造示意图

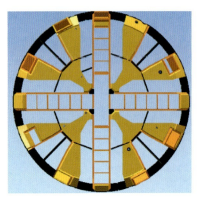
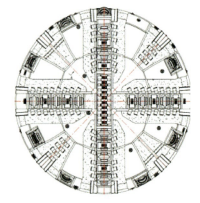

图 4-78　刀盘结构形式优化前后对比示意图

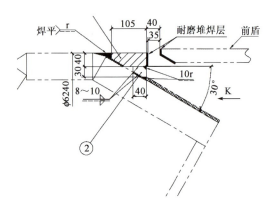
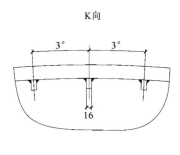

图 4-79　刀圈外侧堆焊耐磨焊(尺寸单位:mm)

(2) 土体改良措施

盾构掘进过程中注意调整好泡沫和膨润土的注入量,观察渣土的改良效果。同时,在刀盘背面增加十字形的搅拌棒,并将原搅拌棒加长 280mm,以加大开挖舱内渣土的搅拌面积,改造前后土舱情况如图 4-80 和图 4-81 所示。

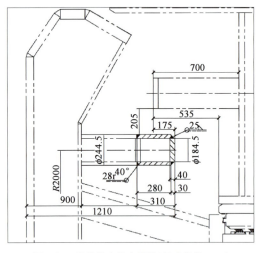
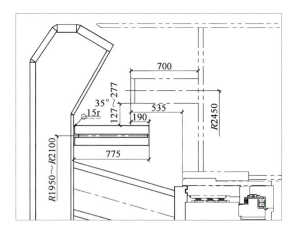

图 4-80　改造前土舱内情况(尺寸单位:mm)　　　图 4-81　改造后土舱内情况(尺寸单位:mm)

通过以上措施,同时对盾构施工参数进行优化控制,盾构在之后的一段距离内(穿越平房群之前)推进基本较为顺利,虽然土压控制较为困难,仍然出现一定波动,但地表变形基本都在控制范围内。在穿越平房群之前,双线均在地面施作竖井用以对刀盘进行检修,确保在穿越过程中顺利进行。

(3)试验段掘进

选择在下穿刘家村平房区前进行下穿平房试掘进(405～445环),便于对盾构推进沉降规律做细致分析,该试验段推进时间为 2011 年 8 月 21 日～9 月 5 日,试验段的监测布点(图 4-82)及数据情况如下:通过监测数据分析,沉降变形最大点为 S1-2,累计沉降量为 6.5mm,见图 4-83 和图 4-84。测点在盾构通过时和盾构通过后,变形速率稳定。本次试验段选择的建筑物测点 JCJ03,最终沉降量为 0.5mm,在盾构通过后,最大沉降为 2.5mm,发生在 2011 年 9 月 4 日,盾尾补浆使测点上升 2mm,见图 4-85。

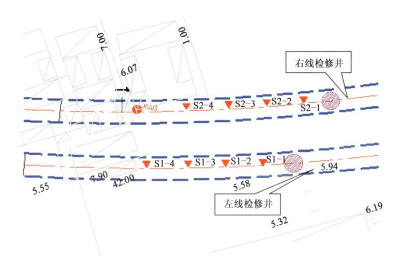

图 4-82 试验段的监测布点

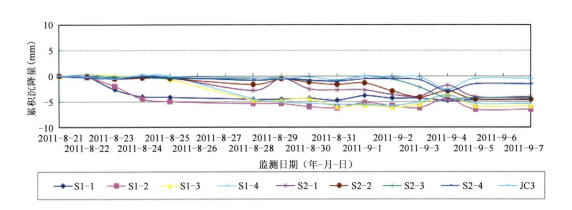

图 4-83 试验段地表、建筑物沉降测点沉降变形时程曲线图

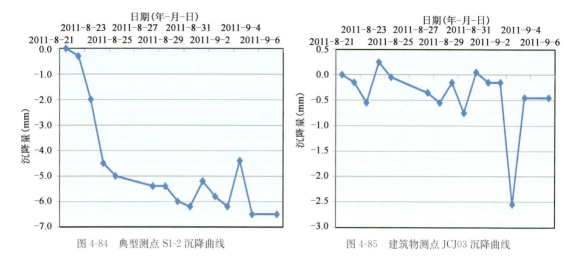

图 4-84 典型测点 S1-2 沉降曲线　　　　图 4-85 建筑物测点 JCJ03 沉降曲线

### 4.3.3 砂卵石层盾构下穿昆玉河关键技术与风险控制

1) 盾构下穿昆玉河概况

盾构下穿河流时最常见的问题是盾构刀盘前方与河底贯穿,导致河水从土压平衡盾构螺旋排土器倒灌至隧道,引发事故。昆玉河是京密引水渠下游从颐和园昆明湖通到玉渊潭八一湖的水道,长约 10km,河面宽约 35m,水深约 2m,河槽敷设有防水板,在勘探过程中未发现地下水,据此得出结论,目前,昆玉河防渗漏措施有效,几乎没有渗漏,少量的渗水可能仅造成土的含水率的变化,而不会对本场地下水构成影响。昆玉河与地下水的水力联系极弱。

北京地铁 10 号线二期线路多次穿越昆玉河,由南往北,线路出公主坟站后在昆玉河南岸向西转向,沿昆玉河南岸 800m 后穿越昆玉河到昆玉河北岸,再沿昆玉河东岸向北到达西钓鱼台站,接着,自西钓鱼台站沿昆玉河东岸一路向北、下穿八里庄跨河桥后向西拐并下穿昆玉河,经河西玲珑公园下方向北到达慈寿寺站。最后一次穿越是"火—终"区间,线路沿昆玉河西侧蓝靛厂南路下穿市交通局海淀管理处及其北侧 1~2 层房屋、侧穿空军指挥学院人行天桥,之后向东下穿昆玉河及临近北四环路路南的大片绿化带,最后到达 10 号线二期终点站巴沟站,具体情况如表 4-3 和图 4-86~图 4-89 所示。

北京地铁 10 号线二期下穿昆玉河基本情况　　　　表 4-3

| 标段 | 区间名称 | 下穿昆玉河起止里程 | 下穿长度 | 地层情况 | 隧道顶端距河底距离 |
| --- | --- | --- | --- | --- | --- |
| 12 标 | 公—西区间 | K50+300~K50+500 | 200m | 全断面卵石层 | 6~7m |
| 12 标 | 西—慈区间 | K51+470~K51+620 | 150m | 全断面卵石层 | 8m |
| 17 标 | 火—终区间 | K56+720~K56+780 | 60m | 全断面卵石层 | 8~9m |

根据工程地质与水文地质情况,盾构掘进下穿昆玉河存在的主要技术风险:

(1) 河床距离隧道顶小于 10m,且盾构开挖地层为全断面砂卵石地层,颗粒之间黏聚力小,盾构施工时的地层沉降(隆起)可能引起河床底部开裂,在排土口、盾尾处可能出现涌水、涌沙现象。

(2) 全断面砂卵石层，对刀盘、刀具及螺旋输送机磨损大，盾构掘进参数控制较为困难，对盾构设备也提出了较高的要求。

(3) 上述三个区间盾构基本处于曲线穿越昆玉河状态，纠偏控制难度大，对盾构姿态控制要求高，掘进参数要求精确。

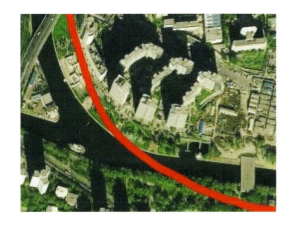

图 4-86 "公—西"区间下穿昆玉河情况

图 4-87 "西—慈"区间下穿昆玉河情况

图 4-88 "火—终"区间下穿昆玉河情况

图 4-89 昆玉河湖面情况

综合上述技术难点，在盾构下穿昆玉河过程中，最关键的是控制河底变形，防止河底底板变形开裂导致河水渗漏。变形控制以不破坏河底底板为基准，其沉降控制阀值可比下穿铁路要求宽松，由于穿越距离一般较大，过河期间不便对刀盘刀具进行检修更换，要求一次穿越，宜穿越之前对盾构设备进行全面检修，设置试验段，验证调试盾构各方面性能及参数，保证盾构一次顺利穿越。

2) "火—终"区间盾构下穿昆玉河关键技术及风险控制

以 10 号线二期"火—终"区间为例，对盾构下穿昆玉河风险工程进行阐述如下：

(1) 工程概况

"火—终"区间下穿昆玉河总长度约 60m，河底距隧道顶板最浅处约 8m，地层为全断面砂卵石地层，局部有大粒径卵石及漂石，选用日本日立造船生产的 $\phi 6.15m$ 辐条式土压平衡盾构进行隧道开挖,刀盘外径 φ6.18m,开口率为63.6%。选用外径为 φ0.8m 的无轴式螺旋输送机,如图 4-90 所示,螺旋输送机采用可伸缩设计,行程 1m,增大排土能力,确保能够排除粒径小于 450mm 的卵石和漂石。采用液压马达驱动,装备扭矩为 138kN·m,排土能力 300m³/h。为了增强刀盘刀具、螺旋输送机的耐磨性,刀盘外圈周围焊接有抗磨板,以保护刀盘盘体。外围先行刀刀座采用 800K 耐磨焊条堆焊 5mm,避免刀座直接与砂卵石接触磨损。在螺旋输送机易损部位,如螺旋输送机套筒内壁和扇叶采用 800K 耐磨焊条堆焊 5mm,从而提高螺旋输送机使用寿命。

图 4-90 "火—终"区间穿河使用的盾构

(2)试验段掘进

在盾构穿越昆玉河之前,选取 90 环作为试验段,严格验证盾构各项掘进参数、排土量及同步双液浆填充效果,并通过监控量测反馈的数据及时修正、总结,最终确定一套完善的盾构掘进参数,为盾构安全通过昆玉河提供可靠的实际参数支持。根据试验段要求及现场实际情况,将试验段分成 3 段,具体情况如下:

①第一试验段,30 环,以控制注浆压力、注浆量和地表沉降为主。

②第二试验段,30 环,以提高推进速度、控制总推力和刀盘扭矩为主。

③第三试验段,30 环,综合试验段。

各试验段盾构关键施工参数控制如表 4-4 和表 4-5 所示。根据盾构试验段上方监测数据统计可知:

①该区域管线测点累计沉降量最大值 9mm,管线测点累计沉降量介于 0.1~9.0mm 之间。

②该区域道路地表测点累计沉降量最大值 4.7mm,道路地表测点累计沉降量介于 0.2~4.7mm 之间。

由试验段施工控制参数及沉降数据可以看出,采用上述参数进行施工,地表变形能控制在合理范围内。

试验段掘进参数 表 4-4

| 参数<br>试验段 | 上土压力<br>(bar) | 掘进速度<br>(mm/min) | 刀盘转速<br>(r/min) | 刀盘扭矩<br>(kN·m) | 推力<br>(t) | 出土量<br>(m³) | 改良剂 |
|---|---|---|---|---|---|---|---|
| 第一试验段 | 0.5~0.6 | 25~35 | 1.5 | 3500~4000 | 1500~2200 | 42.4~43.2 | 膨润土+泡沫剂 |
| 第二试验段 | 0.6~0.7 | 35~45 | 1.5 | 3500~4000 | 1750~2400 | 42.4~43.2 | 膨润土+泡沫剂 |
| 第三试验段 | 0.6~0.7 | 35~45 | 1.5 | 3500~4000 | 1750~2400 | 42.4~43.2 | 膨润土+泡沫剂 |

注:1. 每环添加 2.5~4.5m³ 膨润土对砂卵石土质进行改性,膨润土比重为 1.1,泡沫注入量为 2m³/环,注入速度为 50~80L/min。

2. 1bar=$10^5$Pa。

试验段注浆参数　　　　　　　表4-5

| 参数<br>试验段 | 同步注浆 | | 二次补浆 | |
|---|---|---|---|---|
| | 浆液配比 | 注浆量(m³)<br>(注浆压力)(bar) | 浆液配比 | 注浆量(m³)<br>(注浆压力)(bar) |
| 第一试验段 | A液：<br>水泥：水=735:735<br>B液：<br>水玻璃(30波美度)<br>A液：B液=7:1 | 3.0～4.0<br>(2.0～2.5) | A液：<br>水泥：水=735:735<br>B液：<br>水玻璃(30波美度)<br>A液：B液=7:1 | 约0.6<br>(4) |
| 第二试验段 | A液：<br>水泥：水=735:735<br>B液：<br>水玻璃(30波美度)<br>A液：B液=7:1 | 3.5～4.5<br>(2.0～2.5) | A液：<br>水泥：水=735:735<br>B液：<br>水玻璃(30波美度)<br>A液：B液=7:1 | 约0.6<br>(4) |
| 第三试验段 | A液：<br>水泥：水=735:735<br>B液：<br>水玻璃(30波美度)<br>A液：B液=7:1 | (3.5～4.5)<br>2.0～2.5 | A液：<br>水泥：水=735:735<br>B液：<br>水玻璃(30波美度)<br>A液：B液=7:1 | 约0.6<br>(4) |

3)下穿昆玉河关键技术及风险控制

在实际盾构穿越昆玉河过程中，采用了综合试验段参数，监测数据表明：盾构穿越完成后该区域测点累计沉降量介于1.9～6.7mm之间，河堤累计沉降量介于0.3～6.8mm之间，低于过河段盾构控制沉降指标5～15mm。

通过对"火—终"区间盾构下穿昆玉河实例进行分析可以得知，盾构下穿河流时应把握以下关键点，对风险进行预控制。

(1)合理设定土压，控制开挖面水土平衡，减少超挖现象。

(2)穿越河流之前，选取试验段，优化调整掘进参数，同时，对盾构设备性能进行验证，提高设备一次穿越风险工程能力，避免在河底换刀和长时间停机。

(3)穿越河流过程中提高注浆质量，包括浆液数量及浆液质量，同时，根据地面监测情况，适时进行二次补浆。

(4)选择性能高的土体改良材料，降低刀盘转动对周围土体的扰动，也有利于其他参数的改进。

### 4.3.4 盾构穿越粉细砂层关键技术与风险控制

1)盾构下穿粉细砂层概况

砂土是指粒径大于2mm的颗粒含量不超过全重的50%，而粒径大于0.075mm的颗粒含量超过全重的50%的土。砂土根据粒组含量不同又被细分为砾砂、粗砂、中砂、细砂和粉砂五类。粉细砂层中起控制作用的为粉砂和细砂，其粒径大于0.075mm的颗粒超过全重85%，其特点是：颗粒之间胶结力差、透水性强，在掘进时，需通过加气、泡沫、泥浆等多种措施才能实现土压平衡，在停机后土压力消散快，因此，盾构隧道掌子面稳定是该地层条件下盾构施工的常见问题。

在盾构施工过程中,因切削、刀盘顶进等容易扰动地层,故砂土层的沉降变形比其他土层(黏性土、粉土层)大。因此,如何将砂土地层变形控制在许可范围内是盾构施工的难点之一。

北京地铁 10 号线二期粉细砂地层主要集中在区域东部,主要与粉质黏土层组成土砂复合地层。其中,"潘—十"区间整个区间基本都有粉细砂层的存在,厚度约 2m;"十一分"区间 K26+470(始发端)～K26+610、K27+750～K28+070(接收端)主要为粉细砂层,长度约 460m;"分—成"区间始发后约 70m 穿越粉细砂层,接收前有 300m 地层含有粉细砂层。

2) 盾构下穿粉细砂层关键控制技术及风险控制

针对上述几个区间,通过对盾构穿越粉细砂层土压及地表变形情况的进行分析可知,正如土压力控制情况及地层变形规律,盾构穿越粉细砂层存在以下难点,这也是盾构施工控制的关键点,解决好这些问题,则可保证盾构在穿越粉细砂地层安全顺利。

(1) 土压控制困难,一方面土压在控制过程中变化幅度较大,推进结束后压力下降快,不利于土压平衡控制,另一方面,部分时间土压建立困难,存在一定的风险。因此,盾构在粉细砂层中掘进时如何保证土压平衡稳定以及如何解决压力下降过快问题是施工中应注意的关键问题。土压力控制情况如图 4-79～4-82 所示。

(2) 相较于砂卵石地层,盾构在粉细砂层中掘进引起的沉降值总体上来看比较小,很少有超限现象,除施工参数控制较理想外,也反映了粉细砂的一个特点,变形快,稳定也快。

(3) 从沉降曲线上看,变形最大值一般在盾尾拖出管片后,由于土体受盾构掘进及刀盘转动扰动影响,当盾尾拖出后,松动的土体在自重的作用下坍落,波及地表,造成地表变形;从沉降曲线还可以看出,沉降到最大值后会有一个上升的趋势,这是因为同步注浆发挥了作用,弥补了土体损失。

(4) 从沉降变形速率图上可以看出,速率数值虽然不是很大,但变化较快,反应了粉细砂层沉降变化较快的特点,而且地层恢复稳定所需时间也较短。

(5) 由于粉细砂层土颗粒中黏粒(粒径小于 0.005mm)含量较少(小于 10%),导致进入土舱内的土体很难形成塑性流动状态,这是导致土压控制困难最直接的原因,施工中常见保压措施是往土舱内加气,压入膨润土浆液等单一方法或几种方法组合。此外,由于砂性土内摩擦力较大,加之存在少量黏粒,使得渣土在较高密封舱压力作用下,发生应力重分布,在螺旋机排土口附近容易产生临时成拱作用,造成无法正常出土,造成密封舱闭塞,同时,在主轴承附近的土体往往会固结排水,形成饼状,随着范围的不断扩大,最终充满整个土舱,使得刀盘扭矩增大、切削困难甚至无法正常掘进。因此,选择适合的土体改良材料,使得土体成塑性流动状态显得尤为必要。

砂性土的另一个特点,即在饱和状态下,该类土在振动荷载作用下,其抗剪强度丧失而失去稳定性。盾构在粉细砂层中掘进同样会引起土体液化问题,刀盘在转动过程中对周围土体有着巨大的扰动,有可能使土体液化,而液化引起的管涌、流沙将会使工作面失稳,引起地层位移,导致沉降的发生。由此,合理控制盾构施工参数,保证盾构处于一个良好的工作状态,减少对土体的扰动,通过同步注浆和二次补浆,同时在推进过程中,不断调整优化参数,对于降低土体液化概率,减少沉降超限事故发生具有极大的意义。

(1) 粉细砂层土压控制情况

基于北京市轨道交通建设管理有限公司安全风险管理中心的安全风险控制平台,利用盾构组开发的盾构施工实时管理系统,可方便快捷分析盾构土压力的实时变化情况,若干有代表性环盾构上土压力控制情况,如图 4-91～图 4-94 所示。

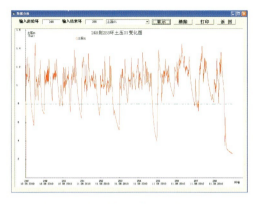

图 4-91 "潘一十"区间土压变化情况(一)

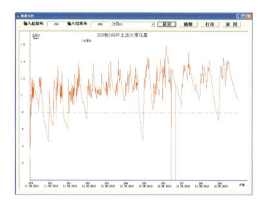

图 4-92 "潘一十"区间土压变化情况(二)

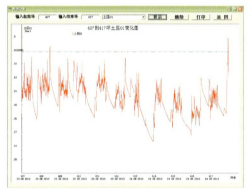

图 4-93 "潘一十"区间土压变化情况(三)

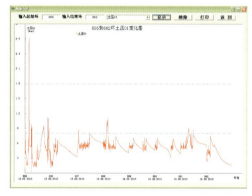

图 4-94 "潘一十"区间土压变化情况(四)

(2) 粉细砂层地表变形规律

分别从"潘一十"、"十一分"及"分一成"三个盾构穿越粉细砂层的区间中选取有代表性的测点,进行地表变形规律分析,详细情况如图 4-95～图 4-110 所示。

图 4-95 测点 JCJ10-02 沉降曲线图

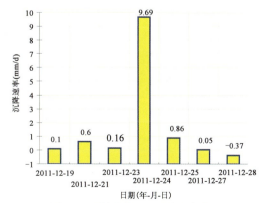

图 4-96 测点 JCJ10-02 沉降速率图

图 4-97 测点 JCJ04-06 沉降曲线图

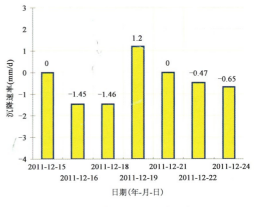

图 4-98 测点 JCJ10-02 沉降速率图

图 4-99 测点 JCJ02-02 沉降曲线图

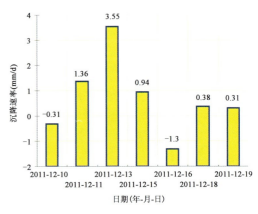

图 4-100 测点 JCJ10-02 沉降速率图

图 4-101 测点 DB73 沉降曲线图

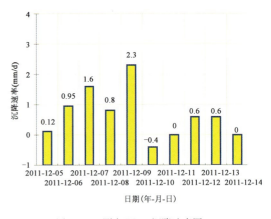

图 4-102 测点 DB73 沉降速率图

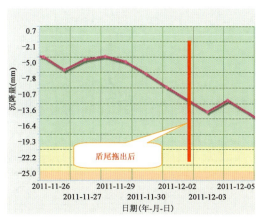

图 4-103　测点 DB63 沉降曲线图

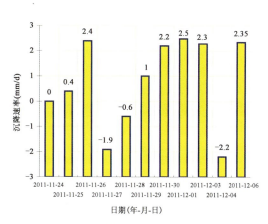

图 4-104　测点 DB63 沉降速率图

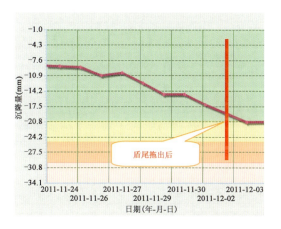

图 4-105　测点 DB57 沉降曲线图

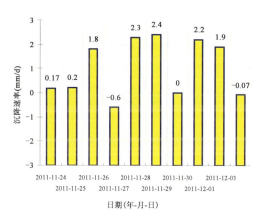

图 4-106　测点 DB57 沉降速率图

图 4-107　测点 DB55 沉降曲线图

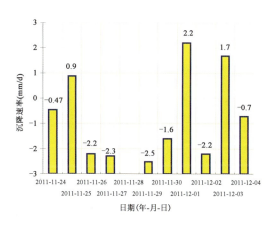

图 4-108　测点 DB55 沉降速率图

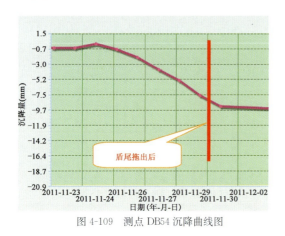
图 4-109 测点 DB54 沉降曲线图

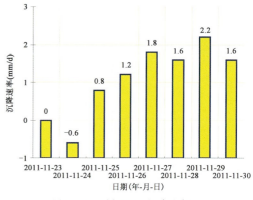
图 4-110 测点 DB54 沉降速率图

## 4.4 盾构下穿重大风险工程诱发事故分析

### 4.4.1 "公—西"区间地表塌陷事故

1)事件基本情况

(1)事故发生的经过

2010年11月21日凌晨1时15分,行驶在西三环新兴桥北侧路面的一辆渣土运输车后轮陷下,路面随即出现一个直径约5m、深1.5～2m的坑,塌坑中心位置约为192环处。沉陷未造成人员伤亡及交通完全中断,但对西三环北向南方向车流产生一定影响。相关单位对塌陷路面进行了抢修,并于2010年11月21日上午12时恢复道路正常交通,现场情况如图4-111和图4-112所示。

事件发生时,北京地铁10号线二期"公—西"盾构区间左线已经施工至200环(长240m),盾构刀盘位于206～207环位置处,塌陷位置和盾构停机位置如图4-113所示。事故发生时,盾构停在西三环主路下,隧道埋深约14.5m,盾构停机处隧道开挖地层为砂卵石⑤层和砾岩的混合地层,区间详细的平面布置情况及地层情况见1.2.4节。

图 4-111 "公—西"区间地表塌陷情况(一)

图 4-112 "公—西"区间地表塌陷情况(二)

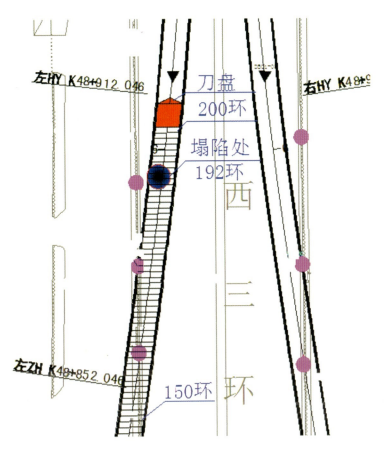

图 4-113 塌陷位置及盾构停机位置平面图

(2) 事故发生前监测数据情况初步分析

事件发生前，北京地铁 10 号线二期"公—西"区间主要监测数据如下：

①桥桩累计沉降最大测点为 QCJ01-05，2010 年 11 月 20 日累计沉降 8.0mm（控制值：10mm），变形速率 4.0mm/d（控制值：2mm/d），于 2010 年 11 月 20 日晚上 18:05 上传至平台，为新增橙色监测预警，位于左线隧道 177 环线路中心西侧 3m 处；该测点于 2010 年 11 月 18 日开始监测，2010 年 11 月 19 日未上传监测数据。

②地表累计沉降最大测点为 DB01-05，该测点 2010 年 11 月 20 日累计沉降 6.3mm（控制值：30mm），变形速率 0.3mm/d（控制值：3mm/d），位于左线隧道 175 环线路中心处。该测点 2010 年 11 月 1 日～11 月 20 日变形速率较小（0～0.30mm/d）；测点监测时间较长。

③管线累计沉降最大测点为 GXC01-10。该测点 2010 年 11 月 20 日累计沉降 7.9mm（控制值：10mm），变形速率 0.5mm/d（控制值：2mm/d），2010 年 11 月 20 日消除黄色监测预警，测点位于左线隧道 36 环线路中心处。该测点 2010 年 11 月 1 日～11 月 20 日沉降速率较小（0～0.55mm/d）；测点监测时间较长。

④距离塌陷位置最近测点为 QCJ01-06，至 2010 年 11 月 20 日累计沉降 6.4mm（控制值：10mm），变形速率 3.2mm/d（控制值：2mm/d），于 2010 年 11 月 20 日晚上 18:05 上传，为新增

橙色监测预警,位于左线隧道 191 环线路中心西侧 6m 处;该测点于 2010 年 11 月 18 日开始监测,2010 年 11 月 19 日未上传监测数据。

对上述监测数据的分析中发现:各点的累计沉降量不大,个别点的沉降速率偏大,由于盾构施工数据的成功上传始于 2010 年 11 月 19 日 17:00,此时尚无法参考盾构施工参数的变化情况对个别点的沉降速率偏大做出有效地分析,在对事件发生前的监测数据进行分析时,难以判断是否异常。事实上,塌坑处上方当时无监测点,要想做出正确的塌坑及其位置判断是比较困难的。第三方监测数据详见表 4-6,从表 4-6 中可以看出,异常点控制标准数据的设置也不尽合理。

第三方监测数据统计表　　　　　　　　　　　　　　表 4-6

| 测点编号 | 测点性质 | 位置 | 累计沉降 | 20 日沉降速率 | 最大沉降速率 | 安全状态 |
| --- | --- | --- | --- | --- | --- | --- |
| DB01-01 | 地表沉降 | 6 环 | −0.7[30mm] |  | +1.0[3mm] | 正常 |
| DB01-02 | 地表沉降 |  | −0.7[30mm] | +0.1[3mm] | −1.3[3mm] | 正常 |
| DB01-03 | 地表沉降 |  | −1.1[30mm] | −0.05[3mm] | −1.5[3mm] | 正常 |
| DB01-04 | 地表沉降 |  | −2.2[30mm] | +0.05[3mm] | −1.2[3mm] | 正常 |
| DB01-05 | 地表沉降 |  | −6.3[30mm] | +0.3[3mm] | −1.2[3mm] | 正常 |
| DB01-06 | 地表沉降 |  | −4.6[30mm] | +0.35[3mm] | −1.2[3mm] | 正常 |
| DB01-07 | 地表沉降 | 210 环 | −1.2[30mm] | +0.25[3mm] | −1.15[3mm] | 正常 |
| DB01-08 | 地表沉降 | 210 环 | −0.6[30mm] | +0.15[3mm] | −1.2[3mm] | 正常 |
| DB01-09 | 地表沉降 | 244 环 | −0.4[30mm] | −0.2[3mm] | −0.2[3mm] | 正常 |
| GXC01-01 | 管线沉降 | 2 环 | −0.4[10mm] |  | −0.4[2mm] | 正常 |
| GXC01-02 | 管线沉降 | 2 环 | −2.0[10mm] |  | −0.8[2mm] | 正常 |
| GXC01-03 | 管线沉降 | 2 环 | −1.1[10mm] |  | −1.0[2mm] | 正常 |
| GXC01-04 | 管线沉降 | 2 环 | −0.7[10mm] |  | −0.7[2mm] | 正常 |
| GXC01-05 | 管线沉降 | 2 环 | −0.2[10mm] |  | −0.7[2mm] | 正常 |
| GXC01-06 | 管线沉降 | 12 环 | −1.2[10mm] |  | −0.7[2mm] | 正常 |
| GXC01-07 | 管线沉降 | 12 环 | −3.6[10mm] |  | −0.9[2mm] | 正常 |
| GXC01-09 | 管线沉降 | 23 环 | −4.8[10mm] |  | −0.9[2mm] | 正常 |
| GXC01-10 | 管线沉降 | 36 环 | −7.9[10mm] | +0.5[2mm] | −1.55[2mm] | 正常 |
| GXC01-11 | 管线沉降 | 51 环 | −4.8[10mm] | −0.05[2mm] | −1.2[2mm] | 正常 |
| GXC01-12 | 管线沉降 | 51 环 | −6.0[10mm] | +0.30[2mm] | −1.2[2mm] | 正常 |
| GXC01-13 | 管线沉降 | 52 环 | −6.2[10mm] | +0.4[2mm] | −1.2[2mm] | 正常 |
| GXC01-14 | 管线沉降 | 58 环 | −5.0[10mm] | +0.30[2mm] | −1.05[2mm] | 正常 |
| GXC01-15 | 管线沉降 | 70 环 | −7.5[10mm] | 0[2mm] | −1.15[2mm] | 正常 |
| GXC01-16 | 管线沉降 | 71 环 | −5.3[10mm] | +0.15[2mm] | −1.35[2mm] | 正常 |

续上表

| 测点编号 | 测点性质 | 位置 | 累计沉降 | 20日沉降速率 | 最大沉降速率 | 安全状态 |
| --- | --- | --- | --- | --- | --- | --- |
| GXC01-19 | 管线沉降 | 87环 | −2.0[10mm] | 0[2mm] | −1.55[2mm] | 正常 |
| GXC01-20 | 管线沉降 | 93环 | −1.6[10mm] | +0.1[2mm] | −0.5[2mm] | 正常 |
| GXC01-21 | 管线沉降 | 100环 | −3.6[10mm] | +0.25[2mm] | −0.6[2mm] | 正常 |
| GXC01-22 | 管线沉降 | 107环 | −4.3[10mm] | +0.5[2mm] | −1.6[2mm] | 正常 |
| GXC01-23 | 管线沉降 | 115环 | −4.8[10mm] | +0.35[2mm] | −0.5[2mm] | 正常 |
| GXC01-24 | 管线沉降 | 125环 | −4.9[10mm] | +0.15[2mm] | −1.6[2mm] | 正常 |
| GXC01-25 | 管线沉降 | 130环 | −5.3[10mm] | −0.15[2mm] | −2.7[2mm] | 正常 |
| GXC01-26 | 管线沉降 | 135环 | −5.7[10mm] | −0.05[2mm] | −3.3[2mm] | 正常 |
| GXC01-27 | 管线沉降 | 149环 | −2.8[10mm] | +0.5[2mm] | −2.3[2mm] | 正常 |
| GXC01-29 | 管线沉降 | 177环 | −6.2[10mm] | −3.1[2mm] | 0[2mm] | 橙色 |
| GXC01-30 | 管线沉降 | 177环 |  |  |  | 正常 |
| GXC01-31 | 管线沉降 | 177环 | −6.0[10mm] | −3.0[2mm] | 0[2mm] | 橙色 |
| GXC01-32 | 管线沉降 | 195环 | −1.1[10mm] | −0.55[2mm] | 0[2mm] | 正常 |
| GXC01-33 | 管线沉降 | 228环 | 0.3[10mm] | +0.15[2mm] | 0[2mm] | 正常 |
| GXC01-34 | 管线沉降 | 263环 | 0.9[10mm] | +0.45[2mm] | 0[2mm] | 正常 |
| QCJ01-01 | 桥沉降 | 115环 | −3.5[10mm] | +0.04[2mm] | −1.2[2mm] | 正常 |
| QCJ01-02 | 桥沉降 | 130环 | −5.9[10mm] | −0.05[2mm] | −2.2[2mm] | 正常 |
| QCJ01-03 | 桥沉降 | 146环 | −4.8[10mm] | +0.35[2mm] | −3.4[2mm] | 正常 |
| QCJ01-04 | 桥沉降 | 161环 | −5.4[10mm] | +0.05[2mm] | −2.5[2mm] | 正常 |
| QCJ01-05 | 桥沉降 | 176环 | −8.0[10mm] | −4.0[2mm] | 0[2mm] | 橙色 |
| QCJ01-06 | 桥沉降 | 191环 | −6.4[10mm] | −3.2[2mm] | 0[2mm] | 橙色 |
| QCJ01-07 | 桥沉降 | 215环 | 1.6[10mm] | +0.8[2mm] | 0[2mm] | 正常 |

注:1. 黄色监测预警:"双控"指标(累计变形和变形速率)均超过监控量测控制值的70%时,或双控指标之一超过监控量测控制值的85%时。

2. 橙色监测预警:"双控"指标均超过监控量测控制值的85%时,或双控指标之一超过监控量测控制值时。

3. 红色监测预警:"双控"指标均超过监控量测控制值时。

(3)事件发生前现场巡视情况

针对盾构施工实时管理系统无法应用于该标段的实际情况,考虑到盾构设备选型和刀盘设计时充分考虑了砾岩与卵石地层的复合,且隧道开始阶段盾构处于砾岩地层中,我们安排了相应的现场巡视,具体情况见表4-7。盾构咨询组在现场巡视过程中,未发现异常。这段时间内,盾构咨询组的现场巡视主要集中在与盾构施工单位沟通数据尽快上传平台的问题(包括与项目部、盾构施工单位和设备制造单位的多次沟通,同时将发现的情况在每周的安全风险例会中予以报告,提出希望二中心监控分中心协助解决传输问题),一般的巡视则集中在管片漏水或渗水等情况的观察。从表4-7中不难发现,由于盾构处于分体始发状态,加之开始阶段盾构设备需要配套整体调试的具体情况,始发阶段的前两个月进度缓慢,直至2010年10月14日以后,盾构才开始比较正常的掘进。

**现场巡视情况统计表** 表 4-7

| 时　　间 | 巡　视　内　容 |
| --- | --- |
| 2010年8月10日 | 盾构组装、调试情况,盾构始发施工准备情况 |
| 2010年9月19日 | 盾构推进至第3环,正在调试盾构设备,推进速度缓慢,巡视过程中未发现异常 |
| 2010年9月24日 | 盾构推进至第11环,正在调试盾构设备,推进速度缓慢,刀盘已经进入新兴桥托换桩基影响范围,巡视过程中未发现异常 |
| 2010年10月10日 | 盾构推进至24环,正在进行后配套台车的转接,盾构已经侧穿完新兴桥托换桩基 |
| 2010年10月12日 | 盾构推进至24环,后配套台车转接完毕,盾构已经侧穿完新兴桥托换桩基 |
| 2010年10月13日 | 盾构推进至27环,现场巡视未发现异常 |
| 2010年10月14日 | 盾构推进至30环,顶部土压计疑已经损坏,现场巡视未发现异常 |
| 2010年10月18日 | 盾构推进至58环,施工参数控制合理,现场巡视未发现异常。盾构准备停机进行第二次转接 |
| 2010年11月1日 | 盾构推进至79环,现场巡视未发现异常,施工参数控制合理 |
| 2010年11月5日 | 盾构推进至119环,现场巡视未发现异常,施工参数控制合理 |
| 2010年11月8日 | 盾构推至147环,巡视中发现146环12点半方向、144环1点方向渗水 |
| 2010年11月11日 | 盾构推进至147环,因隧道内铺道岔,盾构暂停推进 |
| 2010年11月16日 | 盾构推至173环,巡视中发现170环8点方向管片吊装孔位置出现半径约35cm的破损,已被修补 |
| 2010年11月17日 | 盾构推至176环,巡视中未发现重大安全风险 |
| 2010年11月19日 | 盾构推至194环,巡视未发现异常 |

(4)事件发生前盾构施工过程与参数监控

2010年11月19日晚上17:00左右,盾构数据开始上传至信息平台,我们正在根据上传数据的具体结构进行盾构施工实时监控系统的修改(预计在2010年11月22日系统能够修改完毕,2010年11月23日安装到各相关部门中去)。此时尚无法对盾构施工过程及其各主要参数进行全面实时监控。

(5)盾构施工数据上传信息平台的协调工作

监控中心盾构咨询组在北京地铁10号线二期12标盾构始发前就开始进行盾构施工数据上传信息平台的协调工作,具体工作内容详见表4-8。此外,我们还多次与中铁装备制造集团的相关领导进行过多次电话沟通与协商,也与项目部主要领导进行了沟通与相关讨论。

数据传输协调工作统计　　　　　　　　　　表 4-8

| 时　间 | 工　作　内　容 |
|---|---|
| 2010 年 8 月 10 日 | 请求施工单位盾构始发后要上传盾构施工数据至轨道公司服务器平台,并针对盾构施工数据上传信息平台,项目部应准备的相关设备和事情提出相关要求 |
| 2010 年 9 月 19 日 | 与施工单位沟通协商盾构施工数据上传至轨道公司信息平台问题,施工单位提出盾构刚掘进 3 环,还处于分体始发阶段,相关数据还未调试稳定,等盾构设备转接后,再与设备制造商联系,上传盾构施工数据 |
| 2010 年 9 月 28 日 | 在监控中心月例会上提出 10 号线 12 标盾构施工数据上传信息平台存在的主要问题,希望二中心出门协调。二中心当天即与 12 标项目部联系,要求其必须上传盾构施工数据 |
| 2010 年 10 月 10 日 | 与施工单位沟通盾构施工数据上传信息平台的事情,施工单位需要与设备制造商联系,与设备制造商联系后再通知监控中心盾构咨询组 |
| 2010 年 10 月 13 日 | 与施工单位进一步沟通盾构施工数据上传信息平台事宜,并就数据上传的相关说明和要求写了说明,交给项目部。同时将目前存在的主要问题电话告知第二项目管理中心监控分中心,二中心领导马上与项目部联系,提了相关要求 |
| 2010 年 10 月 14 日 | 与施工单位、设备制造商一起在施工现场进行了沟通,提出了相关要求,设备制造商需要盾构组提供信息平台需要监控哪些盾构施工参数,盾构组提供了一份盾构施工数据的要求。此时盾构已推进至 30 环 |
| 2010 年 10 月 18 日 | 设备制造商答复盾构施工数据上传由其来完成,传至地面监控电脑后再由盾构组上传至轨道公司信息平台,设备制造商正在进行相关数据传输的准备工作 |
| 2010 年 10 月 26 日 | 在监控中心月例会上提出 10 号线 12 标盾构施工数据上传信息平台存在的主要问题 |
| 2010 年 11 月 1 日 | 设备制造商制订了数据传输方案发给盾构组,盾构组对其进行了反馈 |
| 2010 年 11 月 16 日 | 设备制造商提供了盾构施工参数实时数据的读取接口,盾构咨询组将编写相关程序,读取施工数据并进行存储 |
| 2010 年 11 月 19 日 | 盾构咨询组完成了相关数据读取、存储程序的研发,将盾构施工数据实时上传至轨道公司信息平台,但盾构施工实时监控系统还需要根据其数据结构进行修改,才能实现盾构施工的实时监控 |
| 2010 年 11 月 22 日 | 盾构组完成了盾构施工实时监控系统的修改,实现了对该区间盾构施工的实时监控 |

2) 事故发生原因分析

引起地面塌陷的主要因素有两个:一是自然原因——地层中存在空洞,在没有盾构施工时,这些空洞可能是稳定的(稳定时间的长短视空洞地层情况和环境条件的变化确定),盾构隧道施工时不可避免的对其进行扰动,从而改变了空洞稳定的环境,导致空洞失稳,进而地面塌陷,目前还没有直接的证据证明该处存在自然空洞;二是人为因素——盾构施工过程中主要参数如土压力设置与控制不合理、出土量控制效果差导致盾构施工出土量偏大,进而导致地层中出现空洞,波及至地面形成塌陷。

事件发生后,对盾构前后以及正上方进行的钻孔勘探表明:盾构已通过区域(盾构设备后方)发现多处空洞,且大小、深浅不一,盾构设备正上方(两个勘探孔)和前方(盾构未掘进区域)未发现空洞。结合盾构已经穿越的地层情况(150 环以前,基本上在砾岩中掘进,出渣量过多的可能性不大;151 环以后,盾构隧道进入下部砾岩上部卵石⑤层,如图 4-114 所示,且卵石地层所占比例逐步扩大,此时如果出土量控制不好,容易在地层中形成空洞)、施工相关材料以及可以看到的 171～200 环的数据分析,我们认为:地面塌陷的主要原因之一是盾构进入砂卵石⑤层与砾岩混合地层后,土压力控制偏低,出土量难以控制在合理范围(相关材料中砂卵石⑤层地层松散系数为 1.31,砾岩地层为 1.4～1.45,明显偏大),导致出土量增加,造成地层损失,引起地表塌陷。"公—西"区间地质剖面图如图 4-114 所示,盾构在 K48+730.35～K48+832.26(55～140 环)和 K48+886.4.～K48+904.144(146～200 环)里程范围内,穿越土层为砂卵石和砾岩的混合地层,55～140 环砂砾石含量很小,而 146～200 环砂砾石含量快速增大,此时应根据地勘资料计算每一环的出土量。

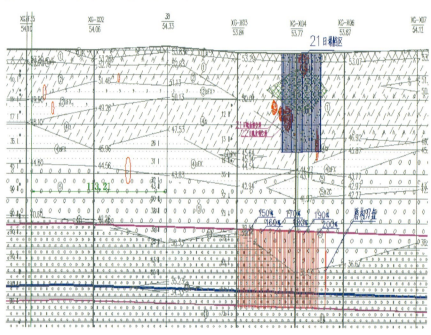

图 4-114 塌陷区域地质剖面图

以 146～200 环为例进行出土量的计算,砂卵石松散系数选取 1.15,砾岩松散系数选取 1.45,计算结果见表 4-9。从表 4-9 中可以看出,186～192 环恰恰是理论出土量最少的区段。

**146～200 环出土量计算结果统计表**　　　　　　表 4-9

| 环　号 | 开挖面砂卵石层高度(m) | 开挖面砾岩层高度(m) | 出土量(m³) |
| --- | --- | --- | --- |
| 146 | 0.10 | 6.18 | 53.86 |
| 147 | 0.18 | 6.10 | 53.80 |
| 148 | 0.26 | 6.02 | 53.74 |
| 149 | 0.35 | 5.93 | 53.65 |

续上表

| 环 号 | 开挖面砂卵石层高度(m) | 开挖面砾岩层高度(m) | 出土量(m³) |
|---|---|---|---|
| 150 | 0.43 | 5.85 | 53.57 |
| 151 | 0.51 | 5.77 | 53.47 |
| 152 | 0.59 | 5.69 | 53.36 |
| 153 | 0.68 | 5.61 | 53.25 |
| 154 | 0.76 | 5.52 | 53.13 |
| 155 | 0.84 | 5.44 | 53.01 |
| 156 | 0.92 | 5.36 | 52.88 |
| 157 | 1.00 | 5.28 | 52.75 |
| 158 | 1.09 | 5.19 | 52.61 |
| 159 | 1.17 | 5.11 | 52.47 |
| 160 | 1.25 | 5.03 | 52.32 |
| 161 | 1.33 | 4.95 | 52.17 |
| 162 | 1.42 | 4.87 | 52.01 |
| 163 | 1.50 | 4.78 | 51.86 |
| 164 | 1.58 | 4.70 | 51.70 |
| 165 | 1.66 | 4.62 | 51.54 |
| 166 | 1.74 | 4.54 | 51.37 |
| 167 | 1.83 | 4.45 | 51.20 |
| 168 | 1.91 | 4.37 | 51.03 |
| 169 | 1.99 | 4.29 | 50.86 |
| 170 | 2.13 | 4.16 | 50.57 |
| 171 | 2.21 | 4.07 | 50.39 |
| 172 | 2.29 | 3.99 | 50.21 |
| 173 | 2.38 | 3.90 | 50.03 |
| 174 | 2.46 | 3.82 | 49.84 |
| 175 | 2.55 | 3.74 | 49.66 |
| 176 | 2.63 | 3.65 | 49.47 |
| 177 | 2.71 | 3.57 | 49.28 |
| 178 | 2.80 | 3.48 | 49.09 |
| 179 | 2.88 | 3.40 | 48.91 |
| 180 | 2.97 | 3.32 | 48.72 |
| 181 | 3.05 | 3.23 | 48.53 |
| 182 | 3.13 | 3.15 | 48.34 |
| 183 | 3.22 | 3.06 | 48.15 |
| 184 | 3.30 | 2.98 | 47.96 |

续上表

| 环　号 | 开挖面砂卵石层高度(m) | 开挖面砾岩层高度(m) | 出土量(m³) |
|---|---|---|---|
| 185 | 3.37 | 2.91 | 47.80 |
| 186 | 3.35 | 2.94 | 47.86 |
| 187 | 3.32 | 2.96 | 47.91 |
| 188 | 3.30 | 2.99 | 47.97 |
| 189 | 3.27 | 3.01 | 48.03 |
| 190 | 3.25 | 3.04 | 48.08 |
| 191 | 3.22 | 3.06 | 48.14 |
| 192 | 3.20 | 3.09 | 48.20 |
| 193 | 3.17 | 3.11 | 48.25 |
| 194 | 3.15 | 3.14 | 48.31 |
| 195 | 3.12 | 3.16 | 48.37 |
| 196 | 3.10 | 3.19 | 48.42 |
| 197 | 3.07 | 3.21 | 48.48 |
| 198 | 3.05 | 3.24 | 48.54 |
| 199 | 3.02 | 3.26 | 48.59 |
| 200 | 3.00 | 3.29 | 48.65 |

3)存在问题分析

(1)技术层面的问题

①数据传输滞后造成盾构施工过程难以及时监控。

②没有及时掌握盾构施工实时参数与数据,以致无法判断其施工过程的合理与否是这次事件发生的原因之一。

(2)管理模式的缺陷

目前关于盾构施工参数上传信息平台的管理流程如图4-115所示。

由图4-115可知,目前的管理模式存在的主要问题是对于一些没有公开数据库的盾构设备,仅靠施工单位与设备制造商进行沟通,监控中心、咨询组和项目管理中心(监控分中心)均不能与设备制造商直接对话。咨询组必须先与施工单位沟通(如果施工单位不愿意上传数据还要借助项目管理中心对其进行相关管理),然后施工单位再与设备制造商沟通,最后设备制造商再提出施工数据上传的条件。这个过程来回比较复杂,且周期较长。

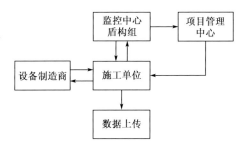

图4-115　盾构施工参数上传信息平台管理流程图

尽管相关合同中已经明确规定了关于盾构施工过程控制的相关合同义务,但是执行起来还是有一定偏离;监控中心的周例会、月例会,特别是月例会中提出的需要各监控分中心(各项目管理中心)负责解决的相关问题,落实起来快慢不一,没有明确的解决问题时间表。这些都是管理方面存在的问题。

(3) 公西区间存在的具体问题

针对"公—西"区间盾构施工的具体情况,我们认为存在如下主要问题:

①盾构施工数据传输相关各方响应比较缓慢,由于管理模式的限制,来回沟通次数太多,问题提出后缺乏及时有效的响应。

②我们工作中虽然与相关单位沟通次数较多,但沟通后问题没有得到解决时,也没有提出解决问题的具体措施与建议。

③对于不同土层的松散系数(或称膨胀系数),下一步参建各方应一起商讨确定。

### 4.4.2 "六—莲"区间右线下穿铁路塌方事故分析

1) 左线盾构下穿铁路概述

2011年1月10日,左线盾构自莲花桥站安全始发。

2011年2月10日,盾构开始下穿北京西机务段铁路(26~571环),施工过程中,个别环土压控制欠佳(图4-116~图4-119),其中,在88环推进过程中,为防止刀盘结泥饼,采用膨润土浆液对刀盘中心进行冲刷,致使盾构停机过程中土压01控制偏低(图4-119),所幸同步注浆量较多,且二次补浆较为及时,机务段铁路未发生较大沉降。

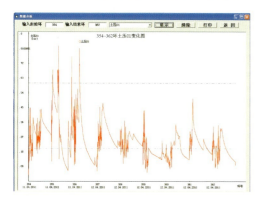

图 4-116  左线 354~362 环控制土压

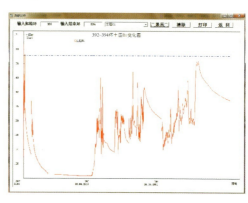

图 4-117  左线 392~394 环控制土压

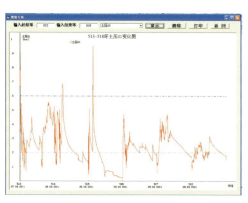

图 4-118  左线 513~518 环控制土压

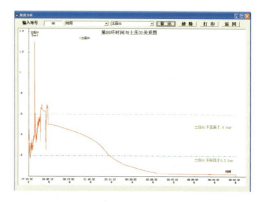

图 4-119  左线 88 环控制土压

在此区段,隧道转弯半径较小,现场巡视发现盾构管片错台现象较多(图 4-120～图 4-122 所示),同时存在管片破损等现象(图 4-123)。

图 4-120　左线管片错台情况(一)

图 4-121　左线管片错台情况(二)

图 4-122　左线管片错台情况(三)

图 4-123　左线管片破损情况

2011 年 5 月 12 日,盾构安全到达该段铁路,共换刀 2 次,换刀情况如表 4-10 所示。

左线盾构换刀情况　　　　表 4-10

| 线　　路 | 换 刀 位 置 | 换 刀 时 间 ||
|---|---|---|---|
|  |  | 时间 | 耗时(d) |
| 左线 | 145 环 | 2011-3-7～2011-3-17 | 11 |
|  | 320 环 | 2011-3-31～2011-4-6 | 7 |

图 4-124　塌陷位置回填情况

2011 年 10 月 19 日,盾构安全到达六里桥站。

2)右线盾构下穿铁路塌方事故经过

2011 年 6 月 5 日,右线盾构在莲花桥站安全始发。

2011 年 6 月 7 日晚,距离右线始发井 5m 处地表发生塌陷(塌陷位置距离最近的铁路股道约 21m,右线盾构刀盘距离最近的铁路股道约 16m)。事发后迅速回填约 70 方水泥砂浆,如图 4-124 所示,2011 年 8 月 7 日,盾构恢复推进。

2011年8月27日12点58分,京西车辆段出库线与入库线之间出现塌方,塌方直径约4.5m,深5m,如图4-125和图4-126所示,塌陷位置为55~58环,塌陷时,盾构推进至60环,58环脱出盾尾,平面图如图4-127所示,剖面图如图4-128所示。塌陷事故发生前,地表监测未见异常,塌陷位置地表测点、轨道测点变形均未预警。详细的地层情况及区间概况见1.2.3节。

图4-125 现场塌陷情况(一)

图4-126 现场塌陷情况(二)

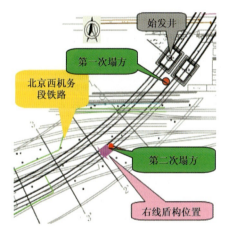

图4-127 塌陷位置平面图

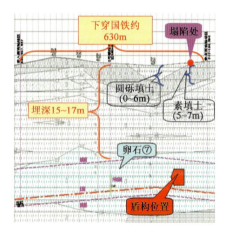

图4-128 二次塌陷位置地质剖面图

2011年9月17日,盾构掘进至82环时,盾构上方64环位置地表又发生第三次塌陷。

2011年9月22日,盾构掘进至95环时,对92环隧道上方地表进行打孔钻探,当钻进至距离地表8m时,钻杆直接从距地表8m处掉置距地表10m处,如图4-129所示。这说明地层存在较大空洞,于是进行灌浆回填,共回填约50m³水泥浆液。

同时,现场巡视发现盾构管片存在错台、破损现象较多,如图4-130和图4-131所示。

右线盾构换刀3次,见表4-11。

右线盾构换刀情况 表4-11

| 线 路 | 换刀位置 | 换刀时间 | |
|---|---|---|---|
| | | 时间 | 耗时(d) |
| 右线 | 190环 | 2011-10-30~2011-11-2 | 4 |
| | 259环 | 2011-11-12~2011-11-19 | 8 |
| | 368环 | 2011-11-30~2011-12-3 | 4 |

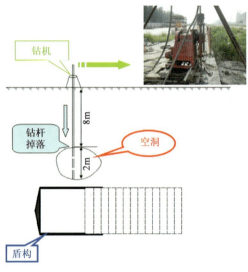

图 4-129 钻孔发现地层空洞示意图

图 4-130 右线管片破损情况（一）

图 4-131 右线管片破损情况（二）

3）监控量测情况

双线盾构穿越北京西机务段铁路过程中，平台共发生 2 例橙色巡视预警、1 例黄色巡视预警（表 4-12），3 个红色、234 个橙色、264 个黄色监测预警。截止到 2012 年 1 月 18 日，铁路区域地表测点最大累计沉降 78.5mm（控制值 10mm），为右线二次塌陷位置布设测点，测点沉降历时曲线如图 4-132 所示；测点 DB03-121（右线隧道上方）累计沉降 17.3mm（控制值 10mm），测点沉降历时曲线如图 4-133 所示。

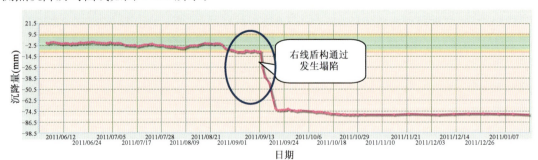

图 4-132 地表测点 DB03-95 沉降历时曲线

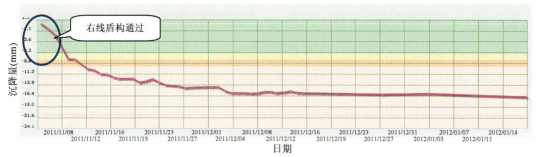

图 4-133 地表测点 DB03-121 沉降历时曲线

**双线巡视预警情况** 表 4-12

| 序 号 | 部 位 | 巡 视 预 警 情 况 描 述 |
|---|---|---|
| 1 | 右线 50～54 环 | 黄色巡视预警(2011 年 8 月 26 日发布,2011 年 8 月 31 日消警):盾构区间右线在 50～54 环的推进过程中土压力控制较差,波动较大。第三方监测单位采纳盾构组建议发布 1 项黄色巡视预警 |
| 2 | 右线 70～78 环 | 橙色巡视预警(2011 年 9 月 23 日发布,2011 年 11 月 2 日消警):盾构区间右线在 70～78 环连续错台,错台量达到 4cm。第三方监测单位据此发布 1 项橙色巡视预警 |
| 3 | 右线 70～78 环 | 橙色巡视预警(2011 年 9 月 23 日发布,2011 年 11 月 2 日消警):盾构区间右线在 70～78 环连续严重破损及漏水现象,鉴于盾构在曲线段推进,可能导致地面沉降较大及影响施工质量。第三方监测单位据此发布 1 项橙色巡视预警 |

4) 原因分析

"六一莲"区间左右线地层条件相似,左线盾构虽然也有上土压力控制偏低的情况,左线盾构仍顺利下穿了铁路。而右线盾构却在下穿铁路前和下穿铁路过程中,分别发生塌方事故,主要原因有:

(1) 第一次塌方主要因盾构两次始发对该地层造成较大的扰动,且始发井区域地层存在约 9m 厚的回填土,土质松散,盾构井围护桩施工时发生过塌孔,同时,盾构负环掘进过程中无法建立土舱内土压力,存在超挖,因此,出现了塌方。

(2) 造成"六一莲"区间隧道下穿铁路时出现第二次塌陷事故的主要原因是土压力控制偏低,导致出土量增大,引起地层损失,造成铁路塌陷。根据该区间的组段划分结果,盾构施工过程中土压 01(上土压力)应控制在 0.02MPa 以上。由图 4-134 和图 4-135 可知,盾构右线在 45～58 环的推进过程中,土压力控制非常糟糕,只有在盾构推进过程中土压有一些变化,停机过程中土压力基本都是 0MPa,说明土舱内土不满,盾构属于半舱推进,必然会发生塌陷事故。

(3) 通过对施工参数的分析发现,造成第三次塌陷的主要原因是盾构在 58 环时转动螺旋输送机出土,但推进速度为 0,如图 4-136 所示,造成较大地层损失,导致刀盘所在位置(64 环)处地层发生较大空洞。盾尾脱出后,空洞受到扰动失稳,导致地表塌陷。

(4) 造成第四次地层空洞产生的原因是盾构在 82～84 环推进过程中土压力控制偏低,土压力曲线如图 4-137 所示。盾构推进土压力基本在 0～0.1bar 之间,势必造成较大地层损失,导致地层产生空洞。

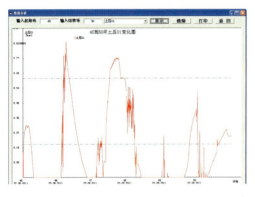
图 4-134　45～50 环土压 01 控制曲线

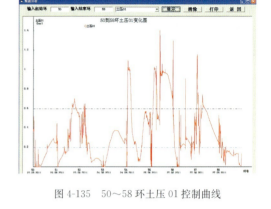
图 4-135　50～58 环土压 01 控制曲线

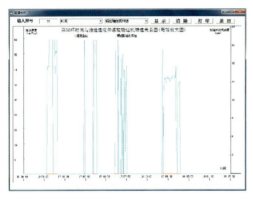
图 4-136　58 环推进速度与螺旋输送机转速曲线

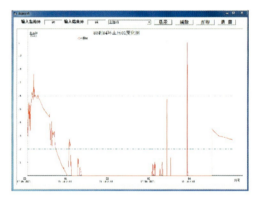
图 4-137　80～84 环土压力曲线

### 4.4.3 "草—纪"区间房屋开裂事故分析

1）工程概况

北京地铁 10 号线二期"草—纪"区间线路出草桥站后，沿石榴庄路向西，在草桥南街路口处略向左弯，穿越马草河和京开高速，继续向西南穿越北京花乡花卉市场、玉泉营建材市场、东方家园建材市场以及京九铁路和预留京沪高铁的桩基空间；到规划的纪家庙二号路下方后线路一直向西到纪家庙站，区间平面图见图 4-138。

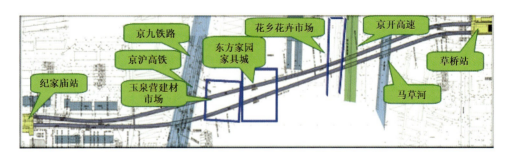

图 4-138　"草—纪"区间平面图

2) 工程地质

10号线二期"草—纪"区间隧道埋深10～16m,隧道穿越地层主要为全断面卵石④层,局部夹杂细中砂、粉质黏土、圆砾。上覆地层主要为人工填土①层(层厚1～3m)、粉土②层(层厚2～4m)、卵石圆砾③层(层厚4～8m)。区间隧道不受地下水影响。

3) 事故经过

2011年12月2日～2011年12月9日,盾构在下穿东方家园家具城的施工过程中,引起房屋墙体开裂,开裂情况见图4-139,因此停机对东方家园家具城基础进行注浆加固,注浆加固见图4-140。

图4-139　东方家园家居城墙体开裂情况

图4-140　现场注浆加固情况

4) 原因分析

根据盾构现场掘进情况,分析事故原因,总结得出造成东方家园家具城房屋开裂的原因主要有两点:

(1) 土压力控制偏低,按照组段划分的结果,盾构下穿东方家园家具建材城过程中(470～513环),土压01(上土压力)应控制在0.03MPa以上,但实际施工过程中,土压力普遍偏低,461～500环土压01控制曲线见图4-141～图4-144,造成地层损失,导致房屋沉降超标,造成墙体开裂。

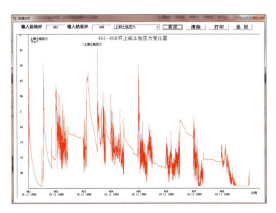

图4-141　461～468环土压01控制曲线

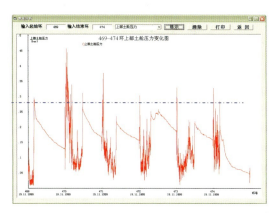

图4-142　469～474环土压01控制曲线

(2) 同步注浆浆液质量较差,盾构下穿东方家园家具建材城过程中,浆液现场取样情况见图 4-145 和图 4-146,浆液质量较差,离析现象非常严重,浆液 1 周内尚未初凝,致使同步注浆浆液未起到有效填充盾尾间隙的作用,引起地层损失,使得房屋因为不均匀沉降而出现开裂,同时由于同步注浆浆液长时间不凝固,导致房屋沉降持续发展。

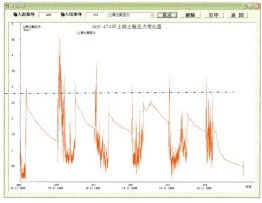

图 4-143　475~492 环土压 01 控制曲线

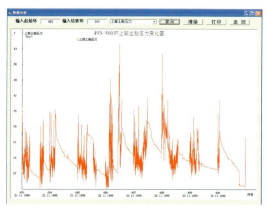

图 4-144　493~500 环土压 01 控制曲线

图 4-145　同步注浆浆液现场取样(一)

图 4-146　同步注浆浆液现场取样(二)

### 4.4.4　盾构施工事故总结

1) 事故发生的特点

通过对比、总结本章所分析的三起工程事故案例,可以发现事故具有以下几个共性特点:

(1) 盾构施工过程中控制土压力控制不合理。

盾构推进过程中的施工参数,尤其是控制土压力和出土量的控制,往往是导致地表沉降超限的直接因素。若盾构开挖面具备较强的自稳能力,为避免盾构设备磨损而适当降低土压的做法一定程度上可行,但对盾构穿越地层的稳定性不具备足够的判断认识能力,且技术和管理上的措施未执行到位,一味采取较低的土舱压力对地表沉降的控制是非常不利的。本章分析的三个工程事故案例,事故发生的主要原因都是因为土压力控制偏低所致。

(2) 砂卵石地层易发生塌陷事故。

本章分析的三起工程事故案例均发生在砂卵石地层,造成土压控制偏低的主要原因是渣土改良效果差,刀盘扭矩偏大,为便于盾构掘进,降低控制土压力,减小刀盘扭矩,但降低控制土压力造成出土量无法控制,导致地表塌陷。可见砂卵石地层和砂层中加强渣土改良对于降低刀盘扭矩,土舱内建立稳定的土压力,规避盾构施工风险有重要的作用。

(3) 事故的突发特性。

这三起工程事故的发生都具有突发性,地表监测数据都具有滞后,事故发生前监测数据往往都很正常(尤其是砂卵石地层),单纯根据现场监测情况难以对事故是否会发生做出合理的判断。

(4) 事故发生的可预测性。

通过盾构施工安全风险监控系统对盾构施工参数的监控和预警,这三起工程事故发生前,除了"公—西"区间由于暂未建立盾构施工安全风险监控系统外,其他两起事故都在事故发生前准确的预测到了,并及时与相关单位进行了通报。但相关单位认为监测数据未见异常,且思想上存在侥幸心理,管理上也不到位,未采取有效补救措施,未能避免事故的发生。

2) 事故预测方法

北京地层灵敏性较差,尤其是具有一定时间自稳性的砂卵石层和砂层,地表监测数据往往不能及时反应施工情况,因此,利用监测数据来预测是否会发生安全事故的难度是非常大的。通过盾构施工安全风险监控系统,实时对盾构施工参数进行监控和预警,并对施工参数进行分析,能够有效、真实反映盾构施工情况,能够有效预测事故的发生。

以盾构施工安全风险监控系统对施工参数进行实时监控和预警为主,结合地表变形监测情况,及时提醒调整施工参数的控制情况,采取相关补救措施,能够有效规避安全风险事故的发生。

## 4.5 本章小结

### 4.5.1 典型地层盾构施工诱发地层变形规律

1) 土砂复合地层

(1) 纵向方向:刀盘即将到达测点之前,地层稍微隆起,但幅度不大;盾构通过当天,盾构上方测点下沉明显,约达到沉降总量的15%以上,且单日速率较大;盾尾拖出后,当天沉降较大,可达到总沉降的20%~25%;盾尾拖出测点10~50m(即1~3d)仍有部分后续沉降,但沉降较小,为沉降总量的50%~70%;盾构盾尾拖出测点50m(3~5d),沉降较小且基本趋于稳定。

(2) 横向方向:沉降最大值一般发生在线路中心,两侧沉降越来越小,盾构法隧道影响范围为1~1.5倍隧道埋深。

2) 砂卵石地层

(1) 纵向方向:刀盘即将到达测点之前,地层稍微隆起,但幅度不大。盾构通过当天,盾构上方测点下沉明显,达到沉降总量的20%以上,且单日速率较大。盾尾脱出当天沉降较大,可达到总沉降的 45%～50%。盾尾拖出测点 10～50m(即 1～3d)仍有部分后续沉降,但沉降较小,为沉降总量的 10%～15%,盾构盾尾脱出测点 50m(3～5d),沉降较小且基本趋于稳定。

(2)横向方向:沉降规律与土砂复合地层类似,但总沉降量要大于土砂复合地层。

3)砂卵石与砾岩复合地层

(1)纵向方向:盾构通过当天,盾构上方地层下沉明显,达到沉降总量的 20% 左右,且单日速率较大,盾尾脱出后,仍有部分沉降,可达到总沉降的 25% 左右,盾尾拖出测点 10～50m(即 1～3d)仍有部分后续沉降,但沉降较小,为沉降总量的 5%～20%,盾构盾尾脱出测点 50m(3～5d),沉降基本趋于稳定。

(2)横向方向:沉降总量要小于土砂复合地层与砂卵石地层,最大沉降量为 5.5mm,沉降规律与上述两种地层类似。

### 4.5.2 复杂地层条件下盾构穿越重大风险工程关键技术与风险控制

(1)砂卵石地层盾构下穿铁路:砂卵石地层盾构穿越铁路等重大安全风险工程时,应精心组织施工,合理控制各项参数,施工过程中做到信息及时反馈,动态控制,确保各项关键技术措施合理落实,建立风险预报预控机制,最大限度降低盾构施工对地面既有线路影响;同时,必须加强开挖面稳定性、同步注浆、土体改良、地层加固等重要环节的控制。

(2)砂卵石地层盾构下穿平房群:

①进行合理的盾构选型,以适应复杂多变的地层条件,关键问题是要解决盾构刀盘的地层适应性问题,主要从刀盘的形式、开口率、支承形式、驱动形式、刀盘最大转速、扭矩及扭矩系数以及刀盘开挖、超挖直径等方面对地层的适应性进行考虑,在开工前综合考虑予以确认。

②现场进行土体改良试验,以确定适用的土体改良添加剂,加强土体改良效果控制,有效降低刀盘负荷,减少机械振动对地层的影响。

③加强注浆效果控制,保证浆液质量和数量,在合理的注浆压力下,尽量保证盾构施工引起的间隙量充填密实,必要时进行二次补浆。

④针对具体情况,对房屋进行加固处理。

(3)砂卵石地层盾构下穿昆玉河:

①合理设定土压,控制开挖面水土平衡,较少超挖现象。

②穿越河流之前,选取试验段,优化调整掘进参数,同时,对盾构设备性能进行验证,提高设备一次穿越风险工程能力,避免在河底换刀和长时间停机。

③穿越河流过程中提高注浆质量,包括浆液数量及浆液质量,同时,根据地面监测情况,适时进行二次补浆。

④选择性能高的土体改良材料,降低刀盘转动对周围土体的扰动,也有利于其他参数的改进。

# 第5章 盾构壁后注浆控制技术与适应性研究

## 5.1 概　　述

盾构掘进过程中,随着盾构向前推进,当管片脱离盾尾后,在盾构隧道周围土体与管片之间会形成一道一定宽度的环行空隙。若不将这一空隙及时充填,势必造成地层变形,进而对临近的建、构筑物产生破坏性影响,如建筑物的基础倾斜开裂,地层中各种管道发生裂口或断裂,地表路面坍塌,交通中断等。通常把及时向盾尾脱离后管片背后的空隙中填充固结性浆液的工序称为壁后注浆。

盾构推进时,在围岩坍塌前及时对盾尾空隙进行压浆,充填空隙,稳定地层,不但可以防止地面过量沉降,而且有利于隧道衬砌的防水,选择合适的浆液(初始黏度低、微膨胀、后期强度高)、注浆参数、注浆工艺,在管片外围形成稳定的固结层,将管片包围起来,形成一个保护圈,防止地下水侵入隧道。通常盾构施工壁后注浆的目的可以归纳为以下几点:

(1)使管片与围岩的环形空隙尽早建立注浆体支撑体系,防止围岩坍塌与地下水流失造成地层损失,有效控制地面沉降。

(2)尽快获得注浆体的固结强度,确保管片衬砌的早期稳定性。防止盾构长距离掘进时,管片衬砌背后长时间处于无支承力的浆液环境内,使管片发生移位变形。

(3)作为隧道衬砌结构加强层,具有耐久性和一定强度。充填密实的注浆体将地下水与管片相隔离,避免或减少地下水直接与管片的接触,从而作为管片的保护层,避免或减缓地下水对管片的侵蚀。

## 5.2 盾构壁后注浆的分类与定义

壁后注浆按照注浆时间和的目的不同,通常可以分为同步注浆、二(多)次补浆和堵水注浆。

(1)同步注浆

同步注浆是通过盾构同步注浆系统及盾尾的注浆管,在盾构向前推进盾尾空隙形成的同时进行浆液的压注。浆液在盾尾空隙形成时起到充填作用,从而使围岩获得及时支撑,可有效地防止围岩坍陷,有效控制地表沉降。在地层稳定性差,采用 EPB 模式掘进时,同步注浆的重要意义更为明显。

即时注浆是通过管片上注浆孔将浆液注入管片背后的方法。其浆液充填时间滞后于掘进一定的时间。一般运用于自稳能力较强的地层。

(2)二(多)次补浆

为提高同步注浆层的防水性及密实度,考虑前期注浆效果不佳以及浆液固结收缩率的影响,必要时在同步注浆结束后进行补强注浆。补强注浆一般在管片与围岩间的空隙充填密实性差,致使地表沉降得不到有效控制的情况下才实施。根据地表沉降监测的反馈信息,结合洞内探测所得的背衬后空洞情况,综合判断是否需要进行补强注浆,二次或多次。

(3)堵水注浆

为提高壁后注浆层的防水性及密实度,在富水地区考虑前期(同步和二次)注浆受地下水影响以及浆液固结率效应,必要时在二(多)次注浆结束后进行堵水注浆。

上述三种类型的盾构注浆方式中,有时将二(多)次补强注浆和堵水注浆统称为二次补浆,采用特殊的浆液和工艺,使得二次补浆同时具备补强和堵水的作用。因此,下文将着重介绍同步注浆和二次补浆。

## 5.3 同步注浆的施工控制技术

### 5.3.1 同步注浆系统工作原理

同步注浆是在盾构掘进的同时,通过注浆泵的泵压作用,把混合浆液注入盾尾后管片环外间隙之中,达到填充管片环外空隙、固结管片环位置、减小地面沉降、提高隧道抗渗性的作用。同步注浆系统工作示意图见图 5-1。直径为 6m 的地铁隧道所采用土压平衡盾构一般在盾尾上设置有 4 个同步注浆管,设置方式见图 5-2,个别厂家生产的盾构只有两个同步注浆管(如日本石川岛),设置方式见图 5-3。

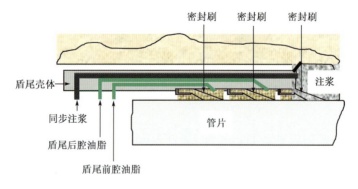

图 5-1 同步注浆系统工作示意图

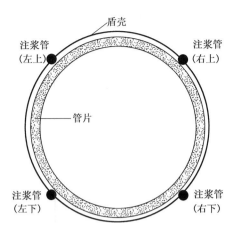

图 5-2  4 个同步注浆管布置方式

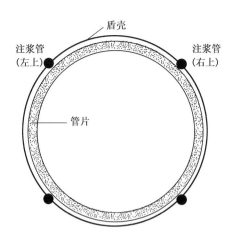

图 5-3  2 个同步注浆管布置方式

### 5.3.2 同步注浆材料种类与适应性

1)概述

注浆材料的选择与应用必须考虑盾构隧道开挖地层情况和盾构形式等条件,作为注浆材料,应具备以下性质:不发生材料离析、不丧失流动性、注浆后的体积减少小、尽早上强度、水密性好。

注浆材料最重要的是充填性、流动性及不向盾尾以外的区域流失等特性,满足这些特性是实现壁后注浆目的的关键。但由于上述条件有些是相互矛盾的,譬如,为了提高浆液的充填性,应该提高同步注浆浆液的流动性,但是流动性太好,又易使盾构隧道管片壁后顶部部分出现无浆液充填的现象。

目前,常用的注浆材料有单液型和双液型两种。其中单液浆又分为硬性浆液和惰性浆液。硬性浆液的基本成分为:砂、粉煤灰、水泥、膨润土、水;惰性浆液的基本成分为:砂、粉煤灰、膨润土、水;石灰作为同步注浆浆液的一种添加成分,有时也有较好的效果,一般是作为水泥的替代品,但是添加石灰替代水泥后的浆液,其凝结特性介于硬性浆液和惰性浆液之间,初凝时间较长。双液浆一般是由水泥和水玻璃浆液按照一定比例(根据凝固时间的长短)混合组成的浆液(也称为 C-S 浆液)。

(1)单液浆

单液型浆液在搅拌机中经拌和成为流动的液体,再由砂浆泵注入盾尾后部的间隙,注入时要求浆液处于流动性好的液态,以利于充填,浆液经过液体—固体的中间状态(流动态凝结及可塑状凝结)后固结(硬化)。但是,由于水泥的水化反应非常缓慢,所以从注入到固结往往需要几个小时,因此,管片壁后的顶部位置通常很难充填到,加上水泥砂浆浆液易受地下水的稀释,致使早期强度下降。

在单液浆中不同的材料配比,决定了它们不同的凝结时间、抗压强度、固结率等,往往通过加入水玻璃作为速凝剂以加快浆液的凝胶时间。单液浆通常具有如下性质:

①可压送的流动性。

②能填充到目标的间隙范围。

③在充填的浆液材料硬化前,不发生材料离析或凝固。

(2)双液浆

在围岩难以稳定的黏土层或容易坍塌的砂层,需要在盾构推进的同时,把壁后注浆材料通过安装在盾尾中的注浆管注入到盾尾空隙中去,除了要求同步注浆浆液在注浆期间具有较好的流动性外,还要求浆液在注浆后迅速变为可塑状固结体或固结体,故在壁后注浆中使用的是水泥—水玻璃类双液型浆液。以水泥和水玻璃为主剂,根据需要添加其他附加剂,它克服了单液水泥砂浆浆液凝结时间长、不易控制等不利情况。凝结时间与水玻璃浓度、水泥浆浓度(水灰比)、水玻璃与水泥浆体积比、温度等有关。一般情况下水泥浆液浓度增大,浆液凝结时间长;水玻璃与水泥浆液体积比增大,浆液的凝结时间短;水玻璃浓度增大,浆液凝结时间短。

盾构同步注浆中使用双液浆时,应注意及时对同步注浆管的清洗,否则会发生堵管现象。双液型注浆材料通常具有如下性质:

①注浆能够及时凝固;
②同步注浆材料离析少,且受地下水影响小;
③能调节浆液硬化时间;
④能根据需要尽早达到所需的强度要求。

2)同步注浆浆液的适用性

双液浆适用于有水地层和无水地层的盾构施工隧道。单液浆一般只适用于无水少水地层中施工的盾构隧道,对于有水地层,须有特殊的应对措施,确保浆液不被稀释而影响浆液性质及其初凝时间。惰性浆液初凝时间长、强度低,对地表沉降控制不利,不建议在北京地区地层盾构施工中采用。

3)同步注浆浆液质量的评价指标

浆液质量的评价指标有初凝时间、结石率、强度、渗透性、黏度等。现场取样能直接测试的指标是初凝时间和结石率,因此采用初凝时间和结石率两个指标来判断浆液质量的优良,北京地铁盾构同步注浆浆液质量要求见表 5-1。

**盾构同步注浆浆液质量控制标准表** 表 5-1

| 初凝时间 | 单液浆 | 小于 6 小时 |
|---|---|---|
|  | 双液浆 | 小于 15 秒 |
| 结石率 | 大于 90% | |

### 5.3.3 同步注浆压力的设定与控制

(1)同步注浆压力的设定

同步注浆压力设定应考虑的因素主要有以下几点:

①盾尾密封抵抗水土压力的能力。

盾尾密封抵抗水土压力的能力是一定的,如果同步注浆压力高于盾尾密封的承受能力,盾尾密封会被击穿,导致盾尾密封失效,因此同步注浆压力必须低于盾尾密封最大抵抗水土压力的能力。新出厂的盾尾密封耐水压力通常为 0.5MPa,考虑到随着盾构的推进会有部分盾尾密封刷磨损影响盾尾密封的耐水压性能,因此同步注浆压力不宜高于 0.4MPa,否则将对盾尾密封产生不利影响。

②土舱压力对同步注浆压力的影响。

同步注浆压力高于土舱压力时,会导致浆液沿着盾壳与土体的空隙窜至土舱中,然后随着舱内渣土从螺旋输送机排出土舱,造成浆液浪费,达不到理想的注浆效果。同步注浆压力过低,会导致注入土舱的土体改良剂窜至盾尾,影响浆液质量,不能有效填充盾尾开挖空隙,造成地表沉降超限,因此同步注浆压力应与土舱压力匹配。

假设盾构土舱内上土压力为 $E_1$,盾尾上部注浆管压力可设置在 $E_1+0.05\sim E_1+0.1$MPa,盾尾下部注浆管压力可设置在 $E_1+0.1\sim E_1+0.15$MPa。

③注浆口位置的水土压力。

同步注浆压力应略高于注浆口位置的水土压力,减小盾尾脱出后地层的变形。注浆口水土压力 $p_j$ 计算公式为:

$$p_j = \gamma h_j \tag{5-1}$$

式中:$h_j$——注浆口的覆土厚度,一般盾尾上部注浆口覆土厚度 $h_j=h+1.5$,盾尾下部注浆口覆土厚度 $h_j=h+4.5$,其中 $h$ 为隧道覆土厚度。注浆管压力应设置在 $(1.0\sim 1.2)p_j$。

④管片承压能力。

管片能够承受的最大压力是一定的,注浆压力过大会导致管片结构受影响。

⑤地表环境的影响。

对于地表变形要求严格的区域,应适当增大同步注浆压力和同步注浆量,以减小地表变形量。

(2)同步注浆压力的控制范围

对于自稳性一般,开挖后难以成拱的地层(如 A 组段),同步注浆压力按照注浆口位置的水土压力来设定,一般设定在 $(1.0\sim 1.2)p_j$。对于砂层(B 组段)和砂卵石层(C 组段),具有一定埋深开挖后易成拱,盾构推进过程中土压力较低,因此根据土压力来设定,一般盾尾上部注浆管压力可设置在 $E_1+0.05\sim E_1+0.1$MPa,盾尾下部注浆管压力可设置在 $E_1+0.1\sim E_1+0.15$MPa($E_1$ 为土舱内上土压力)。适合北京地铁 10 号线二期盾构区间的不同组段同步注浆压力控制范围见表 5-2 所示。

不同组段同步注浆压力控制范围表　　　　表 5-2

| 地层 | 组段 | 同步注浆压力控制范围 | 备注 |
|---|---|---|---|
| 黏土/粉质黏土/黏质粉土/粉土层 | A | $(1.0\sim 1.2)p_j$ | ①注浆压力不得低于 0.1MPa,不得高于 0.4MPa。<br>②发现出渣土中含有大量同步注浆浆液,应适当降低注浆压力。<br>③通过环境风险工程时,可适当增大同步注浆压力。<br>④注浆压力高,而注浆量偏小,应检查同步注浆管是否堵塞 |
| 粉砂/细砂/中砂/粗砂等砂层 | B | 上部注浆管:$E_1+0.05\sim E_1+0.1$ MPa<br>下部注浆管:$E_1+0.1\sim E_1+0.15$ MPa | |
| 砂卵石层 | C | 上部注浆管:$E_1+0.05\sim E_1+0.1$ MPa<br>下部注浆管:$E_1+0.1\sim E_1+0.15$ MPa | |
| 复合地层 | D,E | $(1.0\sim 1.2)p_j$ | |

注:$p_j$ 为注浆口水土压力,计算见公式(5-1);$E_1$ 为土舱内上土压力。

### 5.3.4 同步注浆量的设定与控制

(1)同步注浆量设定

图 5-4　盾构开挖空隙示意图

同步注浆量应该根据盾构开挖直径和管片外径之间空隙的体积确定,如图 5-4 所示盾构开挖空隙的体积 $V$,可用公式(5-2)计算:

$$V = \pi(D_c^2 - D_R^2)L/4 \tag{5-2}$$

式中:$D_c$——盾构开挖直径;

$D_R$——管片外径;

$L$——管片环宽。

考虑到浆液的扩散、结石率、地表变形控制要求等其他因素的影响,每一环的同步注浆量应控制在$(1.2 \sim 1.8)V$。

(2)典型地层同步注浆量控制范围

浆液注入开挖空隙主要起填充作用,砂层和砂卵石会用部分浆液渗透至管片周围土体中,因此注浆量相对较大。土层由于渗透系数较低,浆液基本不会渗透,所以注浆量较砂层和砂卵石层要小。综合考虑北京地铁 10 号线二期盾构穿越地层情况和环境风险工程情况,同步注浆量控制范围见表 5-3。

不同组段盾构同步注浆量控制范围表　表 5-3

| 地　层 | 环境风险 | 组段 | 同步注浆量控制范围 | 备　注 |
| --- | --- | --- | --- | --- |
| 黏土/粉质黏土/黏质粉土/粉土层 | Ⅰ级 | AⅠ | $(1.5 \sim 1.6)V$ | ①注浆压力低,而注浆量大,可能是遇到了地质疏松区域或者地层中有空洞。<br>②同步注浆速率应与盾构推进速率相匹配,避免出现盾构推进速度过快,注浆无法及时填充开挖空隙的情况。<br>③注浆应与盾构推进同步,当盾构停止推进后,应停止注浆,防止盾尾密封受到损害 |
| | Ⅱ级 | AⅡ | $(1.4 \sim 1.5)V$ | |
| | Ⅲ级 | AⅢ | $(1.2 \sim 1.4)V$ | |
| 粉砂/细砂/中砂/粗砂等砂层 | Ⅰ级 | BⅠ | $(1.8 \sim 2)V$ | |
| | Ⅱ级 | BⅡ | $(1.5 \sim 1.8)V$ | |
| | Ⅲ级 | BⅢ | $(1.3 \sim 1.5)V$ | |
| 砂卵石层 | Ⅰ级 | CⅠ | $(2 \sim 2.5)V$ | |
| | Ⅱ级 | CⅡ | $(1.8 \sim 2)V$ | |
| | Ⅲ级 | CⅢ | $(1.5 \sim 1.8)V$ | |
| 混合地层 | | D,E组段 | 按照高指标控制,如粉质黏土和砂的混合地层,同步注浆量按照砂层的要求来控制等 | |

注:$V$ 为盾构开挖空隙体积,计算见公式(5-2)。

## 5.4　二(多)次补浆控制技术

### 5.4.1　必要性

同步注浆量按照理论计算,应为盾构穿越地层产生空隙量的 130%~180%,但是在实际施工过程中,浆液实际注入量即使达到 180%也不能完全将地表沉降控制在合理的范围内,原因主要有以下三个方面:

(1)同步注浆的浆液不可能完全充满盾构穿越产生的空隙；
(2)地层渗透系数太大，浆液易流失到地层中；
(3)同步注浆浆液在凝固时体积会产生收缩。

所以，在管片裂缝、接缝渗漏水及地面沉降控制要求较高的地段或者盾构施工对地表建筑物和管线影响较大地段，需要采用二次补浆液来控制地表沉降和堵水。

### 5.4.2 二次补浆的注入方式及关键控制技术

(1)二次补浆的注入方式

为提高壁后注浆层的防水性和密实度，必要时在同步注浆结束后进行二次注浆，即二次补浆，如图5-5所示。二次补浆一般采用双液型浆液进行注浆，分A液（水泥＋水）和B液（水玻璃＋水）。二次补浆注浆孔位一般为支撑块和连接块的中心孔，长区间如越邻接块注浆孔封住时，在下一环注浆。

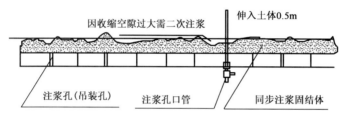

图5-5　二次补浆示意图

(2)二次补浆的关键控制技术

根据盾构工法的特点，二次补浆的关键控制技术主要有：
①二次补浆应紧跟同步注浆，防止拖后距离过长，不能达到预期效果；
②注浆孔应该尽量设置在拱顶11点～1点附近，以便更好地固定管片环和阻断顶部水流通道；
③注浆孔位置宜设置在盾尾后5环处(视具体设备情况确定)；
④浆液的凝结时间应控制在15s以内；
⑤注浆时要控制好注浆量和注浆压力；
⑥二次补浆应与同步注浆相结合，随着盾构掘进的开挖，不间断施工。

## 5.5　典型地层盾构同步注浆效果指标合理性评价

壁后注浆效果是指同步注浆浆液注入到盾构隧道管片与外侧土体的间隙中，其实际分布状态与设计的预定注入范围的吻合程度及注浆后复合土层参数的提高程度。目前，国内外壁后同步注浆效果体系中，同步注浆效果的评价指标主要包括：注浆压力、注浆量、浆液质量（浆液的种类、初凝时间、早期强度、长期强度、耐久性）。由于控制浆液质量的众多参数无法在盾构施工过程中实时进行监控，因此我们将着重从注浆压力、注浆量着手，分析典型地层同步注浆效果。

### 5.5.1 土砂复合地层同步注浆效果指标评价

以北京地铁10号线"潘—十"和"分—成"区间为例，进行土砂复合地层注浆效果指标评价合理性评价。

(1) 同步注浆压力合理性评价

从"潘—十"与"分—成"区间同步注浆压力的设定情况可知,盾构在土砂复合地层中掘进时,同步注浆压力控制基本合理,除局部区域注浆压力小于理论设定值外,大多数情况均处于合理范围之内。但相比"潘—十"区间同步注浆压力控制得较为平稳,"分—成"区间注浆压力控制显得不够稳定,波动较大,如图5-6～图5-9所示。

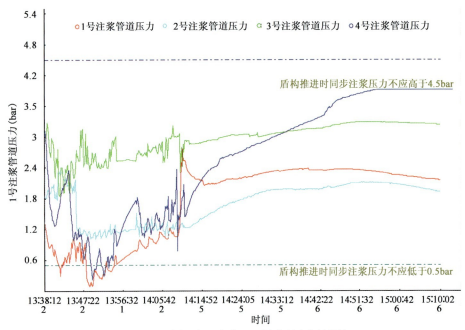

图5-6 "潘—十"区间第60环注浆压力控制情况

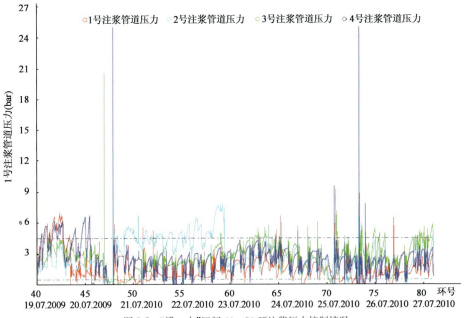

图5-7 "潘—十"区间40~80环注浆压力控制情况

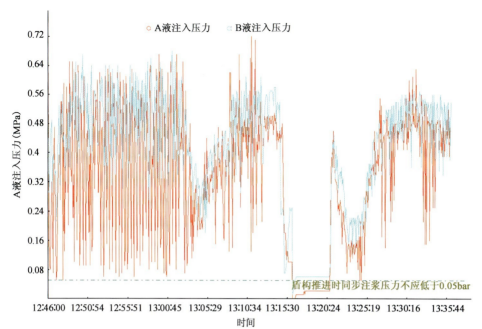

图 5-8 "分—成"区间第 200 环注浆压力控制情况

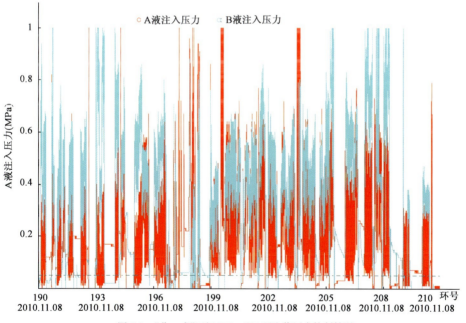

图 5-9 "分—成"区间 190~210 环注浆压力控制情况

(2) 同步注浆量合理性评价

利用盾构施工实时管理系统对盾构在土砂复合地层掘进过程中每环的同步注浆量进行统计。由图 5-10 和图 5-11 可知,"潘—十"和"分—成"区间同步注浆量均控制得较合理,但偶尔也有个别环数存在同步注浆量过大或不足的情况。如"潘—十"区间 68 环同步注浆量达 9.2m³,虽然能保证间隙填充得饱满,但是注浆量偏高,一定程度上会增加施工成本,也可能显示此处地下有空洞存在;"分一成"区间 196 和 197 连续两环同步注浆量低于理论值,增加了地表沉降超限、塌方的风险。

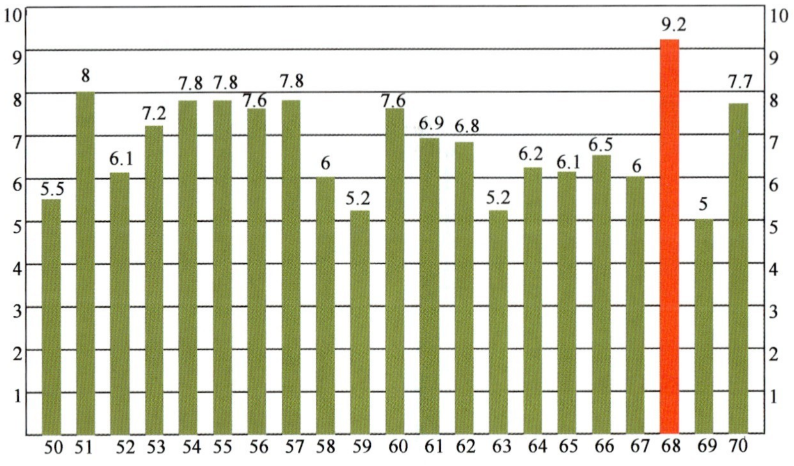

图 5-10 "潘—十"区间 50～70 环同步注浆量统计情况

图 5-11 "分—成"区间 190～210 环同步注浆量统计情况

### 5.5.2 砂卵石地层同步注浆效果合理性评价

以北京地铁 10 号线"六—莲"和"火—终"区间为例,进行砂卵石地层注浆效果指标控制合理性评价。

(1)同步注浆压力合理性评价

"六—莲"区间盾构推进过程中同步注浆压力总体控制较为合理,大多控制在理论要求的范围内,局部区域同步注浆压力出现较大波动,出现同步注浆压力过大或者过小的情况,如图 5-12 和图 5-13 所示。

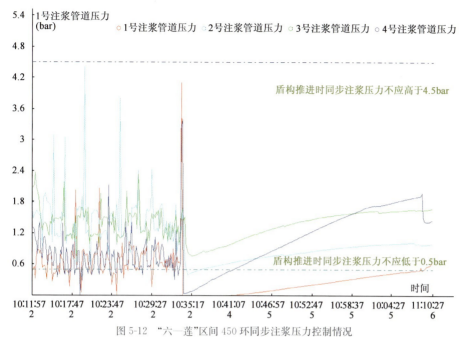

图 5-12 "六一莲"区间 450 环同步注浆压力控制情况

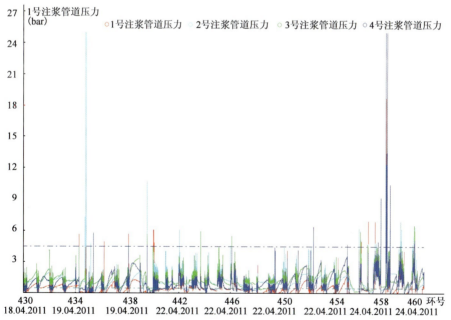

图 5-13 "六一莲"区间 430~460 环同步注浆压力控制情况

如图 5-14 和图 5-15 所示,"火一终"区间 1 号和 4 号注浆管,同步注浆压力控制得较为合理,在理论允许的范围内;2 号同步注浆管注浆压力控制得不太合理,几乎为零,可能因为注浆管堵塞的原因,无法正常地向盾尾空隙中注入浆液;3 号同步注浆管注浆压力略高于理论的最低值,整个注浆过程注浆压力较为异常,几乎恒定不变,可能与 3 号注浆管的一样,注浆管出现部分堵塞,浆液无法正常地注入盾尾空隙中。

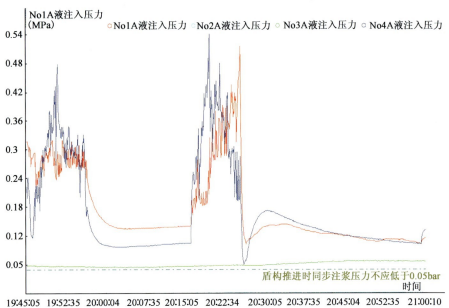

图 5-14 "火—终"区间 400 环同步注浆压力控制情况

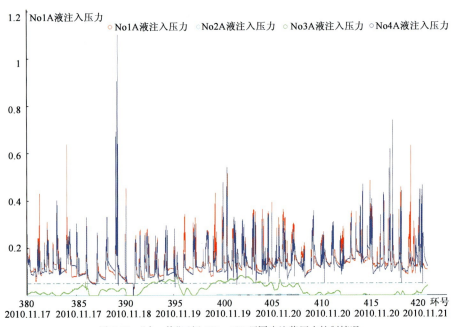

图 5-15 "火—终"区间 380~420 环同步注浆压力控制情况

(2) 同步注浆量合理性评价

如图 5-16 所示,"六—莲"区间同步注浆量控制得非常不合理,超过一半的环数同步注浆量偏低,低于理论计算值,对地表沉降控制非常不利,图中红色标示为注浆量低于理论计算值的环数。相反"火—终"区间虽然有两条注浆管的注浆压力控制得不够合理,但同步注浆量控制得较好,均在理论计算值要求的范围内,大多在 $3\sim4m^3$ 之间,如图 5-17 所示。

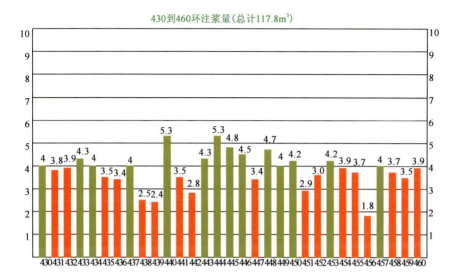

图 5-16 "六—莲"区间 430~460 环同步注浆量控制情况

图 5-17 "火—终"区间 390~410 环同步注浆量控制情况

### 5.5.3 砂卵石与砾岩复合地层同步注浆效果合理性评价

以北京地铁 10 号线"公—西"区间为例,进行砂卵石与砾岩复合地层注浆效果指标控制合理性评价。

(1) 同步注浆压力合理性评价

从单环同步注浆压力控制情况可知,"公—西"区间第 220 环注浆孔左下方和右下方位置注浆压力控制较为合理,除了偶尔出现注浆压力偏高的情况,大多数情况注浆压力均控制在合理的范围内;而注浆孔左上方和右上方区域的注浆压力控制得较差,盾构推进过程的前 15 分钟注浆压力的控制较为合理,但是到了后半程,注浆压力明显降低,控制值普遍偏低,还时有注浆压力为零的情况出现,如图5-18和图5-19所示。

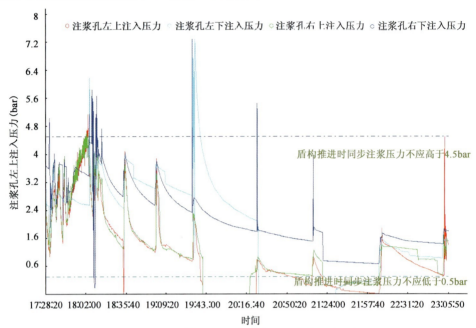

图5-18 "公—西"区间左线220环同步注浆压力控制情况

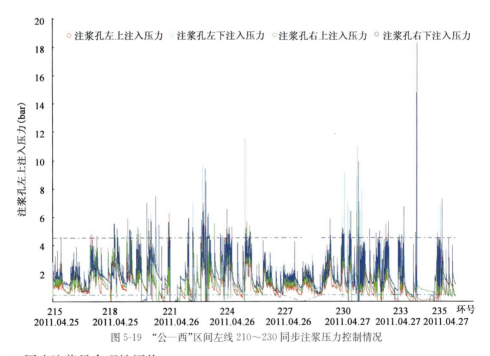

图5-19 "公—西"区间左线210~230同步注浆压力控制情况

(2)同步注浆量合理性评价

盾构在砂卵石和砾岩复合地层中掘进时同步注浆量控制得较为合理,均在理论计算要求的合理范围以内,如图5-20所示,同步注浆量大多控制在3~4m³之间。

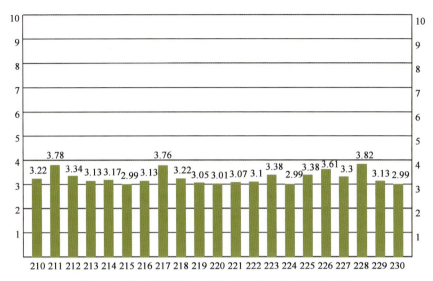

图 5-20 "公—西"区间左线 210～230 环同步注浆量控制情况

## 5.6 典型地层典型断面同步注浆适应性评价

### 5.6.1 土砂复合地层典型断面层同步注浆适应性评价

(1) "分—成"区间典型断面同步注浆适应性评价

选取"分—成"区间右线第 56 环所在的横断面作为分析对象,进行地表沉降监测及同步注浆适用性分析,地表沉降监测点布置如图 5-21 所示。

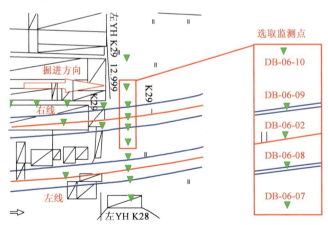

图 5-21 "分—成"区间典型断面监测点布置图

如图 5-22 所示,从监测点沉降数据反馈情况可知:盾构在"分—成"区间典型断面掘进时沉降控制较为合理,符合一般规律,沉降最大值发生在线路中心,两侧沉降越来越小。盾构刀盘到达监测断面之间,各监测点沉降较小,或地表发生轻微隆起现象,基本控制在 1mm 以内;

盾构通过监测断面时,沉降加大,沉降量约在 3~8mm 之间;盾尾通过监测断面后累积沉降量有轻微减小趋势,表明同步注浆起到较好的充填效果,在注浆压力的作用下使得隧道出现一定程度的上浮,从而有效地控制了盾尾通过监测点后沉降的进一步增大。进一步分析同步注浆效果可知:50~59 环盾构隧道在土砂复合地层中掘进时,每环同步注浆量约为 2~5m³,如图 5-24 所示;同步注浆压力虽然存在一定的波动性,但平均值约为 3.0bar,如图 5-23 所示;通过现场取样,对同步注浆浆液的初凝效果进行评判,初凝时间约为 5 小时,符合质量控制要求;综上所述,同步注浆各参数控制较为合理,地表沉降得到有效控制,结果表明该典型断面同步注浆适应性较好。

图 5-22 "分—成"区间典型断面监测点沉降曲线

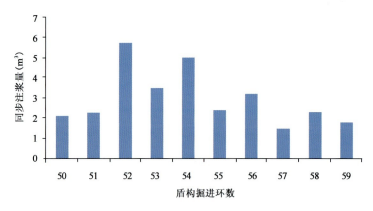

图 5-23 "分—成"区间右线 50~59 环同步注浆量控制情况

(2)"潘—十"区间典型断面同步注浆适应性评价

选取"潘—十"区间左线第 312 环所在的横断面作为分析对象,进行地表沉降监测及同步注浆适用性分析,地表沉降监测点布置如图 5-25 所示。

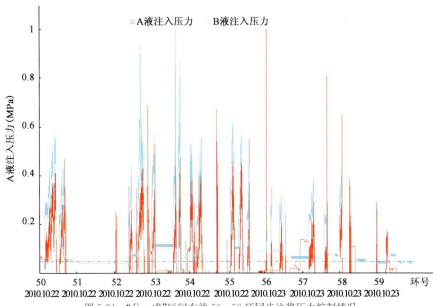

图 5-24 "分一成"区间右线 50~59 环同步注浆压力控制情况

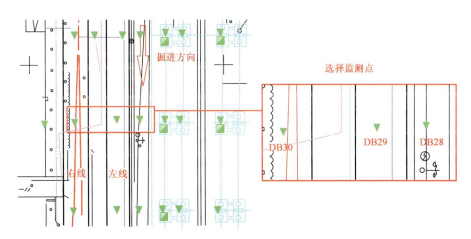

图 5-25 "潘一十"区间典型断面监测点布置图

如图 5-26 所示,从监测点沉降数据反馈情况可知:盾构在"潘一十"区间典型断面掘进时沉降控制较为合理,盾构刀盘到达监测断面之间,各监测点沉降较小,或地表发生轻微隆起现象,基本控制在 1mm 以内;盾构通过监测断面时,沉降加大,沉降量在 1~2mm 之间;盾尾脱出管片后,地表继续发生沉降,沉降量在 2~4mm 之间;之后地表沉降点累积沉降量呈现减小趋势,DB30 测点出现轻微隆起;沉降曲线表现规律表明同步注浆起到较好的充填效果,在注浆压力的作用下使得隧道出现一定程度的上浮,从而有效地控制了盾尾通过监测点后沉降的进一步增大。进一步分析同步注浆效果可知:311~320 环盾构隧道在土砂复合地层中掘进时,每环同步注浆量为 5~7m³,如图 5-27 所示;同步注浆压力也控制的较为合理,为 0.8~1.5bar,如图 5-28 所示;通过现场取样,对同步注浆浆液的初凝效果进行评判,初凝时间为 5~7 小时,基本符合质量控制要求;综上所述,同步注浆各参数控制较为合理,地表沉降得到有效控制,结果表明该典型断面同步注浆适应性较好。

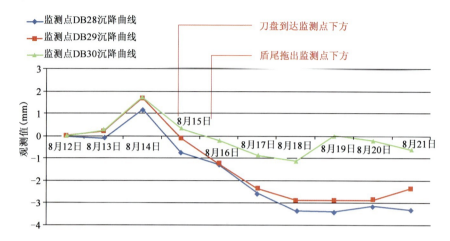

图 5-26 "潘—十"区间典型断面监测点沉降曲线

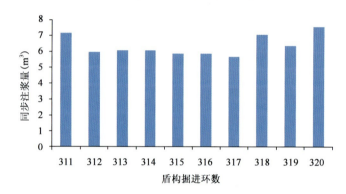

图 5-27 "潘—十"区间右线 311～320 环同步注浆量控制情况

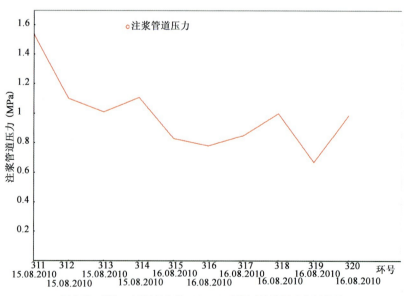

图 5-28 "潘—十"区间右线 311～320 环同步注浆压力控制情况

## 5.6.2 砂卵石地层典型断面同步注浆适应性分析

选取"樊一丰"区间左线第145环所在的横断面作为分析对象,进行地表沉降监测及同步注浆适用性分析,地表沉降监测点布置如图5-29所示。

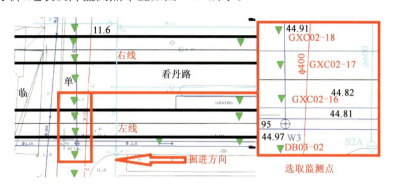

图5-29 "樊一丰"区间典型断面监测点布置图

如图5-30所示,从监测点沉降数据反馈情况可知:盾构在"樊一丰"区间典型断面掘进时沉降控制较为合理,盾构刀盘到达监测断面之间,各监测点沉降较小,或地表发生轻微隆起现象,基本控制在0.5mm以内;盾构通过监测断面时,沉降量在0~0.5mm之间;盾尾脱出管片后,地表继续发生沉降,但沉降仍较小,最大沉降量为2mm;之后地表沉降点累积沉降量呈现减小趋势,表明同步注浆起到较好的充填效果,在注浆压力的作用下使得隧道出现一定程度的上浮,从而有效地控制了盾尾通过监测点后沉降的进一步增大。进一步分析同步注浆效果可知:141~150环盾构隧道在砂卵石地层中掘进时,同步注浆量较为饱满,为8~16m³,如图5-31所示;同步注浆压力比土砂复合地层更大,为1.5~2.4bar,如图5-32所示;通过现场取样,对同步注浆浆液的初凝效果进行评判,初凝时间为5~7h,基本符合质量控制要求;综上所述,同步注浆各参数控制较为合理,地表沉降得到有效控制,结果表明该典型断面同步注浆适应性较好。

图5-30 "樊一丰"区间典型断面监测点沉降曲线

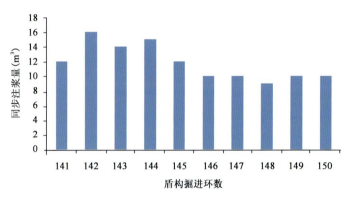

图 5-31 "樊—丰"区间 141~150 环盾构同步注浆量控制情况

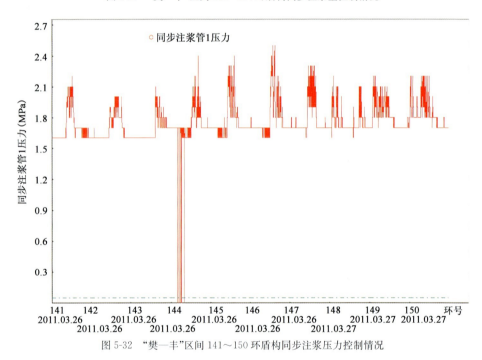

图 5-32 "樊—丰"区间 141~150 环盾构同步注浆压力控制情况

## 5.7 本 章 小 结

(1)土砂复合地层同步注浆效果合理性评价

①从"潘—十"与"分—成"区间同步注浆压力的设定情况可知,盾构在土砂复合地层中掘进时,同步注浆压力控制基本合理,除局部区域注浆压力小于理论设定值外,大多数情况均处于合理范围之内。但相比"潘—十"区间同步注浆压力控制得较为平稳,"分—成"区间注浆压力控制显得不够稳定,波动较大。

②"潘—十"和"分—成"区间同步注浆量均控制得较好合理,但偶尔也有个别环数存在同步注浆量过大或不足的情况。如"潘—十"区间 68 环同步注浆量达 $9.2m^3$,虽然能保证间隙填充的饱满,但是注浆量偏高,一定程度上会增加施工成本,或者显示该处地层内可能存在空洞;

"分—成"区间196和197连续两环同步注浆量低于理论值,增加了地表沉降超限、塌方的风险。

(2)砂卵石地层同步注浆效果合理性评价

①盾构在砂卵石地层中掘进时,同步注浆压力总体控制较为合理,大多控制在理论要求的范围内,局部区域同步注浆压力出现较大波动。

②"六—莲"区间同步注浆量控制得非常不合理,超过一半的环数同步注浆量偏低,低于理论计算值,对地表沉降控制不利。相反"火—终"同步注浆量控制得较好,均在理论计算值要求的范围内。

(3)砂卵石与砾岩复合地层同步注浆效果合理性评价

①同步注浆压力总体控制合理,但时有注浆压力异常情况发生,应加强控制,确保压力参数控制的稳定。

②盾构在砂卵石和砾岩复合地层中掘进时,同步注浆量控制得较为合理,均在理论计算要求的合理范围以内,同步注浆量大多控制在 $3\sim4m^3$ 之间。

(4)典型断面同步注浆参数控制与地表沉降的关系

分别选取"分—成"、"潘—十"及"樊—丰"区间的典型断面进行同步注浆适应评价,研究结果表明同步注浆压力、同步注浆量及浆液质量是影响地表沉降的三个重要参数,在盾构施工其他参数合理的情况下,只要将上述三个参数控制在合理的范围之内,各典型地层的地表沉降是可控的。

# 第6章 典型地层盾构土体改良技术

## 6.1 概 述

土压平衡盾构施工过程中,渣土的流动性、止水性及流塑性对盾构掘进效率及经济效益的影响很大,土体改良效果不佳,大大增加盾构掘进的负荷,影响盾构的使用寿命。因此,对于任何一个盾构工程,如何防止渣土在刀盘上形成泥饼、在土舱内积压、堵舱,在螺旋输送机处产生堵塞、喷涌等,仍是十分重要的研究课题。

10号线二期盾构区间穿越地层种类繁多,几乎涵盖了北京地区的所有典型地层,如粉质黏土层、粉细砂层、粉土层、砂卵(砾)石层(小、中、大粒径)、砾岩地层,以及各种复合地层。而且各个区间不同位置地层条件变化也存在多变性,如"公—西"区间不同位置就包含了全断面砾岩地层、卵砾石与砾岩复合地层、全断面卵砾石地层、卵砾石与粉细砂复合地层。在这种复杂多变的地层中进行盾构施工,如何实现有效的土体改良,对盾构施工至关重要,土体改良效果的好坏,将直接影响到盾构掘进速度、开挖成本,甚至将直接影响工程的成败。

### 6.1.1 目的

土压平衡盾构施工过程中,具有流塑性和不透水性的开挖土体充满土压舱,利用螺旋输送机控制土舱压力,以抵抗开挖面的水土合力,确保开挖面稳定,避免开挖面失稳、压力舱闭塞、结饼、喷涌等事故的发生。因此,为使得盾构正常掘进,土体必须具有良好的塑流性,同时具有较低的透水性。土压平衡盾构工法成功的关键是将开挖面切削下来的土体在压力舱内调整成一种"塑性流动状态"。对于淤泥质黏土层,通过压力舱内选择翼板搅拌,就可以较好地使进入压力舱内的渣土达到"塑性流动状态";对于黏粒含量较少的砂土层、卵砾石地层,进入土舱内的土体就很难形成这种"塑性流动状态",从而给盾构施工带来很多困难,大大降低了盾构施工效率,并大幅提高盾构施工成本。此时,必须通过在掌子面、土舱等位置注入土体改良剂,将土体改良成"塑性流动状态"。土体改良具体目的如下[112]:

(1)使渣土具有较好的土压平衡效果,稳定开挖面,较好的控制地表沉降;
(2)使渣土具有良好的止水性,以控制地下水流失;
(3)使切削下来的渣土快速进入土舱,并顺利通过螺旋输送机排出;

(4) 可以有效防止土舱结饼或板结现象发生；

(5) 可以防止或减轻螺旋输送机排土时的喷涌现象；

(6) 可以有效降低刀盘扭矩及螺旋输送机扭矩，降低地层中卵砾石对刀具及螺旋输送机的磨损，有效提高盾构掘进效率。

### 6.1.2 开展土体改良技术的意义

10号线二期盾构区间穿越地层种类繁多，土体的流塑性差异很大，各施工区间应根据地层特性分别采用合理的土体改良技术才能获得理想的改良效果。

目前，北京地铁盾构施工主要采用膨润土泥浆和泡沫对土体进行改良，但是现行的改良材料都存在着自身的缺陷。比如泥浆成分组成简单，功能单一。为了获得较高的浆液的黏度，仅仅依靠增加膨润土的用量来实现性能的提高，不仅会占用大片的地方堆积膨润土，还会增加渣土对环境的污染，而且泥浆性能在遇到复杂地层也难以满足要求。总体上，土体改良剂的使用缺乏相应的理论指导及必要的评价标准和评价方法，给盾构施工带来各种难题，可归纳为以下几点：

(1) 对泥浆改良剂的基本性质、与土体的匹配关系、改良效果以及与盾构施工参数关系等缺乏相关的理论研究，造成盾构施工中泥浆使用的盲目性：一种情况是泥浆的选择与地层物性不匹配或地层变化时没有及时更换，造成土体改良效果不好，导致盾构施工过程中出土困难、刀具磨损严重；其次是遇到不良地质条件时，无针对性地加大改良剂注入的各项参数，造成改良剂的浪费；第三种是在盾构施工中为节约建设成本，不恰当地减少泥浆注入的参数，降低使用量，造成土体改良效果的降低，导致出土困难、刀具磨损等严重问题，通常这种改良效果的降低以至出土困难的出现，有一定的滞后效应，在施工过程中易被操作人员忽视。

(2) 目前常采用的由自然黏土、膨润土、水和外加剂（CMC）组成的分散泥水体系，存在着废弃泥浆排放量大、浆液指标难控制、泥水处理占地多、新浆材料用量大及污染环境等方面的问题[87]。因此，研究和开发不分散泥水体系对节约材料、保护环境以及泥水盾构的推广应用均具有重要意义。

(3) 目前土体改良技术的研究与应用缺乏相应的规范标准，改良剂种类的选择、浆液配比、性能参数与指标的确定与控制方法、注入参数的选定与合理控制等均依靠现场试验或工程经验来制定，造成了人力、物力和财力的极大浪费，甚至还有可能造成重大工程事故。

综上分析，土体改良技术作为盾构法施工的一个重要组成部分对盾构法隧道建设的发展有着深远的影响，纵观目前国内各台盾构机的使用工况，不难发现土体改良技术应用的好坏，对降低工程造价，提高工程施工进度都有着决定性的作用[88]。因此，研制性能优越、价格合理、施工方便、安全环保的土体改良材料，并形成相应的理论指导及必要的评价标准和评价方法，必然会对解决盾构施工中带来的各种难题提供有力的帮助。

## 6.2 改良剂与土体匹配关系研究

土体的塑流化技术是保证土压平衡盾构法成功的关键，国内外许多学者对土体的改良技术进行了大量研究，得到了许多有意义的结果。但是，目前对土体改良剂与土体的适用性的研究大部分是定性地给出了适用性关系,并没有定量地做出解释。对改良土体评价体系的研究大部分都局限于单一的变量研究,没有将各个参数进行整合。本次研究在建立起围绕土体塑性流动状态力学指标统一评价体系及评价方法基础上,对土体改良剂与土体的适用性进行实验研究,以期获得定量的对应关系指导工程实践,改变凭施工经验选择土体改良剂的历史,结束在改良剂产品的选择、应用等方面的盲目性。

### 6.2.1 常用的土体改良剂[112]

土压平衡盾构施工中遇到不易形成"理想塑性流动状态"的地层时,通常的办法就是向开挖面及土舱内注入一定比例的土体改良剂来改变土体的状态,使其达到盾构正常掘进的要求。目前常用的土体改良剂大致可以分为三类:矿物类、高分子类和表面活性剂类。这些材料有时各自单独使用,有时则相互组合使用,如图6-1所示。

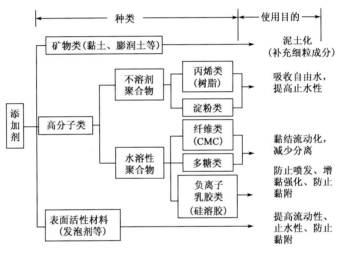

图 6-1 土体改良剂的种类及目的

矿物类添加材料其主材多使用膨润土、黏土、陶土等天然矿物。注入该类材料的目的是补充微、细成分,使压力舱内土体的内摩擦角减小,促使其在土压作用下发生变形和破坏,即流动性、止水性均有一定提高[89]。矿物类土体改良材料的浓度和注入量,可根据颗粒级配算出。矿物类改良材料的使用地层范围较广,故在土压平衡式盾构施工早期被广泛应用。然而,由于矿物类土体改良剂需要采用制泥装置和贮泥槽等大规模的设备,另外有时渣土由于呈泥状而要将其作为工业废弃物进行处理,因此,限制了其广泛的使用。

高分子类添加剂包括高吸水性树脂、高分子类水溶性聚合物和负离子类乳胶添加材料。高吸水性树脂的用料主要为高分子类、不溶性聚合物的高吸水性树脂(可吸收自重几百倍的水的胶状材料)。这种材料吸水但不溶于水,所以不会被地下水稀释劣化,故在高水压的地层中使用这种材料可以防止地下水的喷出。由于树脂填充土体颗粒间隙,减小了颗粒之间的摩擦,故提高了开挖土体的流动性[90]。

高分子类水溶性聚合物首先是以CMC(羧甲基纤维素钠)为代表的纤维类,此类改良材料可把土体颗粒间隙中的自由水挤走,使土颗粒间发生黏结。负离子类乳胶添加材料可在土体颗粒和水之间形成絮状凝聚物,使其发生黏结,从而减小内摩擦角,提高流动性[91]。

表面活性材料指的是特殊气泡剂,以及在气泡剂中添加的高分子水溶性聚合物,即气泡添加剂。另外还应注意消泡剂的使用。气泡剂与压缩空气产生的气泡和切削土经搅拌混合后,气泡挤走土体中的自由水,并依靠气泡的支承作用,可以提高开挖土体的流塑性和止水性。同时,还可以防止泥土的压密黏附[91]。

### 6.2.2 土体与改良剂的适用性分析

在盾构施工过程中会经历各种土体,有的是单一层,有的是几种地层的互层,不同的土层有不同的特性,土体改良剂的添加量和种类也不尽相同,下面就通过三种典型地层分析开挖土体的特性,并初步分析土体改良剂与土体的适用性。

(1)卵石圆砾地层特性与改良剂的适用性分析

卵石圆砾地层中含有一定砂粒的地层由于其内聚力较小、内摩擦角大具有不稳定性,此种地层渗透性极大、极易透水,其基本特征是结构松散、无胶结、呈大小不等的颗粒状。卵石圆砾地层被开挖之后,其原来的平衡状态被破坏,开挖面和洞壁因失去约束而变得极不稳定。

卵石圆砾地层围岩中的卵石、砾石粒径越大越多,越容易对周围土体产生扰动,特别是隧道顶部大块卵石剥落会引起隧道上部地层的突然沉陷[92]。图 6-2 展示了卵石圆砾地层开挖后土体的不稳定性。

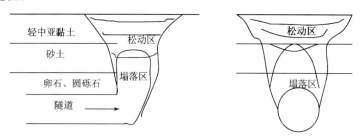

图 6-2 全断面无水砂卵石地层开挖面失稳形态

卵石圆砾地层的传力方式是点对点,地层反应灵敏,其传力范围小,容易发生不稳定性。根据这个特点,认为在卵石圆砾地层中可以添加以下改良剂进行土体改良:①在开挖过程中添加泥浆,使得卵石土颗粒周围被泥浆包括形成一层泥膜,这样可以加大卵石土颗粒之间的传力范围,使开挖面的稳定性加大;②除加入泥浆以外还可以在此地层中加入表面活性材料改良剂(如泡沫等),泡沫的加入可以改善土粒粒状构造,同时在颗粒之间的气泡可以减少土体颗粒之间的摩擦,降低刀盘扭矩和搅拌功率。加入泡沫改良剂还可以降低土体的渗透系数,使土体的流动性增大,可以顺畅排土;③如果卵石圆砾地层地下水含量丰富,有发生"喷涌"的可能,可以考虑在此地层中添加高吸水性树脂类改良剂,通过此种改良剂迅速吸收地下水从而很好地防止"喷涌"的发生[93]。

(2)砂土地层特性与改良剂的适用性分析

砂土的内摩擦角较大,土舱内渣土的摩阻力较大,流动性差。同时砂层的透水性好,螺旋输送机不能起到良好的止水作用,从而将会在螺旋输送机出口发生喷涌现象,一方面造成地层失水与地表沉降超限,另一方面影响出渣并造成洞内环境污染[94]。

在富含地下水的砂土地层中极易发生砂土液化现象,在盾构掘进过程中土体发生震动,导致孔隙水压力上升,有效应力减小,从而导致砂土从固态到液态的变化,饱水的疏松粉、细砂土在振动作用下会突然破坏而呈现液态,即砂土液化现象。其机理是饱和的疏松粉、细砂土体在振动作用下有颗粒移动和变密的趋势,对应力的承受从砂土骨架转向水,由于粉和细砂土的渗透力不良,孔隙水压力会急剧增大,当孔隙水压力大到总应力值时,有效应力就降到零,颗粒悬浮在水中,砂土体即发生液化[95]。

砂土地层止水性差,极易发生"喷涌"现象。其产生机理是:由于开挖面上水压力过高,加之开挖下来的渣土本身不具有止水性,正常的螺旋排土器取土排土方式已经难以将土体中的水体按照输送水体和土体一起排出盾构机。高压力的水体穿越压力舱和排土器形成集中渗流,带动土颗粒一起运动形成喷涌,土空隙中的输送水体形成相对土体运动的集中渗流,原本以相同速度输送的土水产生相对运动,水体流量和流速相应的增大。较大流量的渗流水经过压力舱和螺旋排土器后其压力水头没有递减到接近零的范围。渗流水在输送至出口的一瞬间,由于前方是临空的,隧道内部处于无压状态,渗流水便在忽然增大的压力下带动正常输送的砂土喷涌而出[96]。

通过以上对砂土地层特性的分析,结合土体改良剂的特性,认为以下土体改良剂可以应用于砂土地层的改良中。

①采用矿物类改良剂如泥浆等进行砂土地层改良,在砂土中加入泥浆进行土体改良,可以很好地降低砂土的渗透系数,使得土体具有止水性,从而减少"喷涌"发生的可能。加入泥浆改良剂使得砂土颗粒间形成泥膜,从而增大土体的流动性,使土体达到塑性流动状态,可以更好地通过螺旋排土器排出,使盾构掘进顺利进行。

②加入表面活性剂如泡沫等进行砂土地层改良,通过大量学者的研究和实际施工效果分析,利用泡沫进行土体改良应用范围比较广泛,效果也比较好。在砂土地层中采用泡沫改良剂改良土体,可以使土体的渗透性极大的降低,止水效果会有很大的增加,对"喷涌"有积极的防治作用。泡沫剂产生的气泡也可以增加砂土颗粒之间的润滑性,使得砂土更具有流动性,可以降低土体的切削功率和搅拌扭矩,同时也更利于土体的排出。

③如果地下水非常丰富,"喷涌"发生的可能极大,经过一些国外专家的研究,可以在土体中加入高分子类改良剂如高吸水性树脂类改良剂进行土体改良,此类改良剂可以迅速地吸收自由水使其成为胶凝状态,此种改良剂可以作为前两种改良剂的辅助材料,在水位较高的砂土地层使用。

(3)黏土地层特性与改良剂的适用性分析

黏性地层通常由高塑性的黏土组成,一般拥有较高的液限以及较高的塑性指数[97]。此类土体和水混合后会发生膨胀效应,主要是由于所含黏粒的膨化作用,从而使得黏土变得黏性很大。

由于黏土地层在遇水后黏性变得极大,因此在压力舱和螺旋排土器中通常会出现"结饼"和"闭塞"现象,这两个问题对土压平衡盾构的掘进过程将构成很大的威胁,出现"结饼"、"闭塞"的刀盘掘进效率,压力舱中搅拌效率和螺旋出土器中的出土效率都将会变得很低,这将严重地降低盾构机的掘进速度,甚至导致盾构机停机清理,而开舱清理是一件非常烦琐而危险的工作,是非常影响盾构掘进速度的。在黏土中盾构掘进发生"结饼"和"闭塞"现象的主要原因如下。

①"结饼"现象发生的机理是:当盾构在黏土地层中施工时,由于黏性土具有内摩擦角小、黏性大和流动困难等特点,使得黏性土体黏附在刀盘上。从开挖面上切削下来的黏土,通过刀盘渣槽进入压力舱后,在压力舱中压力的作用下容易被压实固结,首先将刀盘支撑主轴中心充满填实,并很快地将刀盘中心的渣槽堵死,使刀盘中心正面的土体不能通过中心渣槽进入压力舱,而是在刀盘挤压力的作用下从刀盘四周的渣槽进入压力舱,逐渐地,压实固结的土体范围不断地扩大,有时甚至出现整个刀盘和压力舱全部被压实固结的土体充满并堵塞的情况。此时,盾构机的掘土效率将显著降低。如果这种情况没有及时得到控制,当刀盘继续旋转切削土体时,固结土体的刀盘和开挖面土体之间产生很大的摩擦力,相互摩擦产生大量的热量,刀盘温度不断升高,使刀盘和压力舱内的土体不断地被烧结固化,最终在刀盘和整个压力舱内形成坚硬的"泥饼",即所谓的"结饼"现象[98]。

②"闭塞"问题的出现是由于土体在压力舱内的侧壁发生黏附现象,上部的土体不能掉下来,黏附的土体逐渐增加,发生土体的拱效应,使渣土不能顺利排出。土压平衡式盾构机在黏性土层中施工时,很容易导致拱的产生,而出现"闭塞"现象。

由以上分析可以得知,"结饼"和"闭塞"现象是影响黏土中盾构掘进的主要因素,而黏土的黏性是这两种现象发生的主要因素,因此黏土改良的主要目的就是要降低黏性土的黏性。

由于黏土的改良主要是降低黏性,可以加入以下改良剂进行土体改良:①加入泡沫改良剂进行土体改良,因为泡沫剂产生的气泡可以使黏土颗粒分散开来,土体的黏性可以通过气泡的排斥作用得到大幅度的降低,同时土体的流动性也会有所增加;②加入高分子抗黏土聚合物进行土体改良,抗黏土聚合物可以使黏土团分解,同时可以防止其再次结团。抗黏土聚合物还在黏土团表面形成润滑膜,有利于黏土团之间相互滑动,使土体的流动性增大。

### 6.2.3 土体与改良剂的匹配性试验研究

(1)试验方法

本次研究主要针对北京地铁10号线二期施工遇到的典型土层卵石/圆砾、砂土、粉土/黏土进行改良评价,改良剂包括泥浆、泡沫、泡沫泥浆,水作为辅助的改良剂,主要进行了搅拌试验、摩擦系数试验、黏附阻力试验和坍落度试验。总的试验分组见表6-1。

**土体改良试验研究分类表** 表6-1

| 土体类型 | 改良剂 | 实验内容 |
|---|---|---|
| 卵石/圆砾 | 泥浆 | ①搅拌试验;②摩擦系数试验;③黏附阻力试验;④坍落度试验 |
| | 泡沫 | |
| | 泡沫泥浆 | |
| 砂土 | 泥浆 | ①搅拌试验;②摩擦系数试验;③黏附阻力试验;④坍落度试验 |
| | 泡沫 | |
| | 泡沫泥浆 | |
| 粉土/黏土 | 泥浆 | ①搅拌试验;②摩擦系数试验;③黏附阻力试验;④坍落度试验 |
| | 泡沫 | |
| | 泡沫泥浆 | |
| | 清水 | |

改良效果达到土体塑性流动状态的基本要求是：①土体坍落度达到15cm以上，即土体的流动性要符合塑性流动状态的要求；②在坍落度符合要求的基础上，改良土体的搅拌扭矩、摩擦系数、黏附阻力系数要比初始值有显著的降低。

①土样配制

为了保证试验结果的有效性、可重复性、可对比性，实验室自行配制的土体应符合以下原则：(a)配制的土体的颗粒级配必须符合实际的土体的颗粒级配；(b)配制的土体应具有代表性、典型性；(c)土体的配制应具有可重复性，使得土体改良的试验过程具有可重复性。

试验土体由不同粒径土经过混合搅拌后配制而成。本次试验通过对地铁穿越典型地层土体的研究，根据现行的规范，通过筛分法筛分出可以满足试验用量的土样，筛分土体的粒径范围见表6-2。

土体筛分粒径表　　　表6-2

| 土体粒径(mm) | ≤0.075 | 0.075～0.25 | 0.25～0.5 | 0.5～2 | 2～5 | 5～20 | 20～60 | ≥60 |
|---|---|---|---|---|---|---|---|---|

根据北京地层情况和地铁线路勘察报告，并考虑到实验室实际操作情况，配制卵石/圆砾土、砂土、粉土/黏土的颗粒级配分别见图6-3、图6-4、图6-5。

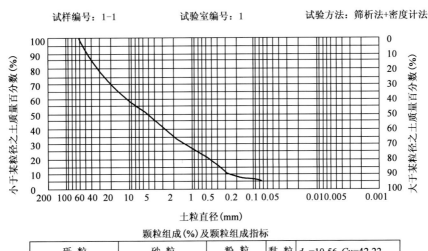

图6-3　卵石/圆砾土颗粒级配

②改良剂

本课题试验采用的泥浆为实验室自行配置的新型羟丙基瓜尔胶泥浆。泥浆试验所采用的材料为：钠基膨润土、黄原胶、纯碱、自来水。

采用的泡沫为实验室自行配置的新型泡沫改良剂，经过室内试验测试，该泡沫剂各参数稳定，符合试验要求，可以应用于本次改良试验。

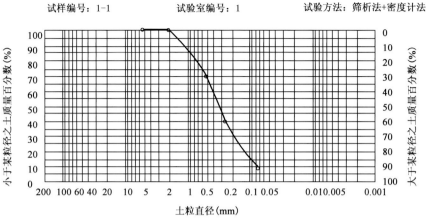

图 6-4　砂土颗粒级配

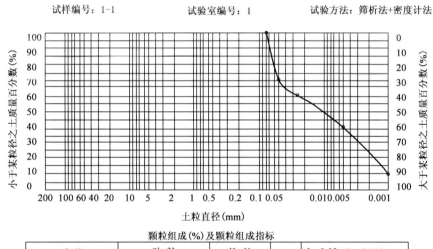

图 6-5　粉土/黏土颗粒级配

泡沫泥浆共同使用效果也进行了试验验证。本文按照泥浆体积与泡沫剂体积比为 3/1 和 4/1 的比例加入土体，进行土体改良，通过试验对比，确定最优结果。

③试验程序

试验分析过程采用的土体体积为 7.5L,土体改良剂分别为泥浆、泡沫以及泥浆泡沫混合物:

泥浆初步加入量确定为土体体积的 18%(即 1350ml),每测一次参数后,泥浆继续加入量为土体体积的 2%(即 150ml),直到土体达到理想的塑性流动状态为止。

泡沫剂初步加入量确定为 250ml,为土体体积的 3.3%,每测一次参数后,继续加入泡沫进行土体改良,直到土体达到理想的塑性流动状态为止。

通过泥浆和泡沫对土体的改良试验所消耗的改良剂的体积初步确定,泡沫剂与泥浆的比例是 1:3 或者是 1:4。

(2)试验结果

①卵石/圆砾土改良试验结果

表 6-3 是 4 种改良剂对圆砾土的改良效果,改良土体的坍落度在 17cm 的时候,改良剂对其余参数的改良效果不再十分明显,所以在圆砾土改良中以坍落度 17cm 作为一个标准,综合比较其余三个参数。图 6-6 是根据表 6-3 得出的改良效果对比柱形图。

卵石/圆砾土体改良结果对比表　　　　　表 6-3

| 改良剂种类 | 泥　浆 | 泡　沫 | 泡沫泥浆比 1/3 | 泡沫泥浆比 1/4 |
|---|---|---|---|---|
| 土体坍落度(cm) | 17 | 17 | 17 | 17 |
| 搅拌扭矩变化率(%) | -12.4 | -42.9 | -16.6 | -16.6 |
| 摩擦系数变化率(%) | -40.9 | -57.3 | -27.5 | -19.5 |
| 黏附阻力系数变化率(%) | -11.2 | -42.9 | -27.9 | -15.6 |

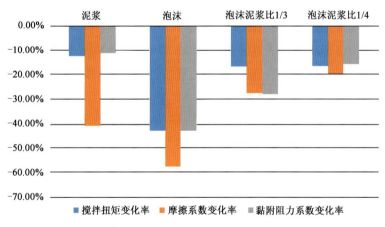

图 6-6　卵石/圆砾土体改良结果对比图

通过图 6-6 可以得到以下结论:

a. 当坍落度都是 17cm,即土体的流动性都达到要求的时候,泡沫对土体的改良从各个参数上来看都是最优的。

b. 泡沫泥浆在改良土体的摩擦系数方面效果略低于纯泥浆的改良效果,但是在土体的搅拌扭矩和黏附阻力系数改良方面,泡沫泥浆的改良效果优于泥浆的改良效果,综合分析泡沫泥浆的改良效果优于泥浆的改良效果。

c. 在采用泡沫泥浆进行土体改良时,泡沫泥浆比为 1/3 的改良剂在各个参数改良方面都要优于泡沫泥浆比为 1/4 的改良剂,由此可得出在混合使用泡沫泥浆进行土体改良时泡沫使用越多对土体改良效果越好。

综上所述,可以得出改良剂对圆砾土的改良效果情况,总的结论是:泥浆、泡沫、泡沫泥浆都可以对圆砾土进行改良,泡沫对圆砾土的改良效果优于泡沫泥浆对圆砾土的改良效果,泡沫泥浆对圆砾土的改良效果优于泥浆对圆砾土的改良效果。

②砂土改良试验结果综合分析

表 6-4 是 3 种改良剂对砂土的改良效果,改良土体的坍落度在 17～22cm 的时候,改良剂对其余参数的改良效果不再十分明显,所以在砂土改良中以坍落度 20cm 作为一个标准,综合比较其余三个参数。图 6-7 是根据表 6-4 得出的改良效果对比柱形图。

砂土改良试验结果对比统计表　　　　　表 6-4

| 改良剂种类 | 泥　浆 | 泡　沫 | 泡沫泥浆比 1/3 |
|---|---|---|---|
| 土体坍落度(cm) | 20 | 20 | 20 |
| 搅拌扭矩变化率(%) | −47.9 | −138 | −68.4 |
| 摩擦系数变化率(%) | −30.5 | −19.3 | −27.8 |
| 黏附阻力系数变化率(%) | −11.6 | −7.8 | −9.6 |

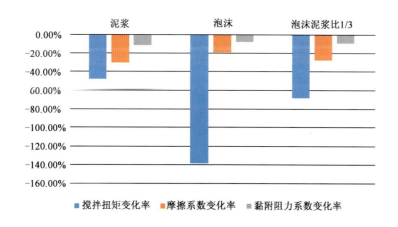

图 6-7　砂土改良试验结果对比图

通过图 6-7 可以得到以下结论:

a. 当土体都达到理想的塑性流动状态后,以坍落度为 20cm 的时候作为统一的标准进行各参数的比较,在搅拌扭矩改良方面,泡沫的改良效果最好,其次是泡沫泥浆,泥浆的改良效果低于以上两种改良剂。

b. 在摩擦系数改良方面,泥浆改良效果最优,其次是泥浆泡沫,泡沫对摩擦系数的改良效果低于以上两种改良剂。

c. 在黏附阻力系数改良方面,也是以泥浆的改良效果最优,其次是泡沫泥浆,最后是泡沫,但是这三种改良剂在砂土黏附阻力系数改良方面差别很小。

③黏土改良试验结果综合分析

表 6-5 是 2 种改良剂对黏土的改良效果,改良土体的坍落度在 22cm 的时候,改良剂对其余参数的改良效果不再十分明显,所以在黏土改良中以坍落度 20cm 作为一个标准,综合比较其余三个参数。图 6-8 是根据表 6-5 得出的改良效果对比柱形图。

黏土改良结果对比统计表　　　　　　　　　　　　　　表 6-5

| 改良剂种类 | 泡　沫 | 水加泡沫 |
| --- | --- | --- |
| 土体坍落度(cm) | 22 | 22 |
| 搅拌扭矩变化率(%) | −82.8 | −86.2 |
| 摩擦系数变化率(%) | −58 | −38.7 |
| 黏附阻力系数变化率(%) | −40.2 | −21.1 |

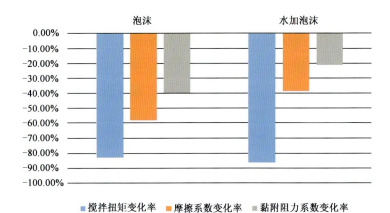

图 6-8　黏土改良结果对比图

通过图 6-8 可以看出:泡沫、水加泡沫对黏土的改良效果十分相近,泡沫对黏土的改良效果略优于水加泡沫对黏土的改良效果,都明显地改良了黏土的特性。

④土体改良剂与土体的适用性综合分析

通过上述试验结果分析,基本得到了在土压平衡盾构中土体改良剂与土体的适用性关系,为了更直观地体现此关系,本文将土体与改良剂的适用性关系总结成一个表,具体见表 6-6。

不同土体与土体改良剂的适用性关系表　　　　　　　　　　　表 6-6

|  | 泥浆 | 泡沫 | 泥浆泡沫 | 水加泡沫 |
| --- | --- | --- | --- | --- |
| 卵石圆砾 | √ | √ | √ | × |
| 砂土 | √ | √ | √ | × |
| 黏土 | × | √ | × | √ |

说明:"√"代表此种改良剂适合改良此种土体,"×"代表此种改良剂不适合改良此种土体。

根据试验研究,提出了适合室内验证土体改良效果的试验方法和试验参数。通过大量的试验,也基本可以给出这些参数的一些范围值。土体各参数初始值可以参考表 6-7,土体改良达到理想状态后可直接测得的各参数值参照表 6-8,两表中所给出的数据只针对与本次试验过程中相同颗粒级配的土体。

土体初始参数的参考值　　　　　　　　　表6-7

| | 搅拌扭矩(N·m) | 摩擦系数 | 黏附阻力系数(N/m²) | 坍落度(cm) |
|---|---|---|---|---|
| 无水砾石 | 5.5～11.1 | 0.36～0.42 | 177～194 | 13.5 |
| 无水砂土 | 4.6～8.6 | 0.39～0.45 | 176～216 | 14.5 |
| 无水黏土 | 3.9～5.4 | 0.40～0.43 | 212～220 | 15 |

改良后测定参数的参考值统计表　　　　　表6-8

| | 搅拌扭矩(N·m) | 摩擦系数 | 黏附阻力系数(N/m²) | 坍落度(cm) |
|---|---|---|---|---|
| 无水砾石 | 4.6～7.2 | 0.16～0.20 | 94～169 | 17～21 |
| 无水砂土 | 3～3.6 | 0.19～0.26 | 149～158 | 22～23 |
| 无水黏土 | 0.35～0.75 | 0.18～0.19 | 125～135 | 23～23.5 |

## 6.3　新型改良剂的研制

本课题要研制的是兼具矿物类改良材料和水溶性高分子类改良材料为一体的新型土体改良剂，主要解决砂卵石地层土体改良问题。

### 6.3.1　泥浆组成

土压平衡盾构所用泥浆通常由三类材料组成：水、膨润土、有机物和化学物质，大多是水溶性的聚合物和各种化学盐。

(1) 膨润土

膨润土是矿物类改良剂最主要的原材料。本次试验所用的矿物类材料为10号线8标工地所采用的钠基膨润土，产地为山东潍坊市驸马营钠土厂。

(2) 黄原胶

又称黄胶、汉生胶，是一种由假黄单胞菌属发酵产生的单孢多糖，由甘蓝黑腐病野油菜黄单胞菌以碳水化合物为主要原料，经好氧发酵生物工程技术，切断1,6-糖苷键，打开支链后，在按1,4-键合成直链组成的一种酸性胞外杂多糖。1952年由美国农业部伊利诺伊州皮奥里尔北部研究所分离得到的甘蓝黑腐病黄单胞菌，并使甘蓝提取物转化为水溶性的酸性胞外杂多糖而得到[99]。其分子结构如图6-9。

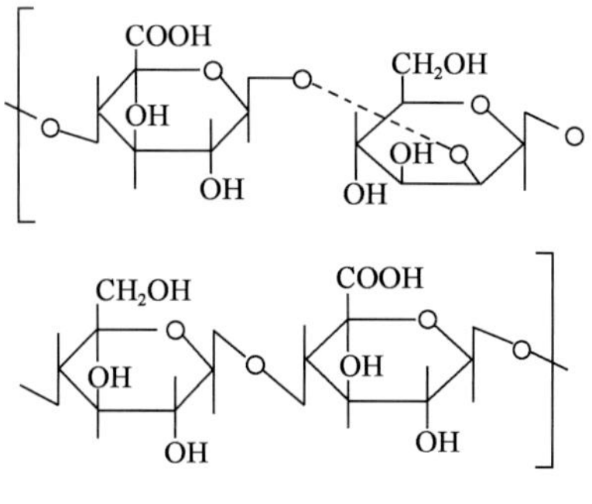

图6-9　黄原胶分子结构图

黄原胶是具有增稠、悬浮、乳化、性能稳定的优越生物胶。黄原胶的分子侧链末端含有丙酮酸基团的多少，对其性能有很大影响。黄原胶具有长链高分子的一般性能，但它比一般高分子含有较多的官能团，在特定条件下会显示独特性能。它在水溶液中的构像是多样的，不同条件下表现不同的特性[100]。

① 悬浮性和乳化性

黄原胶对不溶性固体和油滴具有良好的悬浮作用。黄原胶溶胶分子可以形成超结合带状的螺旋共聚体、脆弱的类似胶的网状结构，所以可以支持固体颗粒、液滴和气泡的形态，具有很强的乳化作用和高悬浮能力。

②良好的水溶性

黄原胶在水中能快速溶解,有很好的水溶性。特别在冷水中也能溶解,可省去繁杂的加工过程,使用方便。但由于它有极强的亲水性,如果直接加入水而搅拌不充分,外层吸水膨胀成胶团,会阻止水分进入里层,从而影响作用的发挥,因此必须注意正确使用。黄原胶干粉或与盐、糖等干粉辅料拌匀后缓慢加入正在搅拌的水中,制成溶液使用。

③增稠性

黄原胶溶液具有低浓度高黏度的特性(1%水溶液的黏度相当于明胶的100倍),是一种高效的增稠剂。

④假塑性

黄原胶水溶液在静态或低的剪切作用下具有高黏度,在高剪切作用下表现为黏度急剧下降,但分子结构不变。而当剪切力消除时,则立即恢复原有的黏度。剪切力和黏度的关系是完全可塑的。黄原胶假塑性非常突出,这种假塑性对稳定悬浮液、乳浊液极为有效。

⑤对酸碱的稳定性

黄原胶溶液对酸碱十分稳定,在 pH 为 5~10 之间其黏度不受影响,在 pH 小于 4 和大于 11 时黏度有轻微的变化。pH 在 3~11 范围内,黏度最大值和最小值相差不到 10%。黄原胶也能溶于氢氧化钠溶液,并具有增稠特性,所形成的溶液在室温下十分稳定。黄原胶可被强氧化剂,如过氯酸、过硫酸降解,随温度升高,降解加速。

⑥对盐的稳定性

黄原胶溶液能和许多盐溶液(钾盐、钠盐、钙盐、镁盐等)混溶,黏度不受影响。在较高盐浓度条件下,甚至在饱和盐溶液中仍保持其溶解性而不发生沉淀和絮凝,其黏度几乎不受影响。

(3)纯碱

纯碱,学名碳酸钠($Na_2CO_3$),碳酸钠易溶于水,使溶液显碱性。在泥浆制备中主要用到纯碱的以下性能:

①钠化作用:纯碱的钠化作用主要针对于钙基膨润土而言,要将层间阳离子钙全部置换出来,本试验使用的是钠基膨润土,这个效果不是很明显。研究表明经过钠化的膨润土造浆率高,滤失量小,黏度大,泥饼薄而致密,浆液性能稳定。

②碱度调节作用:泥浆中 pH 值过小时,黏土颗粒难于分解,黏度降低、失水量增加、流动性降低,小于 7 时,还会使钻具受到腐蚀;若 pH 值过大,则泥浆将渗透到孔壁的黏土中,使孔壁表面软化,黏土颗粒之间凝聚力减弱,造成裂解而使孔壁坍塌。实践发现,pH 值以 8~10 为宜,这时可增加水化膜厚度,提高浆的胶体率和稳定性而降低失水量。在使用时,应先使用 pH 试纸测试配制水源的 pH 值,根据具体情况添加少量纯碱(纯碱的添加量一般为每立方米 0.5 千克左右,具体加量视现场 pH 测试结果确定)。

③促进植物胶溶解:大多数植物胶,例如田菁胶、瓜尔胶等均溶于水,在碱性溶液中这些植物胶不仅能很快溶解,而且黏度也很快提高。

一般纯碱的掺入量为膨润土的 0.3%~0.5%[101]。

### 6.3.2 泥浆性能测试

为了泥浆的研制有对比性,首先对十号线玉—樊区间现场采用的泥浆配置方案进行了研究。施工现场采用的泥浆为膨润土加量9%的纯膨润土泥浆,即一立方水中加入90~120kg的膨润土。暂定为方案F0,其性能参数见表6-9。

**工地泥浆性能参数**(方案F0) 表6-9

| 密度(g/cm³) | 1.04 | pH值 | 10 |
|---|---|---|---|
| 马氏漏斗黏度(s) | 40 | 静滤失量(ml/30min) | 21 |
| 表观黏度 $\eta_A$(MPa·s) | 13.5 | 塑性黏度 $\eta_p$(MPa·s) | 3 |
| 动切力 $\tau_d$(Pa) | 10.7 | 动塑比($\tau_d/\eta_d$) | 3.6 |
| 初静切力(Pa) | 9.2 | 终静切力(Pa) | 10.7 |
| 流性指数 | 0.17 | 稠度系数(Pa·s$^n$) | 4.2 |
| 胶体率 | 90% | | |

通过以上参数可以看出,此配方泥浆稠度很高,不易流动,静置后试管中的泥浆更是难以流出,因此不利于泥浆配置系统的泵送。黏度不高,其表观黏度为13.5MPa·s,表观黏度又称为有效黏度(或视黏度),是指在某一剪切速率下,剪切应力与剪切速率的比值,是塑性黏度与结构黏度之和。塑性黏度,是浆液流动时固相颗粒之间、固相颗粒与周围液相间以及液相分子间的内摩擦作用的总反映。它反映了液体黏滞力的大小。泥浆的黏性较大,虽然可以避免出现逸泥现象,利于成膜,保证掘削面的稳定,同时对于所含大粒径砾石较多的地层,黏性较大的泥浆可以防止砾石在泥水舱中的沉积,利于输送渣土。但泥浆黏性过大,不利于配制和输送,成本相对提高。因此,应通过添加其他添加剂对泥浆的综合性能进行改善,同时,可以通过减少膨润土的用量来降低成本。

通过大量实验优选出3种泥浆配比,见表6-10。为了便于计算与配制,本试验中所说的,某种物质在溶液中的浓度指的是该物质与水质量比的百分数,即质量体积百分浓度。表6-11是3种泥浆的性能参数。

**添加黄原胶泥浆配制方案** 表6-10

| 方　案 | 药　品 | 加　量　(g) |
|---|---|---|
| F1 | 水 | 1000 |
| | 膨润土 | 50 |
| | 黄原胶 | 1 |
| | 碳酸钠 | 0.5 |
| F2 | 水 | 1000 |
| | 膨润土 | 40 |
| | 黄原胶 | 2 |
| | 碳酸钠 | 0.4 |
| F3 | 水 | 1000 |
| | 膨润土 | 30 |
| | 黄原胶 | 3 |
| | 碳酸钠 | 0.3 |

黄原胶泥浆性能试验数据　　　表6-11

| 方案 | AV (MPa·s) | PV (MPa·s) | YP (Pa) | Gel$_{in}$ (Pa) | Gel$_{10}$ (Pa) | FL (ml) | K (Pa.s$^n$) | n | 马氏漏斗黏度(s) | 胶体率(%) | YP/PV |
|---|---|---|---|---|---|---|---|---|---|---|---|
| F1 | 14.5 | 7 | 7.67 | 4.09 | 6.13 | 21 | 0.93 | 0.40 | 47 | 99 | 1.10 |
| F2 | 21.5 | 10 | 11.8 | 7.67 | 9.20 | 19 | 1.58 | 0.38 | 61 | 99 | 1.18 |
| F3 | 26 | 9 | 17.4 | 8.69 | 9.20 | 17 | 2.82 | 0.33 | 94 | 100 | 1.93 |

其中：AV代表表观黏度，PV代表塑性黏度，YP代表动切力，Gel$_{in}$代表初切力，Gel$_{10}$代表终切力，FL代表滤失量，K代表稠度指数，n代表流性系数，YP/PV代表动塑比。

## 6.4　新型黄原胶泥浆土体改良的室内试验

### 6.4.1　新型黄原胶泥浆配置方案

本次试验采用实验室自行配置的泥浆，为新型黄原胶泥浆。泥浆试验所采用的材料为：钠基膨润土、黄原胶、纯碱、自来水。

膨润土颗粒可以补充泥浆中细粒成分，可以降低排土时的机械摩阻力。同时膨润土颗粒还有提高浆液黏度的作用，可以用来调节泥浆的黏度。在砂卵石地层中可以适度提高膨润土颗粒添加量。

泥浆配制的方案见表6-12。

新型泥浆配制方案　　　表6-12

| 原材 | 膨润土 | 黄原胶 | 纯碱 |
|---|---|---|---|
| 加入量(%) | 4 | 0.2 | 0.04 |

试验条件如下：土体加入量为7.5L，泥浆加入量经过最初的试验分析，初步加入量确定为土体体积的18%（即1350ml），每测一次参数后，泥浆继续加入量为土体体积的2%（即150ml），直到土体达到理想的塑性流动状态为止。

### 6.4.2　卵石/圆砾土体改良试验研究

（1）搅拌试验

试验土体为无水圆砾土，土体颗粒筛分如表6-13所示。

土体筛分粒径表　　　表6-13

| 粒径大小(mm) | 20～60 | 5～20 | 2～5 | 0.5～2 | 0.25～0.5 | 0.075～0.25 | 0.005～0.075 |
|---|---|---|---|---|---|---|---|
| 含量(%) | 30 | 20 | 15 | 15 | 10 | 5 | 5 |

表6-14是工地用泥浆搅拌试验测得的参数，表6-15是新型泥浆搅拌试验测得的参数。

**工地用泥浆搅拌试验结果统计表**　　　　　　　　　　　　　表 6-14

| 空转功率(kW) | | 0.133 | 搅拌机叶片转速(rad/s) | | 2.8 |
|---|---|---|---|---|---|
| 加泥浆前搅拌功率(kW) | | 0.174 | 加泥浆前静搅拌功率(kW) | 0.041 | 加泥浆前搅拌扭矩(N·m) | 14.64 |

| 泥浆加入量(ml) | 泥浆加入比(%) | 加泥浆后搅拌功率(kW) | 加泥浆后净搅拌功率(kW) | 加泥浆后搅拌扭矩(N·m) | 搅拌扭矩变化率(%) |
|---|---|---|---|---|---|
| 1350 | 18 | 0.197 | 0.064 | 22.86 | 56.1 |
| 1500 | 20 | 0.19 | 0.057 | 20.36 | 39.1 |
| 1650 | 22 | 0.177 | 0.044 | 15.71 | 7.3 |
| 1800 | 24 | 0.17 | 0.037 | 13.21 | −9.7 |
| 1950 | 26 | 0.166 | 0.033 | 11.79 | −19.5 |
| 2100 | 28 | 0.161 | 0.028 | 10.00 | −31.7 |
| 2250 | 30 | 0.16 | 0.027 | 9.64 | −34.1 |
| 2400 | 32 | 0.158 | 0.025 | 8.93 | −39.0 |
| 2550 | 34 | 0.157 | 0.024 | 8.57 | −41.5 |
| 2700 | 36 | 0.155 | 0.022 | 7.86 | −46.3 |

**新型泥浆搅拌试验结果统计表**　　　　　　　　　　　　　表 6-15

| 空转功率(kW) | | 0.133 | 搅拌机叶片转速(rad/s) | | 2.8 |
|---|---|---|---|---|---|
| 加泥浆前搅拌功率(kW) | | 0.168 | 加泥浆前静搅拌功率(kW) | 0.035 | 加泥浆前搅拌扭矩(N·m) | 12.50 |

| 泥浆加入量(ml) | 泥浆加入比(%) | 加泥浆后搅拌功率(kW) | 加泥浆后净搅拌功率(kW) | 加泥浆后搅拌扭矩(N·m) | 搅拌扭矩变化率(%) |
|---|---|---|---|---|---|
| 1350 | 18 | 0.188 | 0.055 | 19.64 | 57.1 |
| 1500 | 20 | 0.183 | 0.05 | 17.86 | 42.9 |
| 1650 | 22 | 0.172 | 0.039 | 13.93 | 11.4 |
| 1800 | 24 | 0.165 | 0.032 | 11.43 | −8.6 |
| 1950 | 26 | 0.16 | 0.027 | 9.64 | −22.9 |
| 2100 | 28 | 0.153 | 0.02 | 7.14 | −42.9 |

图 6-10 是两种泥浆净功率对比曲线图。通过图可知，加入泥浆后土体的净搅拌功率都有明显降低，且两种泥浆对搅拌功率的影响程度大致相等。试验发现，当净功率接近 0 时，渣土处于较好的流塑性状态。新型泥浆的净功率均小于工地用泥浆，因此，新型泥浆在降低搅拌功率方面效果要好于工地用泥浆。

(2) 摩擦系数试验

表 6-16 是工地用泥浆摩擦试验测得的参数，表 6-17 是新型泥浆摩擦试验测得的参数。

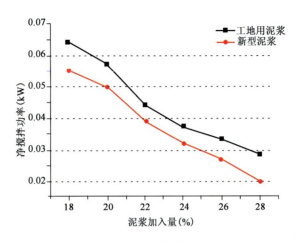

图 6-10 两种泥浆净功率对比图

**工地用泥浆摩擦试验结果统计表**　　　　　　表 6-16

| 加泥浆前摩擦角(°) | 22 | | 加泥浆前摩擦系数 | 0.40 |
|---|---|---|---|---|
| 泥浆加入量 | 泥浆加入比(%) | 加泥浆后摩擦角(°) | 加泥浆后摩擦系数 | 摩擦角变化率(%) |
| 1350 | 18 | 25.0 | 0.47 | 16.6 |
| 1500 | 20 | 26.0 | 0.49 | 21.9 |
| 1650 | 22 | 27.0 | 0.51 | 27.4 |
| 1800 | 24 | 26.5 | 0.50 | 24.6 |
| 1950 | 26 | 31.0 | 0.60 | 50.2 |
| 2100 | 28 | 27.0 | 0.51 | 27.4 |
| 2250 | 30 | 23.0 | 0.42 | 6.1 |
| 2400 | 32 | 22.0 | 0.40 | 1.0 |
| 2550 | 34 | 21.0 | 0.38 | −4.0 |
| 2700 | 36 | 19.0 | 0.34 | −13.9 |

**新型泥浆摩擦试验结果统计表**　　　　　　表 6-17

| 加泥浆前摩擦角(°) | 24 | | 加泥浆前摩擦系数 | 0.45 |
|---|---|---|---|---|
| 泥浆加入量 | 泥浆加入比(%) | 加泥浆后摩擦角(°) | 加泥浆后摩擦系数 | 摩擦角变化率(%) |
| 1350 | 18 | 27.0 | 0.51 | 13.2 |
| 1500 | 20 | 28.0 | 0.53 | 18.2 |
| 1650 | 22 | 30.0 | 0.58 | 28.3 |
| 1800 | 24 | 28.0 | 0.53 | 18.2 |
| 1950 | 26 | 24.0 | 0.45 | −1.1 |
| 2100 | 28 | 22.0 | 0.40 | −10.2 |

图 6-11 是两种泥浆摩擦系数对比曲线图。通过摩擦系数对比可知,摩擦系数都随泥浆加量增多有先增大后减小的趋势,工地用泥浆加量为 26% 时,摩擦系数有最大值 0.6;新型泥浆

加量为22%时,最大值为0.58。试验中发现,当摩擦角在20°左右时,渣土流塑性较好。当泥浆加量为28%时,新型泥浆的摩擦系数明显小于工地用泥浆,因此,新型泥浆对改善渣土摩擦系数性能优于工地用泥浆。

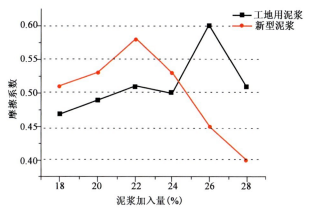

图 6-11　摩擦系数对比图

(3)黏附阻力试验

表 6-18 是工地用泥浆黏附阻力试验测得的参数,表 6-19 是新型泥浆黏附阻力试验测得的参数。

工地用泥浆黏附阻力试验结果统计表　　　　表 6-18

| 加泥浆前提重(kg) | 7.35 | 空桶重量(kg) | 1.58 | 加泥浆前黏附阻力(N) | 56.55 |
|---|---|---|---|---|---|
| 加泥浆前黏附阻力系数(N/m²) | | | | 359.98 | |
| 泥浆加入量(ml) | 泥浆加入比(%) | 加泥浆后提重(kg) | 加泥浆后黏附阻力(N) | 加泥浆后黏附阻力系数(N/m²) | 黏附阻力系数变化率(%) |
| 1350 | 18 | 6.43 | 47.53 | 302.59 | -15.94 |
| 1500 | 20 | 7.05 | 53.61 | 341.27 | -5.20 |
| 1650 | 22 | 7.24 | 55.47 | 353.12 | -1.91 |
| 1800 | 24 | 9.29 | 75.56 | 481.02 | 33.62 |
| 1950 | 26 | 9.63 | 78.89 | 502.23 | 39.52 |
| 2100 | 28 | 9.27 | 75.36 | 479.77 | 33.28 |
| 2250 | 30 | 9.44 | 77.03 | 490.38 | 36.22 |
| 2400 | 32 | 11.72 | 99.37 | 632.62 | 75.74 |
| 2550 | 34 | 8.68 | 69.58 | 442.96 | 23.05 |
| 2700 | 36 | 8.48 | 67.62 | 430.48 | 19.59 |

**新型泥浆黏附阻力试验结果统计表** 表 6-19

| 加泥浆前提重(kg) | 5.81 | 空桶重量(kg) | 1.57 | 加泥浆前黏附阻力(N) | 41.55 |
|---|---|---|---|---|---|
| 加泥浆前黏附阻力系数(N/m²) | | | | 264.53 | |
| 泥浆加入量(ml) | 泥浆加入比(%) | 加泥浆后提重(kg) | 加泥浆后黏附阻力(N) | 加泥浆后黏附阻力系数(N/m²) | 黏附阻力系数变化率(%) |
| 1350 | 18 | 5.69 | 40.38 | 257.04 | −2.83 |
| 1500 | 20 | 7.13 | 54.49 | 346.88 | 31.13 |
| 1650 | 22 | 7.51 | 58.21 | 370.59 | 40.09 |
| 1800 | 24 | 9.15 | 74.28 | 472.91 | 78.77 |
| 1950 | 26 | 8.66 | 69.48 | 442.34 | 67.22 |
| 2100 | 28 | 8.42 | 67.13 | 427.36 | 61.56 |

图 6-12 是两种泥浆黏附阻力对比曲线图。通过图中曲线可知,当泥浆加入量小于 24% 时,渣土的黏附阻力随泥浆加入量的增多呈上升趋势,当泥浆加入量在 28% 左右时,黏附阻力系数有较小的稳定值,且新型泥浆的黏附阻力系数小于工地用泥浆,因此,新型泥浆能更好地降低渣土的黏附阻力系数,有利于渣土的顺利排出。

(4)坍落度试验

表 6-20 是工地用泥浆坍落度试验测得的参数,表 6-21 是新型泥浆坍落度试验测得的参数。

**工地用泥浆坍落度试验结果统计表** 表 6-20

| 加泥浆前坍落度(cm) | | 17 | |
|---|---|---|---|
| 泥浆加入量(ml) | 泥浆加入比(%) | 加泥浆后坍落度(cm) | 坍落度变化率(%) |
| 1350 | 18 | 0.0 | −100.0 |
| 1500 | 20 | 2.0 | −88.2 |
| 1650 | 22 | 3.0 | −82.4 |
| 1800 | 24 | 4.5 | −73.5 |
| 1950 | 26 | 5.5 | −67.6 |
| 2100 | 28 | 7.5 | −55.9 |
| 2250 | 30 | 9.0 | −47.1 |
| 2400 | 32 | 9.5 | −44.1 |
| 2550 | 34 | 12.0 | −29.4 |
| 2700 | 36 | 13.0 | −23.5 |

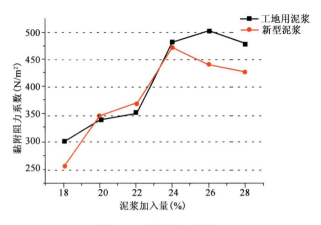

图 6-12 黏附阻力对比图

(5) 新型泥浆坍落度试验测得的参数如表 6-21 所示。

新型坍落度试验结果统计表　　　　表 6-21

| 加泥浆前坍落度(mm) | | 17 | |
|---|---|---|---|
| 泥浆加入量(ml) | 泥浆加入比(%) | 加泥浆后坍落度(cm) | 坍落度变化率(%) |
| 1350 | 18 | 2.0 | -88.2 |
| 1500 | 20 | 4.0 | -76.5 |
| 1650 | 22 | 7.0 | -58.8 |
| 1800 | 24 | 12.0 | -29.4 |
| 1950 | 26 | 15.0 | -11.8 |
| 2100 | 28 | 18.0 | 5.9 |

图 6-13 是两种泥浆坍落度对比曲线图。通过图可知，随泥浆加入量的增大，渣土坍落度明显上升，当泥浆加入量为 28% 时，工地用泥浆坍落度仅为 7.5cm，不能满足土压平衡盾构对渣土坍落度的要求(12~20cm)，而新型泥浆的坍落度为 18cm，满足要求。因此，新型泥浆在提高渣土坍落度方面明显好于工地用泥浆。

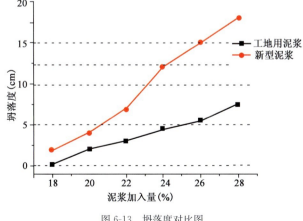

图 6-13 坍落度对比图

### 6.4.3 砂土土体改良试验研究

试验分析过程采用的土体体积为 7.5L,土体改良剂的加入量根据土体的体积确定。试验土体为无水砂土,砂土粒径分配见表 6-22。经过最初的试验分析,泥浆初步加入量确定为土体体积的 20%(即 1500ml),每测一次参数后,泥浆继续加入量为土体体积的 4%(即 300ml),直到土体达到理想的塑性流动状态为止。

砂 土 粒 径 分 配　　　　　　表 6-22

| 粒径大小(mm) | 0.5~2 | 0.25~0.5 | 0.075~0.25 | 0.005~0.075 |
|---|---|---|---|---|
| 含量(%) | 30 | 30 | 30 | 10 |

(1) 砂土搅拌试验

表 6-23 是工地用泥浆搅拌试验测得的参数,表 6-24 是新型泥浆搅拌试验测得的参数。

工地用泥浆搅拌试验数据统计　　　　　　表 6-23

| 空转功率(kW) | | 0.133 | | 搅拌机叶片转速(rad/s) | | 2.8 |
|---|---|---|---|---|---|---|
| 加泥浆前搅拌功率(kW) | | 0.16 | 加泥浆前净搅拌功率(kW) | 0.027 | 加泥浆前搅拌扭矩(N·m) | 9.64 |
| 泥浆加入量(ml) | 泥浆加入比(%) | 加泥浆后搅拌功率(kW) | 加泥浆后净搅拌功率(kW) | | 加泥浆后搅拌扭矩(N·m) | 搅拌扭矩变化率(%) |
| 1500 | 20 | 0.168 | 0.035 | | 12.50 | −14.6 |
| 1800 | 24 | 0.16 | 0.027 | | 9.64 | −34.1 |
| 2100 | 28 | 0.145 | 0.012 | | 4.29 | −70.7 |
| 2400 | 32 | 0.142 | 0.009 | | 3.21 | −78.0 |
| 2700 | 36 | 0.137 | 0.004 | | 1.43 | −90.2 |
| 3000 | 40 | 0.135 | 0.002 | | 0.71 | −95.1 |
| 3300 | 44 | 0.134 | 0.001 | | 0.36 | −97.6 |

新型泥浆搅拌试验数据统计　　　　　　表 6-24

| 空转功率(kW) | | 0.133 | | 搅拌机叶片转速(rad/s) | | 2.8 |
|---|---|---|---|---|---|---|
| 加泥浆前搅拌功率(kW) | | 0.16 | 加泥浆前净搅拌功率(kW) | 0.027 | 加泥浆前搅拌扭矩(N·m) | 9.64 |
| 泥浆加入量(ml) | 泥浆加入比(%) | 加泥浆后搅拌功率(kW) | 加泥浆后净搅拌功率(kW) | | 加泥浆后搅拌扭矩(N·m) | 搅拌扭矩变化率(%) |
| 1500 | 20 | 0.167 | 0.034 | | 12.14 | −17.1 |
| 1800 | 24 | 0.157 | 0.024 | | 8.57 | −41.5 |
| 2100 | 28 | 0.137 | 0.004 | | 1.43 | −90.2 |
| 2400 | 32 | 0.135 | 0.002 | | 0.71 | −95.1 |

图 6-14 是两种泥浆砂土净功率对比曲线图。砂土中加入泥浆时净搅拌功率明显减小,当泥浆加入量为 32% 时,新型泥浆的净搅拌功率为 0.002kW,说明砂土已处于良好的流塑态,而

工地用泥浆的净搅拌功率为 0.009，明显大于新型泥浆，因此，新型泥浆对砂土的改善性能优于工地用泥浆。

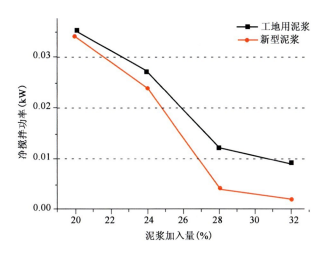

图 6-14　砂土净搅拌功率对比图

(2) 砂土摩擦系数试验

表 6-25 是工地用泥浆摩擦试验测得的参数，表 6-26 是新型泥浆摩擦试验测得的参数。

工地用泥浆砂土摩擦试验数据统计　　　　　　　　　　　表 6-25

| 加泥浆前摩擦角(°) | 24 | | 加泥浆前摩擦系数 | 0.45 |
|---|---|---|---|---|
| 泥浆加入量 | 泥浆加入比(%) | 加泥浆后摩擦角(°) | 加泥浆后摩擦系数 | 摩擦角变化率(%) |
| 1500 | 20 | 28 | 0.53 | 18.2 |
| 1800 | 24 | 29 | 0.55 | 23.2 |
| 2100 | 28 | 28 | 0.53 | 18.2 |
| 2400 | 32 | 31 | 0.60 | 33.5 |
| 2700 | 36 | 32 | 0.62 | 38.9 |
| 3000 | 40 | 27 | 0.51 | 13.2 |
| 3300 | 44 | 20 | 0.36 | −19.1 |

新型泥浆砂土摩擦试验数据统计　　　　　　　　　　　表 6-26

| 加泥浆前摩擦角(°) | 21 | | 加泥浆前摩擦系数 | 0.38 |
|---|---|---|---|---|
| 泥浆加入量(ml) | 泥浆加入比(%) | 加泥浆后摩擦角(°) | 加泥浆后摩擦系数 | 摩擦角变化率(%) |
| 1500 | 20 | 29.0 | 0.55 | 45.9 |
| 1800 | 24 | 28.0 | 0.53 | 39.9 |
| 2100 | 28 | 25.0 | 0.47 | 22.7 |
| 2400 | 32 | 16.0 | 0.29 | −24.5 |

图 6-15 是两种泥浆砂土摩擦系数对比曲线图。通过图可知，当泥浆加入量为 32% 时，新型泥浆的摩擦系数为 0.29，满足流塑性要求，而工地泥浆摩擦系数上升至最大值 0.62，之后才逐渐降低，当工地泥浆加入量为 44% 时，摩擦系数才降低至 0.36，因此，新型泥浆明显优于工地用泥浆。

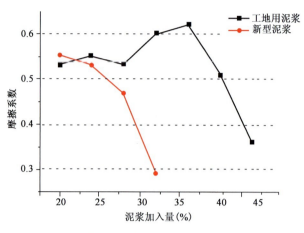

图 6-15 砂土摩擦系数对比图

(3) 砂土黏附阻力试验

表 6-27 是工地用泥浆黏附阻力试验测得的参数，表 6-28 是新型泥浆黏附阻力试验测得的参数。

工地用泥浆砂土黏附阻力试验数据统计 表 6-27

| 加泥浆前提重(kg) | 5.21 | 空桶重量(kg) | 1.58 | 加泥浆前黏附阻力(N) | 35.57 |
|---|---|---|---|---|---|
| 加泥浆前黏附阻力系数(N/m²) | | | | 226.47 | |
| 泥浆加入量(ml) | 泥浆加入比(%) | 加泥浆后提重(kg) | 加泥浆后黏附阻力(N) | 加泥浆后黏附阻力系数(N/m²) | 黏附阻力系数变化率(%) |
| 1500 | 20 | 6.14 | 44.69 | 284.49 | 25.62 |
| 1800 | 24 | 7.06 | 53.70 | 341.89 | 50.97 |
| 2100 | 28 | 8.33 | 66.15 | 421.12 | 85.95 |
| 2400 | 32 | 9.4 | 76.64 | 487.88 | 115.43 |
| 2700 | 36 | 7.02 | 53.31 | 339.40 | 49.86 |
| 3000 | 40 | 7.64 | 59.39 | 378.08 | 66.94 |
| 3300 | 44 | 5.66 | 39.98 | 254.55 | 12.40 |

新型泥浆砂土黏附阻力试验数据统计 表 6-28

| 加泥浆前提重(kg) | 5.65 | 空桶重量(kg) | 1.58 | 加泥浆前黏附阻力(N) | 39.89 |
|---|---|---|---|---|---|
| 加泥浆前黏附阻力系数(N/m²) | | | | 253.92 | |
| 泥浆加入量(ml) | 泥浆加入比(%) | 加泥浆后提重(kg) | 加泥浆后黏附阻力(N) | 加泥浆后黏附阻力系数(N/m²) | 黏附阻力系数变化率(%) |
| 1500 | 20 | 9.32 | 75.85 | 482.89 | 90.17 |
| 1800 | 24 | 8.66 | 69.38 | 441.71 | 73.96 |
| 2100 | 28 | 7.45 | 57.53 | 366.22 | 44.23 |
| 2400 | 32 | 6.05 | 43.81 | 278.88 | 9.83 |

图 6-16 是两种泥浆黏附阻力对比分析曲线图。通过图可知,砂土随着泥浆的加入量增多,黏附阻力系数先增大后减小,新型泥浆加量到 20% 后,黏附阻力系数开始降低,当加量为 32% 时,泥浆处于流塑态;工地用泥浆加量 32% 时黏附阻力达到最大值,之后开始降低,当加量为 44% 时,砂土处于流塑态。因此,新型泥浆改良效果优于工地用泥浆。

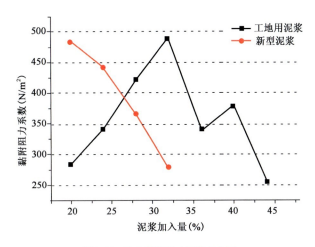

图 6-16 砂土黏附阻力系数对比图

(4) 砂土坍落度试验

表 6-29 是工地用泥浆砂土坍落度试验测得的参数,表 6-30 是新型泥浆砂土坍落度试验测得的参数。

工地用泥浆砂土坍落度试验数据统计　　　　表 6-29

| 加泥浆前坍落度 | | 17 | |
|---|---|---|---|
| 泥浆加入量(ml) | 泥浆加入比(%) | 加泥浆后坍落度 | 坍落度变化率(%) |
| 1500 | 20 | 0 | −100.0 |
| 1800 | 24 | 0 | −100.0 |
| 2100 | 28 | 0 | −100.0 |
| 2400 | 32 | 2.5 | −85.3 |
| 2700 | 36 | 5.5 | −67.6 |
| 3000 | 40 | 13 | −23.5 |
| 3300 | 44 | 16 | −5.9 |

新型泥浆砂土坍落度试验数据统计　　　　表 6-30

| 加泥浆前坍落度 | | 16 | |
|---|---|---|---|
| 泥浆加入量(ml) | 泥浆加入比(%) | 加泥浆后坍落度 | 坍落度变化率(%) |
| 1500 | 20 | 7.8 | −54.1 |
| 1800 | 24 | 10.5 | −38.2 |
| 2100 | 28 | 14 | −17.6 |
| 2400 | 32 | 18 | 5.9 |

图 6-17 是两种泥浆坍落度对比曲线图。通过图可知,砂土坍落度随泥浆加量的增多逐渐上升,新型泥浆加量为 32% 时,坍落度为 18cm,满足要求。工地用泥浆加量为 44% 时,坍落度才达到 16cm。因此,新型泥浆能有效地提高砂土坍落度。

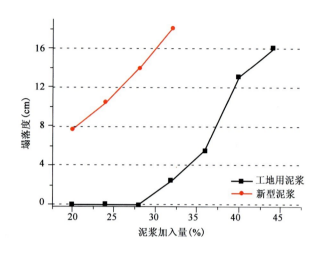

图 6-17 砂土坍落度对比图

## 6.5 土体改良现场试验

为了验证新型黄原胶泥浆对盾构施工中土体改良的效果,在本次施工玉—樊区间右 K39+123.188～K40+080.809(661～665 环)段使用新型泥浆,根据盾构掘进参数反馈的信息,分析新型泥浆对土体改良的作用,验证新型泥浆的各方面的性能,为下一阶段室内试验改善提供相关数据。

### 6.5.1 试验区间现场情况简介

玉—樊区间设计范围起讫里程为:右 K39+123.188～K40+080.809,全长 957.621m;左 K39+123.188～K40+080.809,全长 957.621m;线路平面图见图 6-18。

(1)地质概况

勘察揭露地层最大深度为 42.0m。土层相关特性如下:①杂填土,②砂质粉土,③卵石、圆砾,④卵石,⑤卵石。区间主体结构主要位于卵石④层,卵石粒径一般 2～10cm,最大粒径约 15cm,细中砂充填约 30%。局部夹有漂石,漂石含量约 20% 以上,其分布随机性较强,其基本特性是结构松散、无胶结,卵石粒径大小不等,且卵石空隙多被中、粗砂充填,在无水状态下,颗粒之间点对点传力,地层反应灵敏,刀盘旋转切削时,刀盘与卵石层接触不等,导致刀头震动,在顶进力作用下很容易破坏原来的相对稳定或平衡状态而产生坍塌,引起较大的围岩扰动,使开挖面和洞壁失去约束而产生不稳定,从而引起较大的地层变形,围岩中的大块卵石、砾石越多,粒径越大,这种扰动程度就越大。特别是隧道顶部大块卵石剥落会引起上覆地层突然沉陷。地下水分布在第⑤层卵石中,地下水类型为潜水,该层水以地下水侧向径流和"天窗"渗漏补给方式为主,以侧向径流方式排泄。

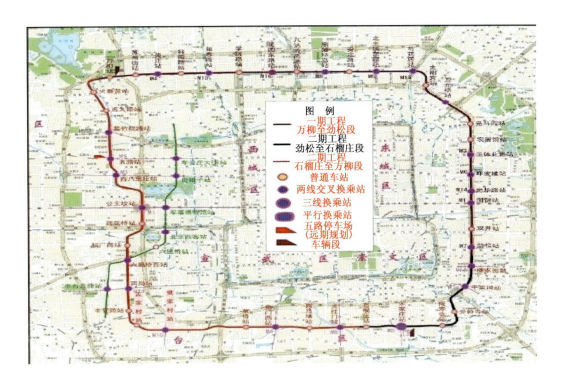

图 6-18　线路平面图

(2)盾构机的主要组成与功能描述

本区间采用新购盾构机,因砂对刀具的磨损较大,同时参考北京地铁其他标段施工实际情况,须考虑刀盘的开口口径和开口率。因此,刀盘设计为六辐条六面板式,刀具包含撕裂刀、刮刀、碎石刀、仿形刀、周边保护刀等,仿形刀由液压驱动,并由8个泡沫孔向掌子面喷射土壤改良剂,盾构刀盘见图6-19。

盾构机刀盘尺寸根据本合同段设计管片外径,并综合考虑盾壳厚度、盾尾间隙等因素选用6240mm;刀盘采用8个变频电机驱动,刀盘采用典型敞开式结构,刀盘开口率41%。装有中心鱼尾刀1把,撕裂刀9把,滚刀18把,刮刀92把,周边刮刀16把,周边保护刀12把,仿形刀1把。大多数刀具采用螺栓连接在刀盘面肋板上,可在土舱室内检查或更换刀具。管片拼装机采用机械抓取式。

图 6-19　盾构刀盘

刀盘可通过最大渣土粒径断面为500mm×300mm。刀盘可顺、逆两向旋转。在刀盘背面有搅拌翼,可避免牛腿部位形成泥饼。

## 6.5.2 新型黄原胶泥浆体系现场测试试验

(1) 新型泥浆配置方案

现场试验采用新型泥浆配制方案见表 6-31。

新型泥浆配制方案　　　　表 6-31

| 原　材 | 膨润土 | 黄原胶 | 纯　碱 |
|---|---|---|---|
| 加量(%) | 4 | 0.2 | 0.04 |

图 6-20　现场试验

根据现场条件,搅拌罐体积为 $3m^3$,搅拌罐内放满水后,按照上述配方先将 3‰ 的膨润土和纯碱放入搅拌罐内搅拌,再将 1‰ 的膨润土与黄原胶拌和均匀后用 2mm 颗分筛均匀筛入搅拌罐内,以防止结块,如图 6-20 所示。搅拌均匀后(约 15min),将泥浆从搅拌罐放入蓄浆池,蓄浆池体积约 $50m^3$。泥浆在蓄浆池水化 12 小时后方可以使用。

(2) 现场盾构施工试验效果分析

为了验证新型土体改良剂的改良效果,进行了现场土压平衡盾构土体改良试验。下面是对盾构试验参数的分析。

用新型盾构泥浆进行盾构施工的环数开始于第 661 环,结束于第 665 环,共 5 环。为了对比新型盾构泥浆的改良效果,把工地用膨润土泥浆施工的第 655～660 环作为参照。

第 655～665 环盾构机参数见表 6-32,所测参数均为每环的平均值。图 6-21～图 6-26 是盾构施工参数变化情况。

盾 构 参 数 统 计　　　　表 6-32

| 环　数 | 千斤顶总推力 (kN) | 推进速度 (mm/min) | 螺旋机回转速度 (rpm) | 刀盘马达总扭矩 (kN·m)(%) | 土舱内土压 (上土舱) (MPa) | 土舱内土压 (下土舱) (MPa) |
|---|---|---|---|---|---|---|
| 655 | 16142.66 | 42.5 | 3.8 | 83.3 | 0.046066 | 0.09541 |
| 656 | 15577.48 | 38.1 | 4.8 | 74.8 | 0.036557 | 0.076557 |
| 657 | 14782.95 | 43 | 4.2 | 74.4 | 0.031833 | 0.078167 |
| 658 | 14983.51 | 40.4 | 4.8 | 78.1 | 0.031356 | 0.078644 |
| 659 | 13909.16 | 43.4 | 4.7 | 79 | 0.030877 | 0.075789 |
| 660 | 13609.82 | 43.6 | 4.5 | 77 | 0.0365 | 0.082833 |
| 661 | 13071.67 | 43.5 | 4.8 | 73.8 | 0.0315 | 0.0755 |
| 662 | 13471.44 | 43.8 | 5 | 79 | 0.030169 | 0.069492 |
| 663 | 14319.43 | 42.5 | 4.9 | 77.9 | 0.044 | 0.0915 |
| 664 | 14129.7 | 42.6 | 5 | 73 | 0.040833 | 0.072833 |
| 665 | 13996.17 | 44.1 | 5.3 | 75.3 | 0.042667 | 0.087 |

第6章 典型地层盾构土体改良技术

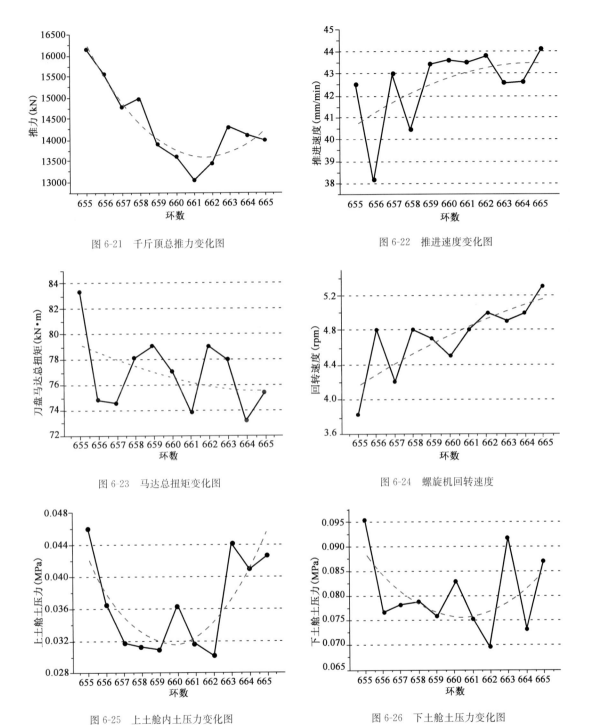

图 6-21 千斤顶总推力变化图
图 6-22 推进速度变化图
图 6-23 马达总扭矩变化图
图 6-24 螺旋机回转速度
图 6-25 上土舱内土压力变化图
图 6-26 下土舱土压力变化图

通过对盾构施工参数变化曲线分析可知：

①新型泥浆从第661环开始注入，千斤顶总推力呈现稳中有降的趋势，说明新型泥浆对盾构机总推力的大小有所改善。

②从第 655 到第 659 环推进速度波动较大,因为地层为较大的卵砾石层且局部有大块飘石,导致开挖面不稳定,推进速度波动大。从第 660 环加入新型泥浆后推进速度较平稳,且略有上升,说明新型泥浆稳定开挖面的效果较好,这对刀盘磨损和减小地面沉降有利。

③加入新型泥浆后马达总扭矩波动减缓且略有下降,说明新型泥浆对刀盘马达总扭矩的影响是有利的。

④螺旋机的回转速度反映了渣土和易性的好坏,具有较好流塑性的渣土必然会降低螺旋机回转扭矩,增大其回转速度,从趋势线可知,加入新型泥浆后回转速度趋于平缓且略有上升,说明渣土流塑状态有所改善,新型泥浆具有更好的改良效果。

⑤加入新型泥浆后土舱压力略微有所上升,是因为新型泥浆较之工地用泥浆黏度有所提高,渣土状态从较稀变为更好的流塑态,导致土舱压力有所提高。从图 6-27 可看出渣土状态的变化,工地泥浆包裹性能不好,卵砾石都沉入底部,而新型泥浆包裹性能更加优越。另外,根据施工方案,土压力的最优范围为 0.06～0.09MPa,因此,新型泥浆使土压力稍微上升有利于开挖面的稳定。

a) 工地泥浆渣土改良效果　　　　b) 新型泥浆渣土改良效果

图 6-27　不同泥浆渣土改良效果对比

(3) 试验总结

由于试验条件的限制,本次试验进行了 5 环盾构渣土改良的研究,环数较少,但通过上面的分析可得出以下结论:

①新型泥浆保证了盾构的顺利进行,说明新型泥浆具有现场实用性。

②新型泥浆在改变盾构机参数方面起到了以下作用:千斤顶总推力略有下降、推进速度变得平稳并有所提高、刀盘总扭矩有所减小、螺旋机旋转速度略有提高、土舱压力也有所上升。

③新型泥浆较之工地用泥浆具有更好的渣土改良效果,尤其对含有大块飘石的地层,应用新型泥浆有利于稳定开挖面和减小地面沉降。

# 第 7 章　盾构始发与到达施工关键技术

## 7.1　基 本 概 述

根据盾构隧道的施工特点,可以将盾构施工过程分为三大部分:盾构始发与到达施工,盾构正常掘进施工,联络通道、风井以及泵房等附属结构的施工。其中盾构始发与到达施工作业是盾构施工中最容易产生事故的工序,直接关系到盾构隧道能否顺利贯通。盾构设备机型不同,竖井井壁始发与到达洞门的构造不同,始发与到达的施工工序也不同。

在 20 世纪 60 年代手掘式盾构施工方法鼎盛时期,盾构始发与到达施工方法主要是用部分拆除的竖井临时墙,顺次建设挡土墙以防止地层坍塌。进入 20 世纪 70 年代,泥水平衡、土压平衡等闭胸型盾构得到了广泛的应用,这类盾构的前面为封闭结构,不能像手掘式盾构施工方法那样施工。为此,必须全断面让盾构贯入地层,通过泥浆循环或渣土的塑性流动进行开挖。盾构工法施工的进步在于对地层进行了很好的保护,减少了施工对地层的扰动,但是盾构始发与到达施工过程并没有得到简化,相反却使得始发与到达施工过程变得更为复杂[12,13,102,103]。

目前,盾构隧道的直径和埋深不断加大,地层和环境条件越来越复杂,由此引起盾构隧道的始发与到达必须借助相关的辅助工法进行施工作业,且对辅助工法的依赖性越来越大,很多工程已经到了没有辅助工法就不能进行盾构始发与到达施工的状况。同时,与此相应的辅助工法也在不断的发展进步,从最初的单一式到如今的复合式地层改良方法,辅助工法也在随着盾构技术的发展日新月异。

北京地铁 10 号线二期盾构区间穿越地层和环境条件复杂多变,不仅北京地区各种典型地层均有出现,而且在多处盾构始发与到达端头区域存在重大风险工程,大大增加了盾构始发与到达施工的难度和风险,因此非常有必要针对北京地铁 10 号线二期盾构工程特征开展始发与到达关键技术研究,为盾构顺利、安全的始发与到达提供理论基础。

盾构始发,是指在盾构始发工作竖井内利用反力架和临时组装的负环管片等设备或设施,将处于始发基座上的盾构推入端头加固土体,然后进入地层原状土区段,并沿着设计线路掘进的一系列作业过程。图 7-1 和图 7-2 分别为北京地铁 10 号线二期 07 标和 17 标盾构始发的情况。

图 7-1　10 号线二期 07 标盾构始发

图 7-2　10 号线二期 17 标盾构始发

盾构到达,是指盾构在掘进过程中由原状土进入到达竖井端头加固土体区域,然后将盾构推进至到达竖井的围护结构处后,从竖井外侧破除井壁进入竖井内接收台架上的一系列作业过程,盾构到达如图 7-3 和图 7-4 所示。上述的盾构工作竖井,如果是与地铁车站合建的话,一般是指车站端头扩大段。

图 7-3　盾构到达洞门

图 7-4　"角—草"左线盾构到达情况

## 7.2　盾构始发技术与到达施工技术分类[102,103]

### 7.2.1　盾构始发施工技术分类

根据破除洞门围护结构和防止开挖面地层坍塌的方法不同,目前盾构始发施工主要有以下几种类型[12,13]。

(1)掘削面自稳法

掘削面自稳法是采取加固措施对盾构始发端头地层进行加固处理,使开挖面地层自稳,随后将盾构推进到加固过的自稳地层中掘进。端头加固方法主要有旋喷加固法、注浆加固法、冻结法、降水地层自稳法等。目前我国在盾构工法始发与到达施工时主要采用这种方法。

(2) 拔桩法

拔桩法根据具体的工艺材料不同,又可以分为双重钢板桩法、开挖回填法、SMW拔芯法三种,具体如下:

钢板桩盾构始发,是把盾构始发竖井的钢板桩挡土墙作成两层。拔除内层钢板桩后盾构掘进,由于外层钢板桩的挡土作用,可以确保外层土体不会坍塌,即确保盾构稳定掘进。当盾构推进到外层钢板桩前面时,盾构停止推进,拔除外侧钢板桩,由于内外钢板桩间的加固土体具有一定的自稳能力,完全可以维持外侧钢板桩拔除后盾构的正常掘进。

开挖回填法,是把盾构始发竖井做成长方形,长度一般大于盾构主机的一定长度,竖井中间设置隔板(或者构筑两个并列竖井),一半作盾构组装始发用,当盾构推进到另一半竖井时回填,由于回填土的支撑作用可以确保拔除终边井壁钢板桩时地层不坍塌,为盾构安全贯入地层提供可靠的保障。

SMW拔芯法,是用SMW法把挡土墙做在竖井始发墙体内侧衬砌中,盾构始发前拔除芯材工字钢,最后盾构始发掘削没有芯材的井壁。

(3) 直接掘削井壁法

直接掘削井壁法主要有MOMST工法和EW工法两种,是可以用盾构刀盘直接掘削始发的工法。

MOMST工法的特点是始发洞门墙体材料特殊,可用刀盘直接切削,但不损坏刀盘与刀具,该工法始发作业简单,无需辅助工法,安全可靠性好。

EW工法的原理是盾构始发前,通过电蚀手段,把挡土墙中的芯材工字钢腐蚀掉,给盾构直接始发掘削带来方便,优点与MOMST工法相同。

但是这两种工法造价较高,因此在国内盾构法施工中使用较少。

盾构始发施工技术分类如图7-5所示。

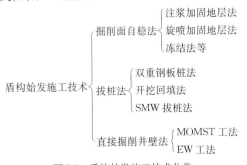

图7-5 盾构始发施工技术分类

## 7.2.2 盾构到达施工技术分类

盾构的到达施工通常有两种,一种是盾构到达后拆除到达竖井的围护结构(刀盘顶上围护结构),或者是围护结构可以由盾构刀盘直接破除,然后将盾构推进至指定位置;另一种是事先拆除围护结构,再将盾构推进到指定位置。

(1) 盾构到达后拆除围护结构再推进的盾构到达施工

这种方法是当盾构刀盘顶上到达竖井端头处的围护结构后,利用地层加固措施使得土体自稳,同时拆除围护结构,再将盾构推进到指定位置。

当端头土体自稳性较好,地层中无地下水,使用该工法时,可以不对地层进行预先加固,但是必须控制盾构到达掘进参数,掌握好洞门破除时间。

该方法破除洞门围护结构时,盾构刀盘与到达竖井间的间隙小,故端头土体自稳性好,工序少,施工容易,能较好地保证盾构到达施工的安全,因而被广泛采用,多用于地层稳定性较好的中小型断面盾构工程。

需要特别注意的是:如果盾构到达端的地层中存有地下有水管线(如雨污水管、上水管、热力管等)时,无水地层也应按照有水地层对待处理。这种方法的另外一种变化形式即为盾构水中(或土中)到达技术,如上海的沪崇隧道等。

(2)先拆除围护结构再盾构到达的施工

盾构刀盘顶上围护结构之前,预先拆除洞门处的围护结构,端头土体将直接暴露出来,如果地层条件较差或加固效果不好,很容易发生端头土体失稳,因此采用此工法进行盾构到达施工时,必须采用相应的土体加固措施提前对盾构到达竖井附近的端头地层进行加固处理,使端头加固土体满足强度、稳定性和渗透性(即几何特征)的要求。

此方法下,盾构不用停机再启动,能较好地防止地层坍塌,洞口处的防渗性也较强,但是地层加固规模较大,一般在地层较差、盾构开挖断面较大的到达施工中采用。这种方法的关键是根据端头的地层条件,选取合适端头加固方法,确保端头加固范围和加固效果满足要求。

## 7.3 盾构始发与到达端头加固范围的确定

### 7.3.1 端头加固的目的与意义

地铁工程是 21 世纪城市现代化建设立体式交通的重要组成部分,是解决城市交通拥堵问题的重要手段和有效途径。在我国的北京、上海、广州、天津、深圳、南京等大城市,已经有相当规模的地铁投入了运营,并且进一步规划了庞大的地铁工程项目。同时在我国许多其他城市,也相继上马了大量的地铁建设工程,其中绝大部分地铁工程将采用盾构施工技术。

与传统的浅埋暗挖法和钻爆法相比,盾构工法的优势和特点是非常明显的:生产过程相对安全、隧道内产生严重安全生产事故的可能性不大、生产过程比较容易控制、引起的地层移动和地面沉降的数量较小、控制也相对容易,尤其是其信息化的生产手段使得我们更加容易实现施工过程的信息化控制和实时管理,从而达到对盾构施工过程风险和环境安全的实时管理与控制。盾构工法施工的进步在于对地层进行很好的保护,减少了施工对地层的扰动,但是盾构始发与到达施工过程并没有得到简化,相反却使得施工方法变得更为复杂。目前,随着盾构设备的不断改进革新,盾构施工技术的不断成熟,盾构施工过程变的越来越安全,相反,盾构始发与到达阶段因地层条件复杂、端头加固效果不佳而引发的工程事故却不断增多,其中,因端头纵向加固范围不合理而诱发的工程事故占多数(横向加固范围容易满足,施工风险相对较小)。因此,为了确保盾构始发与到达施工过程的安全,根据盾构始发与到达施工特点,着重从强度、稳定性及渗透性等方面对盾构始发与到达端头纵向加固范围进行详细研究。

## 7.3.2 基于强度理论的纵向加固模型及加固范围[102,103]

1) 黏土地层端头加固研究

(1) 端头加固土体内应力计算

假设地下水位与地表齐平,如图 7-6 所示,盾构始发与到达施工时,端头加固土体受到侧向土压力和静水压力的共同作用,水土压力的计算采用水土合算法,则:

加固土体上部受力 $q_a$:

$$q_a = k_0 rh$$

加固土体下部受力 $q_b$

$$q_b = k_0 r(h+D)$$

式中:$k_0$——黏土的侧压力系数;
  $r$——水土的合容重;
  $h$——上覆土体的厚度;
  $D$——端头加固土体的直径。

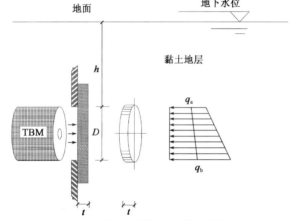

图 7-6 黏土地层纵向加固范围计算图

将梯形荷载等效为均布荷载和三角形反对称荷载的叠加(图 7-7),则可以求出端头加固土体的应力。

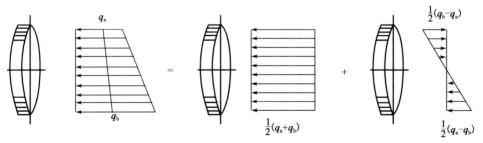

图 7-7 梯形荷载等效力学模型

①端头加固土体受到的最大剪应力:

$$(\tau_{p\text{黏土}})_{\max} = -\left[\frac{k_0 \cdot r \cdot (2h+D) \cdot D}{8t} + \frac{3k_0 \cdot r \cdot D^3}{64t} - \frac{k_0 \cdot r \cdot D^2}{48t} \frac{5+\mu}{3+\mu}\right] \quad (7-1)$$

②端头加固土体受到的最大拉应力：

$$(\sigma_{\rho\text{黏土}})_{\max} = \frac{D}{32t^2}\left(1-\frac{4\rho_1^2}{D^2}\right)\left[\frac{3k_0 rD(3+\mu)(2h+D)}{2}+k_0 rD\rho_1(5+\mu)\right] \qquad (7-2)$$

③端头加固土体受到的最大环向拉应力：

$$(\sigma_{\varphi\text{黏土}})_{\max} = \frac{3k_0 r(2h+D)D^2}{64t^2}\left[(3+\mu)-(1+3\mu)\frac{4\rho_2^2}{D^2}\right]+$$

$$\frac{(k_0 rD)\rho_2 D}{32t^2}\left[\frac{(5+\mu)(1+3\mu)}{3+\mu}-(1+5\mu)\frac{4\rho_2^2}{D^2}\right]\cos\varphi \qquad (7-3)$$

(2)端头纵向加固范围的计算

盾构始发与到达过程中，端头加固土体主要受到剪切和拉伸的作用，为了保证端头加固土体受到侧压力作用而不破坏，加固土体必须满足必要的强度要求。

①最大剪应力理论。

根据有最大剪应力理论可知，当 $\begin{cases}\varphi=0\\\rho=\dfrac{D}{2}\end{cases}$ 时，有：

$$\begin{cases}\tau_{\max}=\dfrac{\beta_1}{t_{\text{抗剪}}}\leqslant\dfrac{\tau_c}{k_1}\\ \beta_1=-\left[\dfrac{k_0 r(2h+D)D}{8}+\dfrac{3}{64}k_0 rD^3-\dfrac{k_0 rD^2}{48}\dfrac{5+\mu}{3+\mu}\right]\end{cases} \qquad (7-4)$$

则满足最大剪应力理论要求的纵向加固范围为：

$$t_{\text{抗剪}} \geqslant \frac{\beta_1 k_1}{\tau_c} \qquad (7-5)$$

式中：$\tau_c$——加固土体的极限抗剪强度，根据经验取 $\tau_c=\dfrac{q_u}{6}$；

$q_u$——无侧限抗压强度；

$k_1$——抗剪安全系数，通常取 1.5；

$\mu$——加固土体的泊松比。

②最大拉应力理论。

根据最大拉应力理论，当 $\begin{cases}\varphi=0\\\rho=\dfrac{-B_2+\sqrt{B_2^2-4A_2C_2}}{2A_2}\end{cases}$ 时，最大径向拉应力为：

$$\begin{cases}(\sigma_{\rho\text{黏土}})_{\max}=\dfrac{\beta_2}{16t_2^2}\leqslant\dfrac{\sigma_t}{k_2}\\ \beta_2=\left(1-\dfrac{4\rho^2}{D^2}\right)\left[\dfrac{3k_0 rD^2(3+\mu)(2h+D)}{4}+\dfrac{k_0 rD^2\rho(5+\mu)}{2}\right]\end{cases} \qquad (7-6)$$

则满足最大拉应力理论要求时纵向加固范围为：

$$t_2 \geqslant \sqrt{\frac{\beta_2 k_2}{16\sigma_t}} \qquad (7-7)$$

式中：$\sigma_t$——土体的极限抗拉强度，通常取抗压强度 $\sigma_t=\left(\dfrac{1}{12}\sim\dfrac{1}{8}\right)q_u$；

$k_2$——抗拉安全系数,通常取 1.5;

$A_2$、$B_2$、$C_2$——均为计算参数,其中 $A_2=3(5+\mu)k_0r$, $B_2=6(3+\mu)k_0r(2h+D)$, $C_2=-(5+\mu)k_0rD^2/2$。

同理可得,当 $\begin{cases}\varphi=0\\\rho=\dfrac{-B_3+\sqrt{B_3^2-4A_3C_3}}{2A_3}\end{cases}$ 时,根据最大拉应力,有:

$$\begin{cases}(\sigma_{\varphi\text{黏土}})_{\max}=\dfrac{\beta_3}{16t_3^2}\leqslant\dfrac{\sigma_\text{t}}{k_3}\\ \beta_3=\dfrac{3D^2k_0r(2h+D)}{4}\left[(3+\mu)-(1+3\mu)\dfrac{4\rho^2}{D^2}\right]+\dfrac{\rho k_0rD^2}{2}\left[\dfrac{(5+\mu)(1+3\mu)}{3+\mu}-(1+5\mu)\dfrac{4\rho^2}{D^2}\right]\end{cases}$$
(7-8)

则满足最大拉应力理论要求时纵向加固范围为:

$$t_3\geqslant\sqrt{\dfrac{\beta_3k_3}{16\sigma_\text{t}}} \tag{7-9}$$

式中:$A_3$、$B_3$、$C_3$——均为计算参数,其中 $A_3=(1+5\mu)k_0r/16$, $B_3=k_0r(1+3\mu)(2h+D)/16$, $C_3=-(5+\mu)(1+3\mu)k_0rD^2/192(3+\mu)$。

根据最大径向拉应力和最大环向拉应力的要求可知,满足拉应力要求的纵向加固范围计算公式应为:

$$t_\text{拉}=\max\{t_2,t_3\}=\max\left\{\sqrt{\dfrac{\beta_2k_2}{16\sigma_\text{t}}},\sqrt{\dfrac{\beta_3k_3}{16\sigma_\text{t}}}\right\} \tag{7-10}$$

盾构在始发与到达过程中为了保证端头加固土体在水土侧压力作用不被破坏,端头土体加固后应该同时满足拉应力理论和剪应力理论的要求,即端头土体加固后要同时满足抗拉强度与抗剪强度要求,求得黏土地层纵向加固范围与加固强度之间的关系式为:

$$t_\text{黏土}\geqslant\max\{t_\text{剪},t_\text{拉}\}=\max\left\{\dfrac{\beta_1k_1}{\tau_\text{c}},\sqrt{\dfrac{\beta_2k_2}{16\sigma_\text{t}}},\sqrt{\dfrac{\beta_3k_3}{16\sigma_\text{t}}}\right\} \tag{7-11}$$

2)砂土地层端头加固研究

(1)端头加固土体内应力计算

不同于黏土地层,在砂层中盾构始发与到达端头加固土体的侧向水土压力的计算通常采用水土分算法,如图 7-8 所示,假设地下水位线和地表齐平,则:

加固土体上部受力 $q'_\text{a}$:
$$q'_\text{a}=(k'_0r'+r_\text{w})h$$

加固土体下部受力 $q'_\text{b}$:
$$q'_\text{b}=(k'_0r'+r_\text{w})(h+D)$$

式中:$k'_0$——砂土的侧压力系数;

$r'$——砂土的重度;

$h$——上覆土体的厚度;

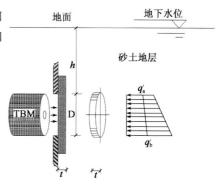

图 7-8 砂土地层纵向加固范围计算图

$r_w$——水的重度。

类似于黏土地层，利用梯形荷载等效模型，求出砂土地层，端头加固土体的内应力如下所示。

①砂土地层中加固土体受到的横向剪应力：

$$(\tau_{砂土})_{max} = -\left[\frac{(k_0'r'+r_w)(2h+D)D}{8} + \frac{3}{64}(k_0'r'+r_w)D^3 - \frac{(k_0'r'+r_w)D^2}{48} \cdot \frac{5+\mu'}{3+\mu'}\right] \tag{7-12}$$

②砂土地层中加固土体受到的最大径向弯曲应力：

$$(\sigma_{\rho砂土})_{max} = \frac{1}{16t^2}\left(1-\frac{4\rho^2}{D^2}\right) \times \left[\frac{3(3+\mu')(k_0'r'+r_w)(2h+D)D^2}{4} + \frac{\rho(5+\mu')(k_0'r'+r_w)D^2}{2}\right] \tag{7-13}$$

③砂土地层中加固土体受到的最大环向弯曲应力：

$$(\sigma_{\varphi砂土})_{max} = \frac{3(k_0'r'+r_w)(2h+D)D^2}{64t^2}\left[(3+\mu')-(1+3\mu')\frac{4\rho^2}{D^2}\right] + \frac{(k_0'r'+r_w)D^2\rho}{32t^2}\left[\frac{(5+\mu')(1+3\mu')}{3+\mu'}-(1+5\mu')\frac{4\rho^2}{D^2}\right] \tag{7-14}$$

(2) 砂土地层端头加固范围

①最大剪应力理论。

根据有最大剪应力理论可知，当 $\begin{cases}\varphi=0 \\ \rho=\dfrac{D}{2}\end{cases}$ 时，有：

$$\begin{cases}\tau'_{max} = \dfrac{\beta_1'}{t_1'} \leqslant \dfrac{\tau_c'}{k_1'} \\ \beta_1' = -\left[\dfrac{(k_0'r'+r_w)(2h+D)D}{8} + \dfrac{3}{64}(k_0'r'+r_w)D^3 - \dfrac{(k_0'r'+r_w)D^2}{48} \cdot \dfrac{5+\mu'}{3+\mu'}\right]\end{cases} \tag{7-15}$$

满足最大剪应力理论要求时纵向加固范围为：

$$t'_{抗剪} \geqslant \frac{\beta_3' k_3'}{\tau_c'} \tag{7-16}$$

式中：$\tau_c'$——加固土体的极限抗剪强度，根据经验取 $\tau_c' = \dfrac{q_u'}{6}$；

$k_1'$——抗剪安全系数，通常取 1.5；

$\mu'$——加固土体的泊松比。

②最大拉应力理论。

当 $\begin{cases}\varphi=0 \\ \rho = \dfrac{-B_2' + \sqrt{B_2'^2 - 4A_2'C_2'}}{2A_2'}\end{cases}$ 时，根据最大径向拉应力理论，有：

$$\begin{cases}(\sigma_{\rho砂土})_{max} = \dfrac{\beta_2'}{16(t_2')^2} \leqslant \dfrac{\sigma_t'}{k_2'} \\ \beta_2' = \left(1-\dfrac{4\rho^2}{D^2}\right)\left[\dfrac{3(3+\mu')(k_0'r'+r_w)(2h+D)D^2}{4} + \dfrac{(k_0'r'+r_w)(5+\mu')D^2\rho}{2}\right]\end{cases} \tag{7-17}$$

则满足最大拉应力理论要求时纵向加固范围为：

$$t'_2 \geqslant \sqrt{\frac{\beta_2 k'_2}{16\sigma'_t}} \tag{7-18}$$

式中：$\sigma'_t$——土体的极限抗拉强度，通常取抗压强度 $\sigma'_t = \left(\frac{1}{12} \sim \frac{1}{8}\right) q'_u$；

$k'_2$——抗拉安全系数，取 1.5。

$A'_2$、$B'_2$、$C'_2$——均为计算参数，其中 $A'_2 = 3(5+\mu')(k'_0 r' + r_w)$，$B'_2 = 6(3+\mu')(k'_0 r' + r_w)(2h+D)$，$C'_2 = -(5+\mu')(k'_0 r' + r_w)D^2/2$。

同理可得，当 $\begin{cases} \varphi = 0 \\ \rho = \dfrac{-B'_3 + \sqrt{B'^2_3 - 4A'_3 C'_3}}{2A'_3} \end{cases}$ 时，根据最大环向拉应力理论，有：

$$\begin{cases} (\sigma'_\varphi)_{\max} = \dfrac{\beta'_3}{16 t'^2_3} \leqslant \dfrac{\sigma'_t}{k'_3} \\ \beta'_3 = \dfrac{3(k'_0 r' + r_w)(2h+D)D^2}{4} \left[(3+\mu') - (1+3\mu')\dfrac{4\rho^2}{D^2}\right] + \\ \quad \dfrac{(k'_0 r' + r_w)D^2 \rho}{2} \left[\dfrac{(5+\mu')(1+3\mu')}{3+\mu'} - (1+5\mu')\dfrac{4\rho^2}{D^2}\right] \end{cases} \tag{7-19}$$

满足最大拉应力理论要求时纵向加固范围为：

$$t'_3 \geqslant \sqrt{\frac{\beta'_3 k'_3}{16\sigma'_t}} \tag{7-20}$$

式中：$A'_3$、$B'_3$、$C'_3$——计算参数，$A'_3 = (1+5\mu')(k'_0 r' + r_w)/16$，$B'_3 = (1+3\mu')(k'_0 r' + r_w)(2h+D)/16$，$C'_3 = -(5+\mu')(1+3\mu')(k'_0 r' + r_w)D^2/[192(3+\mu')]$；

$k'_3$——抗拉安全系数，通常取 1.5。

根据最大径向拉应力和最大环向拉应力满足的强度理论要求可知，满足拉应力要求的纵向加固范围计算公式应为：

$$t'_{抗拉} = \max\{t'_2, t'_3\} = \left\{\sqrt{\frac{\beta_2 k'_2}{16\sigma'_t}}, \sqrt{\frac{\beta'_3 k'_3}{16\sigma'_t}}\right\} \tag{7-21}$$

砂土地层端头土体的纵向加固范围与加固强度之间的关系式为：

$$t_{砂土} \geqslant \max\{t'_{抗剪}, t'_{抗拉}\} = \left\{\frac{\beta'_1 k'_1}{\tau'_c}, \sqrt{\frac{\beta_2 k'_2}{16\sigma'_t}}, \sqrt{\frac{\beta'_3 k'_3}{16\sigma'_t}}\right\} \tag{7-22}$$

### 7.3.3 基于稳定性理论的端头加固模型及加固范围[102-106]

(1)黏土地层滑移失稳模型及端头加固范围

即将始发或者到达的盾构，破除洞门围护结构后开挖面完全暴露的一段时间内，在地面堆载、隧道上覆土体以及侧压力的共同作用下，盾构始发与到达端头土体可能沿着某个滑移面从盾构隧道开挖面向盾构工作井内整体滑动。根据对黏性土坡稳定性的分析，利用整体圆弧滑动法，假设 $\varphi = 0$，分界面 $oa$ 下部土体的滑动面是开挖隧道在洞口处以顶点 $o$ 为圆心，洞径 $D$ 为半径的圆弧面，而上面土体在盾构洞门围护结构的约束下，无侧向滑动，只能向下滑动，即上覆土体的滑动面为 $Ca$ 平面，如图 7-9 所示。

根据土体滑动理论可知，此时引起盾构始发与到达端头土体下滑的滑动力矩为主要由三部分组成，地面堆载 $P$ 引起的下滑力矩、上覆土体自重引起的滑动力矩以及滑移圆弧线内土体的下滑力矩。具体计算如下：

$$M = M_1 + M_2 + M_3 \quad (7\text{-}23)$$

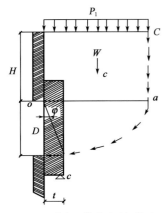

图 7-9　端头土体滑动破坏模型

式中：$M_1$——地面堆载 $P$ 引起的下滑力矩，$M_1 = \dfrac{PD^2}{2}$；

$M_2$——上覆土体自重引起的下滑力矩，$M_2 = \sum\limits_{i}^{n}\gamma_i H_i \cdot \dfrac{D^2}{2}$；

$M_3$——滑移圆弧线内土体的下滑力矩，$M_3 = \dfrac{\gamma_t D^3}{3}$，$\gamma_t$ 为加固前土体的平均重度。

对于黏性土体而言，当 $\varphi = 0$ 时，土体的抗滑阻力全部为黏聚力提供，忽略了摩擦阻力的作用，则端头土体中存在抗滑力矩为：

$$\overline{M} = \overline{M_1} + \overline{M_2} + \overline{M_3} \quad (7\text{-}24)$$

式中：$\overline{M_1}$——滑移圆弧线 $ab$ 段的抗滑力矩，$\overline{M_1} = cHD$；

$\overline{M_2}$——滑移圆弧线 $bc$ 段的抗滑力矩，$\overline{M_2} = cD^2\left(\dfrac{\pi}{2} - \theta\right)$；

$\overline{M_3}$——滑移圆弧线 $cd$ 段的抗滑力矩，$\overline{M_3} = \Delta c \theta D^2$；

$c$——加固前土体的黏聚力；

$\Delta c$——加固后土体的黏聚力；

$H$——上覆土体的高度；

$\theta$——纵向加固厚度与滑移线相交圆弧所对应的圆心角。

根据土体的平衡条件可知 $KM = \overline{M}$（$K$ 为抗滑安全系数），由于模型假设的时候忽略了摩擦阻力的存在，抗滑力矩往往偏小，因此计算的时候，取抗滑动安全系数 $K = 1.5$，将以上各式代入可求得：

$$M = \dfrac{PD^2}{2} + \sum_{i}^{n}\gamma_i H_i \cdot \dfrac{D^2}{2} + \dfrac{\gamma_t D^3}{3} \quad (7\text{-}25)$$

$$\overline{M} = cHD + cD^2\left(\dfrac{\pi}{2} - \theta\right) + \Delta c \theta D^2 \quad (7\text{-}26)$$

$$\theta = \dfrac{KM - c\left(HD + \dfrac{\pi}{2}D^2\right)}{(\Delta c - c)D^2} \quad (7\text{-}27)$$

则由图 7-9 的几何条件可知，端头土体的纵向加固范围为：

$$t = D \cdot \sin\theta \quad (7\text{-}28)$$

（2）砂土地层滑移失稳模型及端头加固范围

砂性土体的力学模型不同于黏性土体，砂性土体无内聚力，长久以来，世界各国的专家和学者在研究砂性土坡的破坏模式时，对砂性土坡的滑动进行了室内及室外模型实验研究，研究结果表明砂性土坡的破坏过程表现出突发性，其滑裂面从坡顶至坡脚形成一条近似直线型的滑裂面；太沙基松弛土压力理论以及离心试验表明盾构隧道分界面上方砂性土体的破坏面是竖直滑动面,而分界面 $oa$ 下方土体则不再是圆弧面,而是通过坡脚的斜直面,据此建立砂性土体端头土体的破坏模型如图 7-10 和图 7-11 所示。

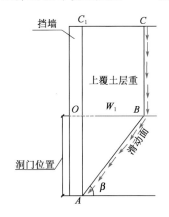
图 7-10 砂性土体的破坏模型

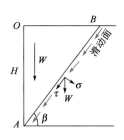
图 7-11 洞门后土体的受力情况

砂性土体没有黏聚力,在上覆土体的自重作用下,竖直土坡发生滑移破坏。假设破裂面与水平方向的夹角为 $\beta$,则:

滑动力:
$$T_1 = w \cdot \sin\beta = (W + P_1) \cdot \sin\beta \tag{7-29}$$

抗滑力:
$$T_2 = w \cdot \cos\beta \cdot \tan\varphi = (W + P_1) \cdot \cos\beta \cdot \tan\varphi \tag{7-30}$$

由于假设砂性土体的破坏滑移面为斜直面,所以当竖直土坡处于极限平衡状态时,潜在的破坏滑移面上,滑动力与抗滑力处于静力平衡状态:
$$T_1 = T_2 \tag{7-31}$$

将式(7-29)和式(7-30)分别代入式(7-31)的两边,得到静力平衡方程:
$$(W + P_1) \cdot \sin\beta = (W + P_1) \cdot \cos\beta \cdot \tan\varphi \tag{7-32}$$

根据静力平衡公式定义砂性土体的稳定安全系数 $F_s$ 为:
$$F_s = \frac{\tan\varphi}{\tan\beta} \tag{7-33}$$

当 $F_s = 1$ 时,$\beta = \varphi$,这个值等于砂土在松散状态时的内摩擦角,则砂性土体端头纵向滑移范围:
$$OB = \frac{D}{\tan\varphi} \tag{7-34}$$

以上式中:$W$——滑移线上覆土体自重;
$\beta$——土体滑移破坏角;
$D$——隧道洞门直径;
$\varphi$——砂性土内摩擦角。

对于实际工程中砂性土体通常是经过压密后的无黏性土,内摩擦角往往比松散的砂土大,稳定坡脚也随之增大,所以适当地减小端头土体的加固范围也可以达到土体稳定性的要求,按照本文方案求得的纵向加固范围相对较保守。

### 7.3.4　基于渗透性及盾构几何构造特征的端头加固范围——几何准则

1）盾构无水始发

"无水始发"是指盾构隧道始发施工过程中，端头地层中不存在地下水，且端头地层无补水来源，或者地层中有地下水，但是地下水位在盾构隧道底板以下一定的距离，地下水压力较小，不需要采取针对性地防止水沙流出的措施，即在盾构始发的整个过程中，地下水不会对工程施工造成任何影响。

无水始发相对安全，但要考虑盾构始发时端头土体的稳定性受多方面因素的影响，如洞门的破除方法、破除时间以及洞门混凝土的破除顺序都将影响强度与稳定性，洞门破除时间过早会使掌子面土体长时间暴露在外，端头土体的整体稳定性受流变因素的影响而逐渐降低，可能发生滑移破坏；破除洞门时的振动扰动端头土体，也会影响端头土体的稳定性，因此为了确保盾构始发的安全，必须按照端头土体对强度和稳定性准则的基本要求，提前对端头土体进行加固处理。

在破除盾构工作井中的封门，当盾构刀盘顶进到开挖面之前，或者刀盘顶到开挖面而盾构土压力尚未建立之前，如果土体自稳能力较差，开挖面暴露时间过长容易造成地表沉降过大，影响周围建筑物，严重时可能发生洞门塌陷的工程事故，因此需要根据端头地层中土层的性质对端头一定范围的土体进行加固处理。但是由于地层中没有地下水，加固范围并不需要考虑防止水沙外流和渗透性问题，因此对于加固范围确定不需要考虑盾构设备本身的几何尺寸，只需满足强度和稳定性准则对端头土体加固的要求，如图 7-12 所示。

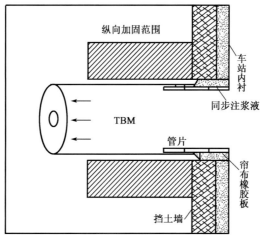

图 7-12　无水始发端头加固图

2）盾构有水始发

"有水始发"是指盾构始发端头地层中存在地下水，或者地层中本身没有地下水，但是存在污水管、雨水管等补水来源，则盾构始发必须重视水的存在对工程可能造成的影响。一方面，地下水的存在使得端头土体的强度和稳定性大大降低，在盾构始发施工的扰动下，可能会发生地表沉降过大、洞门塌陷等事故；另一方面，当端头地层地下水位丰富，且地下水压力较大时，端头地层可能会在地下水的作用下发生渗透破坏，严重时可能会发生涌水涌砂，甚至淹井等工程事故。

盾构有水始发可以分为以下两种情况：

(1) 始发端头地层中本身存在地下水

当盾构始发端头地层中有地下水，而且地下水埋深较浅，地下水位位于盾构隧道底板以上时（如果采用降水等措施可以将隧道一定长度范围内的地下水水位降至隧道底板以下时，可考虑按照盾构无水始发进行），端头加固范围必须同时满足强度准则、稳定性准则以及几何准则的要求。首先根据强度与稳定性准则求得端头土体的纵向加固范围。然后将纵向加固范围与盾构纵向长度进行对比，当纵向加固范围小于盾构主机的长度，即盾尾尚未进入洞门圈，盾构刀盘已经脱离加固区进入原状土体时，端头加固区前方地层中的地下水和土体（特别是松散砂土或粉土地层）可能沿着盾壳与围岩之间的空隙进入盾构工作井，引起透水、洞门塌方等工程事故，如图 7-13 中的 a) 图所示。此时，为了确保盾构始发与到达施工的安全，应取端头土体的纵向加固范围为：

$$L = 盾构长度 + (2 \sim 3)B \tag{7-35}$$

式中：$B$——为管片的宽度。

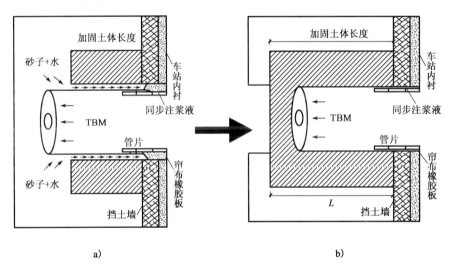

图 7-13 有水始发端头加固图

(2) 始发端头地层中无地下水，但是存在补水来源

盾构始发端头地层中，本身不存在地下水，或者地下水位于底板下以一定的安全距离之外，地下水不会影响端头的稳定性。但是当端头地层条件较为复杂时，比如存在补水来源（如地下市政管道错综复杂，特别是存在有压管线，如污水管、给水管等情况），为了避免在盾构始发施工中，出现管线断裂的意外事故，市政管道中的水进入端头地层，出现透水、端头地层塌陷的工程事故，仍然必须按照有水始发的要求，对端头地层进行预先加固，加固后端头土体必须同时满足强度、稳定性意外、几何尺寸的要求。

3) 盾构无水到达

"无水到达"同盾构无水始发类似，是指盾构从原状土进入端头地层到盾构隧道贯通、盾构进入接收井的整个施工过程中,端头地层影响范围以内无地下水,且无补给来源,不需要考虑地下水对施工的影响,即不需要采用相应的措施进行堵水或堵漏(图7-14)。

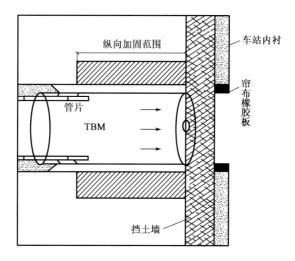

图7-14 无水到达端头加固图

盾构无水到达的端头加固与盾构无水始发类似,但是又不完全和盾构始发相同。主要存在以下几种情况:

(1)当盾构到达端头地层条件较好,且无地下水时,可以不对端头土体进行任何形式的加固,但是必须采用相应的辅助措施,例如,合理控制盾构到达施工参数,包括调整好盾构姿态,适当降低盾构的推进速度,设定相对较为合理的土压力以及同步注浆压力等,同时增加封门处喷射混凝土厚度,根据地层条件和盾构推进速度合理地掌握封门的破除时机,最好当盾构刀盘顶到围护结构时再开始破除盾构封门,确保到达的安全。

(2)当盾构到达端头地层中虽然无地下水,但土层条件较差时,主要为软土、淤泥质地层时,基于强度与稳定性的考虑,必须对端头土体进行预先的加固处理。

(3)盾构到达端头土体自我稳定性较好,但端头地层结构较为复杂,存在错综复杂的市政管道时,必须采取相应的辅助措施,做好应急事故处理准备,必要时也必须对端头土体进行预先的加固处理,纵向加固范围满足强度和稳定性的要求,防止出现意外,引发工程事故。

4)盾构有水到达

"有水到达"同盾构有水始发类似,是指盾构掘进从原状土中进入端头加固土体,然后进入接收井的整个到达施工过程中,端头地层中存在地下水或有给水来源,到达施工中,水的因素对施工产生了较大的影响,必须采取相应的措施进行堵水处理,是盾构始发与到达施工中最危险的情况。

盾构有水到达端头加固主要考虑端头地层中是否存在地下水和是否有补给来源。

(1)盾构到达端头地层中存在地下水

①满足强度与稳定性要求的纵向加固范围大于盾构长度

此时,纵向加固范围满足了以下两点要求:第一,端头土体纵向加固范围满足了强度与稳定性的要求;第二,端头土体纵向加固范围满足了几何准则对堵水的要求。

因此,盾构有水到达过程中,不需要另外考虑几何尺寸的要求,因为强度与稳定性要求较高,满足这两者加固要求的过程中自然涵盖了几何准则的要求,施工中只需确保加固质量,同时控制好盾构到达施工参数,例如,合理控制盾构到达施工参数,增加封门处喷射混凝土厚度,根据地层条件和盾构推进速度合理掌握封门的破除时机等,即能保证盾构安全顺利的到达。

②满足强度与稳定性要求的纵向加固范围小于盾构长度

由于盾构设备自身构造的原因,壁后同步注浆的浆液不可能完全填充盾构外壳与地层之间的缝隙,当地层中地下水埋深较浅,开挖面深度范围内的土体主要为砂土和粉土时,在地层水土压力的作用下,隧道周围地层中的地下水和砂土可能会沿着盾构外壳与地层间的缝隙进入盾构接收井,造成地层损失,引发工程事故。

因此从渗透与堵水的角度考虑,为了确保加固体能完全阻隔地下水和砂通过缝隙进入盾构工作井,避免透水和坍塌事故的发生,端头土体的纵向范围必须大于盾构主机的长度。同盾构有水始发类似,取纵向加固长度 $L=$ 盾构长度 $+(2\sim3)B$,$B$ 为管片的宽度。

图 7-15 表达了两层意思,同时也给盾构有水到达端头加固提供了思路。图 7-15a) 没有考虑到地下水对纵向加固范围的要求,只按照强度与稳定性的要求对盾构有水到达端头土体进行了加固,显然,端头土体纵向加固范围明显小于盾构的长度。此时,由于地层中地下水丰富,地层中的地下水和砂可能沿着盾壳与地层之间的间隙进入盾构工作井,端头地层中水土的大量流失,地层损失过大可能引起地表沉降,严重时可能发生透水或者塌方等工程事故,甚至地下水可能淹没整个盾构接收井,造成巨大的经济损失和不良的社会影响。对于富水砂土地层,盾构达到端头土体的纵向加固范围如果只考虑强度与稳定的要求,并不能起到堵水的作用,为了保证盾构安全的到达,端头加固范围必须满足几何准则的要求,如图 7-15b)所示。

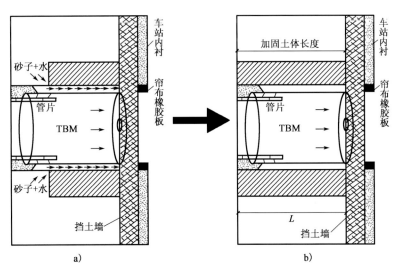

图 7-15 有水到达端头土体加固图

(2)盾构到达端头地层中存在补水来源

该类型端头加固原理同盾构有水始发类似,详细介绍见盾构有水始发,此处将不再赘述。

## 7.4 典型地层端头加固方法选择[103]

### 7.4.1 基本概述

端头加固效果的好坏对始发与到达阶段施工的安全至关重要,除了上节所述必须按端头区域的地层情况确定端头加固范围以外,选择合适的端头加固方法也非常重要。通过分析北京地铁 10 号线二期各盾构区间端头加固设计情况可知,除了少数端头设计单位会给出详细的端头加固方案以外,大多数情况设计单位只给出端头加固范围、端头加固要求(无侧限抗压强度、渗透系数),具体的端头加固方法则由施工单位根据自身的经验及设备情况自由选择。

总结目前北京地区已完工与在建地铁工程盾构始发与到达端头加固方法选择情况可知,旋喷、搅拌及注浆法是目前北京地铁最常用的端头加固方法,局部工点还使用了冻结等辅助工法。本节将着重介绍旋喷法和前进式注浆的基本原理和适用地层。

### 7.4.2 旋喷加固技术

1) 概述

旋喷桩加固技术是 20 世纪 60 年代后期由日本日产冻结有限公司首创的一种土体加固技术,最初发明的是单管旋喷法(日本称 CCP 法),并在大阪地下铁道工程建设使用时获得成功。单管旋喷法具有施工速度快、成本低及能较好保证地层加固质量等优点,但旋喷固结体较小,为了扩大旋喷直径,创造了二重管法、三重管法等旋喷加固工艺,三重管法旋喷直径可达到 2~3m。20 世纪 90 年代后。日本鹿岛建设株式会社开发了"超级旋喷法"技术,可形成超大型旋喷桩加固地基,这种方法在直径 15cm 的钻孔中,喷射含有水泥等硬化材料的超高压射流,通过旋转切削土砂,可在地层内形成直径为 5m 的超大直径柱体。

旋喷桩加固最早出现的是垂直旋喷,后来由于不断在深埋地层中修建隧道,出现了水平旋喷工艺。水平旋喷法是由日本在 20 世纪 80 年代初期首创的,目前意大利的水平旋喷技术在世界上处于比较领先的地位。

我国于 1972 年开始研究和应用旋喷加固技术,对旋喷设备、旋喷工艺、浆液配置等做了大量研究工作,并进行了现场试验。目前在城市地铁盾构始发与到达端头加固工程中,旋喷桩加固技术已经成为最主要的端头加固方法,在短短的几年内,二重管旋喷法和三重管旋喷法相继达到了实用程度,已经逐步形成了一套体系并得到了广泛的应用。但是在水平旋喷加固方面,目前国内仍处于工程试验阶段。

2) 旋喷桩加固法的分类

旋喷桩加固法的分类按照钻孔和成桩的方向分为垂直旋喷和水平旋喷,按照喷射管的数量和方式可分为单(重)管旋喷注浆法、双(重)管旋喷注浆法、三(重)管旋喷注浆法。三种方法详细工艺特征如下所示。

(1) 单(重)管旋喷注浆法

单管旋喷注浆法是利用钻机等设备,把安装在注浆管底部侧面的特殊喷嘴,置入土层预定深度后,用高压泥浆泵等高压发生装置,以 15.0~20.0MPa 的压力把浆液从喷嘴中喷射出去冲击破坏土体,同时借助注浆管的旋转和提升运动,使浆液与土体上崩落下来的土搅拌混合,经过一定时间凝固,便在土中形成圆柱状的固结体,如图 7-16 所示。

(2)双(重)管旋喷注浆法

使用双通道的二重注浆管时,当二重注浆管钻进到土层的预定深度后,通过在管底部侧面的一个同轴双重喷嘴,同时喷射出高压浆液和空气两种介质的喷射流冲击破坏土体。即以高压泥浆泵等高压发生装置喷射出 15.0～20.0MPa 压力的浆液,从内喷嘴中高速喷出。并以 0.7MPa 左右压力把压缩空气从外喷嘴中喷出。在高压浆液流和它外圈环绕气流的共同作用下,破坏土体的能量显著增大,喷嘴一边喷射一边旋转和提升,最后在土中形成圆柱状固结体。固结体的直径明显增加,如图 7-17 所示。

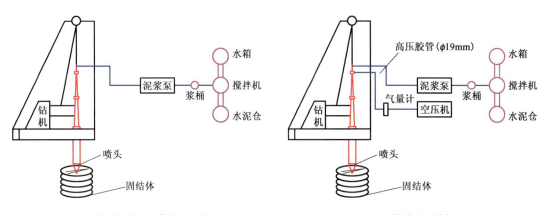

图 7-16　单重管旋喷注浆加固示意图　　　　图 7-17　二重管旋喷注浆加固示意图

(3)三(重)管旋喷注浆法

三(重)管旋喷注浆法分别适用输送水、气、浆液三种介质。在高压泵等高压发生装置产生 20～40MPa 的高压水喷射流的周围,环绕 0.7MPa 左右的圆筒状气流,进行高压水喷射流和气流同轴喷射冲切土体,形成较大的空隙,再另由泥浆泵注入压力为 2～5MPa 的浆液填充,喷嘴做旋转和提升运动,最后便在土中凝固为直径较大的圆柱状固结体,如图 7-18 所示。

3)旋喷桩加固的优缺点

(1)旋喷加固的优点

以高压喷射流直接冲击破坏土体,浆液与土自行拌和为均匀的固结体的高压喷射注浆法,从施工方法、加固质量到适用范围,不但与静压注浆法有所不同,而且与其他处理方法相比,其主要优点如下:

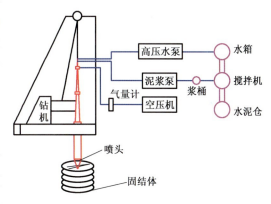

图 7-18　三重管旋喷注浆加固示意图

①适用地层较广

受土层、土的粒度、土的密度、硬化剂黏性、硬化剂硬化时间的影响较小,可广泛适用于淤泥、软弱黏性土、砂土甚至砂卵石等多种土质。

②材源广阔,价格低廉

喷射的浆液以水泥为主,化学材料为辅。除了工程要求速凝早强时使用化学材料以外,一般的地基工程均适用来源广、价格低的强度等级 32.5 的普通硅酸盐水泥即可。此外,还可以在水泥中加入一定数量的粉煤灰,这既利用了废料,又降低了注浆材料的成本。

③固结体形状可以控制。

可以有计划地在预定的范围内注入必要的浆液,形成一定间距的桩,或连成一片的桩群或帷幕墙;加固深度可以自由调节,连续或分段均可。

④固结桩体强度高。

采用不同的浆液种类和配方,即可获得所需要的固结体强度。在黏土中采用水泥浆液形成的旋喷桩体的无侧限抗压强度可达 5~10MPa,在砂土中则更高,砂类土固结体的无侧限抗压强度最大可达 20MPa。

⑤有较好的耐久性。

在软弱地基中加固,高压喷射工艺和其他施工工艺相比,因其加固结构和适用范围不同,加固效果不能一概而论,但从适用的浆液性质来看,可以预期得到稳定的加固效果,并有较好的耐久性能。

⑥机动灵活。

主要表现在:钻孔深度(垂直或者水平)内的任意高度上,不同方向,不同喷射形式均可按要求喷射成糖葫芦、大底、半圆台等形状;可在水上对水下隐患进行处理。

⑦可灌性好。

高压旋喷是强制性破坏原土层结构,不存在一般注浆的可灌性问题。只要高压喷射流能破坏地层如细砂、特细砂、黏性土均可处理。尤其是针对夹杂于复杂地层中的这类土,高喷与一般注浆的效果差别明显。

⑧浆液集中,流失较少

旋喷加固时,除了一小部分浆液由于采用的喷射参数不合适,沿着管壁冒出地面外,大部分浆液均聚集在喷射流的破坏范围内,很少出现在土中流窜到很远地方的现象。冒出地面的浆液经过沉淀,去砂和析出清水过滤后,即可重复再用。

⑨设备简单,管理方便

旋喷的全套设备均为定型产品或者专门设计制造,结构紧凑、体积小、机动性强,占地小,能在狭窄和低矮的现场施工。施工管理简便,在旋喷过程中,通过对喷射的压力、吸浆量和冒浆情况的量测,即可间接了解旋喷的效果和存在问题,及时调整旋喷注浆参数或改变工艺,保证固结质量。

(2)旋喷加固的缺点

旋喷桩加固法优点众多,但是也存在很多缺点,使用不当可能导致工程事故,主要有以下几个缺点:

①旋喷加固质量控制受人为因素影响较大,当前施工质量控制尚不能全部用仪表控制。

②不确定因素较多,需要加固方案的设计、施工人员有较丰富的经验才能取得较好的效果。

③当旋喷桩加固深度超过 15m 时,桩体的垂直度较难保证,随即造成桩体之间搭接咬合效果不佳,达不到理想的止水和加固土体的效果,如图 7-19 和图 7-20 所示。

④有些地层旋喷加固法地层适应性较差。

⑤旋喷桩加固后桩体加固效果检验方法有待于进一步完善。

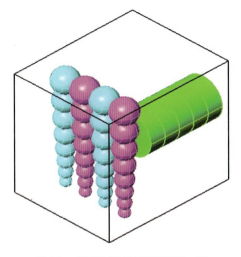

图 7-19　旋喷桩搭接示意图(搭接一般)

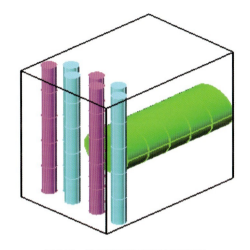

图 7-20　旋喷桩搭接示意图(无搭接)

4)旋喷桩加固的地层适用性

旋喷桩加固技术主要适用于第四纪冲击层,残积层及人工填土等。能处理淤泥、淤泥质土、黏性土、粉土、黄土、砂土、人工填土和碎石土等地基。当土中含有较多的大粒径块石、坚硬黏性土、大量植物根茎或有过多有机质时,应根据现场试验结果确定其适用范围,加固效果相对稍差,有时甚至不如静压的效果。对于地下水流速过大或已大量涌水,浆液无法在注浆管周围凝固情况的工程要慎重使用。对于无充填物的岩溶地段、永久冻土及对水泥有严重腐蚀的地基,均不宜采用旋喷桩注浆加固法。

## 7.4.3　前进式水平注浆加固技术

1)概述

水平注浆法是用气压、液压或电化学原理,把某些能固化的浆液从盾构始发与到达工作井的洞门处水平的注入端头土体的裂隙和孔隙中,以改善端头土体的物理力学性质,提高土体的强度和稳定性,并起到止水的作用。由于盾构始发与到达工作井的结构特点以及盾构工法的施工特点,水平注浆法在深圳地铁、广州地铁、天津地铁、北京地铁的盾构始发与到达端头加固、盾构隧道的联络通道的加固中都得到了的应用,并取得了较好的效果。

如图 7-21 和图 7-22 所示,盾构始发与到达端头加固研究中,水平注浆加固法可以分为前进式分段注浆和后退式分段注浆两种，两者的加固原理基本相同，目的都是为了使得加固土体能满足强度、稳定性以及止水的要求。软弱地层中，由于后退式注浆受到止浆塞作用的影响，浆液扩散受到一定的限制，因此注浆效果差，不宜进行长段注浆。前进式注浆不但能进行长段注浆，而且由于孔口管密封好，浆液能按设计规定的路径扩散，注浆压力高，注浆加固后土体的强度较高，已经在地铁隧道、公路隧道等工程地层改良和堵水加固中得到比较广泛的应用，并取得了较好的应用效果，因此本章水平注浆加固研究中主要介绍前进式分段注浆法。盾构始发与到达洞门端头土体的加固设计如图 7-23 和图 7-24 所示。

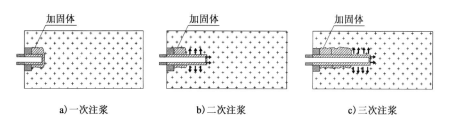

图 7-21 前进式注浆加固原理图

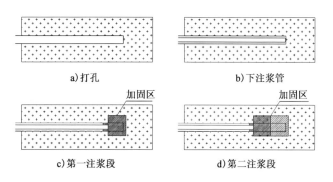

图 7-22 后退式注浆加固原理图

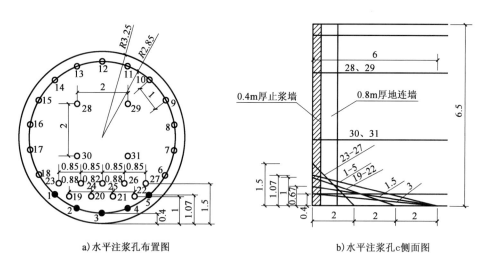

图 7-23 洞门水平注浆加固示意图（尺寸单位：m）

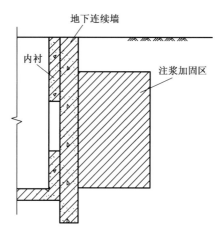

图 7-24 注浆加固效果图

2) 工艺流程

前进式水平注浆加固的基本流程如图 7-25 所示。

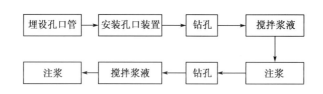

图 7-25 水平注浆加固流程图

3) 施工操作与管理

(1) 主要施工机具

主要机械设备包括：YT28 风动凿岩机、TXU-75 液压钻机、K90 钻机、KQ-100 风动潜孔钻、MQJ-120 型气动锚杆钻机、ZTGZ-120/150 型注浆泵等。

(2) 施工工序

水平深孔注浆施工工艺情况如图 7-26 所示，具体的施工工序下文将逐一详细介绍。

① 施工准备

a. 按照设备配套表配齐钻机、搅拌机、注浆泵、管路、储浆桶以及各种应急材料。

b. 对注浆泵进行试运转，并对操作人员进行上岗培训。

c. 按每循环使用量配齐所有注浆材料。

d. 对注浆施工人员进行技术交底、技术培训以及安全教育。

② 导向管加工

导向管长度 70cm，采用内径 $\phi 65$，壁厚 3.5mm 钢管加工而成。一端加工丝扣，另一端植于掌子面上。植入深度为 60cm，最终外露 10cm。

③ 钻孔、安设导向管

注浆工作开始之前(图 7-27)，按注浆角度和位置布设图，在连续墙上按设计要求布置导向管，进行固定；待凝固后，再进行注浆加固。具体操作如下。

a. 按设计图要求,在连续墙上准确画出小导管设计孔位。

b. 钻孔:采用风动凿岩机钻孔,成孔直径 $\phi50$mm,如遇塌孔,可直接利用风钻和特制顶头将小导管顶入。

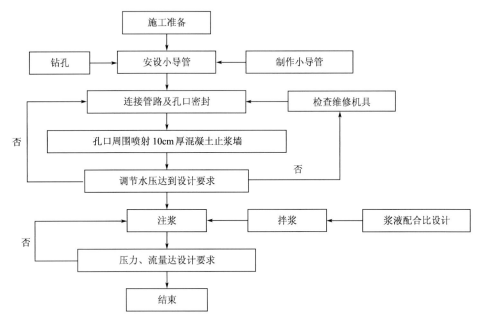

图 7-26 水平注浆加固施工工艺图

c. 钢管安设及孔口密封处理:钢管由特制顶头顶进,钢管末端用胶泥麻筋缠箍成楔形,以便钢管顶进孔后其外壁与孔岩壁间隙堵塞严密。钢管顶进时,注意保护管口不受损、变形,以便与注浆管路连接。

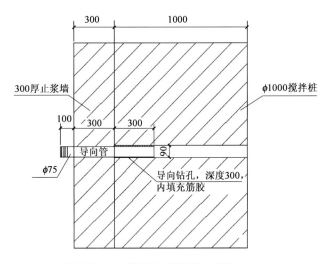

图 7-27 导向管连接大样图(尺寸单位:mm)

④配浆、注浆

水平深孔注浆通常采用水泥液浆,或水泥—水玻璃浆液。对于无水的砂砾层,可考虑使用改性水玻璃浆液;如果砂砾层被水浸泡,在隧道顶部位置考虑使用一部分超细水泥、水玻璃浆液,在中下部位置使用普通水泥—水玻璃浆液,并在水泥浆中加少量膨润土,以增加可灌性。

(a)注浆浆液浓度:水泥浆水灰比为0.5∶1,水玻璃浓度为20~30Be′,水泥浆和水玻璃的体积比为3∶1(根据现场实际情况进行调整)。

(b)注浆终压:1.5~2.0MPa(根据现场实际情况进行调整)。

注浆前应进行注浆试验,确定最佳的注浆压力、扩散半径、单孔注浆量及合适的浆液配合比。水平深孔注浆采用水泥浆和水泥—水玻璃双液浆两种。具体配比根据注浆时的具体地质状况调节。原则上,开始只注单液水泥浆,如果注浆压力上不去且浆液用量大,则逐步改用双液浆,以达到注浆压力控制要求。

注浆初期采取低压力中流量注入,注浆过程中压力逐步上升,流量逐渐减少,当压力升至注浆终压时,继续压注5min,即可结束注浆。注浆时通过控制注浆压力控制注浆量。当注浆压力较小,而注浆量较大时增大水泥浆的浓度,直至终压达到1.5~2.0MPa,持续注浆至设计孔位深度。

(3)循环进尺与工期

循环进尺:取决于钻机的技术参数和性能,为加快施工进度和保证施工质量,每循环钻注长度通常定为30m,选择MQJ—120型气动锚杆钻机。

(4)技术要点

①小导管外插角一般取5°~15°,处理塌体时可适当加大。

②小导管顶进钻孔长度大于90%管长,钢管尾部外露足够长度。

③各孔注浆时间隔进行,以保证浆液扩散效果。

(5)施工方法

①注浆管可采用电钻钻孔插打或钻机顶入两种方式;土层较硬时采用电钻钻孔插管,松软时钻机顶入。

②为防止孔口漏浆,用水泥药卷封堵注浆管与钻孔之间的空隙。

③为防止注浆管堵塞,影响注浆效果,注浆前先清洗注浆管。

④压浆管与超前注浆管之间采用方便接头,以便快速安拆。

⑤注浆压力由小到大,从开始0升到终止压力1.5MPa,稳压3min,流量计显示注浆量较小时,结束注浆。

⑥注浆结束后,拆除注浆接头,迅速用水泥药卷封堵注浆管口,防止未凝固浆液外流。

⑦注浆由两侧对称向中间进行,自下而上逐孔注浆,如有窜浆或跑浆时,间隔注浆,最后全部完成注浆。

(6)安全技术措施

①造浆前,对浆液材料的胶凝时间进行测定,每更换一级浓度要测定凝胶时间。

②为防止浆液混入杂质堵塞管路,搅拌机出灰口及吸浆带口应设置过滤网。

③一定要保证先期注浆量大的注浆孔施工质量。

④注浆过程中一定要注意观察注浆压力的变化情况,当压力突然发生变化堵塞管路或浆液漏泄远方、跑浆时要进行及时处理或调整浆液浓度。

⑤一定要根据水量、水压、裂隙发育情况确定浆液浓度,保证浆液质量。

⑥钻孔时,要先埋设注浆管,防止出大水而无法埋管注浆而淹井。在钻进时,如遇有高压水有突水的可能,应采取安全钻进措施,孔口要增加密封及防喷装置。

⑦对已开挖的隧道,在进行打钻注浆之前,要先对工作面5m范围内的初期支护部分,进行低压加固,防止注浆时浆液后窜影响初期支护部分的质量。

## 7.5 盾构始发与到达端头加固效果检测

### 7.5.1 端头加固效果检测的主要内容及评价指标

基于盾构始发与到达的特点和端头加固的主要目的,根据地层条件的不同,端头加固检测的内容主要包括以下几个方面:

(1)端头加固范围。检测端头加固范围是否满足设计与规范的要求。

(2)强度检测。对端头加固体进行水平和垂直抽芯,然后将所选芯样进行室内试验,检测端头加固体的强度是否满足设计及规范的要求,通常要求端头加固体的无侧限抗压强度$q_u \geqslant 0.8$MPa。

(3)渗透性检测。在端头地层设置检测孔,同时进行原位渗透性试验——压水(浆)试验,检测端头加固体的渗透性是否满足设计及范围的要求,通常要求端头加固体的渗透系数$K \leqslant 1 \times 10^{-8}$cm/s。

当端头地层无地下水时,通常只需进行加固范围和强度的检测,然后根据检测的参数对端头进行稳定性验算,确定其是否满足始发与到达施工的要求。

当端头地层有地下水,且为砂、卵石、砾石及其复合地层时,除了必须进行加固范围、强度检测、稳定性验算外,还应进行渗透性的检测,确保在盾构始发与到达施工中不会因为地下水土的流失造成地层损失,从而发生沉降超限,地表塌陷等事故。

### 7.5.2 端头加固效果检测的实施方法

加固体的检测方法多种多样,目前主要采用垂直取芯和水平设置探孔的方法检测端头加固土体的加固范围、加固强度、稳定性及渗透性。

(1)垂直抽芯检测

特别要注意加固体连续性和整体性是否良好,要求抽芯率在90%以上。抽芯位置一般选取在桩间咬合部位,抽芯数量按规定选取,且每个端头不应少于2根。但由于受施工场地、埋深等条件限制,垂直抽芯往往很难达到理想的效果,因此越来越多的工程通过在掌子面设置水平探孔的方式进行加固检测。

(2)水平抽芯检测

根据强度和渗透性试验要求,对端头加固土体进行水平抽芯,抽芯的基本原则如下:

①抽芯特别要求注意加固体的连续性和完整性,水平抽芯率要求达到100%。

②钻孔取芯的数量和具体位置根据端头地层条件确定,一般取芯数量不能少于8个,对于富水砂土地层,可适当增加取芯的数量。如果用旋喷桩或者搅拌桩加固的地层,钻孔取芯尽量选择在桩间咬合部位。

③抽芯的深度按端头纵向加固范围选定,一般水平取芯的长度等于端头土体的纵向加固范围。

④水平钻孔的布置主要考虑地下水的分布情况及不良地层的分布位置进行设定。图7-28～图7-31 为 4 种水平钻孔示意图。

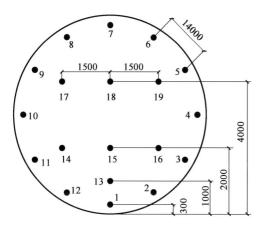

图 7-28　全断面砂层水平钻孔布置示意图
(尺寸单位:mm)

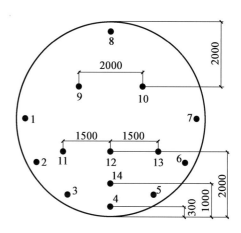

图 7-29　下半断面砂层水平钻孔布置示意图
(尺寸单位:mm)

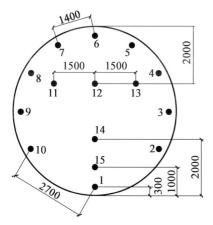

图 7-30　上半断面为砂层水平钻孔布置示意图
(尺寸单位:mm)

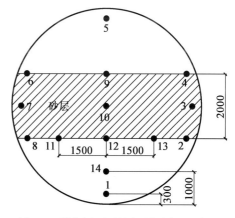

图 7-31　隧道中部为砂层水平钻孔布置示意图
(尺寸单位:mm)

### 7.5.3　端头加固强度的检测

(1)芯样的加工及技术要求

①抗压芯样试件的高度与直径之比 $H/b$ 应为 1 或 1.5。

②采用锯切机加工芯样试件时,应将芯样固定,并使锯切平面垂直于芯样轴线。锯切过程中应冷却人造金刚石圆锯片和芯样。

③锯切后的芯样,当不能满足平整度及垂直度要求时,宜采用下述方法进行端面加工:

a. 在磨平机上磨平。

b. 用水泥砂浆(或水泥净浆)或硫磺胶泥(或硫磺)等材料在专用补平装置上补平。水泥砂浆(或水泥净浆)补平厚度不宜大于 5mm,硫磺胶泥(或硫磺)补厚度不宜大于 1.5mm。补平层与芯样结合牢固。

④芯样在试验前应对其几何尺寸作下列测量:

a. 平均直径:用游标卡尺测量芯样中部,在相互垂直的两个位置上,取测量的算术平均值,精确至 0.5mm。

b. 芯样高度:用钢卷尺或钢板尺进行测量,精确至 1mm。

c. 垂直度:用游标量角器测量两个端面与母线的夹角,精确至 0.01。

d. 平整度:用钢板尺或角尺紧靠在芯样端面上,一面转动钢板尺,一面用尺测量与芯样端面之间的缝隙,或用专用设备量测。

⑤芯样尺寸偏差及外观质量不符合表 7-1 要求时,不得用作抗压强度试验。

**抗压强度试验芯样试件质量要求** 表 7-1

| 芯 样 试 件 | 质 量 要 求 |
|---|---|
| 芯样试件高度 | $0.95d \sim 2.05d$ |
| 任一直径与平均直径 | $\leqslant 2mm$ |
| 断面不平整度 | 在 100mm 长度内不超过 0.1mm |
| 断面与轴线不垂直度 | $\leqslant 2$ |
| 外观质量 | 无缝隙和较大缺陷 |

(2)试验方法

①芯样试件宜在与被检测加固土体湿度基本一致的条件下进行抗压试验。

②本试验可用无侧试验仪,也可采用三轴仪进行,试验方法和三轴试验不固结不排水剪切(UU 试验)相同,只是不施加周围压力 $\sigma_3$。

③试样装好后,沿试样轴向,按照一定的应变速率(轴向应变速率宜采用每分钟应变的 1%~3%)对试样施加轴向力直至破坏,并用轴力计测定相应的轴向力 $P$。

④当测力计读数出现峰值时,停止试验;当读数无峰值时,试验进行应变达到 20% 为止。

(3)数据整理和结果计算

①轴向力 $P$ 和轴向变形 $\sigma$:

$$\varepsilon = \frac{\Delta H}{H_0} \tag{7-36}$$

$$\sigma = \frac{P(1-\varepsilon)}{A_0} \tag{7-37}$$

式中:$\sigma$——轴向应力;

$H_0$——试样初始高度;

$A_0$——试样初始面积。

②抗压强度的确定:

根据轴向应力 $\sigma$ 和轴向应变 $\varepsilon$ 可绘制应力应变关系曲线图。如果曲线有峰值应力作为无侧线抗压强度 $q_u$,如无峰值,则取与轴向应变 20% 相应的应力作为无侧限抗压强度 $q_u$。

### 7.5.4 端头加固渗透性检测

(1)试验方法

利用水平取芯后的钻孔,进行原位压水试验,测得端头加固土体的渗透系数。

压水试验是一种在钻孔内进行的渗透试验,它使用栓塞把钻孔隔离出一定长度的空段,然后以一定的压力向孔段压水,测定相应压力下的压入流量,以单位试验长度在某以压力下的压入流量值来表征该空段岩石的透水性,是评价岩体渗透性的常用方法。

(2)试验步骤及其工作要点

①钻孔。利用水平取芯孔,因此不必重复钻孔。

②洗孔。洗孔方法见表 7-2。洗孔的结束标准是钻孔底部基本无岩粉,回水清洁,无沉淀物。

**各种洗孔方法及其优缺点** 表 7-2

| 洗孔方法 | 原理及其操作要点 | 优 点 | 缺 点 |
| --- | --- | --- | --- |
| 压水洗孔 | 将洗孔钻具下至孔底,从钻杆内压入大量清水,将孔内残存岩粉洗干净 | 简单易行,清洗效果较好 | 孔口不返水,洗孔难以估计 |
| 抽水洗孔 | 用泵吸抽水或提桶提水,可造成地下水流动方向和堵塞方向的环境,有利于排除钻进时充填到裂隙的充填物,并随抽出水体排出孔外 | 洗孔效果好 | 受抽水设备的限制,孔径较小无法采用 |
| 压缩空气洗孔 | 向孔内送入压缩空气,压缩空气膨胀上浮,对孔壁有压力脉冲和抽吸作用,能将部分岩粉带出孔口 | 洗孔效果好 | 需要高压气源 |

③试验段隔离。

试验段隔离施工工序如下:

a. 选择塞位

根据钻孔岩芯和钻探记录,选择栓塞置放位置,尽量使得栓塞放在孔壁完整,裂隙少的孔段,提高止水可靠性。在确定试验长度时,要考虑下一段的塞位。

b. 安装栓塞

单管顶压式栓塞,配塞时要使支撑杆长度与栓塞下下部各连接接头之和等于或略大于预定的试段长度,栓塞上部进水管的总长度选择要合适,工作管不要露出地面过高,同时要考虑栓塞的压缩值。

双管循环式栓塞,即要使栓塞安装正确位置,又要使得内管长度之差在允许的范围之内,常用的方法是根据预定的栓塞底部位置和要求的外管高出地面的概略数值确定外管长度,再根据外管总长度选配内管长度。

水压或者气压栓塞在位置计算上不需要考虑胶塞压缩值,比较简单。双塞管的安装与单塞管基本相同。

气压或水压栓塞的充塞压力根据采用充塞介质不同而分别计算,用水作充塞介质时,用下式计算充塞压力:

$$p_t = p_{\max} - p_y + 0.3 \tag{7-38}$$

用气作为充塞介质时,充塞压力用下式计算:

$$p_t = p_{\max} - p_y + p_h + 0.3 \tag{7-39}$$

式中 $p_t$——充塞压力(MPa);

$p_{\max}$——最大试验压力(MPa);

$p_y$——孔口至地下水位的水柱压力值(MPa);

$p_h$——孔口至栓塞顶部的水柱压力值(MPa);

c. 栓塞止水可靠性检查及处理

可测量工作管外的水位变化,观察孔口是否返水或用栓塞隔离前后流量、压力变化情况来检查栓塞的止水效果,如无止水效果,采用加大压缩量或充塞压力、移塞、起塞检查或换用性能更好的栓塞等办法处理。

d. 特殊孔段的止水措施

对于强风化带或全风化带进行压水试验,设置套管栓塞、灌制水泥塞位或换用超长型气压或水压栓塞。

④水位观测。水位观测必须在试验段隔离以后,在工作管内进行,水位观测的结束标准,每5min进行一次,当水位的下降速度连续两次均小于5cm/min时,观测工作即可结束,以最后观测结果确定压力计算零线。

⑤设备安装。栓塞隔离后,在进行水位观测的同时,同时安装压水试验用的供水设备、配水盘、流量计、压力表或试验段压力计等设备。结构顺序要合理,压水管路和钻进要分开、压力表安装在流量计或水表的下流方向,以消除流量计或水表压力损失的影响。压力表接头不能影响。

⑥压力流量观测。压水试验多采用在某一稳定压力观测相应流量的方法进行,所以流量观测要求每1～2min观测一次。每一阶段流量观测结束标准为流量无持续增大趋势,且五次读数中最大值域最小值之差小于最终值的10%,或最大值与最小值之差小于1L/min。若流量有持续增大的趋势时,应检查仪表是否正常、读数是否有误、压力是否上升等,经检查确定流量有增大的趋势后应适当延长观测时间。在压水试验过程中,当由较高压力阶段调整到较低压力阶段时,常出现水由岩体流向孔内的现象,这种现象叫回流。回流现象一般持续水分钟后或十余分钟即消失,在此过程中,流量计表现为反转—不转—正转,在试验中应待回流结束后,观测流量达到稳定,以消除其影响。

当水压孔与陡壁、泉水、井孔、洞穴等接近时,要在压水试验的同时,注意观察附近是否有新的涌水点出现,泉水流量是否有变化、临近孔水位是否上升,洞穴等是否有新的涌水点或者漏水量增大等现象,必要时可以在压入水中加入示踪剂。

各项观测记录要及时记录到正式记录表上,试验结束前要按表格逐项检查,消除错误与遗漏。

(3) 资料整理和结果计算

①按照记录数据绘制P-Q曲线。

②P-Q曲线类型的确定。根据P-Q曲线中的升压曲线形状以及降压阶段和升压阶段的曲线是否重合及其相对关系,将P-Q曲线划分为5种类型:层流型、紊流型、扩张型、冲蚀型和充填型。

③试段透水率的计算。土体的渗透性用试段渗透率来表示,透水率的单位用吕荣值(Lu)来表示,当试验压力为1MPa,每米试段的压入流量为1L/min时,定义为1Lu。试段透水率采用第三(最大)压力阶段的压力值和流量值计算:

$$q = \frac{Q_3}{L} \cdot \frac{1}{P_3} \tag{7-40}$$

式中:$q$——试段透水率(Lu),取两位有效数字;
　　$L$——试段长度(m);
　　$Q_3$——第三(最大)压力阶段的压入流量(L/min);
　　$P_3$——第三(最大)压力阶段的试验压力(MPa)。

④渗透系数的计算。目前国内外相关参考书、手册规程推荐渗透系数的计算公式为:

$$K = \frac{Q}{2\pi HL} \cdot \ln \frac{L}{r_0} \tag{7-41}$$

式中:$K$——土体的渗透系数(m/d);
　　$Q$——压入流量(m³/d);
　　$H$——试验水头(m);
　　$L$——试段长度(m);
　　$r_0$——钻孔半径(m)。

目前国内外专家学者归纳以往的试验成果,提出了渗透系数和试段透水率的近似对应关系,见表7-3。多数国家直接采用 1Lu=$10^{-5}$ cm/s

试段透水率和渗透系数近似对应关系表　　　　表7-3

| 试段透水率(Lu) | >30 | 5~20 | 3~5 |
|---|---|---|---|
| 渗透系数(cm/s) | $10^{-3}$ | $5×10^{-5}$~$5×10^{-3}$ | $5×10^{-5}$ |

## 7.6 典型地层盾构始发与到达关键技术

北京地铁10号线二期全线19个盾构区间共42次始发、42次到达(包括"十一分"区间、"公一西"穿越中间风井),共出现9例风险隐患事件(始发3例,到达6例),分别发生在"潘一十"区间(左线盾构到达过程中部分土体从桩间推出)、"十一分"区间、"西一慈"区间(左线盾构到达过程中部分土体从桩间推出),所幸未发生安全事故。以下着重以北京地铁10号线二期盾构工程为背景,分析典型地层盾构始发与到达关键控制技术。

### 7.6.1 土砂复合地层盾构始发与到达设计、施工控制概况

以"十一分"区间为例,简述土砂复合地层盾构始发与到达风险隐患事件的发生过程、发生原因及关键控制技术。

1)盾构始发与到达施工控制情况

北京地铁十号线二期"十一分"区间线路从十里河站出发,沿东三环南行约730m后向西,拐入规划的龙爪树路,在穿越大量的低矮房屋后到达分钟寺站。其中,盾构从分钟寺站始发,向十里河方向掘进,线路中段穿越中间风井,相当于又经历一次始发与到达,如图7-32所示。

(1)左线分钟寺站始发端

2011年8月9日,左线盾构在破除分钟寺站始发端洞门过程中,端头土体自稳性较差(图7-33),端头土体滴水,后续破桩过程中,掌子面存在流水(图7-34),盾构刀盘于8月23日顶入洞门(图7-35),风险基本解除。

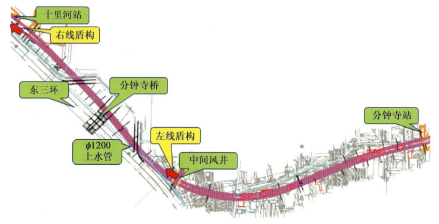

图 7-32 "十—分"区间线路平面布置图

图 7-33 左线始发端头土体失稳

图 7-34 左线掌子面存在渗水

(2)左线中间风井始发与到达

2011年9月4日,左线盾构在推进至110环(距离中间风井约600环)处即开始破除中间风井左线洞门(图7-36),巡视发现危险发布黄色巡视预警建议,施工单位随即停止破除洞门,并在9月18日对破除部分进行了补喷混凝土(图7-37)。

图 7-35 左线盾构刀盘顶入洞门

图 7-36 破除中间风井接收端洞门

2011年10月12日,左线盾构刀盘距离风井处洞门约8环时,到达端头渗水较为严重,且未安装橡胶帘布和扇形压板,施工单位在破除围护桩过程中,端头处流水带出大量细砂,见图7-38和图7-39,施工单位采取了堵漏灵堵漏并用引流管引水等措施。

(3)左线十里河站接收端

2011年11月15日~11月17日,左线到达十里河站接收端头连续3天涌水并带出大量的粉细砂(图7-40)。

图7-37 左线中间风井接收端情况

图7-38 左线接收端流水带砂

图7-39 左线盾构到达渗水

图7-40 左线到达端涌砂情况

(4)右线中间风井始发与到达

2011年9月4日,右线到达中间风井过程中洞门边缘3点钟和8点钟方向有水涌出,且水量较大,且未安装橡胶帘布和扇形压板,见图7-41;9月8日盾构从风井二次始发后,9月18日开始采取了注浆措施进行堵水,9月27日基本无渗水现象,如图7-42~图7-44所示。

(5)右线十里河站接收端

2011年10月18日,右线盾构到达十里河站接收端过程中,洞门处1点钟方向有水涌出且水势较大,且未安装橡胶帘布和扇形压板(图7-45),10月20日现场巡视发现到达端头地表有开裂现象(图7-46),所幸未发生安全事故。

图 7-41 右线到达风井

图 7-42 右线盾构到达情况

图 7-43 右线二次补浆堵水情况

图 7-44 右线喷射混凝土堵水

图 7-45 右线到达十里河站情况

图 7-46 右线到达端地表开裂情况

2）土砂复合地层端头加固设计概况

"十一分"区间始发与到达端头设计采用旋喷桩进行加固，桩径 500mm，间距 400mm；其中始发端头的纵向加固长度为 6m，到达端的纵向加固长度为 8m，见图 7-47～图 7-50；设计方案要求端头土体加固后应具有良好的均有性和自立性，其无侧限抗压强度为 $1.0\sim1.2$MPa，渗透系数小于或等于 $1.0\times10^{-8}$cm/s。

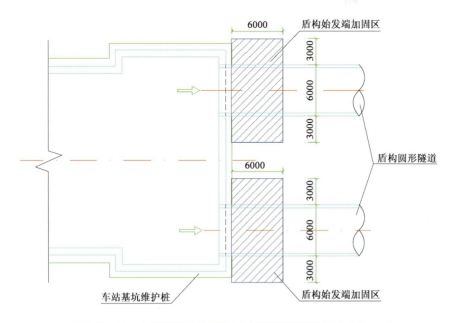

图 7-47 "十一分"区间盾构始发端土体加固平面示意图(尺寸单位:mm)

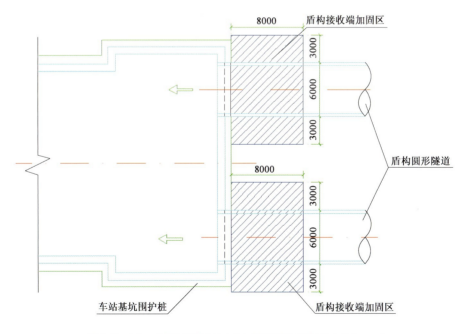

图 7-48 "十一分"区间到达端土体加固平面示意图(尺寸单位:mm)

3) 土砂复合地层端头加固中存在的问题

总结十号线二期"十一分"盾构区间的始发与到达各端头施工控制情况,并结合设计单位给出端头加固设计方案及参数控制要求,可以得出目前在北京地铁 10 号线二期土砂复合地层中盾构始发与到达施工中存在以下几个普遍的问题:

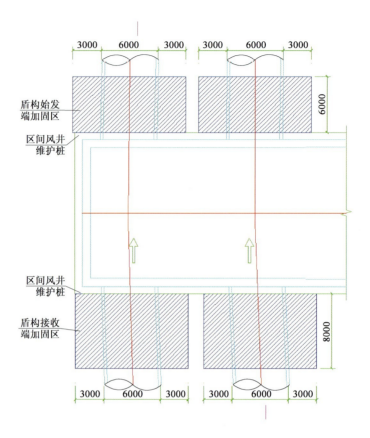

图 7-49 区间风井加固平面示意图(尺寸单位:mm)

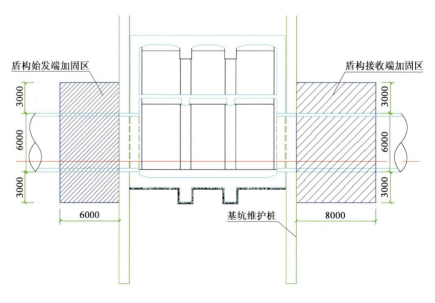

图 7-50 区间风井加固剖面示意图(尺寸单位:mm)

(1)端头加固效果差,对于端头加固质量、效果的检查缺乏管理上的有效措施,且设计单位提供的加固指标存在不足。"十一分"区间始发与到达端头为土砂复合地层,如图 7-51~图 7-53 所示,应按砂层的端头加固要求进行设计,即端头土体的加固范围应同时满足强度、稳定性、几何尺寸和渗透性的要求;该区间选用的盾构设备长 9.03m,纵向加固范围应大于 9.03m,取 11~13m 较为合理,而该区间设计方案中,始发纵向长度为 6m,到达端纵向加固长度为 8m,显然没有考虑几何尺寸和渗透性对端头加固的影响。因此,端头加固设计不足、端头加固效果差,端头加固质量及效果检查缺乏管理是造成涌水涌砂安全隐患的一个重要原因。

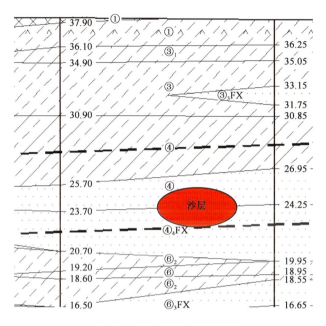

图 7-51 分钟寺始发端地层概况

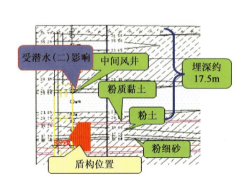

图 7-52 盾构中间风井区域地层概况

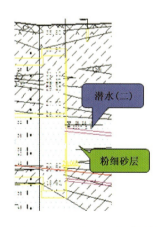

图 7-53 十里河接收端地层概况

(2)盾构始发/到达施工过程中施工参数设置、控制不合理。

(3)盾构始发/到达施工顺序错误(如围护桩的破除与吊装顺序),如盾构刀盘尚未顶上围护结构,即开始破除端头围护结构,给盾构始发与到达带来了很大的风险隐患。

(4)盾构始发/到达施工过程中未采取洞门密封措施(止水橡胶帘布、扇形压板),"十一分"区间在中间风井及十里河到达端多次出现涌水涌砂等安全隐患,与施工单位不做洞门密封(未安装橡胶帘布和扇形压板)有很大关系。

围绕着以上 4 个方面的问题,我们建议应该加强对盾构始发/到达的技术和管理,通过有效的管理措施、程序来控制和规避北京地铁在建各线盾构始发/到达过程中的风险。希望相关单位严格按照技术方案操作并规范现场施工管理,认识到盾构始发和到达的致险因素和注意事项,从根本上杜绝始发和到达风险。

### 7.6.2 砂卵石层盾构始发与到达设计、施工控制概况

以北京地铁 10 号线二期角门西站东端头和西端头为例,分析砂卵石地层盾构始发与到达设计与施工控制情况。

北京地铁 10 号线二期工程 07 标段包括一站两区间,即角门西站、角门东站—角门西站区间及角门西站—草桥站区间。按照工程筹划,角门东站—角门西站区间盾构在角门东站西端始发,在角门西站东侧接收;角门西站—草桥站区间盾构在角门西站西端始发,草桥站东端接收。具体施工图如图 7-54 所示。

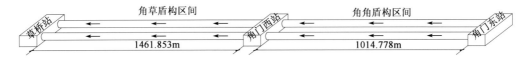

图 7-54 北京地铁 10 号线二期工程施工示意图

角门西站东端头左右线地质情况基本相同,洞门范围基本处于卵石④层中,底部约有 0.3m 处于④₂细中砂层中,地下水位约位于东端头洞门顶板以下 3.7m,详细地质情况如图 7-55 所示。角门西站西端头左右线地质情况基本相同,洞门范围全部处于④卵石层中,地下水位约位于东端头洞门顶板以下 2.3m,如图 7-56 所示。

1)角门西站端头初始加固方案

根据 2010 年 11 月 12 日角门西站端头土体加固专家论证会的论证意见确定:

①角门西站东端接收端头采取水平深孔注浆方式,并结合降水井降水进行端头加固施工。

②角门西站西端头二次始发端头除采用在端头围护结构边设置一排 $\phi 800mm@700mm$ 的 C10 素混凝土桩外,并采用深孔注浆 6m,必要时结合降水井降水。

2)角门西站优化变更后端头方案

(1)方案优化变更原因

①砂卵石地层不稳定因素主要是地下水,控制地下水水位对端头意义重大。根据车站东、西端开挖时地层降水情况,水位控制在拱底下 1.5m,且降水井一直在工作,从未停歇。现场现实条件是能够控制水位。

②水平深孔注浆在无水地层仅起固结作用,而素桩对平衡掌子面侧压力更具优势。

③水平深孔注浆与降水井无法同时存在,注浆会堵塞现有降水井,只能取其一。

④水平深孔注浆施工周期长,现实角门西站工程进度已经无法提供条件作长时间的注浆加固。

第7章 盾构始发与到达施工关键技术

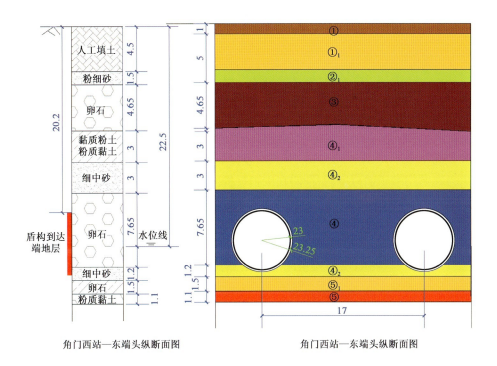

图 7-55 角门西站东端头(到达端头)地质剖面图(尺寸单位:m)

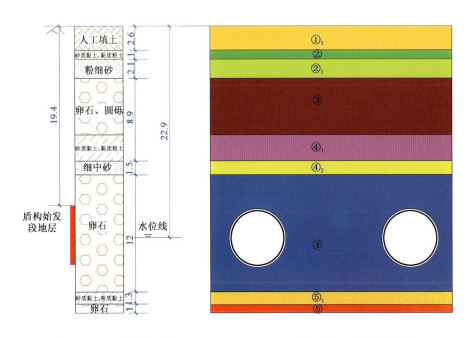

图 7-56 角门西站西端头(二次始发端头)地质剖面图(尺寸单位:m)

295

(2)优化变更后方案

根据现场实际情况,将角门西站东端接收端和西端始发端加固方案变更优化为:

①角门西站东端接收端头。

a. 端头处 7 口降水井不停降水,确保水位在洞门底板以下 0.5m。

b. 先在拱部 135°范围车站围护桩间打设 $\Phi42$ 小导管,小导管长度 6m,外插角 5°,间距 30cm,共 27 根。确保桩间中上部土体不塌落。

c. 其次在洞门掌子面采用 10mm 厚钢板做止浆墙,后部加肋,钢板止浆墙与车站洞门预埋钢板焊接并加固牢固。

d. 然后再在洞门掌子面范围内(同时在围护桩桩间之内)布设 3 排 $\Phi65$ 注浆小导管,每排 4 根,共 12 根,每排小导管的间距为 2m,管长 1.2m,注浆作用是填充车站施工过程中可能出现的地层扰动缝隙或空洞,或滞水。

e. 地面在桩间采用 1 排垂直注浆孔注双液浆,共布设 6 个孔,注浆孔深度 25m,注浆 6m,采用垂直深孔注浆,作用是填充车站施工过程中可能出现的地层扰动缝隙或空洞,或滞水。

f. 将应急措施中喷锚支护改为常规措施,做到边破边喷,确保桩间土体稳定。

g. 盾构刀盘顶到围护桩后实施围护桩破除作业,见图 7-57。

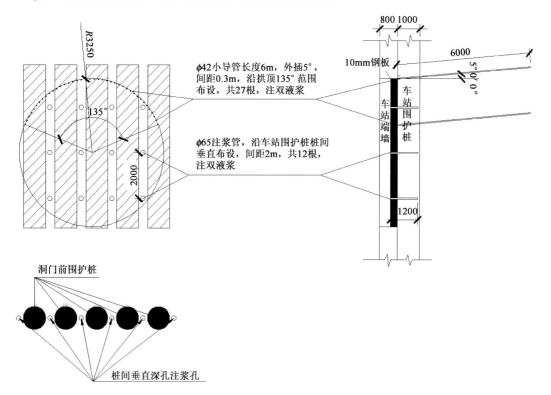

图 7-57 角门西站接收端注浆孔位布置图(尺寸单位:mm)

②角门西站西端始发端头。

在原方案基础上,强调降水的作用,确保进洞洞门在无水状态下破除。同时,将混凝土止

浆墙优化为钢制止浆墙,在保证效果的前提下,加快进度。具体方案为:

a. 使用端头处 4 口降水井不停降水,确保水位在洞门以下 0.5m。

b. 确保无水条件下,取消水平注浆,将原方案中的一排 C10 素混凝土桩,调整为两排 C10 素混凝土桩,其中第一排(贴近围护桩)素混凝土桩的直径及间距为 $\Phi800mm@1000mm$,第二排素混凝土桩布设在第一排的桩间,直径及间距为 $\Phi800mm@1000mm$,始发端头左右线共 34 根 C10 素桩,每根长度 28m,桩长深入隧道底板下 2m。

c. 在洞门掌子面内采用 10mm 厚的钢板做止浆墙,后部加肋,钢板止浆墙与车站洞门预埋钢板焊接并加固牢固。

d. 地面在桩间采用 1 排垂直注浆孔注双液浆,共布设 6 个孔,注浆孔深度 25m,注浆 6m,填充车站施工过程中可能出现的地层扰动缝隙或空洞以及滞水。

f. 将应急措施中喷锚支护改为常规措施,做到边破边喷。确保桩间土体稳定,见图 7-58。

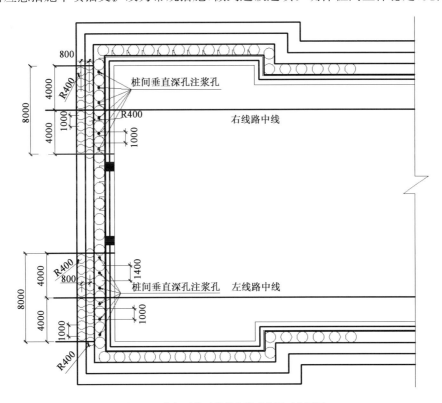

图 7-58 角门西站西端始发端素桩平面布置图

3)砂卵石地层盾构始发与到达施工控制情况

2011 年 1 月 7 日盾构区间左线从角门东站始发,2012 年 5 月 2 日到达角门西站东端头。2011 年 2 月 23 日盾构区间右线从角门东站始发,2012 年 5 月 10 日到达角门西站东端头。2011 年 6 月 20 日盾构区间左线从角门西站西端头始发,2011 年 10 月 14 日到达草桥站。2011 年 7 月 8 日盾构区间右线从角门西站西端头始发,2011 年 11 月 2 日到达草桥站。其中角门西站东西两端头前后一共经历两次到达和两次始发,始发与到达施工均控制的较为合理,未发生安全事故,角门西站东端头盾构到达控制情况如图 7-59~图 7-62 所示。

图 7-59 角门西站东端头洞门破除过程

图 7-60 角门东站东端头人工破处后洞门

图 7-61 角门西站东端头盾构在推出洞门

图 7-62 角门西站东端头盾构进入接收井

### 7.6.3 盾构始发与到达关键技术及控制要点

1）盾构始发关键技术及控制要点

（1）端头加固控制

洞门破除后，端头土体暴露，端头地层受力平衡被打破，端头土体的结构、作用荷载和应力将发生变化，端头土体有可能发生潜在滑移破坏。对于自稳时间较短的土体、如松散砂土、粉土以及饱和的软黏土，始发掘进前端头加固非常必要。

端头地层加固的目的是防止拆除临时围护结构时的振动影响，在盾构刀盘顶到掌子面并建立土压之前，能使得围岩自稳及防止地下水流失，防止开挖面坍塌，出现地表沉降过大、塌方等，总结起来端头加固的目的主要有以下几点：

①加固土体满足强度的要求。

②加固土体满足整体稳定性的要求，其中整体稳定性包括：ⓐ加固土体的静态稳定，包括施工期稳定和长期稳定性；ⓑ加固土体在振动作用下的稳定，亦即破洞门时振动对加固土体的扰动影响。

③加固土体满足堵水和渗透性的要求，特别对于富水沙土地层（地层中同时有水有沙有压力的情况）。

④加固土体满足变形特征的要求,通常指盾构土舱内土压建立前。

盾构法隧道施工中,端头土体加固是盾构始发、到达技术的一个重要组成部分,端头失稳、坍塌是盾构始发、到达施工的常见事故,端头土体加固成功与否直接关系到盾构能否安全始发、到达。因此,端头加固方法的选取、端头加固范围的确定以及端头加固效果的检测是保证盾构顺利始发与到达的关键环节。

端头加固与一般地基加固的不同之处是,端头土体加固后不仅仅有强度与稳定性的要求,还要满足渗透(止水)的要求,同时在此基础上根据盾构工法的自身施工特点,端头加固还必须考虑设备几何构造特征对端头加固的影响。

盾构始发与到达端头加固最常见的问题主要有两个:

①端头加固范围设计不当,造成始发、到达时水土流失,出现透水、淹井、塌方等工程事故。以前国内对端头加固范围的研究较少,端头加固范围选取一般凭借工程经验,理论基础薄弱,端头加固设计的加固范围通常为:隧道衬砌轮廓线外左右两侧各3.0m,顶板以上3.0m,底板以下3.0m,纵向加固长度通常取为6m或者8m。

合理的端头加固范围应根据地层条件确定,应该能够同时满足强度、稳定性要求,同时富水流沙地层中还应该满足盾构几何构造(纵向加固长度大于盾构主机长度)和渗透性的要求。

②端头加固方法选择不合理,地层适应性较差,端头加固效果不理想,破除洞门时造成端头地层塌陷。

为了保证盾构能够安全的始发,必须解决以上两个方面的问题,使得加固后地层应该具有良好的均匀性和整体性;在凿除洞门后地层能自稳,且具有较好的堵水和防渗透功能。

端头加固完成后,应进行钻孔取芯试验以检查加固效果,取芯试样的无侧限制抗压强度应达到$q_{cu} \geq 0.8$MPa;在加固区钻水平孔和垂直孔检查渗水量,水平孔分布在盾构隧道上下左右和中心处各一个。渗透系数不大于$1.0 \times 10^{-5}$cm/s,其渗水量总计不大于10L/min。

(2)洞门破除控制

当盾构始发端头地层条件较差时,破除洞门围护结构时容易造成端头地层塌陷、地下水涌入盾构工作井等工程事故,因此破除洞门前要根据端头土体的自稳能力、地下水状况等因素制定相关的洞门破除施工方案,提前对端头土体进行加固,同时为了减少洞门破除对端头土体的扰动,把挡土墙分成多个小块,盾构始发工作井洞门混凝土凿除前,端头加固土体必须达到设计所要求的强度、稳定性和渗透性的要求后,方可开始凿除洞门,洞门破除时应注意在盾构前面及时进行支护设置,破除作业工作要迅速、连续。

洞门壁混凝土采取人工用高压风镐凿除,凿除工作通常分为两次进行:

第一步,先凿除内层混凝土并割除钢筋及预埋件,保留最外层钢筋;内层凿除工作先上部后下部,钢筋预埋件割除需彻底,以保证预留洞门的直径。

第二步,当盾构组装调试完成,并推进至距离洞门处约1.0~1.5m时,凿除外层围结构,外层凿除方法根据断面大小的不同将其分割成9~20块不等。通常将洞门分割为12块或9块(一般地铁盾构地连墙洞门,分为9块的情况较多),如图7-63所示,具体操作时首先在洞门中心位置上凿三条水平槽,沿洞门周围凿一条环槽,然后开两条竖槽。

（3）洞门密封设置控制

为了防止盾构始发时土、砂及地下水从端头地层透过盾壳和土体之间的间隙涌入盾构工作竖井，以及注浆浆液通过盾尾的流失，盾构始发时均需安装洞门密封（橡胶帘布和扇形压板）。

a) 洞门分12块破除

b) 洞门分9块破除

图 7-63　洞门凿除顺序

洞门密封的施工分两步进行：

第一步，洞门结构（包括临时结构和永久结构）施工时，做好洞门预埋件工作，预埋件必须与结构的钢筋连接在一起。

第二步，盾构正式始发前，应先清理洞门处的渣土，然后进行洞门密封装置的安装。

洞门密封装置由帘布橡胶、扇形压板或翻板、垫片和螺栓等组成。安装洞门密封之前，应对帘布橡胶的整体性、硬度和老化程度等进行检测，对圆环板的成圆螺栓孔位等进行检查定位，并提前把帘布橡胶的螺栓孔加工好，然后将洞门预埋件的螺栓孔清理干净，最后按照帘布橡胶板、圆环板、扇形压板或翻板的顺序进行安装。

为了防止盾构进入洞门时刀盘损坏帘布橡胶，可在帘布橡胶板外侧涂抹一定量的黄油。随着盾构向前推进需根据情况对洞门密封压板进行调整，以保证密封效果。

盾构进入预留洞门前，须在刀盘周边和帘布橡胶板外侧涂润滑油，当盾构刀盘全部通过第一道密封后，开始向泥水舱内加压，压力仅满足泥浆循环即可，然后在两道密封间利用预留注脂孔向内注油脂，使油脂充满两道帘布橡胶间的空隙。当盾尾通过第一道密封且压板下翻后，进一步加注油脂，使洞门临时密封起到很好的防水效果。当盾尾通过第二道密封且压板下翻后，要及时利用注脂孔向内继续注油脂，使油脂压力始终高于泥水压力至少 0.1MPa 以上，从而使盾构顺利始发并减少始发时的地层损失。

特别注意，不论是盾构始发还是到达，扇形压板是必需的，特别不建议采用插板型式封堵橡胶帘布。

（4）负环管片的拼装控制

当完成洞门凿除，洞门密封装置安装及盾构组装调试等工作完成后，组织相关人员对盾构设备、反力架、始发基座等进行全面检查与验收。验收合格后，开始将盾构向隧道方向推进，并开始安装负环管片，同时应注意以下几点：

①在盾尾处盾壳内安装管片支撑垫块，为管片在盾尾内的定位做好准备。

②从下至上一次安装一环管片，注意管片的转动角度一定要符合设计要求。

③安装拱部的管片时，由于管片支撑不足，一定要及时稳固管片。

④第一环负环管片拼装完成后，用推进油缸把管片推出盾尾，并施加一定的推力把管片压

紧在反力架上。

⑤管片在被推出盾尾时,要及时支撑加固,防止管片下沉或失圆。同时也要考虑到盾构推进时可能产生的偏心力,因此支撑应该尽可能的稳固。

(5)盾构始发掘进控制

①盾构始发前必须对工作井周围的端头土体进行提前加固处理,确保端头土体加固后能满足强度、稳定性和渗透性的要求。端头加固是盾构始发技术中最为重要的环节,必须加以重视。

②盾构始发掘进时的总推力应控制在反力架所能承受的范围内,同时确保在此推力下刀具切入地层所产生的扭矩小于始发基座所能提供的反扭矩。

③在盾构推进建立土压过程中应该注意洞门密封、始发基座、反力架及反力架支承的变形,对渣土状态等情况进行认真观察,严格控制盾构的施工参数,发现异常,应该迅速调整土压力(泥水压力)、盾构推力、推进速度、刀盘扭矩等相关施工参数,或马上停止掘进,查清原因,寻找解决办法。

④由于始发基座轨道与管片存有一定空隙,为了避免负环管片全部脱离尾盾后下沉,可在始发基座导轨上焊接外径与理论间隙相当的圆钢,使圆钢将负环混凝土管片拖起。

⑤随着负环管片的拼装,应该不断用准备好的木楔填塞负环管片与始发基座轨道及三角支撑之间的间隙,待洞门围护结构拆除后,盾构应快速的通过洞门进行始发掘进施工。

⑥当盾构掘进至第60~100环时(视地层、设备总长度与同步注浆情况确定具体数值),可拆除反力架及负环管片。盾构施工中,始发掘进长度应尽可能缩短,但不短于以下两个长度中较长的一个:一是管片外表面与同步注浆浆液(凝固后)之间的摩擦力应大于盾构的推力,根据管片环的自重及管片与浆液之间的摩擦系数,计算出此长度;第二是盾构的始发长度应至少能容纳盾构及后配套台车。

⑦盾构始发过程中,严格控制同步注浆浆液的质量和严格进行渣土管理,防止由于浆液质量问题或者由于渣土管理控制不当造成地表沉降或隆起;盾构始发过程中必须加强监控量测,及时调整盾构掘进参数。

⑧盾尾完全进入洞门密封后,调整洞门密封,及时通过同步注浆系统对洞门进行注浆,封堵洞门圈,防止洞门密封处出现漏泥水和所注浆液外漏现象发生。

⑨盾构始发阶段也是盾构设备的磨合阶段,要注意推力、扭矩、土压力等参数的控制,同时要注意各部位油脂(特备是各种润滑油脂系统是否正常的检验)的有效使用。

⑩洞门破除以后,应该立即推进盾构。若采用泥水平衡盾构,由于临时洞门破除过程留下的混凝土残渣容易堵塞泥水循环管路,因此,必须在确定障碍物已经完全清楚干净后才能继续掘进。

⑪盾构刀盘完全进入地层后,逐渐开始对掘削面加压,在监控洞门密封状况的同时缓慢提高土压力,直到达到预设压力值。盾构刀盘和尾部通过洞门密封装置时,易造成密封装置状态不正从而导致密封装置局部破坏,此时应更加密切注意监控,如有局部破坏,应立即采取相应处理措施,尤其是对泥水盾构或土压平衡盾构洞门处存在水沙情况时。同时盾构宜保持慢速推进,待整个盾构主机完全进入洞门后,及时进行壁后同步注浆封堵洞门,确保端头土体的稳定性。

2)盾构到达施工关键技术及控制要点

(1)准备工作

①制定盾构接收方案,包括盾构到达施工参数、管片拼装、壁后注浆、洞门外端头土体加固、洞门围护结构拆除、洞门钢圈密封等工作的安排。

②对盾构接收井进行验收并做好盾构接收的准备工作。

③检查盾构接收井周围端头土体的加固效果,确保加固质量满足要求。

④盾构到达前100m、50m时,必须对隧道轴线进行测量,必要时进行调整。

⑤按预定的方法与步骤,破除洞门。

⑥当盾构全部进入接收井内基座上后,应及时做好管片与洞门间隙的密封,做好洞门封堵工作。

(2)盾构到达施工关键技术

①详细了解盾构到达端头地层条件,确定端头土体是否需要加固和怎样进行加固处理,同时确定洞门部位是否需要设置密封装置和设置什么样的密封装置。

a. 当地层中水砂压力并存时,必须对到达端头土体进行加固处理,包括水中接收的盾构。

b. 如果地层中无地下水,而且土地的自稳能力较强时,可以不对端头土体进行加固,但是盾构刀盘必须顶上围护结构后才能破除洞门围护结构,而且应该严格控制好洞门凿除的时间和顺序。

②为了确保盾构按规定设计路线顺利到达预定位置,需要认真测定盾构位置,确认隧道内外的联络方法。

③确认盾构慢速推进的起始位置和具体范围。

④确认泥水盾构泥水减压的起始位置。

⑤盾构推进到位时,由于推力的影响是否需要在竖井内侧井壁到达处采取相应的加固支护措施。

⑥认真考虑确定防止盾壳与地层之间间隙突然涌水、涌砂的措施。

⑦确定盾构到达部位周围壁后注浆等的封门工作。

(3)盾构到达控制要点

①盾构到达前应检查端头土体加固效果,确保加固质量满足要求。

②做好贯通测量,并在盾构贯通之前100m、50m至少两次对盾构姿态进行人工复核,确保盾构顺利贯通。

③合理安排到达洞门凿除施工计划,确保洞门掌子面暴露时间不会过长,并针对洞门凿除施工制定专项施工方案。

④盾构接收基座定位要精确,定位后应固定牢靠。

⑤增加地表沉降监测的频率,并及时反馈监测结果指导施工。盾构到站前要加强对车站结构的观察和监测,并加强与盾构施工现场的沟通,确保信息畅通。

⑥为保证进洞管片稳定,盾构贯通时需对进洞口段至少10~15环管片进行纵向拉紧作业。

⑦帘布橡胶板内衬涂抹油脂,避免刀盘刮破影响密封效果。

⑧在盾构刀盘顶进到距围护结构前的2~3环管片长度隧道施工,一定要保证注浆及时、

饱满并确保注浆压力不至于破坏土体而进入接收井，必要时进行二次补浆作业。隧道贯通后，必要时对洞门进行注浆封堵处理。

## 7.7 北京地铁10号线二期盾构始发与到达典型案例分析

### 7.7.1 "西—六"区间盾构接收技术（接收井未施作边墙）

1）概况

北京地铁10号线二期"西—六"区间位于八一厂西路和西局中街道路下方，现状主要为民房和绿地，结构顶覆土15.1~17.2m。区间左线设计范围里程K43+664.783~K44+963.074，总长1298.291m，采用盾构法施工，由一台直径为6.25m的EPB土压平衡盾构机进行施工。盾构从六里桥南端左线盾构始发井始发，到达西局站后盾构机解体转运至盾构机存放场或下一施工场地。

西局站盾构接收端头区域主要穿越卵石⑦层，该层色杂，密实，湿，压缩性低，一般粒径为30~80mm，最大粒径不小于650mm，粒径在20~40mm的含量大于50%，褐黄色中粗砂充填。

2）重难点

（1）盾构接收条件弱

根据盾构接收井施工现状及在北京地铁10号线二期9标召开的盾构接收条件专家会会议纪要，盾构机接收条件较为复杂：盾构接收井内净空尺寸为26.4m×18.4m，基坑开挖深度为25.4m。盾构接收井采用钻孔灌注桩+钢锚索+钢围檩围护结构，钻孔桩为φ1000，桩间距为1500mm，桩顶设1000mm×800mm冠梁。锚索采用4×7φ5钢绞线，单根锚索长18m，间距为1.5m，竖向共设四层。盾构接收井基坑开挖至地面以下15.3m，位于盾构隧道外轮廓以上2.5m处，第三道锚索施工完毕；待"西—六"区间左线盾构掘进至盾构接收井北侧围护桩后，西局站盾构接收井基坑再开挖剩余土体，盾构接收井底板施工完毕后立即进行盾构接收施工，即在不完成盾构井结构边墙的条件下进行盾构接收施工。如何避免盾构机破门接收时涌水、涌砂现象发生和保证在盾构机吊装时盾构井结构安全稳定是本工程的一个重点，也是难点。

（2）因未施作盾构井结构边墙，在盾构接收过程中因盾构推力及扭矩过大会导致桩体变形，如何保证洞门处桩体结构稳定也是本次接收施工的重点。

（3）因未施作盾构井结构边墙会导致盾构洞门钢环无法安装，在盾构接收时，如何控制隧道轴线偏差使其满足设计要求，是本工程控制的重点。

3）端头加固范围

为保证北京地铁10号线二期11标"西—六"区间左线盾构接收施工时地层稳定和施工安全，按照设计要求对盾构进洞门处的地层采用地面旋喷桩+洞门大管棚相结合的方式进行地层加固，加固范围为横向12m、纵向4.1m。

4)盾构接收施工

盾构的接收是指从盾构机到达盾构接收井前 80m 到盾构机贯通区间隧道进入车站接收井被推上盾构接收基座的整个施工过程。

盾构的接收相对于区间隧道的施工有其特殊性和重要性。其工作内容包括：盾构姿态的复核、盾构到达段的掘进、管片拉紧装置的布设、盾构机接收架定位及安装、接收洞门桩体凿除、接收洞门钢环安装及封堵等。

(1)盾构姿态的复核

当盾构施工进入盾构到达范围时，应对盾构机的位置进行准确的测量，明确成洞隧道中心轴线与隧道设计中心轴线的关系，同时应对接收洞门位置进行复核测量，确定盾构机的贯通姿态及掘进纠偏计划。在考虑盾构机的贯通姿态时需注意两点：一是盾构机贯通时的中心轴线与隧道设计中心轴线的偏差，水平偏差值要控制在 ±50mm 之内，高程偏差值要控制在 ±25mm 之内；二是接收洞门位置的偏差，在保证轴线偏差的基础上，必须保证盾构机接收时洞门的位置。

综合这些因素，在隧道设计中心轴线的基础上进行适当调整。纠偏要逐步完成，仍坚持一环纠偏不大于 4mm 的原则。

最后 50 环隧道按实际推进中心线，沿实际洞门中心线推进。

(2)盾构到达段的掘进

盾构到达段的掘进除应达到纠偏的目的外，尤其应注意最后 10m 的掘进控制。因为在临近洞门的最后 10m 盾构掘进对地层的扰动影响极为明显，特别是针对本工程接收段，接收段的施工参数是否合理，将直接影响到地表路面的受损情况。

因此，应根据到达段的地质情况确定合理的掘进参数。总的要求是：保持低速度、小推力、合理的土舱压力和及时饱满的同步注浆量，尽量减少盾构机推进时对土体的扰动，确保盾构接收的总体安全。盾构机在到达车站围护桩的时候土舱压力会慢慢减小，掌子面土压力难以建立起来，很容易造成地表塌陷，进而导致地面管线破裂等情况发生。所以应确保土舱压力、同步注浆量等合理的施工参数，以及匀速连续的作业方式接收盾构。

接收段的施工参数设定如下。

①土舱压力：$0.03 \sim 0.05$ MPa；

②掘进速度：不大于 2cm/min；

③盾构机推力：控制在 $4000 \sim 8000$ kN 之间；

④刀盘扭矩：不大于 $3000$ kN·m；

⑤同步注浆量：$5.5 \sim 7.5 m^3$。

(3)管片拉紧装置的布设

盾构接收时洞口 $1 \sim 20$ 环管片用拉紧装置连接拉紧，防止因千斤顶顶释放后，管片环间缝隙增大，引起的环缝漏水。在相邻管片接缝处采用[400 槽钢对管片进行环向支撑加固，采用[400 槽钢对相邻管片进行拉紧，见图 7-64。管片拼装完毕后，需及时布设管片加固及拉紧装置，并及时与已完成的拉紧装置牢固连接。

(4)盾构机接收托架定位及安装

①托架预埋件的安装。

在进行盾构接收井底板钢筋绑扎时进行托架预埋件的安装,根据盾构隧道洞门中心位置和托架的结构尺寸,确定接收托架预埋件的位置。将预埋件支腿钢筋锚入底板结构内,托架预埋件安装完毕后复核预埋件顶标高,必须确保各预埋件顶面均处于设计高度。

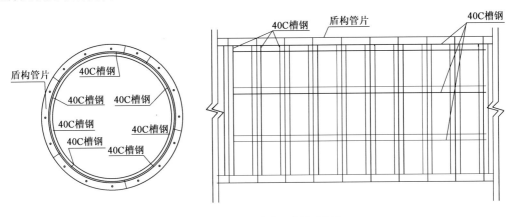

图 7-64　管片拉紧装置布设示意图

② 接收架的下井定位。

采用 90t 汽车吊将接收架下井,检查并紧固接收托架连接螺栓,确保连接螺栓完好,接收托架见图 7-65。

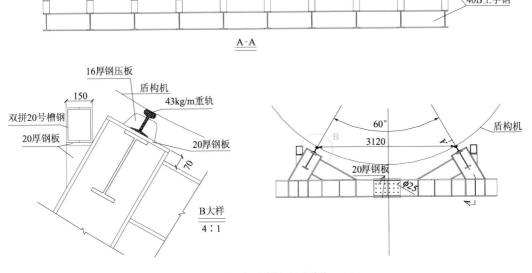

图 7-65　接收架示意图(尺寸单位:mm)

根据复测洞门中心坐标及高程,将接收托架定位并与预埋钢板牢固焊接。必须保证接收托架方位与设计相同,高度比盾构底标高低 1cm 左右,并按线路纵坡设置相应坡度。

(5)接收洞门桩体凿除

凿除洞门时应在洞圈内搭设脚手架,见图 7-66。脚手架位于井底,采用敞开式扣件脚手架,立柱为 φ48 钢管,设计立柱间距为 600×600mm,水平横杆间距为 800mm,最后一根横杆,根据操作平台标高设置。剪刀撑每 2000mm 设一道,双向间隔设置,竖立杆时,扣件长短搭配使用;立杆接头可采用搭接和对接。对接时对接头交错布置,两个相邻立杆上接头不能设在同步同跨内,两相邻立杆接头在高度方向错开的距离不小于 500mm;各接头中心距主节点的距离不大于 600mm。搭接时的搭接长度 $2d \geqslant 2000mm$,用不少于两个旋转扣件扣牢,扣件的外边缘距杆端不小于 100mm。

在进洞处围护结构凿除前,须打设样洞观察,确保土体的自立性和止水性。围护桩凿除时,先在洞圈中心凿出 φ500 的孔洞,用于加强对土体的观测并释放应力。

洞门凿除:由上至下间隔分段破除,洞门凿除过程中,为确保洞口土体稳定和洞门附近作业人员的安全,必须减少桩体凿除时对土体的扰动,对洞口土体稳定性进行监测,并注意洞门渗水情况。

(6)接收洞门钢环安装及封堵

洞门围护桩凿除前,先沿洞门轮廓线外 30cm 的围护桩体,在其布设的钢环上安装钢圈,钢圈采用 M22 膨胀螺栓锚固在围护桩上,钢圈采用宽 20cm、厚

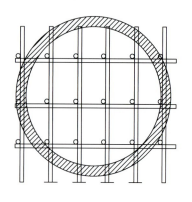

图 7-66　脚手架搭设示意图

20mm 的钢板加工而成,钢圈内径为 6.6m。洞门桩凿除完毕后,将盾构钢环安装至已破除的洞门处,钢环与已固定的钢圈满焊连接,将围护桩、钢圈及钢环加固连接成一个整体。由于钢环与盾构外径有一定的间隙,为了防止盾构接收时及施工期间土体从该间隙中流失,在洞圈周围安装由橡胶、帘布、圆环板等组成的密封装置(图 7-67),并对洞门周围压注双液浆进行封堵。注浆的过程中要密切关注洞门的情况,一旦发现有漏浆的现象应立即停止注浆并进行处理。

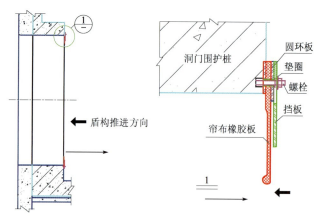

图 7-67　盾构接收防水装置图

当盾构机前体盾壳被推出洞门时调整洞门钢环处压板,使其尽量压紧帘布橡胶板,以防止洞门泥土及浆液漏出。在管片拖出盾尾时再次调整压板,使压板能压紧橡胶帘布,让帘布一直发挥密封作用。

5)现场施工概况

现场洞门破除及盾构接收概况如图7-68~图7-71所示。

图7-68 洞门破除施工(一)

图7-69 洞门破除施工(二)

图7-70 盾构准备进入洞门

图7-71 刀盘正在进入洞门

6)盾构接收技术要点

针对接收施工时盾构接收井未施作结构边墙和盾构钢环未安装的复杂接收条件,采取以下措施:

(1)选择安全合理的加固方案,做好洞门加固工作,并确认效果合格。

(2)在接收之前破除洞门围护桩之后,在围护桩体上施作简易盾构钢环、安装止水帘布,并对其稳定性进行复核,若有问题要及时采取补救措施。

(3)针对洞门土体和围护桩做好严密监测,注意土体的变化,如有情况,及时处理。

(4)接收时遵循"低速度、小推力、满注浆"等施工原则;做好应急准备,如果发生事故,及时解决。

(5)为保证接收施工时丰台北路不受影响,在进行接收段地层加固时,采取在隧道上方,也就是丰台北路的下方洞门处打设两排6m长的大管棚,增强对丰台北路及该处管线的保护,以保证其在盾构掘进及接收时的稳定。

(6)在进入接收段施工前,严格复核隧道轴线,如有偏差及时进行调整,必须确保盾构进入接收段隧道轴线偏差满足设计要求。

(7)在盾构接收井西侧盾构机吊装时 360t 吊车支腿位置布设 4 根承台桩,减少吊装时吊车支腿对接收井围护结构的侧压力,确保盾构接收井结构稳定性。

### 7.7.2 "公—西"区间盾构过风井施工技术(盾构刀盘切削围护结构)

1)概况

"公—西"区间自公主坟站北端始发,于区间风井接收并检修后二次始发掘进至西钓鱼台站。区间风井位于右线 K49+789.894~K49+836.565、左线 K49+744.007~K49+791.908 里程范围,左右线均处于 $R=450m$ 的缓和曲线上,线路纵坡从小里程方向向大里程方向为 0.3‰下坡。到达区间风井段地面为颐源居小区绿地,其上布置 12 标盾构工区 2 层活动房;始发段地面为颐源居北门、12 标盾构工区生活、办公区。隧道与风井结构平、纵断面关系及地面环境如图 7-72、图 7-73 所示。

风井到达端头及始发端头隧道覆土主要为粉土填土①层、粉土②层、粉土④$_2$层、粉细砂④$_3$层、卵石⑤层、粉质黏土⑥层和卵石⑦层。其中在隧道范围内地层主要为卵石⑦层,局部存在粉质黏土⑥层。工程地质情况如图 7-74 所示。

地下水类型为潜水(二),赋存于卵石⑦层、⑨层及中粗砂⑦$_1$层,水位埋深为 24.00~28.50m,水位标高为 27.53~24.47m。地下水位于隧道底板以下,对盾构施工基本无影响。

2)盾构到达端头加固

到达端头地层加固范围为到达前长 8m、宽 12m、隧道上下各 3m,采用高压旋喷加固,旋喷桩布置为 $\phi600@800mm$,加固效果达到了土体无侧限抗压强度不小于 0.8MPa,渗透系数不大于 $1.0\times10^{-8}cm/s$ 的要求。

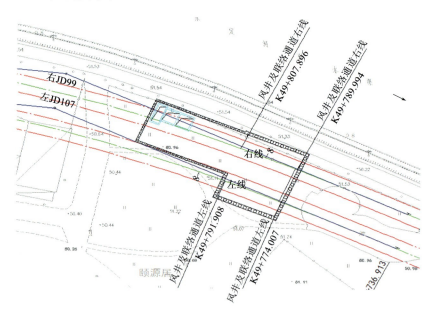

图 7-72 区间风井隧道关系平面图

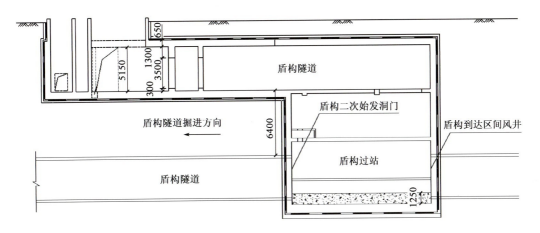

图 7-73　区间风井与隧道纵断面关系图(尺寸单位:mm)

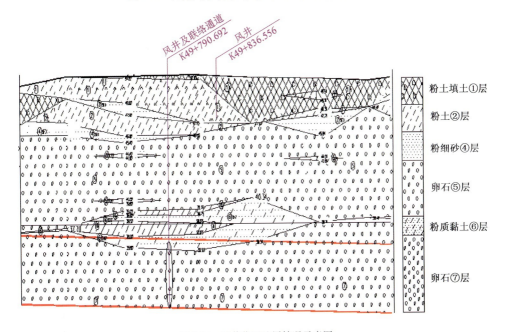

图 7-74　风井位置地层情况示意图

3)盾构到达风井洞门破除关键技术

洞门范围内围护结构为 4 根 $\phi1000$ 混凝土灌注桩,本工程采用盾构刀盘切削围护结构的方式进行洞门破除,既可缩短施工工期,又可减少经济投入。洞门破除见图 7-75。

破除过程如下:

(1)经计算,精确确定桩的起止里程,以便盾构掘进控制,破桩结束后,停机进行下一步工序。

(2)在盾构破除围护桩施工时,遵循"低推力、低刀盘转速、减小扰动"的原则进行控制,确保盾构推进不对车站端墙造成影响。掘进时,由项目主要领导在洞门前进行观察指挥并与盾构主控室保持不间断联系。

(3)在破桩时,尽量用螺旋输送机出渣,减少清渣量。

(4)掘进模式从土压平衡向敞开式过渡,破桩时速度控制在 5mm/min 以内,推力控制在 500t 以内,在保证速度的情况下推力应尽量减小。各项参数在实际掘进施工中根据地面、车站端墙及洞门监测结果进行适当调整。

图 7-75 洞门破除

(5)桩间使用钢筋网+锚喷支护,防止洞门破除时桩间土的垮塌。

(6)盾构推进到位停止后,进行渣土清理。施工人员清渣前必须先认真观察洞门圈内是否有松散的混凝土块或渣土等,清除危险物后再清理渣土。

(7)渣土清理时,注意保护帘幕橡胶板,防止破碎的混凝土块、钢筋头将其损坏。

### 7.7.3 盾构超早接收施工技术

1)概况

目前,盾构法隧道施工技术已在隧道建设中得到广泛应用。由于地铁车站进度往往受到地面拆迁、管线改移等诸多因素的困扰,以致端头的盾构接收井施工进度经常无法满足盾构到站后立即接收的要求。在完成车站底板后(即车站结构施工初期)进行盾构超早接收这一施工工法是非常有意义的创新和发展。

盾构超早接收是在现有盾构接收施工技术基础上,经过工程实践形成的施工技术。其特点是在车站端头接收井底板(永久或临时)施工完成后即可实施接收工作,比目前大多采用的结构施工完成后进行接收、结构完成一定层数后进行接收的方法更具工期优势,实现盾构超早接收的目的;在盾构接收后按照明挖顺作法施工地铁剩余结构即可。本工法已经在北京地铁 10 号线二期西局站、前泥洼站等工程中使用,取得了良好的应用效果。

2)技术特点

(1)盾构超早接收的施工方法,能够节省车站底板施工完成后的剩余结构施工时间、混凝土养护时间和拆模时间,使得盾构到达区间终点后迅速开始接收。

(2)该施工工法不需要在结构中板、顶板上预留盾构吊装孔,提高了车站结构整体性。

(3)减少了盾构到站后出洞预留洞门钢环、后浇环梁和接口位置防水处理的施工工艺,加强了洞门处的结构自防水性能。

(4) 通过增加吊装承台体系,控制了接收吊装时对基坑安全的不利影响,保证基坑安全。

(5) 合理安排不同工序之间的关系和土方开挖及支护的施工节奏,最大限度地节约了施工成本,缩短了盾构接收全过程的施工工期。

3) 工艺原理

(1) 超早接收施工前必须按照设计要求施作基坑的围护结构,并通过保留适量的基坑内土方,抵抗盾构机推进至围护桩外皮过程中的推力,避免盾构推进时破坏基坑围护结构的稳定,保证基坑安全。

(2) 通过合理安排盾构区间施工和锚索施工的顺序,科学利用岩土工程特性,避免盾构掘进过程中损害锚索锚固效果。

(3) 破除盾构隧道洞口的围护结构前接收井底板(永久或临时)的混凝土强度不应小于设计强度的80%,满足盾构接收底座基础要求,并维持基坑稳定要求。

(4) 在盾构起吊期间,吊车支设在预先完成的承台上,并完成吊装场地范围内的硬化,避免盾构起吊引起的地面过大超载影响基坑稳定。

4) 超早接收工艺流程及技术控制要点

(1) 超早接收工艺流程

工艺流程见图7-76。

(2) 超早接收施工控制要点

① 接收井施工准备。

a. 施工前,参加施工的全体人员应认真学习设计文件。

b. 熟悉施工现场情况,主要包括:现场地形、地貌,地下管线、构筑物等(做好标志,以免施工误毁);工程地质及水文地质情况;基坑周边空洞探测(及时处理存在空洞的部位)。

c. 制定接收井施工方案和接收应急预案,并向监理工程师报批。

d. 组织施工作业人员、材料进场。

e. 根据接收井施工方案设置好施工场地布置,包括设备布置、施工供水、供电、排水、材料交通运输等。

f. 测量放线:对给定的控制点进行复测验线,并按设计图纸进行实地放线,标定高程,一般为10m一桩,曲线段适当加密。在桩橛或建筑物划出预定标高"红平"。

g. 监控量测布点完成后,采取初值。监测项目主要包括地表沉降、地下管线沉降、桩体变形、锚索轴力、钢支撑轴力、地下水位等。

② 基坑围护桩(或其他形式围护结构)施工。

采用本工法施工的盾构接收井围护结构宜采用围护桩+锚索支护形式。目前在北京地区的地铁工程中,接收井范围的围护结构主要采用$\phi 800 \sim \phi 1200$围护桩,在不适用围护桩的环境中则采用连续墙、钢板桩等支护形式代替围护桩。为了给盾构接收及吊出作业创造条件,接收井采用三面围护桩、三面围护桩+已完成结构和四面围护桩三种布置形式。其中三面围护桩+已完成结构参见图7-77、图7-78。

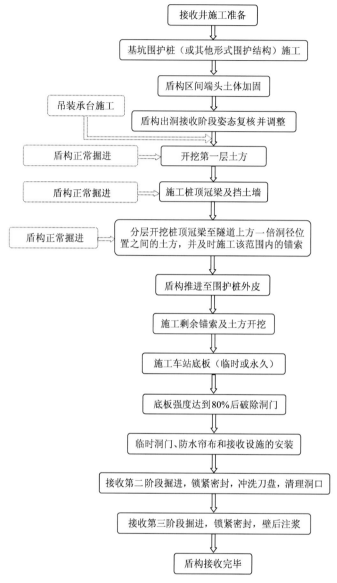

图 7-76 盾构超早接收施工工艺流程图

③盾构区间端头土体加固。

按照设计给定范围进行洞口土体加固,达到设计要求的土体固结强度、自立性和密实性。盾构接收加固范围长度为围护结构外 8m,宽度为隧道中心线两侧各 6m,深度为隧道上下各 3m。中粗砂、砾砂、圆砾、卵石层的地基无侧限抗压强度满足 $0.8\sim1MPa$;渗透系数不大于 $1\times10^{-8}cm/s$。土体加固一般采用从地面向下钻孔注浆的方式,如受到地面环境限制和地下管线影响无法实施时,应适当调整加固方式,亦可采用基坑内水平加固。土体加固施工一般应在盾构机进入加固范围前完成,加固土体的强度达到要求后方可继续掘进。

④盾构接收阶段复核与调整。

当在隧道掘进面距贯通面 60m 时,应对线路中线、隧道中线和高程控制线进行检核,明确成洞隧道中心轴线与隧道设计中心轴线的关系,在考虑盾构机的贯通姿态时注意盾构机贯通时的中心轴线与隧道设计轴线的偏差,综合偏差因素在隧道设计中心轴线的基础上进行适当调整。纠偏要逐步完成,每一环纠偏量都满足设计要求。盾构机姿态测量应满足下列要求:

a. 盾构姿态测量内容应包括平面偏差、高程偏差、俯仰角、方位角、滚转角及切口里程。

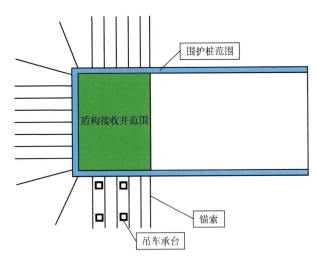

图 7-77 接收井支护结构平面图

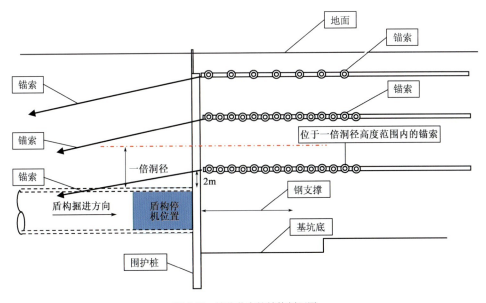

图 7-78 接收井支护结构剖面图

b. 应及时利用盾构机配置的导向系统或人工测量对盾构机姿态进行测量,并定期采用人工测量的方法对导向系统测定的盾构机姿态数据进行检验校正。

c. 盾构机配置的导向系统宜具有实时测量功能,人工辅助测量时,测量频率应根据其导向系统精度确定,到达接收井前 50 环时应增加人工测量频率至 1 次/12m。

d. 利用地下平面控制点和高程控制点测定盾构机测量标志点,误差应在±3mm 以内。

⑤开挖盾构接收井第一层土方。

第一层土方深度应满足桩顶冠梁和挡土墙施工需要。当深度大于 3m 时,应分层开挖,并及时按照设计进行锚喷护壁,分层厚度不大于 2m。该层土方开挖完成后,及时在基坑周边设置临边防护,确保施工安全。

⑥施工桩顶冠梁及挡土墙。

桩顶冠梁及挡土墙施工应严格按照设计要求进行,冠梁、挡土墙施工以 30～40m 为一段,流水施工。当无设计要求时,参照如下做法:

基坑周边钻孔灌注桩桩顶均应设置闭合冠梁,冠梁截面高度为 800mm,宽度为 1000mm。首先将钻孔桩上部的混凝土凿除至设计桩顶标高,测量人员放出开槽上口控制线,开挖槽顶宽度为现有主体结构钻孔灌注桩沟槽宽度向内外两侧加宽 2m,并施放 1∶0.5 的坡,机械开挖配合人工清槽,开挖至设计标高。在钻孔灌注桩混凝土强度达到设计强度的 30%以上后,需将钻孔桩上部的劣质混凝土凿除,凿毛处理桩芯顶面的混凝土,清除桩顶浮渣,清洗、调直桩顶钢筋,采用 2cm 厚 1∶2.5 水泥砂浆将冠梁底找平。桩主筋锚入冠梁内长度为 $31d$,冠梁主筋保护层为 35mm。具体配筋由设计确定。模板体系参见图 7-79。

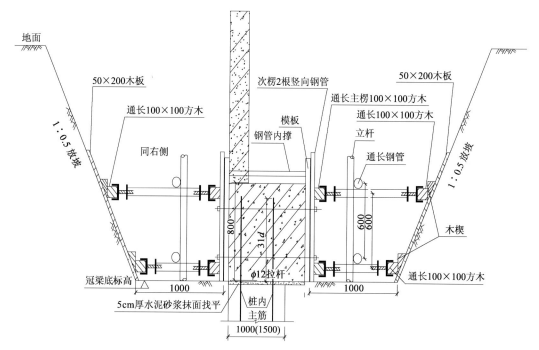

图 7-79 冠梁模板支撑系统图(尺寸单位:mm)

挡土墙采用 HRB235 级、HRB335 级钢筋混凝土现浇而成,混凝土强度等级为 C30,主筋保护层厚度为 50mm。挡土墙厚度为 250mm、高度为 700～1300mm,保证高出地面 200mm,主筋锚入冠梁 420mm。挡土墙模板支撑示意图见图 7-80。

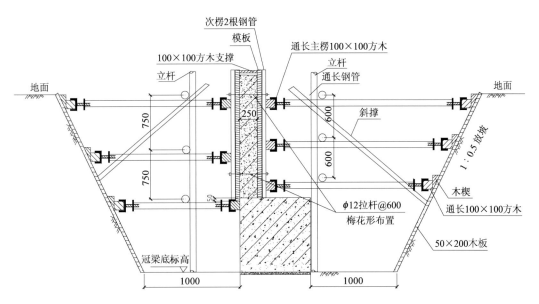

图 7-80 挡土墙模板支撑示意图(尺寸单位:mm)

⑦分层开挖桩顶冠梁至隧道上方一倍洞径之间的土方,及时施工该范围内锚索。

基坑土方开挖应分层,每层开挖厚度不大于 2m,以便于进行基坑侧壁锚喷支护。锚喷混凝土强度等级为 C20,厚度不小于 80mm,桩间设置单层钢筋网片,型号为 $\phi6.5@100\times100$ 或 $\phi10@150\times150$,并采用膨胀螺栓牢固固定在桩体上。

开挖到对应第一道锚索位置的锚索中心线下 0.5m 时,进行第一道锚索结构施工,按照工艺要求进行张拉锁定。

开挖第一道锚索至第二道锚索中心下 0.5m 之间的土方。

施工第二道锚索,按照工艺要求进行张拉锁定。为避免盾构掘进时对锚索锚固效果的不利影响,隧道结构上方一倍洞径及结构轮廓内的锚索应在盾构机抵达围护桩外皮后继续施工完成。

⑧盾构推进至围护桩外皮。

盾构接收端头土体加固完成后,将盾构推进至基坑围护桩外皮。降低掘进速度,减少对已施工完成的第二道锚索周围土体的扰动。盾构停机后立即对已完成隧道进行充分回填注浆,并采取有效手段连接最后 30m 范围的盾构管片,控制隧道结构变形及地表沉降。

⑨施工剩余锚索及土方开挖。

盾构推进至围护桩外皮后停机,继续施工盾构接收井内剩余土方工程及锚索、钢管内支撑。锚索施工前应根据工艺要求和施工经验,精确设置施工参数,确保锚索成孔位置距离隧道 2.0m 以上,防止锚索成孔期间破坏盾构机和已经安装的管片。

⑩接收井底板结构施工(永久或临时)。

如果地下水位高于基坑底面,在土方开挖前采用有效降水方式将地下水位降至基底 1.0m 以下,待接收井(或基坑)土方完成后,参考图 7-81 所示的接收阴影范围施工底板(永久或临时)结构。

接收前施工完成的底板结构应按照设计和相关工艺标准完成钢筋工程和混凝土工程,并采用有效措施保护好盾构洞口周圈预留的钢筋接头。

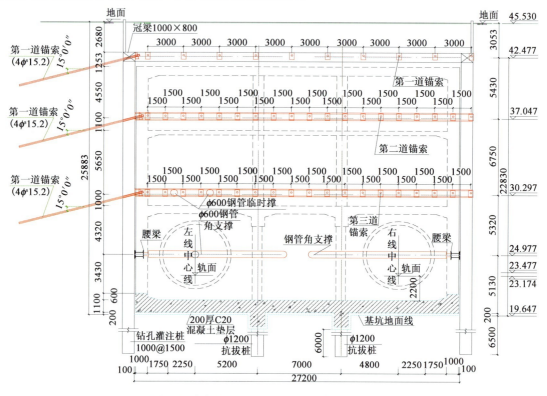

图 7-81　帘布破除和接收设施的安装(尺寸单位:mm)

a. 洞门破除。

当底板混凝土强度达到设计强度的 80%(且不小于 30MPa)时,具备破除洞口围护结构条件。破除前首先在盾构隧道洞口外侧架设钢支撑以替换洞口部分的钢支撑,钢支撑数量及预加轴力由设计计算确定。

剔凿盾构接收洞门范围的围护桩(连续墙),凿除时在洞圈外搭设施工平台。先破除洞口范围的桩间锚喷层,清除桩间土体并挂网+锚喷支护洞口上方土体后,采用高压风镐人工凿除,洞门凿除要连续施工,尽量缩短作业时间。桩径为 1000mm,凿除作业分两层进行,从上至下凿除。第一层先凿除桩内层 500mm 混凝土,割除该范围内钢筋后再凿除第二层混凝土及钢筋,割除要彻底,以保证预留门洞的净空。继续在洞门周围护桩上安装膨胀螺栓固定洞门止水装置和临时钢环。

b. 临时洞门钢环和防水帘布安装。

在洞门位置桩体上打设膨胀螺栓固定洞门止水装置和临时钢环,所用材料包括膨胀螺栓、钢圆环板、垫圈、帘布橡胶板、固定板、销套、销轴和翻板,具体见图 7-82。膨胀螺栓的作用主要是将洞门止水装置固定在隧道洞口,为保证止水效果,加设临时钢环。防水所用的帘布橡胶板应具有一定的刚度,确保能够严密包裹盾构机外壳,其探入隧道范围的长度应保证在安装后无缝隙,相邻两块的重合宽度不小于 50mm。

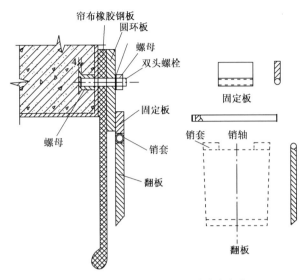

图 7-82 洞门钢环和防水帘布安装

c. 接收装置安装。

盾构接收井底板完成后安装盾构接收基座,具体安装见图 7-83 和图 7-84。盾构到达接收基座前须在基座轨道上表面涂抹黄油,以利于减小盾构在基座上滑移的摩阻力。要特别注意对接收基座的加固,尤其是纵向的固定,保证盾构机能顺利到达接收基座。

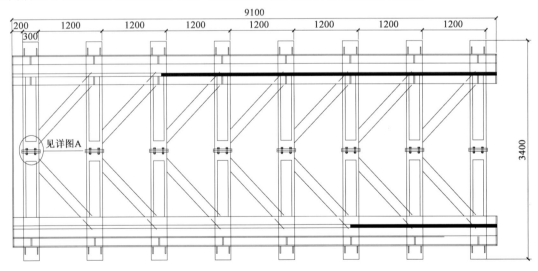

图 7-83 接收基座平面图(尺寸单位:mm)

⑪接收第二阶段掘进。

洞门支护桩破除完成后拆除施工平台,清理渣土,盾构机低速推进至刀盘出隧道口,密封装置锁紧,清理刀盘上渣土,认真检查安装在洞口的防水帘布的密封效果,防止漏浆。

⑫接收第三阶段掘进。

洞门支护桩破除完成后拆除施工平台,清理渣土,盾构机直接顶进出洞,继续锁紧密封装置,盾构继续前进,直至盾构机完全推上接收基座,同时恢复盾尾同步注浆,适当调整增大浆液的胶凝时间,以确保管片壁后注浆饱满。当盾构隧道管片拼装结束后,盾构机尚未到达基座的预定位置,通过继续安装临时管片使盾构机继续前进,直至盾构机到达基座的预定位置。

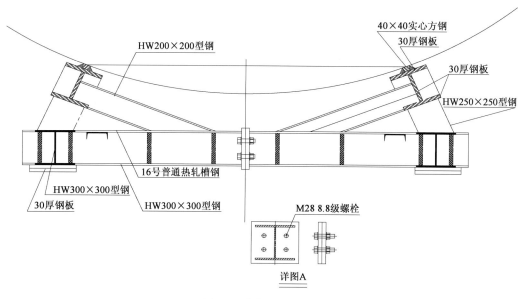

图 7-84 接收基座立面图

⑬盾构解体吊装。

盾构出洞完全步上接收支架后,进行盾构解体、吊装。吊装过程为避免对基坑围护结构施加侧压力,应通过吊装承台进行吊装。主要施工方法是:按吊车支承点的平面位置设承台桩,承台桩采用直径为 1m 的钻孔灌注桩,将其与承台相连接,承台周边吊装范围内地面采用 0.25m 厚 C30 混凝土填实。承台桩深度与接收井(或基坑)围护桩一致,为防止吊装过程中挤压接收井冠梁,承台与冠梁采用聚苯板进行隔离。盾构各部件全部吊装完成后,盾构顺利接收出站,接收完毕。

⑭监控量测。

自基坑土方开挖至盾构接收完成的全过程需要进行监控量测,信息化施工。监控量测项目及频率应满足设计及行业规范要求。为防止施工过程中检测点遭到破坏,应充分考虑预防措施,并对锚索轴力、钢支撑轴力、围护桩桩体变形、地表沉降等重要项目进行加密布点、加密监测频率。

5) 质量控制要点

(1) 接收井支护结构、锚索施工等进场材料应有合格证和检验报告,经现场复验合格后方能投入使用。

(2) 接收井基坑必须自上而下分层、分段依次开挖,随基坑开挖及时支撑与网喷混凝土;桩(墙)围护的基坑应在土方开挖至设计位置后严格按设计要求及时施作锚索(横撑)。

(3) 接收井基坑开挖和盾构接收过程中,根据周围环境条件,应做好监控量测工作,及时分析,采取措施,以控制地面变形、基坑隆起,并确保邻近建(构)筑物和地下管线的安全。

(4) 锚索工程所用原材料的品种、规格、质量、组装安放、注浆量、注浆压力和浆体强度必须符合设计要求。锚索的锚固段浆液达到设计要求后,方可进行张拉、锁定,其张拉值及锁定值应符合设计要求。

(5) 桩间喷射混凝土的厚度和强度等级应符合设计要求。

(6) 接收基座基础平整坚实,承载力满足盾构接收要求;洞门安装的钢圆环和防水帘布固定牢固,密封严密,满足封闭注浆和接收设计要求。

(7) 接收井支护结构、锚索、承台桩和底板结构强度等应满足设计要求。

(8) 接收井基坑开挖完成后,做完临时支撑,车站底板浇筑完成且混凝土强度不小于设计强度的80%时,进行盾构接收和吊出。

6) 安全措施

(1) 在基坑内土方开挖至隧道结构上方2m位置前,盾构必须推进至围护结构外皮,否则应立即停止土方开挖等待盾构机到达。

(2) 在隧道结构上方一倍洞径范围以内的锚索施工应满足以下两个条件:

① 应在盾构抵达围护结构外皮并暂停推进。

② 锚索锚固段临近范围的土体已经过注浆回填或注浆加固处理,盾构机再次推进时不会引起土体松动。

(3) 在盾构刀盘距洞门掌子面0.5m时应尽量出空土舱中的渣土,减小对洞门及支护结构的挤压,以保证凿除洞门支护结构混凝土施工的安全。

(4) 破除隧道洞门的围护结构前必须加强应急预案,防止在此期间出现基坑失稳。具体措施如下:在确认底板强度已经达到设计要求的80%以上后,先在洞门上方加设一层临时对撑或斜支撑,施加的预应力不宜过大,顶紧即可,然后拆除洞门高度范围内的支撑,通过巡视和监测数据确认基坑处于稳定状态后方可开始破除。

(5) 加大测量监测频率。监测频率必须根据施工需要进行调整,特别在破除隧道洞门的围护结构和盾构出洞等重大关键点时应进行连续跟踪监测。

(6) 接收吊装时焊工、电工吊车司机必须持证上岗,操作过程中,上下联系信号清晰、标准统一。

(7) 科学设置吊装承台基础,硬化现场地面,合理分散传递大型吊装设备和运输车辆引起的超载,满足围护结构设计安全的要求。

(8) 盾构接收各部件起重吊装索具,吊具使用前,施工方案设计要求进行逐件检查验收。

7) 实例应用概况

(1) 北京地铁10号线二期"前—西"区间

① 概况。

北京地铁10号线二期"前—西"区间盾构在前泥洼站接收,前泥洼站位于丰管路北侧,主体结构北端基坑作为盾构接收井。盾构接收井围护结构采用钻孔灌注桩+2道锚索+1道钢管内支撑体系。为满足盾构接收施工和总体工筹需要,经设计核算后采用地铁站盾构超早接收施工工法,在接收井底板强度满足设计要求后拆除钢支撑,顺利完成单线盾构接收,施工时间为2012年4月28日~2012年5月14日。

②应用效果。

本工程盾构接收施工期间基坑稳定,未发生风险预警,总体工期比原计划缩短24d,降低了施工成本和管理成本。

(2)北京地铁10号线二期"樊—丰"区间

①工程概况。

北京地铁10号线二期"樊—丰"区间在丰台站接收,接收竖井为盾构接收井兼区间暗挖施工竖井,围护结构采用钻孔灌注桩+3道内支撑体系,围护桩采用$\phi1000@1800(1500、1600)$灌注桩,桩间网喷C25混凝土;内支撑体系采用$\phi609(t=14mm)$钢支撑和$600\times800$钢筋混凝土支撑,腰梁采用双拼工45b钢。为满足盾构接收和区间暗挖施工需要,经设计核算后采用地铁站盾构超早接收施工工法,在接收井底板强度满足设计要求后顺利完成盾构接收。本工程盾构接收自2010年12月10日开始,2011年1月14日完工。

②应用效果。

本工程盾构接收施工安全风险可控,工序简单,总体工期比原计划缩短18d,降低了施工成本和管理成本。

③超早接收现场施工概况。

超早接收各阶段施工概况如图7-85～图7-93所示。

图7-85 盾构接收井支护结构及土方开挖

图7-86 盾构接收井支护结构监测

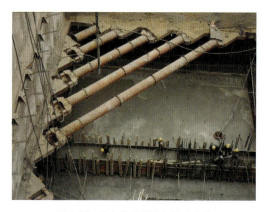

图7-87 接收井底板结构施工完成

图7-88 接收井破除洞门、基座安装

图 7-88　临时洞门破除处理

图 7-89　盾构接收出洞

图 7-90　盾构超早接收时刀盘吊装

图 7-91　盾构接收拆卸、解体

图 7-92　盾构接收吊装

图 7-93　盾构超早顺利接收完成

## 7.8　本 章 小 结

(1)根据土压平衡盾构施工技术特点,结合强度、稳定性、渗透性及盾构几何构造特征对盾构始发与到达端头稳定性的要求,提出了端头土体纵向加固理论和纵向加固范围的确定方法。

(2)根据目前北京地铁端头加固方法的使用情况,着重分析了旋喷加固与前进式深孔注浆技术的优缺点和地层适应性,为北京地铁 10 号线二期类似工程盾构始发与到达端头加固方法的选择提供了依据。

(3)基于盾构始发与到达的特点和端头加固的主要目的,根据地层条件的不同,提出了端头加固检测的内容及评价指标、实施方法及检测手段,为类似工程盾构始发与到达端头加固效果的检测提供参考。

(4)北京地铁 10 号线二期盾构始发与到达施工中存在以下几个普遍问题:

①端头加固效果差,对于端头加固质量、效果的检查缺乏管理上的有效措施,且设计单位提供的加固指标存在不足。

②盾构始发/到达施工过程中施工参数设置、控制不合理。

③盾构始发/到达施工顺序错误(如围护桩的破除与吊装顺序),如盾构刀盘尚未顶上围护结构,即开始破除端头围护结构,给盾构始发与到达带来了很大的风险隐患。

④盾构始发/到达施工过程中未采取洞门密封措施(止水橡胶帘布、扇形压板),"十一分"区间在中间风井及十里河到达端多次出现涌水、涌砂等安全隐患,与施工单位不做洞门密封(未安装橡胶帘布和扇形压板)有很大关系。

围绕着以上四个方面的问题,建议应该加强对盾构始发/到达的技术管理,通过有效的管理措施、程序来控制和规避北京地铁在建各线盾构始发/到达过程中的风险。最后介绍的盾构超早接受技术是北京地铁 10 号线盾构施工技术的一个创新,对工期要求严格时的盾构施工起到了良好的作用,但是在不得已的情况下采取的措施,不建议在常规情况下采用。

# 参 考 文 献

[1] 乐贵平,贺少辉,罗福荣,等.北京地铁盾构隧道技术[M].北京:人民交通出版社,2012.
[2] 乐贵平,江玉生.北京地区盾构施工技术[J].都市快轨交通,2006,19(2):45-49.
[3] 乐贵平.浅谈北京地区地铁隧道施工用盾构机选型[J].现代隧道技术,2003,40(3):14-17.
[4] 乐贵平,苏艺.三论北京地区地铁施工用盾构机选型[J].都市快轨交通,2008,21(2):44-48.
[5] 北京市轨道交通建设管理有限公司.安全风险技术管理体系(试行)[R].2008.
[6] 地铁及地下工程建设风险管理指南[M].北京:中国建筑工业出版社,2007.
[7] 杨志勇.北京地铁盾构施工安全风险控制技术研究[D].北京:中国矿业大学,2012.
[8] 程骁,潘国庆.盾构施工技术[M].上海:上海科学技术文献出版社,1990.
[9] 刘建航,侯学渊.盾构法隧道[M].北京:中国铁道出版社,1991.
[10] 孙钧.地下结构(上、下)[M].北京:科学出版社,1991.
[11] 陶龙光,巴肇伦.城市地下工程[M].北京:科学出版社,1996.
[12] 施仲衡.地下铁道设计与施工[M].西安:陕西科学技术出版社,1997.
[13] 张凤祥,朱合华,傅德明.盾构隧道[M].北京:人民交通出版社,2004.
[14] 朱合华.地下建筑结构[M].北京:中国建筑工业出版社,2005.
[15] 傅德明.我国隧道盾构掘进机技术的发展现状[J].地下工程技术,2003.
[16] 周文波.盾构法隧道施工技术及应用[M].北京:中国建筑工业出版社,2004.
[17] 尹旅超.日本盾构隧道新技术[M].武汉:华中理工大学出版社,1999.
[18] 日本土木学会.隧道标准规范(盾构篇)及解说[M].朱伟,译.北京:中国建筑工业出版社,2001.
[19] 崔玖江.隧道与地下工程修建技术[M].北京:科学出版社,2005.
[20] 夏明耀.地下工程设计施工手册[M].北京:中国建筑工业出版社,1999.
[21] 陈丹,袁大军,张弥.盾构技术的发展与应用[J].现代城市轨道交通,2005(5):25-29.
[22] 刘建航,侯学渊.盾构法隧道[M].北京:中国铁道出版社,1991.
[23] 竺维彬,鞠世健.复合地层中的盾构施工技术[M].北京:中国科学技术出版社,2005.
[24] 竺维彬,鞠世健,史海欧.广州地铁三号线盾构隧道工程施工技术研究[M].广州:暨南大学出版社,2007.
[25] 陈馈,洪开荣,吴学松.盾构施工技术[M].北京:人民交通出版社,2009.
[26] 何川.第五届中日盾构隧道技术交流论文集[M].成都:西南交通大学出版社,2009.
[27] 陈韶章,洪开荣,张弥.复合地层盾构设计概论[M].北京:人民交通出版社,2010.
[28] 王江涛,陈建军,吴庆红,等.南水北调中线穿黄工程盾构施工技术[M].郑州:黄河水利出版社,2010.
[29] 江玉生,杨志勇,蔡永立.盾构/TBM隧道施工实时管理信息系统[M].北京:人民交通出版社,2007.

[30] 杨志勇,江玉生,江华,等.北京地铁盾构隧道安全风险组段划分方法研究[J].铁道标准设计,2012,(3):65-68.

[31] 张厚美.盾构隧道的理论研究与施工实践[M].北京:中国建筑工业出版社,2009.

[32] 地盘工学会,牛清山.盾构法的调查·设计·施工[M].北京:中国建筑工业出版社,2008.

[33] Bruland. A.. Hard rock tunnel boring Drillability test methods[Ph. D. Thesis][D]. Norway: University of Trondheim, The Norwegian Institute of Technology, 1998.

[34] Schimazek, J. Knatz. H. Der Einfluss des Gesteinsaufbaus auf die Schnittgeschwindigkeit und den Meisselverschleiss von Streckenvortriebsmaschinen[J]. Glueckauf, 1970, 106:274-278.

[35] DIN 52108: Pruefung anorganischer nichtmetallischer WerkstoffeVerschleisspruefung mit der Schleifscheibe nach Boehme-SchleifscheibenVerfahren[J]. Berlin(Beuth), 2007.

[36] Cerchar-Centred Etudes et des Recherches des Charbonages de France[S]. The Cerchar abrasiveness index, 1986.

[37] Thuro, K. and Plinninger, R. J. Klassifizierung und Prognose von Leistungs-und Verschleissparametern im Tunnelbau[M]. Essen, 2003:62-126.

[38] Nilsen, B., Dahl, F, Holzhaeuser, J. &Raleigh, P. Abrasivity of soils in TBM Tunneling[J]. Tunnels & Tunneling, 2006(3)36-38.

[39] Nilsen, B., Dahl, F., Holzhaeuser, J. &Raleigh, P. Abrasivity testing for rock and soils[J]. Tunnels & Tunneling, 2006,(4):47-49.

[40] 张明富,袁大军,黄清飞,等.砂卵石地层盾构刀具动态磨损分析[J].岩土力学与工程学报,2008,27(2):397-402.

[41] 管会生,高波.盾构切削刀具寿命的计算[J].工程机械,2006,37(1):25-28. (GUAN Huisheng, GAO Bo. Calculation for service life of cutting tools of shields[J]. Construction Machinery and Equipment, 2006,37(1):25-28. (in chinese)).

[42] 宋克志,汪波,孔恒,等.无水砂卵石地层土压盾构施工泡沫技术研究[J].岩土力学与工程学报,2005,24(13):2327-2332.

[43] Normalisation Francaise: Granulats: Essai d'abrasivite et de broyabilite[S]. ANFOR Association francaise de normalization. Paris, 1990.

[44] TUCKER, M. Methoden der Sedimentologie[J]Stuttgart, Enke, 1996.

[45] Buechi-E, Mathier J.-F, Wyss. Gesteinsabrasivitaet-ein bedeutender Kostenfaktor beim mechanischen Abbau von Fest-und Lockergestein[J]. Tunnel95, 1995, 5: 38-44.

[46] West G., A relation between abrasiveness and quartz content for some coal measures sediments[J]. International Journal of Mining and Geological Engineering, 1989(4): 73-78.

[47] RosivalA. Neuere Untersuchungsergebnisse ueber die Haerte von Mineralien und Gesteinen[J]. Wien, 1896, 475-491.

[48] RosivalA. Neuere Ergebnisse der Haerte—bestimmung von Mineralien und Gesteinen.

Ein absolutes Mass fuer die Haerte sproeder Koerper[J]. Wien,1916,117-147.

[49] 于颖,徐宝富,奚鹰. 软土地基土压平衡盾构切削刀盘扭矩的计算[J]. 岩石力学与工程学报,2004,2(3):314-317.

[50] 吕强,付德明. 土压平衡盾构掘进刀盘扭矩模拟试验研究[J]. 岩石力学与工程学报,2006,25(增1):3138-3143.

[51] 张厚美,吴秀国,等. 土压平衡式盾构掘进试验及掘进数学模型研究[J]. 岩石力学与工程学报,2005,24(增刊2):5763-5764.

[52] 李向红,傅德明. 土压平衡模型盾构掘进试验研究[J]. 岩土工程学报,2006,28(9):1101-1105.

[53] 徐前卫,朱合华,丁文其,等. 均质地层中土压平衡盾构施工刀盘切削扭矩分析[J]. 岩土工程学报,2010,32(1):47-54.

[54] 徐前卫,朱合华,等. 砂土地层盾构法施工的地层适应性模型试验研究[J]. 岩石力学与工程学报,2006,25:2903-2905.

[55] 徐前卫. 盾构施工参数的地层适应性模型试验及其理论研究[D]. 同济大学博士学位论文,2006.

[56] 王洪新. 土压平衡盾构刀盘扭矩计算及其与盾构施工参数关系研究[J]. 土木工程学报,2009,42(9):109-113.

[57] 曾晓星,余海东,张凯之,等. 盾构机复合岩土层掘进刀盘弯矩特征分析[J]. 上海交通大学学报,2010,44(1):51-55.

[58] 邓立营,刘春光,党军峰. 盾构机刀盘扭矩及盾体推力计算方法研究[J]. 矿山机械,2010,38(17):13-16.

[59] 邢彤,龚国芳,杨华勇. 盾构刀盘驱动扭矩计算模型及实验条件[J]. 浙江大学学报(工学版),2009,43(10):1794-1800.

[60] 崔国华,王国强,何恩光,等. 盾构掘进机主要技术参数的计算分析[J]. 矿山机械,2006,34(12):11-14.

[61] 徐前卫,朱合华,廖少明,等. 均匀软质地层条件下土压平衡盾构施工的合理顶进推力分析[J]. 岩土工程学报,2008,30(1):79-85.

[62] 李强,曾德顺. 盾构千斤顶推力变化对地面变形的影响[J]. 地下空间,2002,22(1):12-15.

[63] 朱合华,徐前卫,廖少明,等. 土压平衡盾构顶级推力的模型试验研究[J]. 岩土力学,2007,28(8):1587-1593.

[64] 晏启祥,耿萍,何川. 地铁砂卵石地层采用加泥式土压平衡盾构机的设备配置及顶推力检算[J]. 隧道建设,2007,27(6):19~21.

[65] 苏健行,龚国芳,杨华勇. 土压平衡盾构掘进总推力的计算与试验研究[J]. 工程机械,2008,39:13-15.

[66] 邓颖聪. 盾构推进系统的分区建模与性能评价[D]. 上海交通大学硕士学位论文,2010.

[67] 杨洪杰,傅德明,葛修润. 盾构周围土压力的试验研究与数值模拟[J]. 岩石力学与工程学报,2006,25(8):1652-1657.

[68] 陈仲颐,周景星,王洪瑾.土力学[M].北京:清华大学出版社,1994.

[69] 江华.北京典型砂卵石地层土压平衡盾构适应性研究[D].中国矿业大学(北京)博士学位论文,2012.

[70] 王毅才.隧道工程[M].北京:人民交通出版社,2004.

[71] 中华人民共和国行业标准.JTG D70—2004 公路隧道设计规范[M].北京:人民交通出版社,2004.

[72] 刘东亮.EPB盾构掘进的土压控制[J].铁道工程学报,2005,86(2):45-51.

[73] 胡新朋,孙谋,李建华,等.地铁EPB盾构不同地层土舱压力设置问题研究[J].地下空间与工程学报,2006,8(2):1413-1417.

[74] 胡国良,龚国芳,杨华勇.盾构掘进机土压平衡的实现[J].浙江大学学报(工学版),2006,40(5):874-877.

[75] 武力,屈福政,孙伟,等.基于离散元的土压平衡盾构密封舱压力分析[J].岩土工程学报,2010,32(1):18-23.

[76] 上官子昌,李守巨,栾茂田.土压平衡盾构机密封舱土压力优化设置问题[J].建筑技术,2009,40(12):1068-1073.

[77] 周尚荣.砂砾底层土压平衡盾构施工地表沉降分析与控制[D].长沙:中南大学,2010.

[78] 周小文.盾构隧道土压力模型试验研究[D].北京:清华大学,1999.

[79] 张云.土质隧道土压力和地层位移的离心模型试验及数值模拟研究[D].河海大学博士学位论文,2000.

[80] 朱伟.盾构标准规范(盾构篇)及解说[M].北京:中国建筑工业出版社,2001.

[81] 朱伟,陈仁俊.盾构隧道基本原理及我国的使用情况[J].岩土工程界,2001,11:19-21.

[82] 张云,殷宗泽,徐永福.盾构法隧道引起的地表变形分析[J].岩石力学与工程学报,2002,21(3):388-392.

[83] 黄宏伟,张冬梅.盾构隧道施工引起的地表沉降及现场监控[J].岩石力学与工程学报,2001,20(增):1814-1820.

[84] 韩煊,李宁,J. R. Standing. Peck公式在我国隧道施工地面变形预测中的适用性分析[J].2007,28(1):23-29.

[85] Peck R B. Deep excavations and tunnelling in softground[A]. Proc. 7th Int. Conf. SMFE. Mexico City. State of the Art Volume[C]. 1969. 225-290.

[86] 边金,陶连金,郭军.盾构隧道开挖引起的地表沉降规律[J].地下空间与工程学报,2005,1(2):247-249.

[87] 韦良文,张庆贺,邓忠义.泥水盾构隧道PMS泥水体系的研发与应用[J].建井技术,2006,27(1):38-39,42.

[88] 黄平华.盾构工法中土质改良剂的应用技术[J].施工技术,2004,33(1):46-47.

[89] 郭涛.盾构用发泡剂性能评价方法研究[D].南京:河海大学,2005.

[90] 闫鑫,龚秋明,姜厚停.土压平衡盾构施工中泡沫改良砂土的试验研究[J].地下空间与工程学报,2010,6(3):449-453.

[91] 林键.土体改良降低土压平衡式盾构刀盘扭矩的机理研究[D].南京:河海大学,2006.

[92] 曹妙生.地铁盾构施工安全风险防范[J].建筑机械化,2009,7:28-33.

[93] 魏康林.土压平衡盾构施工中泡沫和膨润土改良土体的微观机理分析[J].现代隧道技术,2007,44(1):73-77.

[94] 李连生,路明鉴.盾构在特殊段施工技术措施探讨[J].上海铁道科技,2009,3:78-79.

[95] 李雪景.地震作用下加筋土挡墙稳定性分析[D].重庆:重庆交通大学,2011.

[96] 朱伟,秦建设,魏康林.土压平衡盾构喷涌发生机理研究[J].岩土工程学报,2004,26(5):589-593.

[97] 张国京,刘盈.土压平衡盾构施工中土的塑流化技术[J].市政技术,2005,23(5):293-296.

[98] 张明晶.土压平衡式盾构施工闭塞问题的发生机理及防治措施研究[D].南京:河海大学,2004.

[99] 宋国安.黄原胶的性质用途及生产[J].四川化工,1997,1:61-63.

[100] 郭瑞,丁恩勇.黄原胶的结构、性能与应用[J].日用化学工业,2006,36(1):42-45.

[101] 中华人民共和国行业推荐性标准.JTG/T F50—2011 公路桥涵施工技术规范[S].北京:人民交通出版社,2011.

[102] 王春河.深圳地铁盾构始发与到达端头加固理论研究与工程实践[D].北京:中国矿业大学,2010.

[103] 江玉生,王春河,江华,等.盾构始发与到达—端头加固理论研究与工程应用[M].北京:人民交通出版社,2011.

[104] 朱伟,秦建设,卢廷浩.砂土中盾构开挖面变形与破坏数值模拟研究[J].岩土工程学报,2005,27(8):897-902.

[105] 吴韬.大型盾构进出洞施工技术及加固土体受力机理分析[D].上海:同济大学,2006.

[106] 韦良文.泥水盾构隧道施工土体稳定性分析与实验研究[D].上海:同济大学,2007.

[107] 侯景岩.北京市区地铁、深基础岩土工程特征及降水技术专题讲座PPT,2009.

[108] 北京城建勘测设计研究院有限责任公司.北京地铁10号线二期工程监控量测例会工作汇报[R].2011.

[109] 薛茹镜,陈冬,吴婧姝.土压平衡盾构排土量控制分析[J].工业建筑,2008(3):965-967.

[110] 江华,陈健康,李四强,等.盾构隧道施工引起地表沉降的预测与控制[J].市政技术,2009,27(2):148~150.

[111] 潘秀明,雷崇红,等.北京地铁砂卵石砾岩地层综合工程技术[M].北京:人民交通出版社,2012.

# 致谢
## Acknowledgement

大量科学研究、工程设计、工程实践、建设管理的第一手资料，是我们完成这部著作的根基所在。枯燥的数据和抽象的论述，实际上印记着默默无闻奉献者的艰辛。尤其是参与10号线工程勘察、设计、施工、监理和第三方检测等的单位，他们为本书的写作提供了大量的基础性数据和宝贵资料。在本书出版之际，向他们表示衷心的感谢！

北京建工集团有限公司；

北京住总集团有限公司；

中铁六局集团有限公司；

北京市公路桥梁建设集团有限公司；

中铁十二局集团有限公司；

中铁三局集团有限公司；

中铁隧道局集团有限公司；

北京城建集团有限公司；

北京市政集团有限公司；

中铁十六局集团有限公司。